学前教育专业系列教材

U0635415

幼儿教师口语训练

（第二版）

微课版

主 编◎李 莉 郑晓瀛

华东师范大学出版社
·上海·

图书在版编目（CIP）数据

幼儿教师口语训练/李莉，郑晓瀛主编. —2 版. —上海：华东师范大学出版社，2023
　ISBN 978 - 7 - 5760 - 4682 - 3

　Ⅰ.①幼…　Ⅱ.①李…②郑…　Ⅲ.①幼教人员—汉语—口语—教材　Ⅳ.①H193.2

　中国国家版本馆 CIP 数据核字（2024）第 025667 号

幼儿教师口语训练（第二版）

主　　编　李　莉　郑晓瀛
责任编辑　刘　雪
责任校对　时东明
装帧设计　庄玉侠　俞　越

出版发行　华东师范大学出版社
社　　址　上海市中山北路 3663 号　邮编 200062
网　　址　www.ecnupress.com.cn
电　　话　021 - 60821666　行政传真 021 - 62572105
客服电话　021 - 62865537　门市（邮购）电话 021 - 62869887
地　　址　上海市中山北路 3663 号华东师范大学校内先锋路口
网　　店　http://hdsdcbs.tmall.com

印 刷 者　启东市人民印刷有限公司
开　　本　787 毫米×1092 毫米　1/16
印　　张　19.5
字　　数　460 千字
版　　次　2024 年 7 月第 2 版
印　　次　2025 年 6 月第 2 次
书　　号　ISBN 978 - 7 - 5760 - 4682 - 3
定　　价　49.80 元

出 版 人　王　焰

编写人员

主　编　李　莉　郑晓瀛

副主编　方怡菲　徐颖春

编　者（以姓氏笔画为序）

毛　晔　方怡菲　邓秋晓　杜慧敏　李　莉　张　慧

金扬眉　郑晓瀛　徐颖春　焦可心　谢瑜瑶　蔡　培

前　言

党的二十大报告指出,"教育是国之大计、党之大计",要"坚持为党育人、为国育才"。要全面贯彻党的教育方针,落实立德树人的根本任务,培养德智体美劳全面发展的社会主义建设者和接班人,就必须从学前教育做起。学前教育是人生的起点教育、根基教育,高质量的学前教育对促进儿童健康幸福成长与提升全民族素质具有重要意义。学前教育是根的事业,根深才能叶茂,因此,为了促进学前教育的高质量发展,必须重视幼儿教师教育教学技能的培养与提升。

幼儿教师的语言技能是教师众多能力素质中十分重要的内容和组成部分,也是教师从事教育教学活动的先决条件和必备条件。鉴于此,我们组织多名长期从事职业院校学前教育专业学生语言技能教学与研究的专家,编写了《幼儿教师口语训练(第二版)》教材。

本教材以党的二十大精神为引领,以习近平总书记关于职业教育工作和教材工作的重要指示批示精神为指导,以《幼儿园教师专业标准(试行)》为依据,以培养高素质、应用型学前教育师资为目标,在深入研究《3—6岁儿童学习与发展指南》的基础上,按照学前教育人才培养方案和专业课程设置的要求,结合幼儿园一线教育教学岗位的实际需求设计了教材框架体系。

教材内容

本教材共设五个项目二十一个任务,分为普通话语音知识与训练、普通话水平测试训练、一般口语表达技能、职业口语表达技能和职业拓展口语技能五个项目,对幼儿教师口语学习所涉及的基础知识和基本技能进行了全面、系统的指导,并辅以相应的训练材料。

每个任务除了阐述主要的知识点,帮助学生建立系统的知识体系外,均包含以下栏目:

(1)任务目标:从知识、能力、素质方面明确训练目标,利于学生增强训练的计划性,优化学习策略。

(2)案例引路:通过与知识或技能相关的实际案例引入,让学生更好地了解该任务的实际应用情况,引起学生的好奇心和兴趣,从而激发学习的积极性。

(3)知识链接:提供与该任务相关的其他资源或拓展阅读材料,引导学生探索更广阔的知识领域。

（4）自我检测：帮助学生及时了解自己对知识和技能的掌握情况，发现存在的问题和不足，进而进行有针对性的练习，提高训练效果。

本教材可作为学前教育专业三年制高专、五年制高专学生的教师口语训练教材，也可作为在职幼儿教师继续教育培训教材。

编写特色

1. 坚持立德树人，彰显师范特色

人生百年，立于幼学。学前教育关系着亿万儿童的健康成长，而高质量发展学前教育的关键在于幼儿教师。作为育人育智的重要依托，本教材始终将立德树人的思想贯彻项目任务的全过程，将幼儿教师"热爱幼儿""尊重幼儿"的职业道德教育、职业情感教育有机融入课程内容，培养学生崇高的职业理想和朴素的教育情怀。

通过普通话语音知识的学习，提高学生的语言文化素养；通过普通话水平测试训练，提升学生规范使用国家通用语言的意识和能力；通过一般口语表达技能的练习，为学生未来的教育实践奠定语言表达基础；通过职业口语表达技能的练习，帮助学生树立科学的职业观念，掌握正确的教育教学语言技能；通过职业拓展口语技能的练习，赋能语言类综合素养，为学生的终身发展奠基。

2. 更新数字资源，融通"岗课赛证"

为了促进学生的有效学习，也为了便于教师备课，本教材配备了内容充实、直观形象的网络在线开放课程，学习者可随时扫描二维码观看，以适应和满足学习者的多样化需求。针对2023年4月1日起施行的《普通话水平测试规程》和2024年1月开始施行的新版《普通话水平测试实施纲要（2021年版）》测试内容，本教材编写团队中的国家级普通话水平测试员示范朗读了相关内容，供学习者跟读训练。

本教材编写团队由国家级、省级普通话水平测试员，省职业教育教学专家、高校教师，以及幼儿园骨干教师等人员构成。在编写的过程中，本教材积极关注学前教育领域的最新发展动态，以课程内容为核心，对接幼儿园口语表达应用实际和岗位需求；在常规幼儿教师职业口语的基础上，还增设了朗诵、演讲、校园主持、儿童剧表演及面试表达等与岗位技能密切相关的实训指导，供拓展课程使用或学习者自学。编写团队还依据学前教育专业职业技能大赛和幼儿园教师资格考试中的语言技能要求，围绕近年来的赛题或真实场景选用案例，努力做到"岗课赛证"融通。

3. 分解项目任务，突出实践导向

教育部等九部门印发的《"十四五"学前教育发展提升行动计划》指出，要"提高幼儿园师资培养培训质量"，要"深化学前教育专业改革"，"注重培养学生观察了解儿童、支持儿童发展的实践能力"，要以先进的实践经验为引领，提高学生的专业能力，强化学生教育实践能力的培养，突出实践导向。

本教材将"项目引领"和"任务驱动"二者有机融合,把课程分为五个项目,每个项目之下又分解为若干个任务,以任务驱动的方式指引学生逐步完成项目,达成目标,从而掌握教育教学口语表达技能。一系列任务之间互相联系,层层递进,组成一个相对完整的实践体系,旨在增强学生学习与训练口语的主动性,提高学生职业口语的应用能力,最终达到提升学前教育专业学生语言素养的目的。

本教材由李莉(郑州幼儿师范高等专科学校)提出总体构想,确定章节纲目,统稿、定稿,郑晓瀛(琼台师范学院)、方怡菲(郑州幼儿师范高等专科学校)、徐颖春(上海外国语大学)协助统稿。具体编写分工为:李莉撰写绪论及任务一、十四、十五,参与撰写任务九;郑晓瀛撰写前言,任务九、十、十八;邓秋晓(广西钦州幼儿师范高等专科学校)撰写任务十二、十三、十六;蔡培(郑州幼儿师范高等专科学校)撰写任务二、十九,参与撰写任务六的自我检测、任务十三;方怡菲撰写任务五、六、七,参与撰写任务十二;徐颖春撰写任务三、四、十七,参与撰写任务六的自我检测;谢瑜瑶(郑州幼儿师范高等专科学校)撰写任务八、十一,参与撰写任务一;金扬眉(郑州幼儿师范高等专科学校)撰写任务二十,毛晔(周口文理职业学院)撰写任务二十一,张慧(郑州幼儿师范高等专科学校)、焦可心(郑州市郑东新区龙子湖幼儿园)参与撰写任务十四、十五、十六的案例。本教材中的语音素材由李莉、蔡培、方怡菲、谢瑜瑶录制,教材配套在线开放课程由李莉、蔡培、杜慧敏录制。

在编写过程中,我们参阅了有关专家、学者的研究成果,在此一并表示诚挚的谢意!由于编写时间紧迫,教材中所引用的部分作品未能及时与原作者联系,在此深表歉意!因为编者精力、水平有限,虽经努力,教材仍难免有瑕疵之处,恳请广大读者提出宝贵意见和建议,以便加以完善。

编　者
2024 年 1 月

目 录

电子资源说明：

扫码观看 🎬 微课视频

扫码聆听 🎵 音频资源

扫码学习 📖 文本阅读

项目一 普通话语音知识与训练

🎬 微课视频

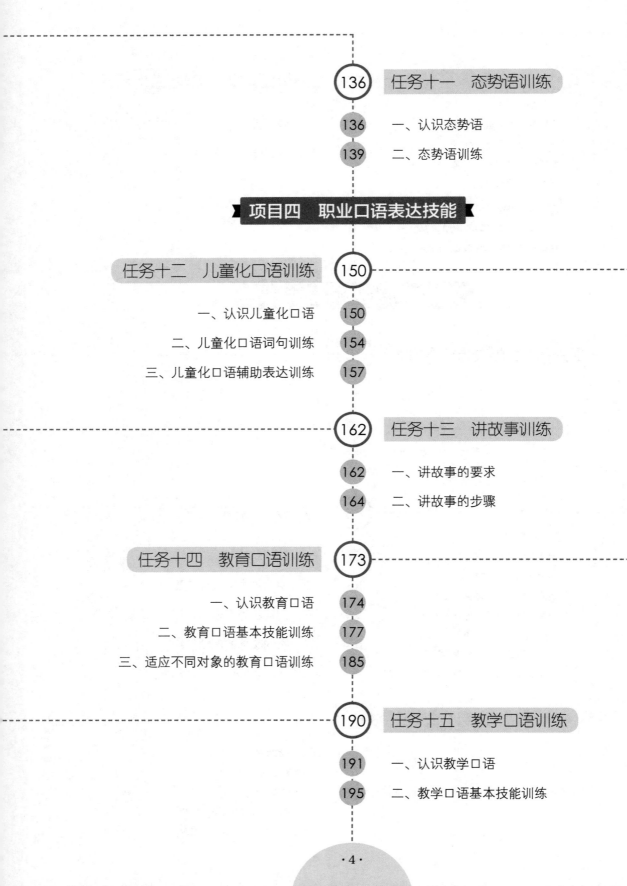

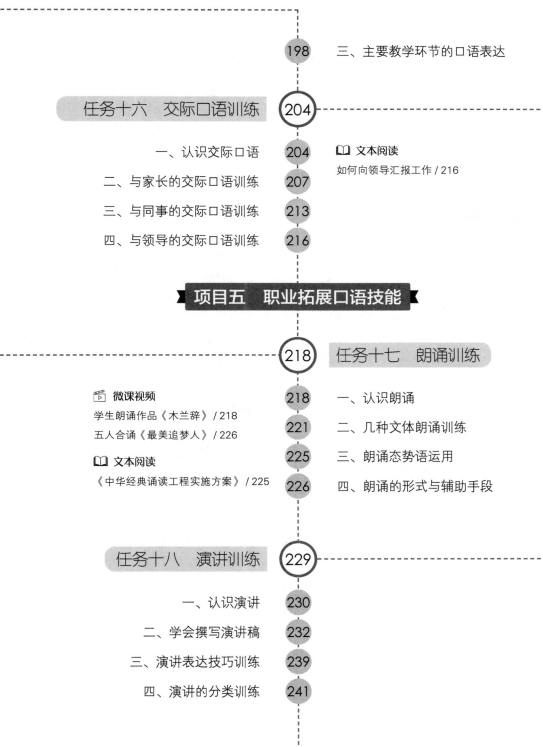

　　拥有良好的口语表达能力是学前教育专业学生未来从事教师工作必备的职业技能和教师专业素养。幼儿教师口语，是学前教育专业学生学习的专业技能之一。幼儿教师口语学习以口语运用为任务驱动，旨在指导学前教育专业学生和幼儿教师掌握口语运用规律，提升口语表达技能。

一、加强幼儿教师口语学习的意义

　　幼儿教师口语是幼儿教师在教育、教学活动中，用标准普通话表达的且符合幼儿教育、教学要求的专业用语。加强幼儿教师口语学习与训练，对提高未来幼儿教师的口语表达水平，乃至提高国民规范使用国家通用语言的意识和能力都具有十分重要的意义。

（一）幼儿教师口语学习是认真贯彻国家语言文字方针政策的需要

　　《中华人民共和国宪法》第十九条规定："国家推广全国通用的普通话。"

　　《中华人民共和国国家通用语言文字法》第三条规定："国家推广普通话，推行规范汉字。"第四条规定："公民有学习和使用国家通用语言文字的权利。国家为公民学习和使用国家通用语言文字提供条件。地方各级人民政府及其有关部门应当采取措施，推广普通话和推行规范汉字。"第十条规定："学校及其他教育机构以普通话和规范汉字为基本的教育教学用语用字。"

　　国家的语言文字方针政策有利于维护国家主权和民族尊严，有利于国家统一和民族团结，有利于社会主义物质文明建设和精神文明建设。因此，加强幼儿教师口语的学习对积极贯彻国家语言文字工作的方针政策，增强学前教育专业学生语言规范意识具有十分重要的意义。

（二）幼儿教师口语学习是培养合格幼儿教师的需要

　　幼儿教师的教育对象是幼儿，幼儿有其特定的心理和生理特点，因此，幼儿教师的口语表达必须在充分了解幼儿、尊重幼儿的基础上，富有童真童趣，符合幼儿身心发展的特点，可作为规范的、文明的、优美的语言的典范。通过幼儿教师口语的学习，可培养学前教育专业学生正确的价值观，以及对有声语言的艺术的欣赏力和表现力，使学生感知美、创造美。同时，在学习过程中，通过不断向学生传达正确的教育教学理念，传达对幼教事业的热爱，使学生具备良好的幼儿教师语言素养，担负起幼儿语言学习入门教师的职责。例如，当游戏时间快要结束了，看到有的幼儿还在摆弄玩具，教师为此很着急。面对这个场景，不同的教师使用的语言不同。

A 教师：小朋友，游戏结束了，快把玩具放回原处！

B 教师：玩具小鸭走累了，该休息了。让我们看看哪一个先回家，好吗？

显然，B 教师的语言更易于被幼儿接受。

所以，学前教育专业学生应加强幼儿教师口语学习，掌握在未来教育教学活动中的口语应用能力，使之成为必备的职业技能。

二、幼儿教师口语学习的目标与内容

幼儿教师口语学习的目标是：贯彻落实国家语言文字工作的方针政策，增强语言规范意识和能力，掌握普通话声母、韵母、声调的规范发音，掌握普通话语流音变的基本规律，具备一定的方言辨正能力，能用标准或比较标准的普通话朗读和说话，并达到国家规定的普通话等级标准；学习常用口语表达的技能技巧，能够清晰准确、流畅生动地朗读、讲述、交谈、讲故事，能够设计、讲说幼儿教师在幼儿园教育教学活动及其他工作中的用语，为适应学前教育工作的需要打下良好的语言表达基础。幼儿教师口语学习的内容主要包含五个项目：普通话语音知识与训练、普通话水平测试训练、一般口语表达技能、职业口语表达技能、职业拓展口语技能。

三、幼儿教师口语学习的方法

要想提高口语表达能力，学生必须认真学习理论知识，掌握规律，反复实践练习，才能够取得良好的效果。

第一，在理论指导下训练。理论学习可以避免训练的盲目性、随意性。比如，普通话中的"儿化韵"，如果没有掌握普通话韵母的儿化规律，就无法分辨"鲜花儿"和"冰棍儿"这两个词中儿化韵的不同发音。按照儿化规律，音节末尾是 ɑ 的，韵母不变，在后面加卷舌动作，如"鲜花儿"中的"花儿"读作"huār"；音节末尾是前鼻音-n 的，-n 不再发音，前面的韵腹卷舌，如"冰棍儿"中的"棍儿"读作"gùr"。

第二，在训练中培养语感。学生不仅要在课堂上训练，还要利用信息化时代的优势，抓住生活中的一切机会进行训练，培养语感，纠正方言语调。如关注一些语言类学习的公众号，在网络平台上寻找语言技能提升课程进行训练；或看新闻联播跟着播音员练习普通话正确发音，模仿其说话的语调、语气，纠正自己的方言语调等。学生要想提高口语表达技能，只要留心，处处都有学习与训练的机会。

第三，在积累中丰富内涵。好的口语表达不只是普通话标准，还必须言之有物，言之有理。口语表达的训练目的是能更好地和不同的人进行交流沟通，而与人交流时，谈什么、怎么谈是非常重要的。作为未来的幼儿教师，学生要多阅读幼教书籍，积累学前教育理论和知识；多参加幼儿园实践活动，在实践中增加职业岗位的历练，积累实战经验。这样学生今后进入幼儿园工作，在与幼儿、同事、幼儿家长等交流时，才能观点正确、有理有据。

　　第四，在实训中锻炼心理。当众流畅地表达，需要具备良好的心理素质。这就需要在真实场景中训练，多参加校内、校外实训。校内实训包括各种语言类社团活动或比赛，如幼儿教师技能比赛（讲故事）、儿童剧创编比赛、经典诵读比赛、主题演讲比赛、校园主持人比赛等；校外实训包括幼儿园跟岗实习、顶岗实习，暑期语言类社会实践等。总之，语言技能的提升离不开多说、多练。

● 知识链接 ●

口语表达模仿练习法

　　一是模仿专人。在生活中或电视节目中找一位口语表达能力强的人，把他或她讲的精彩的语言片段录下来，然后进行模仿。

　　二是专题模仿。选一个影视片段，如电视剧《陈延年》中的"中国，是中国人的中国"演讲片段，几个同学轮流模仿，看谁模仿得最像。为了激发同学们参与的积极性，也可以采用大家一起来评分的形式，表扬模仿得最成功的一位。这个方法简单易行且有娱乐性，在课上、课间、课后都可以进行。需要注意的是，选取的影视片段一定要新鲜有趣，让大家爱听、爱学。

　　三是随时模仿。我们每天在媒体或网络平台上听新闻、看影视，可以随时模仿播音员、主持人、演员等，注意他们的声音、语调、神态、动作，边听边看边模仿，日积月累，口语表达能力就会得到提升。需要强调的是，要选择发音规范者进行模仿。

—— 项目一 ——

普通话语音知识与训练

任务一	认识普通话

任务目标

【知识目标】

1. 掌握普通话的定义。
2. 了解普通话与方言的差异。
3. 了解语音的性质和相关概念。

【能力目标】

1. 能够辨析普通话与方言。
2. 能够感受不同发音器官的位置。

【素质目标】

1. 增强使用普通话的意识。
2. 激发学习普通话的积极性和责任感。

案例引路

　　案例 1：小王从河边路过,看见河边有位阿姨一边向河里招手,一边着急地喊着："我的孩子,我的孩子……"小王以为阿姨的孩子落水了,急忙跳进河里去找孩子,摸了好大一会儿,只摸到一只鞋子! 原来,阿姨的鞋子掉到了河里,可是她发音不标准,把声母 x 发成了 h,把韵母 ie 发成了 ai,把"鞋子"的发音变成了"孩子"。

　　案例 2：小李和朋友一起出去玩,小李玩累了要坐下来休息,朋友在前面一直喊："那里有疯狗,那里有疯狗。"小李左看右看,周围根本没有狗啊! 原来,朋友是在说"那里有风口",担心小李被风吹着了受凉! 小李的朋友发音不标准,还闹出了笑话。你能说说小李的朋友是哪个声母的发音不标准吗?

一、普通话的定义

　　普通话是《中华人民共和国宪法》明文规定的国家推广全国通用的规范语言。1955 年 10 月,全国文字改革会议和现代汉语规范问题学术会议相继召开,从语音、词汇、语法三个方面确定了现代汉民族共同语——普通话的标准,并为普通话下了科学的定义。普通话是以北京语音为标准音,以北方话为基础方言,以典范的现代白话文著作作为语法规范的现代汉民族共同语。这里的"普通"并非"普普通通",而是"普遍共通"之意。

"以北京语音为标准音",指的是以北京话的语音系统为标准,但并不是把北京话语音读法全部照搬,北京话里的方言土语也不属于普通话,因此,普通话不等于北京话。

"以北方话为基础方言",指的是所用词语以广大北方方言地区普遍通行的为准,同时也要从其他方言吸收较通行的词语。

"以典范的现代白话文著作作为语法规范",指的是以现代优秀作家、理论家的作品和国家发布的各种书面文件等为规范标准。

与世界上其他民族的语音系统相比,我国的普通话有以下几个鲜明的特点:一是没有复辅音,音节结构简单整齐。二是音节中元音占优势,发音清脆、响亮。三是有声调,且高低变化分明,不仅能区别单音节的意义,还能使语音具有铿锵悦耳的音乐色彩。四是音节之间区分鲜明,使语音具有节奏感。五是词汇的双音节化,词的轻重格式的区分及轻声、儿化的使用,使语言表达更加准确、丰富、悦耳。

二、普通话与方言

方言是语言的地方变体,是通行于某一地域的语言。我国幅员辽阔,人口众多,由于历史和现实的多种因素,形成了我国汉语方言复杂多样的现实。普通话与方言的差异主要表现在语音方面,在词汇和语法方面也有一定的差异。

根据方言的不同特点,我国汉语方言大致可分为七大类。

第一类是北方方言。北方方言是普通话的基础方言,分布地区最广,使用人口最多。北方方言分布在我国长江以北,包括云南、贵州、四川三省及重庆市的广大地域。北方方言又可以细分为以下四类方言:一是华北、东北方言,分布在北京、天津、河北、河南、山东、东北三省以及内蒙古的部分地区。二是西北方言,分布在陕西、山西、甘肃等省份,以及宁夏、青海、新疆、内蒙古的部分地区。三是西南方言,分布在云南、贵州、四川三省,以及湖北省的大部分地区与广西西北部、湖南西北部的少部分地区。四是江淮方言,分布在江苏、安徽两省的长江以北、淮河以南地区,以及镇江以西、九江以东的长江南岸沿江地区。

第二类是吴方言,分布在江苏省东南部、上海市以及浙江省的大部分地区,以上海话为代表。

第三类是湘方言,分布在湖南省中部湘江、资水、沅江流域,以及湘江上游、广西的东北角等地域,以长沙话为代表。

第四类是赣方言,分布在江西省中部和北部、湖南省东部和西南部、湖北省东南部,以及安徽省南部、福建省西北部的部分地域,以南昌话为代表。

第五类是客家方言,分布在福建、广东、江西三省的边缘地带,四川、湖南、台湾、海南等地的少部分地区,以广东东部梅县话为代表。

第六类是闽方言,分布在福建、台湾、海南三省的大部分地域,以及广东省东部潮汕地区和雷州半岛一带地域。闽方言内部分歧大,语音现象复杂,主要分为闽北和闽南两个分区,分别以福州话和厦门话为代表。

第七类是粤方言,分布在广东省中部和西南部、广西东南部以及港澳地区,以广州话为代表。

方言之间的差别给人们的交际带来了很大的不便。我们推广普通话并不是要"消灭"方言,而是为了给人们搭建一个没有方言隔阂且能顺畅交流的桥梁,同时也更有利于国家的统一、民族的团结、社会的和谐进步和经济文化的繁荣。因此,我们要在正式场合和公众交际场合使用普通话。

普通话是教师的职业语言,学校是推广普及普通话的主要阵地,幼儿期又是学习语言的关键时期,因此,作为幼儿教师,学好普通话不仅是自身业务素质和保证教育教学质量的需要,更是一份职业的使命和责任。

三、语音的性质和相关概念

(一) 语音的性质

语言是人类最重要的交际工具。语音是语言的物质外壳,是人的发音器官发出来的能够表达一定意义的声音。语音具有物理性质、生理性质和社会性质。

1. 语音的物理性质

语音同自然界的其他声音相同,都是由物体的振动而产生的,是一种物理现象,具有物理性质。语音具有音高、音强、音长、音色四大要素。

音高:指声音的高低。它取决于发音体振动的频率,发音体在单位时间内振动快,次数多,频率就大,声音就高,反之声音就低。语音的高低,与声带的长短、厚薄、松紧有关。

音强:指声音的强弱。它取决于发音体振动幅度的大小,与发音时用力的大小有关,振幅大,声音就强,振幅小,声音就弱。音强在普通话中有区别语音轻重的作用。

音长:指声音的长短。它取决于发音体振动时间的长短。语音的长短是由气流的输出和停止来调节的。

音色:指声音的特色。它是声音的个性、品质,是一种声音区别于其他声音的本质特征。它取决于发音体的音波振动形式(波形)。造成不同音色的条件主要有三个:发音体不同、发音方法不同与发音时共鸣器形状不同。

2. 语音的生理性质

语音是由人的发音器官互相合作发出来的声音,发音器官的部位、活动及其配合的方法决定了语音的生理特性,因此,语音又具有生理性质。

人的发音器官可以分为以下三部分。

一是肺和气管。肺是发音的动力站,是呼吸器官的中心,它提供发音所需要的气流。气管是气流出入的通道。肺部呼出的气流,首先经过支气管、气管,然后到达喉头,作用于声带、口腔、鼻腔等器官,从而发出各种各样的声音。

二是喉头和声带。这是发音体,当气流从肺和气管呼出时,就振动声带来产生声音。

三是口腔和鼻腔。这是发音体的共鸣器,声带发的音都是单一的,于是人就通过调整口腔的形状来控制声音的特点。口腔和鼻腔都是调节声音、形成各种音素的重要器官。口腔被人称为"声音的加工厂",是因为口腔的活动可以改变口腔共鸣器的形状。

3. 语音的社会性质

语音的物理性质和生理性质是自然属性,是将语音作为一种客观存在的自然物质来认识的,而语音的社会性质才是最重要与最本质的属性。用什么样的声音表示什么样的意义,并非必然的,而是

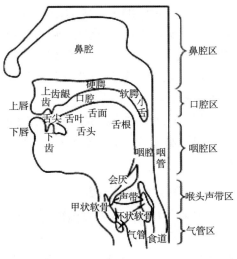

图 1-1　发音器官示意图

由使用这种语言的全体社会成员长期约定俗成的,如在不同民族的语言里,用来记录"门"的声音不同。汉语为"men",英语为"door",其他语言里还有别的语音形式。正因为如此,世界上才会有不同的语言。所以,语音的社会性质是语音的本质特点,是语音区别于其他声音的最重要的标志。

(二) 语音的相关概念

1. 音节和音素

音节是语音结构的基本单位,也是人在说话和听话时最容易分辨出来的语音单位。汉语中往往是一个汉字代表一个音节。如"飘(piāo)",是一个音节,而"皮袄(pí'ǎo)",虽与"飘"的音素完全相同,但发音时中间有短暂间隔,因而是两个音节。普通话除带儿化韵的词如"花儿""球儿"等是两个汉字表示一个音节外,一般是一个汉字表示一个音节,这也是汉语普通话区别于其他语言的一个显著特点。

音素是构成音节的最小语音单位或最小的语音片段。它是从音色区别的角度划分出来的。一个音节,如果按音色的不同来进一步划分,就会得到一个个最小的各有特色的单位,这就是音素。例如:"妈"(mā)从音色的角度可以划分出"m"和"a"两个不同的音素。"汉"(hàn)可以划分出"h""a""n"三个音素。

2. 元音和辅音

音素分为元音音素和辅音音素两大类。

元音:指气流振动声带,在口腔,喉头不受阻碍而形成的音。普通话中有 10 个元音:a、o、e、ê、i、u、ü、er、-i[ɿ]、-i[ʅ]。

辅音:指气流在口腔喉头受阻碍而形成的音。普通话中有 22 个辅音:b、p、m、f、d、t、n、l、g、k、h、j、q、x、zh、ch、sh、r、z、c、s、ng。

元音和辅音的主要区别：

（1）发元音时，气流通过喉头、口腔不受阻碍；发辅音时，气流通过喉头、口腔要受到某个部位的阻碍。这是元音和辅音最主要的区别。

（2）发元音时，发音器官各部位保持均衡的紧张状态；发辅音时，发音器官成阻的部位特别地紧张。

（3）发元音时，气流较弱；发辅音时，气流较强。

（4）发元音时，声带振动，声音比辅音响亮；发辅音时，声带不一定振动，声音一般不响亮。

3. 声母、韵母、声调

声母、韵母、声调是我国传统语音学分析汉语音节的结构单位。

声母是音节开头的辅音。22 个辅音中除"ng"不能当声母外，其余的都可以作声母，也就是说普通话共有 21 个辅音声母。此外，有的音节开头的音素不是辅音，也就是说音节的声母为零，在语音学上称之为"零声母"，把这样的音节称为"零声母音节"，如"偶 ǒu""鸭 yā"等。

韵母指音节中声母后面的部分。普通话韵母共有 39 个，其中，单韵母有 10 个，复韵母有 13 个，鼻韵母有 16 个。

声调是音节中音高起伏升降的变化。普通话有四种基本声调：阴平、阳平、上声、去声。

● 知识链接 ▶

普通话的记音符号

语音是一种发之于口、听之于耳的声音，我们要研究学习语音，必须创造一套符号将转瞬即逝的语音记录在书面上。当前，国际上通用的记音符号是国际音标。我国采用的记录普通话语音的常用工具是《汉语拼音方案》。它是根据普通话语音系统，采用国际通用的拉丁字母和音素化的音节结构拼写方法而制定的一套给汉字注音和拼写普通话的方案。它是我国法定的拼音方案，于 1958 年 2 月 11 日经第一届全国人民代表大会第五次会议审批通过，由国务院正式公布推行。

《汉语拼音方案》的内容包括字母表、声母表、韵母表、声调符号、隔音符号五个部分。

 自我检测

1. 什么是普通话？

2. 召开一次以"我的家乡话"为主题的班会，讨论一下家乡方言和普通话的区别。

3. 使用普通话读一段文字或说一段话，感受"发音器官示意图"中各个部位在发音过程中所起的作用。

任务二　普通话声韵调训练

任务目标

【知识目标】

1. 掌握声母和韵母的分类、发音部位及发音方法。
2. 掌握普通话四个声调的调值、调类、调号。
3. 掌握普通话音节声韵配合规律和结构特点。

【能力目标】

1. 能够读准普通话的 21 个辅音声母和 39 个韵母。
2. 能够按照调值要求,读准普通话的 4 个声调。
3. 能够听辨和纠正声母、韵母、声调的不准确发音。
4. 能够综合运用普通话的声母、韵母、声调,提高普通话水平。

【素质目标】

1. 激发学习普通话的积极性,养成规范发音的习惯。
2. 感受汉语音节的音韵美,热爱国家通用语言——普通话,增强学好普通话的自信心和责任感。

案例引路

在某地方言中,将"红薯喂猪,猪都不吃"说成"红 xu 喂 ju,ju 都不 qi"。这里,声母发音有误,将 sh 发成了 x,将 zh 发成了 j,将 ch 发成了 q,即将"zh、ch、sh"发成了"j、q、x"。类似这样的声母发音错误,在各地方言中都有不同程度的存在。所以,学习普通话,首先要掌握声母的发音要领。

一、声母训练

(一) 声母的分类

声母是汉语音节开头的辅音。普通话有 21 个辅音声母,不同声母的发音是由不同的发音部位和发音方法决定的。发音部位是指声母发音时气流受到阻碍的位置。发音方法是指发音时阻碍气流和解除阻碍的方式、气流的强弱及声带是否颤动。按发音部位可将声母分为七类:双唇音、唇齿音、舌尖前音、舌尖中音、舌尖后音、舌面前音、舌面后音。按发音方法分类有以下三种分法:一是按成阻和除阻的方式,将声母分为六类:塞音、塞擦音、擦音、近音、鼻音、边音;二是按声带是否颤动,将声母分为清音(不颤动)和浊音(颤动)两类;三是按气流的强弱,将塞音和塞擦音的声母分为送气音(气流强)和不送气音(气流弱)两类。

表 2-1 普通话声母发音分类表

发音方法 发音部位	塞音 (清音)		塞擦音 (清音)		擦音	近音	鼻音	边音
	不送气音	送气音	不送气音	送气音	清音	浊音	浊音	浊音
双唇音	b	p					m	
唇齿音					f			
舌尖前音			z	c	s			
舌尖中音	d	t					n	l
舌尖后音			zh	ch	sh	r		
舌面前音			j	q	x			
舌面后音	g	k			h			

(二) 声母的发音

b 双唇、不送气、清、塞音

发音时上唇、下唇闭合,形成阻碍,软腭上升,关闭鼻腔通道,声带不振动,气流较弱,冲破双唇阻塞,爆发成声。

标兵 背包 辨别 卑鄙 奔波 壁报 宝贝 包办

微课视频 普通话声母(一)
微课视频 普通话声母(二)

p 双唇、送气、清、塞音

发音时上唇、下唇闭合,形成阻碍、软腭上升,关闭鼻腔通道,声带不振动,气流较强,冲破双唇阻塞,爆发成声。

琵琶 偏旁 批评 拼盘 澎湃 乒乓 铺平 偏僻

m 双唇、浊、鼻音

发音时上唇、下唇闭合,软腭下降,关闭口腔通道,打开鼻腔通道,气流振动声带,并从鼻腔冲出成声。

美妙 面貌 埋没 眉目 牧民 麻木 明媚 麦苗

f 唇齿、清、擦音

发音时下唇略内收,靠近上齿,形成一条窄缝,软腭上升,关闭鼻腔通道,声带不振动,气流从唇齿的窄缝中挤出,摩擦成声。

　　方法　肺腑　丰富　非凡　奋发　芬芳　反复　仿佛

d　舌尖中、不送气、清、塞音

　　发音时舌尖抵住上齿龈,形成阻塞,软腭上升,关闭鼻腔通道,声带不振动,气流较弱,冲破阻塞,爆发成声。

　　电灯　当代　导弹　大地　单调　道德　等待　奠定

t　舌尖中、送气、清、塞音

　　发音时舌尖抵住上齿龈,形成阻塞,软腭上升,关闭鼻腔通道,声带不振动,气流较强,冲破阻塞,爆发成声。

　　团体　铁塔　天堂　探讨　淘汰　忐忑　体贴　滩涂

n　舌尖中、浊、鼻音

　　发音时舌尖抵住上齿龈,软腭下降,关闭口腔通道,打开鼻腔通道,气流振动声带,并从鼻腔冲出成声。

　　牛奶　南宁　男女　恼怒　农奴　泥泞　能耐　袅娜

l　舌尖中、浊、边音

　　发音时舌尖抵住上齿龈(略后),舌头两侧要有空隙,软腭上升,关闭鼻腔通道,气流振动声带,并经舌头两边从口腔冲出成声。

　　理论　流利　嘹亮　老练　轮流　连累　拉拢　来历

g　舌面后、不送气、清、塞音

　　发音时舌面后部抬起,抵住软腭和硬腭交界处,软腭上升,关闭鼻腔通道,声带不振动,较弱的气流冲破阻塞,爆发成声。

　　改革　巩固　灌溉　国歌　骨干　规格　更改　果敢

k　舌面后、送气、清、塞音

　　发音时舌面后部抬起,抵住软腭和硬腭交界处,软腭上升,关闭鼻腔通道,声带不振动,较强的气流冲破阻塞,爆发成声。

　　宽阔　慷慨　可靠　开垦　坎坷　刻苦　可口　旷课

h　舌面后、清、擦音

　　舌面后部隆起,接近软腭和硬腭的交界处,留出窄缝,软腭上升,关闭鼻腔通道,声带不振动,气流从窄缝中挤出,摩擦成声。

　　合伙　浩瀚　欢呼　航海　辉煌　黄河　浑厚　绘画

j　舌面前、不送气、清、塞擦音

　　发音时舌尖抵住下齿背,舌面前部抵住硬腭前部,声带不振动,较弱的气流冲开阻塞,形成一条窄缝,摩擦成声。

　　阶级　节俭　间接　焦急　积极　经济　坚决　家具

q　舌面前、送气、清、塞擦音

　　发音时舌尖抵住下齿背,舌面前部抵住硬腭前部,声带不振动,较强的气流冲开阻塞,形成一条窄缝,摩擦成声。

亲切　强权　请求　崎岖　亲戚　确切　牵强　弃权

x　舌面前、清、擦音

发音时舌尖抵住下齿背,舌面前部靠近硬腭前部,留出窄缝,声带不振动,气流从窄缝中挤出,摩擦成声。

虚心　形象　学习　相信　详细　行星　新鲜　闲暇

zh　舌尖后、不送气、清、塞擦音

发音时舌尖上翘,抵住硬腭前部,软腭上升,关闭鼻腔通道,声带不振动,气流较弱,将阻塞冲开一条窄缝,经窄缝摩擦成声。

正直　苗壮　政治　招展　主张　住宅　辗转　庄重

ch　舌尖后、送气、清、塞擦音

发音时舌尖上翘,抵住硬腭前部,软腭上升,关闭鼻腔通道,声带不振动,气流较强,将阻塞冲开一条窄缝,经窄缝摩擦成声。

车床　长城　驰骋　出产　出差　充斥　超产　戳穿

sh　舌尖后、清、擦音

发音时舌尖上翘,接近硬腭前部,形成窄缝,软腭上升,关闭鼻腔通道,声带不振动,气流从窄缝中挤出,摩擦成声。

身世　山水　生疏　上升　事实　施舍　舒适　述说

r　舌尖后、浊、近音

发音时舌尖上翘,接近硬腭前部,形成窄缝,软腭上升,关闭鼻腔通道,声带振动,气流从窄缝中挤出,摩擦成声。

柔软　仍然　忍让　荏苒　容忍　如若　柔韧　扰攘

z　舌尖前、不送气、清、塞擦音

发音时舌尖轻轻抵住下齿背,软腭上升,关闭鼻腔通道,声带不振动,气流较弱,冲开一条窄缝,从窄缝中挤出,摩擦成声。

祖宗　总则　藏族　曾祖　造作　罪责　自尊　枣子

c　舌尖前、送气、清、塞擦音

发音时舌尖轻轻抵住下齿背,软腭上升,关闭鼻腔通道,声带不振动,气流较强,冲开一条窄缝,从窄缝中挤出,摩擦成声。

层次　苍翠　催促　草丛　粗糙　参差　猜测　措辞

s　舌尖前、清、擦音

发音时舌尖轻抵下齿背或接近上齿背,形成一条窄缝,软腭上升,关闭鼻腔通道,声带不振动,气流从窄缝中挤出,摩擦成声。

色素　琐碎　思索　诉讼　松散　洒扫　速算　瑟缩

知识链接

声母在汉语音节中的作用

声母是汉语音节开头的辅音。声母的主要作用有:(1)区分词。如 lán líng-nán níng,shāng yè-sāng yè,shī rén-sī rén,在这三组词中,虽然两音节的韵母与声调相同,但由于声母不同,意思则不一样。不同方言区的人如果发不准普通话声母,就有可能造成词的混淆而影响口语交际。(2)区别音节的清晰度。声母发音部位比较紧张,发音短促、有力,干脆利落,并且在音节的开头,在汉语语流中就能使音节界限区别明显,字字清晰可辨。(3)增强音节的力度和亮度。声母发音时蓄气充足,弹射有力,并与韵头迅速结合,能使整个音节的力度和亮度增强。

 自我检测

1. 读准 z、c、s 和 zh、ch、sh。

自愿—志愿	仿造—仿照	姿势—知识	宗旨—中止	资助—支柱
支援—资源	主力—阻力	摘花—栽花	找到—早到	物质—物资
鱼刺—鱼翅	粗布—初步	从来—重来	木柴—木材	乱吵—乱草
商业—桑叶	新春—新村	私人—诗人	近似—近视	搜集—收集
申诉—申述	树立—肃立			

正宗	沼泽	制作	资助	差错	陈醋	除草	残喘	上司
绳索	赈灾	杂志	栽种	成材	出操	猜测	色彩	操作
厕所	子孙	紫菜	自私	自尊	棕色	走私	祖宗	存在
才思	沧桑	在座	走卒	此次	璀璨	曹操	三餐	速算
催促	错综	缲丝	赞颂	葬送	碎石	炒菜	缩水	算术
真正	真诚	评审	映衬	深更	更深	诚信	诚心	丛林
省心	振兴	震惊	镇定	阵营	神情	肾病	插入	社会
平舌	词语	增长	职责	层次	贮藏	生死	自责	增资
随从	嫂子	错字	刑侦	乱草	增进	等身	沉静	史记

2. 分清 n 和 l。

无赖—无奈	水牛—水流	男裤—蓝裤	旅客—女客	脑子—老子
大娘—大梁	连夜—年夜	留念—留恋	浓重—隆重	南部—蓝布
烂泥—烂梨	牛黄—硫磺			

哪里	纳凉	奶酪	脑力	内涝	能力	来年	老农	冷暖
流脑	留念	岭南	牛奶	恼怒	扭捏	能耐	呢喃	男女
履历	理论	联络	流露	老练	拉力			

3. 分清 f 和 h。

舅父—救护	公费—工会	附注—互助	仿佛—恍惚	防虫—蝗虫
斧头—虎头	飞机—灰鸡	非凡—辉煌	奋战—混战	复员—互援
方地—荒地	防止—黄纸			

发话　发慌　反悔　繁华　丰厚　复合　混纺　后方　化肥

洪峰　画符　花粉

4. 练读下面的绕口令。

(1) 四是四,十是十,十四是十四,四十是四十,不要把十四说成四十,不要把四十说成十四。说好四和十,得靠舌头和牙齿。谁说四十是"细席",他的舌头没用力;谁说十四是"实事",他的舌头没伸直。认真学,常练习,十四、四十、四十四。

(2) 丰丰和芳芳,上街买混纺。红混纺,粉混纺,黄混纺,灰混纺,红花混纺做裙子,粉花混纺做衣裳。红、粉、灰、黄花样多,五颜六色好混纺。

(3) 老龙恼怒闹老农,老农恼怒闹老龙。农怒龙恼农更怒,龙恼农怒龙怕农。

(4) 七巷一个漆匠,西巷一个锡匠,七巷漆匠偷了西巷锡匠的锡,西巷锡匠偷了七巷漆匠的漆。

📋 案例引路

　　各地方言中,有不少韵母的发音同普通话发音存在差异,如东北人把 bo、po、mo 读作 be、pe、me;冀南豫北山区在发单韵母是 a 的音节时将 a 读作 o,如大米读成 do mi;晋语区中前后鼻韵母相混……我们学习普通话时,首先要掌握普通话韵母的发音规范,然后找出当地方言和普通话在韵母方面存在的问题及对应规律,进行辨正训练,这样才能使自己的普通话逐步达到规范。

二、韵母训练

(一) 韵母的分类

韵母是指一个音节中声母后面的部分。普通话中共有 39 个韵母。根据不同的标准,普通话韵母可以划分出不同的类型。

1. 按照韵母开头元音的发音口形的不同,可以分成四类,又叫"四呼"

(1) 开口呼:不是 i、u、ü 或不以 i、u、ü 开头的韵母。

(2) 齐齿呼:i 或以 i 开头的韵母。

(3) 合口呼:u 或以 u 开头的韵母。

(4) 撮口呼:ü 或以 ü 开头的韵母。

2. 按照韵母的内部结构,可以分成三类

(1) 单韵母:由一个元音构成的韵母叫单韵母。普通话共有 10 个单韵母。

（2）复韵母：由两个或三个元音结合构成的韵母。普通话共有 13 个复韵母。

（3）鼻韵母：由一个或两个元音后面带上鼻辅音构成的韵母。普通话共有 16 个鼻韵母。

表 2-2　普通话韵母表

"四呼" 韵母	开口呼	齐齿呼	合口呼	撮口呼
单韵母		i	u	ü
单韵母	a	ia	ua	
单韵母	o		uo	
单韵母	e			
单韵母	ê	ie		üe
单韵母	-i[ʅ] -i[ɿ]			
单韵母	er			
复韵母	ai		uai	
复韵母	ei		uei	
复韵母	ao	iao		
复韵母	ou	iou		
鼻韵母	an	ian	uan	üan
鼻韵母	en	in	uen	ün
鼻韵母	ang	iang	uang	
鼻韵母	eng	ing	ueng	
鼻韵母	ong	iong		

（二）韵母的发音

1. 单韵母发音

单韵母的发音特点是发音过程中舌位、唇形和开口度始终不变。舌位的前后、舌面高低和唇形的圆展是单韵母发音的三个要素。根据发音时舌头的位置和状态,可以分为舌面单韵母、舌尖单韵母和卷舌单韵母三类。

（1）舌面单韵母：是由舌面起主要作用的元音充当韵母,有 a、o、e、ê、i、u、ü 七个。

微课视频

普通话韵母
（一）

ɑ　舌面、央、低、不圆唇元音

发音时,口腔大开,舌位低,唇形微展。

打靶　大厦　发达　马达　喇叭　哪怕　刹那　哈达

o　舌面、后、半高、圆唇元音

发音时,口半闭,嘴唇拢圆,舌头后缩,舌位半高。

伯伯　婆婆　默默　泼墨　薄膜　馍馍　磨破　脉脉

e　舌面、后、半高、不圆唇元音

发音时,口半闭,嘴唇向两边展开,舌头后缩,舌位半高。

隔阂　合格　客车　特色　折射　这个　色泽　可乐

ê　舌面、前、半低、不圆唇元音

发音时,口半开,舌头前伸,嘴角向两边微展,舌位半低。在普通话中,ê 只在语气词"欸"中单用。ê 不与任何辅音声母相拼,只构成复韵母 ie、üe,在书写时须省去上面的附加符号"ˆ"。

别　谢　夜　灭　决　略　确　列

i　舌面、前、高、不圆唇元音

发音时,口微开,扁唇,舌尖抵住下齿背,舌体前伸。

笔记　激励　基地　记忆　霹雳　习题　体力　奇迹

u　舌面、后、高、圆唇元音

发音时,口微开,圆唇,舌头后缩,舌根接近软腭,舌位高而后。

补助　读物　辜负　瀑布　入伍　疏忽　祝福　图书

ü　舌面、前、高、圆唇元音

发音时,口微开,舌头前伸,舌面接近硬腭,唇形拢圆。

聚居　区域　屈居　须臾　序曲　语序　豫剧　絮语

(2) 舌尖单韵母:是由舌尖起主要作用的元音充当单韵母,有-i(前)、-i(后)两个。

-i(前)　舌尖、前、高、不圆唇元音

发音时,口微开,扁唇,嘴角向两边展开,舌头平伸,舌尖靠近上齿背。初学发音时可将 z、c、s 的发音拉长,拉长的部分即是-i(前)的读音。这个韵母只跟 z、c、s 配合,不和其他声母相拼,不能自成音节。拼读时和声母一起发出来。

私自　此次　次子　字词　自私　孜孜　恣肆　赐死

-i(后)　舌尖、后、高、不圆唇元音

发音时,口微开,扁唇,嘴角向两边展开,舌尖上翘,靠近硬腭前部。初学发音时可将 zh、ch、sh 的发音拉长,拉长的部分即是-i(后)的读音。这个韵母只跟 zh、ch、sh、r 配合,不和其他声母相拼,不能自成音节。拼读时和声母一起发出来。

实施　支持　知识　制止　值日　试制　事实　实质

(3) 卷舌单韵母:是由卷舌动作的元音充当韵母,只有 er 一个。

er　卷舌、央、中、不圆唇元音

er 是在 e 的发音基础上加上卷舌动作而成。即在发 e 的同时带上卷舌动作,嘴唇稍展,舌头居中央。er 中的 r 不代表音素,只是表示卷舌的动作,所以 er 还是一个单韵母。er 不能和声母相拼,只能自成音节。此外,er 还常跟在一个音节后面,使这个音节的韵母带上卷舌动作,变成儿化韵。

而　儿　耳　二　尔　饵　贰　洱

树枝儿　墙根儿　帽檐儿　电影儿　小孩儿

2. 复韵母发音

由两个或三个元音结合而成的韵母叫复韵母。复韵母的发音不是前后元音的简单相加,而是由一个元音的舌位向另一个元音滑动的过程。另外,每一个复韵母中总有一个元音发音响亮清晰,发音时间长,称为主要元音。普通话有 13 个复韵母:ai、ei、ao、ou、ia、ie、ua、uo、üe、iao、iou、uai、uei。根据主要元音所处的位置,复韵母可分为前响复韵母、后响复韵母和中响复韵母。

微课视频
普通话韵母
(二)

(1)前响复韵母共有四个:ai、ei、ao、ou。它们的共同特点是前一个元音清晰响亮,后一个元音轻短模糊。

ai　白菜　爱戴　拆开　拍卖　采摘　买卖　灾害　开采

ei　蓓蕾　配备　肥美　飞贼　累累　北美　委培　黑妹

ao　号召　草包　草稿　吵闹　逃跑　唠叨　祷告　报到

ou　欧洲　口头　丑陋　猴头　筹谋　守候　抖擞　收购

(2)后响复韵母共有五个:ia、ie、ua、uo、üe。它们的共同特点是前面的元音发得轻短,只表示舌位从那里开始移动,后面的元音发得清晰响亮。

ia　恰恰　假牙　加价　压价　下压　掐架　加压　下架

ie　乜斜　铁鞋　贴切　结业　趔趄　节烈　歇业　谢谢

ua　耍滑　挂画　花袜　娃娃　刮花　花褂　哗哗　垮塌

uo　蹉跎　过错　骆驼　没落　罗锅　阔绰　硕果　活捉

üe　约略　雪月　雀跃　决绝　绝学　肆虐　公爵　大约

后响复韵母在自成音节时,韵头 i、u、ü 改写成 y、w、yu。

(3)中响复韵母共有四个:iao、iou、uai、uei。它们共同的发音特点是前一个元音轻短,后面的元音含混,只表示舌位滑动的方向,中间的元音清晰响亮。

iao　巧妙　妙药　教条　吊桥　逍遥　小鸟　叫嚣　渺小

iou　悠久　绣球　久留　求救　优秀　秋游　牛油　邮友

uai　外快　摔坏　怀揣　乖乖　外踝　统帅　愉快　奇怪

uei　灰堆　鬼祟　摧毁　归队　回味　荟萃　魁伟　坠毁

中响复韵母在自成音节时,韵头 i、u 改写成 y、w。复韵母 iou、uei 前面加声母时,要省写成 iu、ui,如 liu(留)、gui(归)等;不与声母相拼时,不能省写,用 y、w 开头,写成 you(油)、wei(威)等。

3. 鼻韵母发音

由一个或两个元音后面带上鼻辅音构成的韵母叫鼻韵母。普通话里有前鼻音 n 和后鼻音 ng 两个鼻辅音。鼻韵母共有 16 个,包括 an、en、in、ün、ian、uan、üan、uen 八个前鼻韵母和 ang、eng、ing、ong、iang、iong、uang、ueng 八个后鼻韵母。发鼻韵母,关键是要区别好前后鼻韵尾。

微课视频

普通话韵母
(三)

(1) 前鼻韵母。

an	安然	灿烂	橄榄	肝胆	谈判	汗衫	坦然	感叹
en	根本	深沉	振奋	认真	门诊	审慎	人参	沉闷
in	拼音	亲近	辛勤	民心	贫民	尽心	近邻	金银
ün	均匀	军训	纭纭	逡巡	白云	人群	通讯	教训
ian	简练	眼帘	惦念	鲜艳	显眼	变迁	牵连	偏见
uan	贯穿	转换	婉转	传唤	转弯	专断	宦官	酸软
üan	源泉	全权	圆圈	渊源	轩辕	涓涓	冤怨	拳拳
uen	昆仑	滚轮	春笋	温顺	困顿	馄饨	温存	混沌

(2) 后鼻韵母。

ang	苍茫	当场	长廊	厂房	盲肠	螳螂	党章	商场
eng	丰盛	横生	更正	风筝	整风	登程	奉承	升腾
ing	宁静	明星	评定	英明	姓名	蜻蜓	倾听	零星
ong	葱茏	从容	轰动	工农	空洞	总统	隆重	共同
iang	响亮	想象	两样	湘江	亮相	洋姜	向阳	强将
iong	汹涌	炯炯	熊熊	穷凶	汹汹	窘态	穷苦	雄壮
uang	状况	装潢	狂妄	矿床	双簧	网状	窗框	惶惶
ueng	渔翁	蓊郁	蕹菜	水瓮	老翁	嗡嗡	瀛江	鎓盐

需要注意的是,uen 与声母相拼时,省写作 un,如 lun(伦)、chun(春);uen 自成音节时,u 改写成 w,如 wen(温)。

● 知识链接 ●

押　韵

押韵就是把同韵的字有规律地配置在诗词等韵文的句尾。各句押韵的字叫做韵脚或韵字。押韵是诗词等韵文的语言特点之一。其主要作用是使声音和谐优美,吟诵顺口悦耳,便于记忆流传。"韵"和"韵母"是两个并不完全相同的概念。所谓同韵,指韵腹相同或相近的韵母,如有韵尾则韵尾相同,韵头可以不同。为了便于押韵,人们把同韵的、可以相押韵的字归纳为若干韵部,根据现代北京语音的音系归纳的韵部,最常见的有十八韵和十三辙。

自我检测

1. 分清 i 和 ü。

集体—具体　农技—农具　出气—出去　瓷器—辞去　气味—趣味
里程—旅程　拟人—女人　移民—渔民　登记—灯具　比翼—比喻
得意—德育　机遇—拘役　意气—玉器　理由—旅游　情理—情侣

2. 分清 e 和 uo。

科大—扩大　开课—开阔　河水—活水　乐和—洛河　和平—和面
贺喜—获悉　大哥—大锅　计策—记错

3. 分清 o 和 e。

薄膜　脖子　老婆　蘑菇　鸟窝　伯父　哥哥　天鹅　河水　毒蛇
记者　巨测　波折　恶魔　刻薄　河坡　磨破　破车　剥夺　磨墨

4. 复韵母对比训练。

(1) ai 和 ei。

排场—赔偿　分派—分配　耐心—内心　小麦—小妹　摆布—北部
成败—成倍　卖力—魅力　安排—安培　来迟—雷池　埋头—眉头
稗子—被子　买光—镁光　耐热—内热　拜望—备忘　买回—每回

(2) ao 和 ou。

思潮—丝绸　稻子—豆子　考试—口试　刀锋—兜风　高洁—勾结
牢房—楼房　烧了—收了　浩瀚—后汉　镐头—狗头　毛利—牟利
豪杰—喉结　嗜好—事后　掏钱—偷钱　逃奔—投奔　暗道—暗斗

(3) iao 和 iou(iu)。

求教—求救　摇动—游动　药片—诱骗
耀眼—右眼　生效—生锈　角楼—酒楼

(4) ie 和 üe。

切实—确实　列表—略表　猎取—掠取
日夜—日月　竹叶—逐月　午夜—五月
茄子—瘸子　劫掠—决裂　协约—学业

(5) ou 和 ai。

河藕—和蔼　上楼—上来　阴谋—阴霾　大吼—大海　寄走—记载

(6) uai 和 ai。

摔掉—筛掉　踝骨—骸骨　损坏—损害　老帅—老晒　奇怪—乞丐

(7) ei 和 uei(ui)。

黑色—灰色　刚黑—光辉　酒类—酒醉　不给—不轨　一倍—一会

(8) ia 和 ie。

大家—大街　红霞—红鞋　推下—推卸　好虾—好些　一架—一届

5. 前后鼻音练习。

（1）an 和 ang。

烂漫—浪漫　反问—访问　赞颂—葬送　开饭—开放　担心—当心
弹词—搪瓷　鱼竿—鱼缸　施展—师长　一般—一帮　寒天—航天
心烦—心房　散失—丧失　产房—厂房　小县—小巷　山口—伤口
担当　安放　班长　繁忙　山冈　南方　反抗　安康　返航　漫长
肝脏　擅长　战场　商贩　当然　傍晚　畅谈　上班　账单　方案
商战　汤饭　钢板　房山

（2）en 和 eng。

陈旧—成就　真理—争理　申明—声明　木盆—木棚　清真—清蒸
瓜分—刮风　绅士—声势　人参—人生　诊治—整治　沉积—乘机
长针—长征　粉刺—讽刺　真诚　本能　深层　奔腾　真正　神圣
纷争　门缝　人称　人生　晨风　分封　成本　成分　登门　承认
成人　诚恳　城镇　风尘　缝纫　能人　胜任　正门　证人　生根

（3）in 和 ing。

亲生—轻生　金质—精致　人民—人名　信服—幸福　频繁—平凡
亲近—清净　贫民—平民　金银—经营　弹琴—谈情　进攻—静功
信誉—性欲　亲信—青杏　心情　禁令　新兴　民警　品行　聘请
进行　新型　尽情　心灵　拼命　民兵　金星　新颖　听信　灵敏
清新　挺进　平民　迎新　影印　领巾　精心　轻信　病因

6. 练读下面的绕口令。

（1）张伯伯，李伯伯，饽饽铺里买饽饽。张伯伯买了个饽饽大，李伯伯买了个大饽饽，拿回家里给婆婆，婆婆又去比饽饽，也不知是张伯伯买的饽饽大，还是李伯伯买的大饽饽。

（2）山羊上山，山碰山羊角，水牛下水，水没水牛腰；猪进猪圈，猪拱大猪槽；毛驴驮草，草压毛驴腰。

（3）一个胖娃娃，画了三个大花活蛤蟆，三个胖娃娃，画不出一个大花活蛤蟆。画不出一个大花活蛤蟆的三个胖娃娃，真不如画了三个大花活蛤蟆的一个胖娃娃。

（4）薛大爷在屋里打铁，谢老爹在街上扫雪。薛大爷见谢老爹在街上扫雪，急忙放下手里打着的铁，到街上去帮谢老爹扫雪。谢老爹扫完了雪，进屋去帮薛大爷打铁。二人同扫雪，二人同打铁。

（5）南门外有个面铺面冲南，门上挂着蓝布棉门帘。摘了蓝布棉门帘，瞧了瞧，南门外头面铺面冲南；挂上蓝布棉门帘，瞧了瞧，还是南门外头面铺面冲南。

（6）同姓不能说成通信，通信也不能说成同姓；同姓可以互相通信，通信不一定同姓。

　　石老师第一次去给外国留学生上课,留学生们向石老师问好:"老石好!"石老师很纳闷:第一次见面,还没介绍自己呢,同学们怎么知道我姓石呢?原来,留学生们是问候"老师好",但因为发不准声调,把 shī 发成了 shí。

　　声调是汉语独有的,具有区别意义的作用。

三、声调训练

(一)普通话声调的调值

微课视频
普通话的
声调

　　调值是指声调的实际读音,也就是音节的高低、升降、曲直、长短的实际变化形式,具有区别音节意义的作用。如体裁与题材,其声调不同,意义就有差别。

　　普通话有四种声调,其变化形式通常用赵元任先生创制的"五度标调法"来表示,五度标调法将声调的相对音高分为五度,最高为 5,最低为 1。

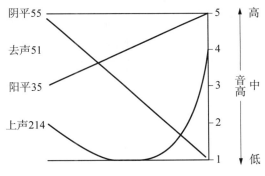

图 2-1　普通话声调五度标记图

　　根据图示可知,普通话四种声调的调值分别为 55、35、214、51。

(二)普通话声调的调类

　　调类就是声调的分类。普通话有四个调类,即阴平(55)、阳平(35)、上声(214)和去声(51),也就是俗称的第一声、第二声、第三声和第四声,简称"四声"。

(三)普通话声调的调号

　　调号就是声调的标记符号。普通话音节的四种调值通常用不同的调号来标记。《汉语拼音方案》规定,调号标在音节的主要元音上。把声调的调值、调类和调号结合起来分析,可以制成下面的普通话声调表。

表 2-3　普通话声调表

调类	调值	调值描写	调号	例字
阴平	55	起音高高一路平	ˉ	春天
阳平	35	由中到高往上升	′	来临
上声	214	先降后升曲折起	ˇ	展览
去声	51	高起猛降到底层	﹨	胜利

· 知识链接 ·

"四声"的来源

　　"四声"的来源可以追溯到古汉语的声调分类,是对"平、上、去、入"四种声调的总称。汉字为单音字,每字一音,以高低升降的不同来区别意义,从而构成不同的声调。齐梁时期的沈约等人用四声构成诗律,他们以"平、上、去、入"四字作为各类调名,总称"四声"。到了元代时,平声分化为阴平和阳平,就是现在的第一声和第二声;上声有一部分字归并到去声里,剩下的是现在的第三声;去声和由上声归并的一些字是现在的第四声;入声分化到了阴平、阳平、上声、去声四个声调当中。现在的普通话中已没有入声。但在有些方言中,还保留了入声。例如:吴方言、粤方言、闽方言、客家方言、赣方言等均保留有入声,其中粤方言、闽方言、客方言中保留了[-t][-k][-p]三个辅音韵尾。

 自我检测

1. 读下列字词,对比四声的变化。

妈　麻　马　骂　书　熟　属　树　猜　才　采　菜
通　同　统　痛　灰　回　毁　汇　风　冯　讽　奉
乌鸦　芭蕉　波涛　红旗　纯洁　繁荣　水果　影响　简朴　伴奏
缔造　倡议　奔流　生活　精华　花圃　清早　光彩　尖锐　机智
鞭策　集中　崇高　迎接　持久　联想　拂晓　旋律　牢固　融洽
老师　美观　火车　品德　启蒙　保持　点缀　渴望　紧凑　诞生
浪花　乐章　热情　沸腾　浪潮　驾驶　进取　剧本
光明磊落　风调雨顺　山河锦绣　墨守成规　调虎离山　异口同声
班门弄斧　心领神会　挥洒自如　孤陋寡闻　南征北战　和风细雨
别有用心　明目张胆　语重心长　耳聪目明　举足轻重　等闲视之
卧薪尝胆　画龙点睛　万紫千红　豁然开朗

2. 用普通话读下面的词语,注意比较它们的声调与自己家乡方言有什么不同。

铁塔　法律　毕业　答复　决策

骨骼　剧烈　割裂　实质　克服

3. 读准下面词语的声调。

复杂　潜质　召开　瞥见　仍然　邮局　卓越　角色

足迹　打捞　征帆　儒家　惩罚　题材　暂时　拙劣

宁可　曲折　请帖　强迫　然而　尽管　脂肪　血液

连累　住宅　阐述　处理　氛围　即刻

4. 练读下面绕口令。

(1) 牛牛要吃河边柳,妞妞赶牛牛不走,妞妞护柳牛扭头,牛牛扭头瞅妞妞,妞妞扭牛牛更拗,牛牛要顶小妞妞,妞妞捡起小石头,吓得牛牛扭头走。

(2) 姥姥喝酪,酪落姥姥捞酪。舅舅架鸠,鸠飞舅舅揪鸠。妈妈骑马,马慢,妈妈骂马。妞妞轰牛,牛拗,妞妞拧牛。

5. 试读下面的趣文,注意读准声调。

石室诗士施史,嗜食狮,誓食十狮。适施氏时时适币视狮。十时,适十狮适市。是时,适施氏适市。施氏视是十狮,恃矢势,使是十狮逝世。氏拾是十狮尸,适石室。石室湿,氏使侍拭石室,石室拭,氏始试食是十狮尸。食时,始识是十狮尸,实十石狮尸,试释是事。(赵元任《施氏食狮史》)

📝 案例引路

有这样一句话:"这个小孩儿真可爱!"A 同学说这句话有 8 个音节,B 同学说这句话有 7 个音节,到底谁说得对呢?

四、普通话音节训练

(一)普通话音节

微课视频
音节

音节是语音的基本结构单位,是由音素构成的语音片段,是听觉自然感到的最小的语音单位。一般情况下,一个汉字的读音就是一个带调音节,如"普通话"(pǔ tōng huà)就是三个带调音节。但有一种情况例外,就是儿化音节。儿化音节用两个汉字代表一个音节,如"花儿"(huār),写出来是两个汉字,念出来是一个音节。

(二)普通话音节声韵配合规律

普通话有 21 个辅音声母、39 个韵母,但不是每个声母和每个韵母都能相拼成音节,如:唇齿音 f 和舌面后音 g、k、h,都不能与齐齿呼韵母相拼。声母和韵母的配合是有限制的,主要体现在声母的发音部位和韵母"四呼"的关系上。

表 2-4　普通话声韵配合简表

声母 ＼ 韵母"四呼"		开口呼	齐齿呼	合口呼	撮口呼
双唇音	b、p、m	√	√	只能与 u 相拼	
唇齿音	f	√		只能与 u 相拼	
舌尖中音	d、t	√	√	√	
	n、l	√	√	√	√
舌面后音	g、k、h	√		√	
舌面前音	j、q、x		√		√
舌尖后音	zh、ch、sh、r	√		√	
舌尖前音	z、c、s	√		√	

注：表中"√"表示声韵可以相拼，空白表示不可以相拼。

从表 2-4 中可以看出普通话声母和韵母配合的规律：

第一，能和开口呼韵母相拼的声母最多，只有 j、q、x 不能相拼。

第二，能和撮口呼韵母相拼的声母最少，只有 n、l、j、q、x 可以相拼。

第三，n、l 都能同韵母"四呼"相拼。

第四，f、g、k、h、zh、ch、sh、r、z、c、s 这四类声母都能同开口呼、合口呼韵母相拼，不能同齐齿呼、撮口呼韵母相拼；f 与合口呼韵母相拼仅限于 u。

第五，j、q、x 只能同齐齿呼、撮口呼韵母相拼，不能与开口呼、合口呼韵母相拼。

第六，b、p、m 不能和撮口呼韵母相拼，与合口呼韵母相拼仅限于 u。

声韵配合规律在表 2-4 中的体现是有限的，如 b、p、m 不能和齐齿呼韵母 ia、iang 配合，d、t、n、l 不能和合口呼韵母 uai、uang 配合等。除此之外，还有以下几条规律：

一是韵母 o 只与双唇音 b、p、m 和唇齿音 f 配合，不与其他声母配合；韵母 uo、e 不与双唇音 b、p、m 和唇齿音 f 配合。

二是舌尖前音-i 只与 z、c、s 配合，舌尖后音-i 只与 zh、ch、sh、r 配合。

三是 ong 只与辅音音节相拼，不能单独构成零声母音节；ueng 只能单独构成零声母音节，不与辅音声母相拼。

四是 er 韵母不与辅音声母配合，只构成零声母音节；ê 只有用于语气词时独立成为音节，作为一种发音，在韵母 ie、üe、ian 的发音中出现。

（三）普通话音节结构特点

普通话音节由声母、韵母、声调组成，其中韵母又分为韵头、韵腹和韵尾。韵头是指介于辅音声母和韵腹之间的音。韵腹是指韵母中口腔开度最大的元音,也是一个音节中发音最响亮的部分。如果音节中只有一个元音,那么这个元音就是韵腹。韵尾是一个音节发音较短、较弱的尾音,可分为元音韵尾和辅音韵尾。在一个音节中,可能会缺少辅音声母、韵头、韵尾,但是韵腹(主要元音)是不可缺少的。

表 2-5　普通话音节结构表

结构成分　例字	声母	韵母				声调	说　明
		韵头	韵腹(主要元音)	韵尾			
				元音	辅音		
啊　ā	(零)		a			阴平	无辅音声母,无韵头和韵尾
挖　wā	(零)	u	a			阴平	无辅音声母,无韵尾
爱　ài	(零)		a	i		去声	无辅音声母,无韵头
游　yóu	(零)	i	o	u		阳平	无辅音声母
踢　tī	t		i			阴平	无韵头和韵尾
学　xué	x	ü	ê			阳平	无韵尾
累　lèi	l		e	i		去声	无韵头
鸟　niǎo	n	i	a	o		上声	
陈　chén	ch		e		n	阳平	无韵头
装　zhuāng	zh	u	a		ng	阴平	

从表 2-5 中可以看出普通话音节结构的特点:

第一,普通话带调音节最少由韵腹与声调两个成分组成。一个带调音节可以没有韵头和韵尾,但一定有韵腹和声调。所以说,韵腹与声调是普通话带调音节不可缺少的成分。

第二,韵母最多可以有三个音素,而且连续排列,分别充当韵头、韵腹和韵尾。例如:niǎo,韵母中的三个音素分别为 i、a、o。

第三,辅音只出现在音节的开头和末尾,没有辅音连续排列的情况。

第四,韵头只能由 i、u、ü 充当。

第五,元音韵尾由 i、o、u 充当,辅音韵尾由 -n、-ng 充当。

第六,元音都能充当韵腹。如果韵母不止一个元音,一般总是开口度较大、舌位较低的元音充当韵腹(a、o、e、ê),只有在韵母中没有其他元音成分时,i、u、ü 才能充当韵腹。

• 知识链接 •

音节的拼写规则

1. y、w 的用法

(1) 在零声母音节中,如果 i 不是韵腹,就把 i 改为 y。例如:ia→ya,iao→yao,ian→yan。

如果 i 是韵腹,就在 i 前面加上 y。例如:i→yi,in→yin,ing→ying。

(2) 在零声母音节中,如果 u 是韵头,就把 u 改成 w。例如:ua→wa,uo→wo,uai→wai。如果 u 是韵腹,就在 u 前面加上 w。例如:u→wu。

(3) 在零声母音节中,ü 前面要加 y,加 y 后,ü 上两点要省去。例如:ü→yu,üe→yue,ün→yun。

2. 隔音符号的用法

a、o、e 开头的音节连接在其他音节后面的时候,如果音节的界限发生混淆,就要用隔音符号"'"隔开。例如:kù'ài(酷爱)→kuài(快);xī'ān(西安)→xiān(先)。

3. 省写的方式

(1) 韵母 iou、uei、uen 的省写。

《汉语拼音方案》在"韵母表"后面的说明中作了这样的规定:iou、uei、uen 前面加辅音声母的时候,省去了主要元音,分别写成 iu、ui、un。例如:d-iōu→diū,sh-uěi→shuǐ,h-uén→hún。

注意:这三个韵母只在跟声母拼写时省去主要元音,在发音时,主要元音的发音动程是不能省去的。

(2) ü 上两点的省略。

① 撮口呼韵母和声母 j、q、x 相拼时,ü 上两点要去掉。例如:j-ǔ→jǔ,x-üé→xué。

② ü 单独与声母 n、l 相拼时,ü 上两点不能省掉。例如:n-ü-nǚ,l-ü-lǚ。

4. 声调符号的标记

(1) 在音节拼写时,声调符号一般标在主要元音(韵腹)上。例如:①ài(爱),主要元音是 a,声调符号标在 a 上;②duō(多),主要元音是 o,声调符号标在 o 上;③chén(晨),主要元音是 e,声调符号标在 e 上。

(2) iou、uei 在拼写时省去了主要元音 o、e,写为 iu、ui,声调符号应标在后一个元音上。例如:diū,shuǐ。

(3) 轻声音节不标声调符号。例如:shítou,zhuōzi。

5. 词的连写和大写

(1) 同一个词的音节要连写,词与词之间分开写。句子开头的拼音要用大写。

Jiànshè měilì　zǔguó!

　建设　美丽　祖国！

(2) 专用名词(包括姓名)和专用短语中的每个词的开头拼音要大写。

DùFǔ　Huáng Jìguāng　Guǎngzhōu

杜甫　　　黄继光　　　　　广州

（3）标题中的拼音可以全部大写，也可以每个词开头的拼音字母大写；有时为了简明美观，可以省略声调符号。

BOHUA　LANTU　JIANSHE　ZHONGHUA

Bohua　　Lantu　　Jianshe　　Zhonghua

擘画　　　蓝图　　　建设　　　　中华

 自我检测

1．说一说下面的句子由几个音节组成。

（1）这朵花儿真美呀！

（2）我爱北京天安门。

（3）这个小孩儿头上点了个小红点儿，真好看！

2．给下面的音节注音标调，并说一说每个音节的声母、韵头、韵腹、韵尾和声调。

袋　笔　堆　薛　棒　聊　活　冤　门　先　外　女

3．结合普通话音节声韵配合规律，说一说自己的发音难点。

任务三　语流音变训练

 任务目标

【知识目标】

掌握上声变调、"一"和"不"变调、轻声、儿化及语气词"啊"的音变规律。

【能力目标】

1．能够读准上声变调、"一"和"不"变调、轻声、儿化及语气词"啊"的音变。
2．能够分辨并纠正不正确的语流音变发音。

【素质目标】

激发学习普通话的兴趣，增强对国家通用语言的热爱之情。

我们说话和朗读时，并不是孤立地把一个个音素或音节发出来，而是把许多音节组成词和句子连续地说出来，这样就形成了连续的语流。在连续的语流中，音节和音节之间、音素和音素之间相互产生影响，使某些音节的读音发生了变化，这种变化就是语流音变。语流中的这种音变是自然的变化，它不仅不会影响语义的表达；相反，它能使话语显得更自然流畅，使说者和听者都有一种轻松感和舒适感。但语流音变是有一定规律的，而不是随意的。因此，在学说普通话时，只有掌握了语流音变的规律，并反复练习发生音变的词语或句子，才能使自己讲的普通话流利自然，避免生硬感。

普通话的语流中常见的音变现象有以下四种：变调、轻声、儿化及语气词"啊"的变读。

案例引路

在一堂语文课上，老师在指导学生朗读课文，当读到"一楼的人全跑出来看热闹"一句时，一位学生发现学生甲将句中的"一"读成阴平，而学生乙却读成去声，便向老师提出疑问，寻求正确答案。老师皱了皱眉头，随口说道："都行，都行。"这位老师显然对"一"的音变规律不完全了解，才会给出模糊的答案。在这里，"一"读阴平，表示"第一层（楼）"；"一"读去声，表示"整个（楼）"。在具体的语言环境里，只能有一个答案，怎么会"都行"呢？因此，用普通话进行交流时，应正确掌握普通话音变规律。

一、变调

微课视频
语流音变
（一）

普通话的四种声调的调值分别是：55（阴平）、35（阳平）、214（上声）、51（去声）。但在实际的语流中，由于前后音节的声调相互影响，使某些音节的声调发生了音变，这种声调系统中的音变就叫变调。其中阴平、阳平、去声的变化不太显著，变化最显著的是上声及一些具体词语，如"一"和"不"等。

（一）上声的变调

上声之所以容易变调，主要是因为它是个先降后升的曲折调，而且音长也比其他三个声调长一些。所以，在连续的语流中，上声就容易发生较显著的变化。上声在其他音节前面时才发生音变，而跟在其他音节后面时一般没有明显的音变。

1. 上声在非上声（阴平、阳平、去声）前面，变成半上

即由调值 214 变为 21（只降不升）。如：

在阴平前：北京　火车　普通　老师　广东

在阳平前：海南　旅行　祖国　海洋　语言

在去声前：伟大　解放　感谢　恐怕　朗诵

2. 上声在上声前面，前一个上声变成阳平

即由调值 214 变为 35（只升不降）。如：

水果　采取　美好　野草　勇敢　领导　选举

理想　胆敢　笔挺　场景　把守　处理　古典

3. 三个上声相连，则要按词语结构情况来变

（1）如果是"双音节＋单音节"结构的词语（即双单格），则前两个上声变为阳平，后一个不变，其音变形式为"35＋35＋214"。如：

总统府　展览馆　洗脸水　演讲稿

（2）如果是"单音节＋双音节"结构的词语（即单双格），其音变形式是"21＋35＋214"。如：

小组长　好领导　纸老虎　总导演

（3）如果是更多的上声相连，则应将其拆分成词或词组，再按上面的变调规律来读。如：

老组长/找保管/领/五把/好雨伞。

4. 上声在轻声前面，要根据这个轻声的原调情况决定上声的变调

（1）上声后面轻声的原调是非上声，前面的上声变为 21。如：

委屈　老实　伙计　比方　女婿　使唤

（2）上声后面轻声的原调是上声，要看这个轻声稳不稳定。

后一个音节的轻读较稳定的，前面的上声读 21。如：

奶奶　姐姐　马虎　李子　嫂子　走了

后一个音节的轻读不太稳定,即可轻可上,前面的上声读35。如:

老虎　小姐　老鼠　哪里　想起　可以

(二)"一"和"不"的变调

"一"和"不"在古汉语和现代汉语许多方言里是入声。在普通话里,"一"的原调是阴平,"不"的原调是去声,而在连读的时候,后面一个音节的声调会使前面"一"和"不"的声调发生变化。

1. "一"的变调

(1)单用、在语句末尾、表序数时念原调阴平(55)。如:

一　十一　第一　一把手　一中(第一中学)

(2)在去声前变阳平(35)。如:

一件　一共　一刻　一贯　一旦　一样

(3)在非去声前变去声(51)。如:

一天　　一些　　一般　　一边

一年　　一直　　一同　　一行

一晚　　一品　　一起　　一早

2. "不"的变调

(1)单用、在语句末尾、在非去声前念原调去声(51)。如:

不　　　就不　说什么也不　何不　偏不

不单　不安　不凡　不如　不可　不久

(2)在去声前念阳平(35)。如:

不便　不会　不断　不论　不妙　不对

▶ • 知识链接 •

重叠形容词的变调

重叠形容词的变调主要有三种情况:

第一,单音节形容词重叠。如果不儿化,一般不变调;如果带儿化韵,重叠的第二个音节要变成阴平。如:

慢慢儿　好好儿　远远儿的　满满儿的

第二,ABB 式重叠形容词。一般重叠的 BB 变为阴平。如:

白汪汪　黑沉沉　亮堂堂　水汪汪　喘吁吁

眼巴巴　绿油油　闹嚷嚷　明晃晃　软绵绵

直挺挺　火辣辣　空落落　黑洞洞　沉甸甸

笑眯眯　热腾腾　孤零零　光溜溜　血淋淋

如果语气缓慢或凝重,可以不变。

第三,AABB 式重叠形容词。一般第二个 A 读轻声,BB 读阴平。如:

整整齐齐　结结实实　羞羞答答　明明白白

孤孤零零　慢慢腾腾　马马虎虎　清清楚楚

热热闹闹　别别扭扭　规规矩矩　漂漂亮亮

此外,重叠形容词在表达庄重、严肃或激昂等语气时,一般不变调。如:

堂堂正正　沸沸扬扬　坦坦荡荡　轰轰烈烈

 自我检测

1. 读下列词语,注意上声的变调。

补充　马车　体操　解剖　嘱托　反思　卡车　法官　领先　指挥

海峡　感觉　审查　果然　使节　狡猾　挺拔　偶然　恳求　企图

鼓励　比较　彩色　等候　采纳　否定　尽量　警惕　敏锐　扰乱

保姆　导演　舞蹈　扭转　瓦解　甲板　悔改　首脑　稿纸　请柬

买保险　老古董　老厂长　米老鼠　手表厂　古典舞　跑马场

手写体　保守党　苦水井　很勇敢　领奖品　选举法　好品种

美好理想　彼此理解　采访导演　给予奖赏

2. 读下列句子,注意上声的变调。

请你往北走找李组长领奖品。

请给我姐买五种好礼品。

我买两碗米粉。

我有两把纸雨伞。

3. 读准下列词语中"一"和"不"的变调。

一直　一所　一日　一车　一般　一共　一团　一处　一晃　一包

一台　不该　不行　不好　不坏　不说　不幸　不累　不想　不准

不及　不妨　一年一度　一心一意　一朝一夕　一张一弛　一丝一毫

一刻千金　一无是处　一呼百应　一马当先　不声不响　不言不语

不紧不慢　不慌不忙　不见不散　一尘不染　一声不响　一成不变

一窍不通　一蹶不振　不拘一格　一一得一　百里挑一　说法不一

4. 练读下面的诗歌。

(1) 清代女诗人何佩玉的《一字诗》。

一花一柳一鱼矶,一抹斜阳一鸟飞。

一山一水一禅寺,一林黄叶一僧归。

(2) 清代纪晓岚的《一字诗》。

一帆一桨一孤舟，一个渔翁一钓钩。

一俯一仰一顿笑，一江明月一江秋。

案例引路

　　古时候，有个大老粗，仗着他姐夫是当朝尚书，混了个地方官。上任时姐夫嘱咐他要多看书，提高提高自己。于是，他让师爷开了个书单，要求将重要的写在前面。第二天，他拿过书单一看，见上面有《孙子兵法》，便大怒道："要看就看老子的兵法，看什么孙子的？"师爷苦笑道："《老子》倒是有，但不是兵法。"这虽然只是个笑话，但要明白的是，这里的"孙子""老子"是对孙武和李耳两个历史上的名人的敬称，和表示祖孙关系、父子关系的称呼不是一回事。在普通话里，"子"的读音也是有区别的。"子"表示敬称时不能轻读，而表示祖孙、父子关系的称呼时，则必须轻读。

二、轻声

（一）什么是轻声

　　普通话的每一个音节都有一定的声调。可是在词或句子里，有的音节常常失去原来的声调而读成又轻又短的调子。这种又轻又短的调子就是轻声。例如，"子"原来是上声，而在"椅子""桌子"等词中却失去了原来的声调，读得又轻又短，成为轻声音节。又如，"头"原来是阳平，而在"石头""馒头"中也变为轻声音节。

（二）轻声的特点

　　轻声的主要特点：一是失去原有声调调型；二是音强较弱，音色比较模糊；三是音长也大大缩短，大约是正常音节长度的一半。轻声虽然总的看来又轻又短，但它仍有一定的调值，只不过它的调值不是固定的，而是随着前面音节的声调不同而改变高低。阴平、阳平、去声之后的轻声音节音高表现为下降，调值分别为 2、3、1；上声之后的轻声音节音高表现为平调或微升调，调值为 4。

　　在阴平后面的轻声读半低调，调值为 2。如：

先生　村子　家伙

　　在阳平后面的轻声读中调，调值为 3。如：

婆婆　房子　粮食

　　在去声后面的轻声读最低调，调值为 1。如：

那么　柿子　见识

　　在上声后面的轻声读半高调，调值为 4。如：

马虎　耳朵　好了

（三）轻声的作用

第一,轻声对某些词或短语有区别词义的作用。如:

东西（轻声,物件）　　　　东西（非轻声,方向）

自在（轻声,安闲舒适）　　自在（非轻声,不受拘束）

兄弟（轻声,弟弟）　　　　兄弟（非轻声,哥哥和弟弟）

第二,轻声对某些词或短语有区别词义和词性的作用。如:

对头（轻声,仇敌,对手,名词）

对头（非轻声,正确、合适,形容词）

第三,相当一部分读轻声的音节都是习惯上读轻声,并没有区别词义或词性的作用。如:

扁担　粮食　骆驼　包袱　葡萄　窗户　面筋

（四）常读轻声的字

在普通话中,下列一些成分常读轻声。

（1）"吧、吗、呢、啊"等语气词。如:

走吧　去吗　怎么呢　不行啊

（2）助词"的、地、得、着、了、过、们"。如:

我的　飞快地　好得很　拿着　笑了　来过　人们

（3）名词的后缀"子、头、儿"等。如:

房子　木头　风儿

（4）名词、代词后面表方位的词或语素。如:

屋里　外边　山上　底下　东边

（5）动词、形容词后面表示趋向的词:如:

回来　拿去　干起来　摘下

（6）重叠动词的末一个音节。如:

说说　听听　读读　看看

（7）重叠的称谓词末一个音节。如:

爸爸　奶奶　姐姐　姑姑

（8）有相当一部分双音节词的第二个音节,习惯上读轻声。如:

故事　麻烦　石榴　面筋　亲戚　胳膊　报酬　舒服　搅和

名堂　葡萄　糊涂　巴结　商量　耳朵　衣裳　干粮　和尚

▶ 知识链接 ◀

词语的轻重音格式

　　在有声语言中,由于词义、词性的不同或由于感情表达的需要,一个词的几个音节在言语表达中会产生轻重差异,或者是说一个音节在词语结构中并不总是读得一样重,而是有轻重区别的,从而形成了词语的轻重音格式。如果词语的轻重音格式错了,要么听感上不顺耳,要么词语的意思表达不准确。

普通话中音节读法上的轻重差异大致分为重、中、次轻和最轻四个级别。其中,单音节词绝大多数重读,只有少数助词、语气词读作最轻音(即轻声)。我们需要重点把握好双音节词、三音节词和四音节词的轻重音格式的读法。只要多听、多记、多辨别、多练习,就能逐步形成符合普通话要求的轻重音格式的语感。

1. 双音节词语

(1)"中·重"格式。如:

天津　北京　广播　电视　人民　专家　配乐　田野

(2)"重·中"格式。如:

正月　战士　记者　作家　矛盾　工人　设施　人物

(3)"重·最轻"格式。如:

丈夫　老婆　人们　东西　钥匙　萝卜　丫头　月亮

2. 三音节词语

(1)"中·次轻·重"格式。如:

解放军　文学院　哲学系　邮电局　办公室　红领巾

(2)"中·重·最轻"格式。如:

老头子　大姑娘　巧媳妇　花骨朵　胡萝卜　老伙计

(3)"重·最轻·最轻"格式。如:

怪不得　朋友们　先生们　姑娘家　喝下去　跳过去

3. 四音节词语

(1)"中·次轻·中·重"格式。如:

广播电台　高等学校　拖拖拉拉　四海为家

(2)"中·次轻·重·最轻"格式。如:

半大小子　拜把兄弟　外甥媳妇

 自我检测

1. 读准下面的轻声词。

(1)阴平+轻声。

玻璃　巴结　包袱　聪明　苍蝇　窗户　称呼　抽屉　出息　答应
东边　东西　多少　耽误　灯笼　胳膊　工夫　功夫　关系　甘蔗
高粱　疙瘩　跟头　工钱　棺材　规矩　闺女　结实　家伙　街坊
精神　窟窿　宽敞　摸索　清楚　欺负　商量　生意　师傅　书记
烧饼　牲口　收成　说法　斯文　踏实　温和　窝囊　先生　兄弟

心思　衣服　衣裳　冤枉　招呼　知道　庄稼　扎实　折腾　芝麻

（2）阳平＋轻声。

残疾　合同　黄瓜　活泼　核桃　和气　和尚　狐狸　咳嗽　粮食
凉快　萝卜　篱笆　逻辑　麻烦　馒头　盘算　名字　玫瑰　迷糊
模糊　朋友　便宜　葡萄　拳头　人家　神气　神仙　头发　徒弟
行李　学生　学问　云彩　咱们　值得　折磨　琢磨

（3）上声＋轻声。

本事　把手　本钱　比方　尺寸　打扮　打算　打听　点心　打量
倒腾　耳朵　恶心　反正　骨头　寡妇　活计　脊梁　老实　老婆
老爷　码头　马虎　哪里　脑袋　暖和　晌午　省得　使得　爽快
体面　尾巴　委屈　稳当　喜欢　显得　眼睛　养活　早晨　主意
枕头　指甲　嘴巴

（4）去声＋轻声。

爱人　报酬　别扭　伺候　凑合　大夫　地方　豆腐　队伍　志气
对付　大方　大意　弟兄　动静　富裕　告诉　故事　过去　护士
教训　记号　价钱　见识　叫唤　舅母　客气　困难　快活　会计
厉害　利害　力量　木匠　念头　漂亮　屁股　热闹　任务　认识
事情　势利　算盘　岁数　态度　痛快　特务　唾沫　味道　位置
笑话　相声　絮叨　意见　意思　月亮　钥匙　应酬　应付　用人
运气　丈夫　在乎　照应　正经

2. 读一读，感受下面的词语读轻声和不读轻声有什么不同。

琢磨　不是　大爷　大意　地道　地方
对头　精神　开通　东西　买卖　下水

3. 朗读下文，读准短文中的轻声音节（字词）。

张择端画这幅画的时候，下了很大的功夫。光是画上的人物，就有五百多个：有从乡下来的农民，有撑船的船工，有做各种买卖的生意人，有留着长胡子的道士，有走江湖的医生，有摆小摊的摊贩，有官吏和读书人……三百六十行，哪一行的人都画在上面了。

画上的街市可热闹了。街上有挂着各种招牌的店铺、作坊、酒楼、茶馆，走在街上的，是来来往往、形态各异的人：有的骑着马，有的挑着担，有的赶着毛驴，有的推着独轮车，有的悠闲地在街上溜达。

——节选自滕明道《一幅名扬中外的画》

案例引路

在普通话训练时，经常会听到有些同学在读多音节词语时，将末尾带"儿"的词读得五花八门。有的将所有的儿化词都读成三个音节，如：老-头-儿、树-枝-儿、小-猪-儿；而有的却将"女儿"读成儿化音节。这显然是不了解普通话儿化常识及规律而造成的。

三、儿化

微课视频
语流音变
（二）

（一）普通话中的儿化现象

普通话中的儿化现象主要由词尾"儿"（er）变化而来。词尾"儿"本是一个独立的音节，在口语中处于轻读的地位，当与前边的音节流利地连读而产生音变时，"儿"失去了独立性，"化"到前一个音节上，只保持一个卷舌动作，使两个音节融合成为一个音节，与此同时前面音节里的韵母或多或少地发生变化。这种语音现象就是儿化。儿化后的韵母叫儿化韵。

（二）儿化的作用

第一，儿化在有些词语里具有区别词义的作用。如：

信（指信件）　　　信儿（指信息）

头（指脑袋）　　　头儿（指领头的人）

第二，儿化对有些词语有区别词性的作用。如：

画（动词）　　　　画儿（名词）

盖（动词）　　　　盖儿（名词）

第三，表示细小、轻微的意思。如：

一点儿　树枝儿　木棍儿　纸条儿

第四，表示喜爱、亲切、轻松等感情色彩。如：

小孩儿　老头儿　脸蛋儿　没事儿

（三）儿化的音变规律

普通话韵母的儿化大致有以下规律：

（1）音节末尾是 a、o、e、ê、u 的，韵母不变，加卷舌动作。如：

鲜花儿　号码儿　粉末儿　山坡儿　小个儿

打嗝儿　藕节儿　旦角儿

（2）韵母是 i、ü 的，元音后加 er。如：

小鸡儿　玩意儿　针鼻儿　小曲儿　凑趣儿　小鱼儿

（3）韵尾是 -i、-n 的，丢掉韵尾，前面的韵腹卷舌。如：

小孩儿　香味儿　跑腿儿　好玩儿　邪门儿　巧劲儿

（4）韵母是 -i（前）、-i（后）的，去 -i 换 er。如：

树枝儿　没事儿　枪子儿　忘词儿　细丝儿

（5）韵尾是 -ng 的，丢掉韵尾，韵腹鼻化同时卷舌。如：

帮忙儿　八成儿　电影儿　有空儿　鼻梁儿　小熊儿

需要注意的是，儿化音节是一个音节，注音时在儿化音节后加 r。如：花儿　huār。

另外，有些文章里的一些词语后虽没有带"儿"字，但根据语言习惯和感情色彩的需要，

也应儿化。如:

① 打两个**滚**,踢几脚球,赛几趟跑,捉几回迷藏。

② 我用铁锤在莲子上砸开了一条**缝**,让莲芽能够破壳而出。

③ 年轻的护士为母亲扎了两针也没有扎进血管里,眼见**针眼**处鼓起了青包。

④ 在画卷中最先露出的是**山根**底那座明朝建筑岱宗坊。

⑤ 教鞭轻轻地敲在石板边上,**大伙**笑了,她也笑了。

⑥ 街上有挂着各种招牌的店铺、作坊、酒楼、**茶馆**。

· 知识链接 ·

儿 化 韵

普通话中,韵母除了 ê、er 之外都可以儿化。儿化时由于舌头上翘,即卷舌,使舌位又高又前的韵母-i、-n 音发不成而丢失;同时使韵腹元音也受影响而"央化",对于后鼻音韵尾-ng 丢失而使韵腹元音"鼻音化"。如:

(1) 只加卷舌动作:小车儿、小鸟儿。

(2) 卷舌时使韵尾丢失,有的要改变韵腹或增音:一块儿、一点儿、没准儿、背心儿。

(3) 加央元音:小鸡儿、有趣儿。

(4) 卷舌时使韵尾丢失,元音鼻化:帮忙儿、花瓶儿。

儿化是韵母的音变结果,是伴随脱落、增音、更换和同化的现象。音变主要表现在韵尾,其次是韵腹,对韵头、声母没有影响。

 自我检测

1. 读准下面的儿化词。

差点儿	大伙儿	墨水儿	干活儿	好玩儿	聊天儿	没事儿
小孩儿	一会儿	一块儿	一下儿	一点儿	包干儿	冰棍儿
光棍儿	纳闷儿	年头儿	玩意儿	心眼儿	烟卷儿	这会儿
挨个儿	拔尖儿	白班儿	白醭儿	白干儿	摆摊儿	板擦儿
饱嗝儿	被窝儿	本色儿	奔头儿	鼻梁儿	病号儿	岔道儿
唱片儿	出圈儿	串门儿	答茬儿	打盹儿	打嗝儿	打鸣儿
单弦儿	旦角儿	刀把儿	刀片儿	豆角儿	豆芽儿	调门儿
顶牛儿	顶事儿	个头儿	够本儿	够劲儿	锅贴儿	开刀儿
口哨儿	裤衩儿	裤兜儿	快板儿	愣神儿	脸蛋儿	那会儿
泥胎儿	拈阄儿	藕节儿	胖墩儿	刨根儿	跑腿儿	皮板儿
蒲墩儿	起名儿	枪子儿	巧劲儿	绕远儿	人影儿	人缘儿
桑葚儿	嗓门儿	傻劲儿	扇面儿	上座儿	收摊儿	说头儿

蒜瓣儿	碎步儿	铜子儿	透亮儿	围脖儿	围嘴儿	下本儿
线轴儿	相片儿	小辫儿	小曲儿	邪门儿	烟嘴儿	沿边儿
腰板儿	爷们儿	爷儿们	一溜儿	一顺儿	影片儿	有门儿
有盼儿	杂拌儿	掌勺儿	找碴儿	照面儿	照片儿	针鼻儿
中间儿	抓阄儿	走道儿	走调儿	走神儿	走味儿	做活儿

2. 读下面的句子,注意读准儿化韵。

(1)他叼着烟卷儿直出神儿,不知心里有什么事儿。

(2)小鸟儿在树枝儿上叫出声儿,小鱼儿在水里边儿吐出泡儿。

(3)你要是有空儿,到我家来玩玩儿,咱们俩聊聊天儿。

(4)这个百货商店的东西还真不少,有背心儿、手套儿、口罩儿、纽扣儿、松紧带儿,还有花床单儿。

(5)进了门儿,倒杯水儿,喝了两口运运气儿。顺手拿起小唱本儿,唱了一曲儿又一曲儿。练完了嗓子练嘴皮儿。绕口令儿,练字音儿,还有单弦儿牌子曲儿;小快板儿、大鼓词儿,又说又唱我真带劲儿!

(6)甲:那不是张师傅吗? 好久没见了!

乙:哦,是李师傅! 我们家搬到城外那边去了,就在市口儿东边儿的小梅村儿。

甲:你们家里有花园儿吗?

乙:有啊! 花园儿不太大! 种着葡萄、芍药、玫瑰、牡丹、茶花儿、菊花儿,还有些我叫不出名儿的花。

甲:哟! 没想到您也这么爱花儿。要是有空儿,能上您家去看一看,玩一玩,一边儿赏花,一边儿聊天,那该多好啊!

乙:行啊! 等下了班儿,咱俩一块儿去,先去农贸市场绕个弯儿,我买点儿小葱儿、豆角儿、土豆儿、豆芽儿,还有小白菜儿什么的,回去好做饭啊。

甲:别那么麻烦了,咱俩下了班儿,上对门儿小饭馆儿,买一斤锅贴儿,带上点儿爆肚儿、蒜瓣儿,再弄二两白干儿,到你家慢慢儿喝。

乙:好啊! 那就这么定了。

3. 练习下面的短文,读准儿化词语。

孩子们准备过年,第一件大事就是买**杂拌儿**。这是用花生、胶枣、榛子、栗子等干果与蜜饯掺和成的。孩子们喜欢吃这些**零七八碎儿**。第二件大事是买爆竹,特别是男孩子们。恐怕第三件事才是买各种**玩意儿**——风筝、空竹、口琴等。

……

腊月二十三过小年,差不多就是过春节的"彩排"。天一**擦黑儿**,鞭炮响起来,便有了过年的味道。

——节选自老舍《北京的春节》

风里带来些新翻的泥土的气息,混着**青草味儿**,还有各种花的香,都在微微湿润的空气里酝酿。……**树叶儿**却绿得发亮,**小草儿**也青得逼你的眼。……城里乡下,家家户户,老老小小,也赶趟儿似的,一个个都出来了。舒活舒活筋骨,抖擞抖擞精神,各做各的一份儿事去。"一年之计在于春",刚起头儿,有的是工夫,有的是希望。

——节选自朱自清《春》

案例引路

　　有位学生在她的第一次见习总结中写下这样一段话:"孩子们唱哪,跳呀,玩得多开心呀。老师们教得也挺好,真不愧是模范幼儿园哇。"这位同学的见习感受很深刻,只可惜,不懂得语气词"啊"的音变规律,写时很随意,读起来就十分别扭了。

四、语气词"啊"的变读

　　"啊"字单用或位于句子前面时是叹词,读音为"a"。如:"啊,下雪啦!""啊"用在句子末尾或句中停顿处时是助词。作语尾助词时,"啊"总是读作轻声,因此常常受到前一个音节末尾音素的影响,读音发生变化。这些变化都是在 a 前增加一个音素,其变化规律如下。

　　第一,前面的音素是 a、o(ao、iao 除外)、e、ê、i、ü 时读 ya,汉字写作"呀"。如:

　　原来是他呀!

　　好多呀!

　　快喝呀!

　　注意节约呀!

　　今天是星期几呀?

　　好大的雨呀!

　　第二,前面的音素是 u(包括 ao、iao)读 wa,汉字写作"哇"。如:

　　您在哪住哇?

　　你让我好找哇!

　　他的手真巧哇!

　　您真要走哇?

　　第三,前面的音素是 n,读成 na,汉字写作"哪"。如:

　　快来看哪!

　　真神哪!

　　你可要小心哪!

　　枪打得真准哪!

　　第四,前面的音素是 ng,读成 nga,汉字仍写作"啊"。如:

　　大家一起唱啊!

　　这可不成啊!

　　多可爱的小生灵啊!

　　多光荣啊!

第五,前面的音素是-i(舌尖后元音)、er,读 ra,汉字仍写作"啊"。如:

你在看报纸啊?

这是怎么一回事啊?

我是说一不二啊!

你一定要坚持啊!

第六,前面的音素是-i(舌尖前元音),读成[z]a,汉字仍写作"啊"。如:

这是什么字啊?

这是第几次啊?

你在哪家公司啊?

哪天发工资啊?

• 知识链接 •

"啊"在句首或单用时的读音

"啊"字在句首作叹词时,仍读作"a",只是声调会发生变化,主要有以下几种情况。

(1) 表示感觉没什么不对时读一声。如:

"啊,就是,怎么啦?"

(2) 表示追问时读二声。如:

"啊,你说什么?"

(3) 表示惊疑时读三声。如:

"啊,竟有这种事?"

(4) 表示赞叹、应诺或明白过来时读四声。如:

"啊! 真漂亮!"

"啊,知道了。"

"啊,原来是这样!"

 自我检测

1. 按"啊"的音变规律读准下面的词语。

(1) "啊"读 ya:

他啊　回家啊　说啊　　真多啊　　上坡啊

喝啊　写啊　　学啊　　活跃啊　　你啊

谁啊　多美啊　好肥啊　下雨啊　　金鱼啊

(2) "啊"读 wa:

读啊　好书啊　走啊　锄头啊　害羞啊

好啊　真巧啊　妙啊　熊猫啊　心潮啊

（3）"啊"读 na：

看啊　不见啊　天啊　小心啊　好人啊

云啊　好浑啊　干啊　久闻啊　真准啊

（4）"啊"读 nga：

唱啊　大娘啊　疼啊　一样啊　不行啊

听啊　很凶啊　冷啊　老翁啊　命令啊

（5）"啊"读 ra：

写诗啊　树枝啊　电视啊　快吃啊

老师啊　好玩儿啊　小儿啊　快织啊

（6）"啊"读[z]a：

自私啊　耗子啊　有刺啊　告辞啊

老四啊　细瓷啊　工资啊　蚕丝啊

2. 练习下面的句子，注意"啊"的变读。

（1）嗬！好大的雪啊！

（2）小心啊，别把手指割破。

（3）太阳它有脚啊。

（4）为什么白白走这一遭啊？

（5）可真是一方水土养一方人啊。

（6）在它看来，狗该是多么庞大的怪物啊！

（7）是啊，请不要见笑。

（8）人生会有多少个第一次啊！

3. 下面的儿歌中语气词"啊"都写成了"呀"，请按音变规律改成正确写法，并读给大家听。

一只小蜜蜂呀，飞到花丛中呀，飞呀，飞呀。

二只小耗子呀，跑到粮仓里呀，吃呀，吃呀。

三只小花猫呀，去抓小耗子呀，追呀，追呀。

四只小花狗呀，去找小花猫呀，玩呀，玩呀。

五只小山羊呀，爬到山坡上呀，爬呀，爬呀。

六只小鸭子呀，跳到水里面呀，游呀，游呀。

七只小百灵呀，站在树枝上呀，唱呀，唱呀。

八只小孔雀呀，穿上花衣裳呀，美呀，美呀。

九只小白兔呀，竖起长耳朵呀，蹦呀，蹦呀。

十个小朋友呀，一起手拉手呀，笑呀，乐呀。

—— 项目二 ——

普通话水平测试训练

任务四　认识普通话水平测试

任务目标

【知识目标】

1. 熟悉普通话水平测试的内容。
2. 了解普通话水平测试的标准和等级划分。
3. 了解普通话水平测试的流程。

【能力目标】

能够按照普通话水平测试的流程及操作程序完成测试。

【素质目标】

领会开展普通话水平测试的意义,提高学习普通话的自觉性和主动性。

案例引路

　　小蒙和小陈刚入学,就被告知要想拿到幼儿教师资格证书,必须参加普通话水平测试,而且分数必须达到二级甲等。"二级甲等是多少分? 我从小拼音就没学好,怎么办?"小蒙急得都快哭了。"那我曾经在市普通话大赛中拿了一等奖,是不是可以免考?"小陈则信心满满。

　　这是很多刚入学新生的疑惑和担忧。其实,只要努力苦学勤练,学好"幼儿教师口语"这门课程,熟悉考试的内容和要求,在普通话水平测试中取得好成绩就并非难事。此外,普通话比赛的获奖证书并不等同于普通话水平测试等级证书。

微课视频

普通话水平
测试简介(一)

一、普通话水平测试的意义

《中华人民共和国宪法》第十九条规定:"国家推广全国通用的普通话"。

2001年1月1日开始施行的《中华人民共和国国家通用语言文字法》,是我国第一部有关语言文字的专门法律,规定了普通话和规范汉字作为国家通用语言文字的法律地位,并对国家机关、学校、新闻媒体和公共服务行业等使用国家通用语言文字作出了明确规定。

《中华人民共和国教育法》第十二条规定："国家通用语言文字为学校及其他教育机构的基本教育教学语言文字,学校及其他教育机构应当使用国家通用语言文字进行教育教学。"

普通话水平测试于 1994 年正式实施。开展普通话水平测试,并逐步实行普通话等级证书上岗制度,标志着我国推广普通话工作走上了科学化、制度化、规范化、法制化的新阶段。开展普通话水平测试,既加大了推广普通话工作的力度,也加快了推广普通话工作的速度,使"聚焦重点、全面普及、巩固提高"的新时代推广普通话工作方针落到实处,是全面提高国家通用语言普及程度和规范程度、推动国家语言文字事业高质量发展的一项重要举措。

二、普通话水平测试的内容

微课视频
普通话水平
测试简介(二)

普通话水平测试(PUTONGHUA SHUIPING CESHI,缩写为 PSC)是对应试人运用普通话的规范程度的口语考试。普通话水平测试不是对应试人口才的评定,而是对其掌握和运用普通话所达到的规范程度的测查和评定,是汉语标准语测试,属于标准参照性考试。应试人在运用普通话口语进行表达过程中所表现的语音、词汇、语法规范程度,是评定其所达到水平等级的重要依据。

普通话水平测试的试卷包括 5 个组成部分,满分为 100 分。

(一) 读单音节字词(100 个音节,不含轻声、儿化音节),限时 3.5 分钟,共 10 分

目的:测查应试人声母、韵母、声调读音的标准程度。

(二) 读多音节词语(100 个音节),限时 2.5 分钟,共 20 分

目的:测查应试人声母、韵母、声调和变调、轻声、儿化读音的标准程度。

(三) 选择判断①,限时 3 分钟,共 10 分

目的:测查应试人掌握普通话词语的规范程度。

(四) 朗读短文(1 篇,400 个音节),限时 4 分钟,共 30 分

目的:测查应试人使用普通话朗读书面作品的水平,在测查声母、韵母、声调读音标准程度的同时,重点测查连读音变、停连、语调以及流畅程度。

(五) 命题说话,限时 3 分钟,共 30 分

目的:测查应试人在无文字凭借的情况下说普通话的水平,重点测查语音标准程度、词汇语法规范程度和自然流畅程度。

---

① 说明:各省、自治区、直辖市语言文字工作部门可以根据本地区的实际情况,决定是否免测"选择判断"测试项。如免测此项,"命题说话"测试项的分值由 30 分调整为 40 分。鉴于目前我国多数省区市语言文字工作部门免测"选择判断"测试项,本教材普通话水平测试内容按读单音节字词、读多音节词语、朗读短文、命题说话四个测试项为学习者提供指导。

普通话水平测试的范围是国家测试机构编制的《普通话水平测试用普通话词语表》《普通话水平测试用普通话与方言词语对照表》《普通话水平测试用普通话与方言常见语法差异对照表》《普通话水平测试用朗读作品》《普通话水平测试用话题》。

三、普通话水平测试的等级

普通话是现代汉语的标准语。国家语言文字工作委员会颁布的《普通话水平测试等级标准(试行)》(国语〔1997〕64 号)中,把普通话水平分为三个级别(一级可称为标准的普通话,二级可称为比较标准的普通话,三级可称为一般水平的普通话),每个级别内划分甲、乙两个等次。三级六等是普通话水平测试中评定应试人普通话水平等级的依据。

一级(标准的普通话)

一级甲等(测试得分 97 分及其以上)朗读和自由交谈时,语音标准,词语、语法正确无误,语调自然,表达流畅。

一级乙等(测试得分 92 分及其以上但不足 97 分)朗读和自由交谈时,语音标准,词语、语法正确无误,语调自然,表达流畅。偶然有字音、字调失误。

二级(比较标准的普通话)

二级甲等(测试得分 87 分及其以上但不足 92 分)朗读和自由交谈时,声韵调发音基本标准,语调自然,表达流畅。少数难点音有时出现失误。词语、语法极少有误。

二级乙等(测试得分 80 分及其以上但不足 87 分)朗读和自由交谈时,个别调值不准,声韵母发音有不到位现象。难点音失误较多。方言语调不明显。有使用方言词、方言语法的情况。

三级(一般水平的普通话)

三级甲等(测试得分 70 分及其以上但不足 80 分)朗读和自由交谈时,声韵母发音失误较多,难点音超出常见范围,声调调值多不准。方言语调较明显。词语、语法有失误。

三级乙等(测试得分 60 分及其以上但不足 70 分)朗读和自由交谈时,声韵调发音失误多,方音特征突出,方言语调明显。词语、语法失误较多。外地人听其谈话有听不懂的情况。

《中华人民共和国国家通用语言文字法》《普通话水平测试管理规定》明确规定以下人员应接受普通话水平测试:(1)教师;(2)广播电台、电视台的播音员、节目主持人;(3)影视话剧演员;(4)国家机关工作人员;(5)行业主管部门规定的其他应该接受测试的人员;(6)师范类专业、播音与主持艺术专业、影视话剧表演专业以及其他与口语表达密切相关专业的学生;(7)自愿申请接受测试的社会其他人员。

根据国家及有关部委的要求,现阶段各类人员的普通话水平应达到的等级标准如下。

学校:各级各类学校教师,师范院校毕业生,非师范院校的与口语表达密切相关专业的毕业生,应达到二级以上水平。教授普通话语音、口语的教师,应达到一级乙等以上水平;中小学语文教师应达到二级甲等以上水平。

广播影视:国家级和省级广播电台、电视台的播音员、节目主持人,普通

微课视频
普通话水平测试简介(三)

话水平应达到一级甲等,其他播音员、节目主持人均不低于一级乙等水平;影视、话剧等表演、配音人员应达到一级乙等水平。

公务员:市区和近郊区的国家公务员应达到二级乙等以上水平,远郊区县的国家公务员应达到三级甲等以上水平。

服务行业:直接面向公众服务的人员普通话水平应不低于三级甲等。

目前,一些省市和行业系统根据实际需要,在依照国家原则要求的基础上,对部分人员的普通话水平达标要求做了细化,促进普通话进一步普及和运用普通话的能力进一步提高。

普通话水平测试等级证书是证明应试人普通话水平的有效凭证,证书由国家语言文字工作委员会统一印制。普通话一级乙等以下成绩的证书由省(直辖市)级语言文字工作委员会加盖印章后颁发,普通话一级甲等的证书须经国家普通话水平测试中心审核并加盖国家普通话水平测试中心印章后方为有效。有效的普通话水平测试等级证书全国通用。

四、普通话水平测试的流程

为贯彻落实党的二十大精神,加大国家通用语言文字推广力度,根据《普通话水平测试管理规定》(教育部令第 51 号),国家语委于 2023 年 1 月修订印发了《普通话水平测试规程》。《普通话水平测试规程》共 12 章 43 条,于 2023 年 4 月 1 日正式施行。本次修订明确普通话水平测试采用计算机辅助测试,取消了备测室和备测时间。测试流程如下。

微课视频
普通话水平测试简介(四)

文本阅读
《普通话水平测试规程》

(一) 报到

考试当天,应试人应持准考证和有效身份证件的原件提前到达考场,迟到 30 分钟以上者,原则上应取消当次测试资格。

到达指定地点后,应试人应向工作人员出示身份证和准考证,工作人员将核对应试人身份、现场采集应试人照片(部分站点还将采集指纹),采集的照片将会用在普通话水平测试等级证书上。采集信息后,系统将随机为应试人分配测试室,应试人在指定地点候测。

(二) 登录

应试人按工作人员指引进入测试室,戴上耳机,鼠标点击"登录",进行人脸验证。人脸验证时,面部正对屏幕中央,平视屏幕上方摄像头。

如果应试人参加测试的站点采用指纹验证,则会在采集信息时采集应试人的指纹,应试人进行登录时需要进行指纹验证。

(三) 核对信息

验证通过后,系统将显示应试人的个人信息,应试人核对无误后点击"确定"。如信息有误,应及时告知工作人员。

（四）试音

应试人按照屏幕提示戴好耳机，调整麦克风，在听到系统提示后以适中的音量和语速朗读文本框中的个人信息。试音结束后，系统会提示应试人试音成功与否，若试音失败，应试人需根据页面提示重新试音。

（五）正式测试

进入测试页面后，应试人可以看到页面下方有时间条，页面右下角有音量提示，应试人应该根据进度条与音量提示把握时间与音量。

完成每项试题后，应试人可点击右下角"下一题"按钮进入下一项测试。

在第四题测试时，系统会显示两个话题供应试人选择，应试人需在 10 秒钟以内用鼠标点击选择的题目，若超过 10 秒未点击，系统将默认应试人选择第一个话题。

选择话题后，应试人有 30 秒的准备时间。30 秒倒计时结束后，应试人需在听到"嘟"的一声后，以"我说话的题目是……"开始作答。此项测试必须说满 3 分钟，应试人可根据页面下方的进度条把握说话时间。

（六）安静离场

完成测试后，系统将自动提交答卷，并弹出相应提示框。若提示框显示信息"您已完成考试，请摘下耳机，安静离开"，应试人应摘下耳机安静离开考场。若提示其他信息，应试人应及时向工作人员反映。

 自我检测

普通话水平测试试卷

（国家样卷）

1. 读单音节字词（100 个音节，共 10 分，限时 3.5 分钟）。

沟	懂	胸	茶	标	俗	粉	谬	期	爸	毛	笨	您	屡	仓	踱	训	菊
府	斜	艘	暖	憋	草	圣	稳	团	婚	裤	云	字	王	绕	痒	赚	羹
窖	瞒	秒	恩	彻	袍	沈	科	壤	庄	略	潜	北	旷	牙	摄	培	耍
贤	此	固	耳	吹	掉	领	税	颌	案	绒	醉	捐	聂	准	隶	吼	霜
凤	圆	桨	摸	跳	典	挪	增	直	抓	月	揪	淮	伞	批	海	擎	下
寝	酸	台	擦	堂	歪	脸	趋	破	吃								

2. 读多音节词语（100 个音节，共 20 分，限时 2.5 分钟）。

灭亡	创造	婴儿	障碍	蜗牛	为了	眉头	状况	准许	自治区
农村	将来	窘迫	难怪	月球	画卷	人群	地下水	找茬儿	
日渐	商品	报名	成虫	稀罕	打开	佛寺	簇拥	红军	饭盒儿
非常	特别	小气	虐待	悲惨	率领	濒于	增强	宣布	玩意儿

恰好　天鹅　数量　条款　软骨　牌楼　封锁　挂念　抖擞　门洞儿

3. 朗读短文:(400 个音节,共 30 分,限时 4 分钟)。

在闽西南和粤东北的崇山峻岭中,点缀着数以千计的圆形围屋或土楼,这就是被誉为"世界民居奇葩"的客家民居。

客家人是古代从中原繁盛的地区迁到南方的。他们的居住地大多在偏僻、边远的山区,为了防备盗匪的骚扰和当地人的排挤,便建造了营垒式住宅,在土中掺石灰,用糯米饭、鸡蛋清作黏合剂,以竹片、木条作筋骨,夯筑起墙厚一米,高十五米以上的土楼。它们大多为三至六层楼,一百至二百多间房屋如橘瓣状排列,布局均匀,宏伟壮观。大部分土楼有两三百年甚至五六百年的历史,经受无数次地震撼动、风雨侵蚀以及炮火攻击而安然无恙,显示了传统建筑文化的魅力。

客家先民崇尚圆形,认为圆是吉祥、幸福和安宁的象征。土楼围成圆形的房屋均按八卦布局排列,卦与卦之间设有防火墙,整齐划一。

客家人在治家、处事、待人、立身等方面,无不体现出明显的文化特征。比如,许多房屋大门上刻着这样的正楷对联:"承前祖德勤和俭,启后子孙读与耕",表现了先辈希望子孙和睦相处、勤俭持家的愿望。楼内房间大小一模一样,他们不分贫富、贵贱,每户人家平等地分到底层至高层各//一间房。

——节选自张宇生《世界民居奇葩》

4. 命题说话:(请在下列话题中任选一个,共 40 分,限时 3 分钟)。

我的一天

我了解的十二生肖

任务五　字词测试训练

任务目标

【知识目标】

掌握普通话水平测试字词项测试的测试要求和评分标准。

【能力目标】

1. 能够按照测试要求读准单音节字词和多音节词语。

2. 能够依据测试要求和评分标准纠正自己的语音问题。

【素质目标】

1. 养成字正腔圆的发音习惯。

2. 逐步养成使用国家通用语言——普通话交流的意识与习惯。

案例引路

　　小蒙和小陈在练习普通话水平测试的第一项"读单音节字词"时，对多音字"强"的读法发生了争论：小蒙认为应该读出其中一个正确读音，如 qiáng；小陈则认为应该把这个字的三个读音（qiáng qiǎng jiàng）都读出来。到底谁说得对呢？

微课视频

字词项
测试指导

一、单音节字词训练

　　普通话水平测试的第一个测试项是读单音节字词 100 个，限时 3.5 分钟，共 10 分，占总分的 10%。

（一）测试目的

　　该测试项主要测查应试人声母、韵母、声调读音的标准程度。在 100 个音节里，每个声母出现一般不少于 3 次，每个韵母出现一般不少于 2 次。字音声母或韵母相同的尽量隔开排列，尽量不使相邻的音节出现双声或叠韵的情况。4 个声调出现的次数大致均衡。

（二）测试要求

发音要正确与饱满。正确是指字音要读对。饱满是指字音要读好。

声母发音要注意发音部位及发音方法的正确运用。如声母 zh 是舌尖后音，构成阻碍的部位是舌尖和硬腭前（硬腭的最前部，硬腭中央从前到后有一道凹下的槽），发音时舌尖抵住硬腭前部，软腭上升，关闭鼻腔通道；较弱的气流冲破舌尖的阻塞后，在原阻塞的部位之间保持适度的缝隙，气流从缝隙冲出摩擦成音。

韵母发音要注意舌位与唇形的圆展。如单韵母 a，发音时，口自然大开，扁唇，舌头居中央，舌面中部略隆起，舌尖微接或微离下齿背，声带振动，软腭上升，关闭鼻腔通路。复韵母的发音动程要准确，即舌位、唇形变化过程要准确、圆润。如 iao 的发音，舌位的动程是：前上—央下—后央；唇形的动程是：扁—大开—圆，iao 由于 a 是韵腹，发音要响亮，动作要到位，而韵头与韵尾发音要短促。鼻韵母的发音归音要到位，如 eng 的发音，由 e 的发音位置，归向软腭、舌根的位置。

声调的调值要读准，特别是上声调值一定要读完整，即调值 214 的降升调要完全呈现。只有下降的读音（调值 21），没有上升的读音，就会被扣分。

（三）评分标准

音节如果出现误读，允许在不隔音节的情况下改读，按第二次读音评判。

1. 读音错误，每个音节扣 0.1 分

语音错误是指没有读正确字音，即把甲字的声韵调读成乙字的声韵调。

比如："柔 róu"读成 yóu，"声 shēng"读成 sēng，这是声母错误；"听 tīng"读成 tīn，"求 qiú"读成 qiáo，这是韵母错误；"室 shì"读成 shǐ，"歹 dǎi"读成 dài，这是声调错误。

2. 语音缺陷，每个音节扣 0.05 分

语音缺陷是指字音虽然没有读错，但是没有读准确。（1）声母缺陷主要是指声母的发音部位不正确，但还不是把普通话里的某一类声母读成另一类声母，比如舌面前音 j、q、x 读得太接近 z、c、s；或者是把普通话里的某一类声母的正确发音部位用较接近的部位代替，比如把舌面前音 j、q、x 读成舌叶音；或者读舌尖后音声母 zh、ch、sh 时舌尖接触或接近上腭的位置过于靠后或靠前，但还没有完全错读为舌尖前音等。（2）韵母读音的缺陷多表现为合口呼、撮口呼的韵母圆唇度明显不够，语感差；或者开口呼的韵母开口度明显不够，听感性质明显不符；或者复韵母舌位动程明显不够等。

3. 超时 1 分钟以内，扣 0.5 分；超时 1 分钟以上（含 1 分钟），扣 1 分

注意事项：每个音节允许考生改读一次，并以第二次读音作为评分依据，隔音节改读无效。

（四）考前练习

一是熟读常用汉字 1500 个及次常用汉字 1000 个，熟读《普通话水平测试实施纲要（2021

年版）》①中的《普通话水平测试用普通话词语表》。

二是异读词的规范读音。异读词是指同一个书写形体、意义相同，却有多个读音。异读词经过我国审音委员会审定后，已经确定其中一个为规范读音。如"械"有 xiè、jiè 两个读音，审定后只有 xiè 这个读音是正确的读音。下面是普通话常见的异读词，括号内标注的是规范读音：

亚 yǎ(yà)　酵 xiào(jiào)　室 shǐ(shì)　暂 zǎn(zàn)

三是认准字的形体，避免认错字读错音。如崇 chóng 和祟 suì，门 mén 和闩 shuān。

二、多音节词语训练

（一）测试目的

测试应试人声母、韵母、声调和变调、轻声和儿化读音的标准程度。

该项多为双音节词语，也会出现个别三音节或四音节词语，共测查 100 个音节，声母、韵母的出现次数大体与单音节字词相同。此外，上声和上声相连的词语不少于 3 个，上声和其他声调相连的词语不少于 4 个；轻声不少于 3 次；儿化读音不少于 4 次（不同的儿化韵母）。

（二）测试要求

在读准单音节字词的基础上，一是要掌握普通话常用词语的声母、韵母、声调的准确读音；二是要识别一些生僻词语的读音；三是要掌握语流音变的规律，读准儿化词、轻声词、变调词语；四是要掌握词语轻重格的读音。只有多听多练，才能读准词语。

（三）评分标准

此项成绩占总分的 20%，即 20 分。

第一，语音错误，每个音节扣 0.2 分。

第二，语音缺陷，每个音节扣 0.1 分。读音有缺陷所指的除跟第一项内所述相同的以外，儿化韵读音明显不合要求的应列入。

第三，超时 1 分钟以内，扣 0.5 分；超时 1 分钟以上（含 1 分钟），扣 1 分。

（四）考前练习

1. 注意牢固掌握语流音变的规律，加强轻声、儿化的练习，直到读准、读自然为止

（1）轻声词：掌握轻声规律；熟读《普通话水平测试用必读轻声词语表》。

阴平＋轻声：巴掌　答应　亲戚　舒服　休息　知识

阳平＋轻声：裁缝　眉毛　活泼　人家　云彩　学生

---

① 国家语委普通话与文字应用培训测试中心.普通话水平测试实施纲要（2021 年版）[M].北京：语文出版社，2022.

上声＋轻声：本事　姐夫　晚上　嘴巴　首饰　点心

去声＋轻声：大方　动静　相声　月饼　故事　自在

（2）儿化词：掌握儿化词变读规律，熟读《普通话水平测试用儿化词语表》①。

a＞ar　板擦儿　号码儿　打杂儿　刀把儿

uei＞uer　耳垂儿　墨水儿　跑腿儿　围嘴儿

ing＞ier(鼻化)打鸣儿　蛋清儿　人影儿　眼镜儿

u＞ur　泪珠儿　梨核儿　媳妇儿　碎步儿

（3）变调音节：掌握上声、"一"和"不"字的变调规律。

上声＋非上声：　野心　火车　场合　可怜　老邓　普遍

上声＋上声：　　笔筒　粉笔　雨水　美好　理想　海藻

"一"＋非去声：　一天　一般　一直　一时　一宿　一览

"一"＋去声：　　一个　一对　一次　一定　一律　一瞬

"不"＋非去声：　不说　不听　不值　不回　不好　不悔

"不"＋去声：　　不去　不干　不累　不屑　不笑　不适

2. 掌握普通话词语的轻重格式的读法，培养语感

普通话语音在词语结构中并非都读得一样重，各音节的轻重分量、强弱程度不尽相同，大致可以分为四级：重、中、次轻、轻。

常见的普通话词语的轻重音格式的基本格式为：双音节、三音节、四音节，大多数最后一个音节为重音。其中，双音节词语，绝大多数读为"中·重"的格式。三音节词语，大多数读为"中·次轻·重"的格式。四音节词语，大多数读为"中·次轻·中·重"的格式。

（1）双音节词语的轻重格式。

"中·重"：　花草　清澈　流水　远足　田野　教室

"重·次轻"：巴望　编辑　意义　意志　质量　天气

"重·轻"：　东西　后头　记号　萝卜　事情　喜欢

（2）三音节词语的轻重格式。

"中·次轻·重"：百分比　博物馆　差不多　电话线　电信局　病虫害

"中·重·轻"：　爱面子　不在乎　胡萝卜　看样子　老大爷　老太太

"重·轻·轻"：　出来了　姑娘家　看起来　伙计们　顾不得　先生们

（3）四音节词语的轻重格式。

"中·次轻·中·重"：二氧化碳　高等学校　各行各业　公用电话

"中·轻·中·重"：　坑坑洼洼　嘻嘻哈哈　哆哆嗦嗦　迷迷糊糊

---

① 国家语委普通话与文字应用培训测试中心.普通话水平测试实施纲要(2021年版)[M].北京:语文出版社,2022:283—287.

·知识链接·

语音研究①

根据国内的一些研究成果来看,多音节词语主要都不是靠音强来分别轻重。“中·重”型的双音节词语,如学校、客厅、木料、儿童等,主要是后音节比前音节长,而且音高略低,调域也宽一些,形成前短后长、前高后低、前窄后宽的双音节。这是普通话双音节词语的主要语音模式。普通话里也有不少“重·轻”型的双音节词语,如学生、客气、木头、儿子等,这些词语的后音节比前音节短得多,调域也很窄,听起来显得很轻,也就是一般所说的轻音音节。

自我检测

1. 单音节字词综合训练(限时 3 分钟)。

训练一

镍 涩 刁 宽 狗 迈 吻 驴 恽 区 坏 啃 墨 慌 由 入 子 播
润 藏 瞥 救 闩 逛 学 付 均 抵 荫 俩 蝉 寸 嘭 领 心 涌
亏 罚 司 券 婶 初 砣 篇 却 捐 磷 郑 爷 哄 抓 病 秦 面
煮 患 饶 欧 纫 揣 饿 翁 贼 箭 夺 酱 夸 舜 鳃 相 则 兄
二 梗 跪 池 掉 枕 榻 石 蹑 标 痛 港 丢 框 掐 宋 啪 那
名 枣 痣 防 次 窝 惨 溺 挨 褪

训练二

贴 吻 抓 略 女 怀 涮 司 还 相 砣 君 岸 存 坡 炕 枕 虐
俩 石 避 夸 停 贵 模 饼 痣 秦 采 叶 凡 掐 孔 丢 惹 卧
婶 妾 广 沓 锌 润 墙 次 涌 餐 绕 将 恶 嘿 面 播 订 牌
兄 物 索 六 否 冲 群 窗 掉 跟 熔 拒 孙 尽 眯 褪 美 院
吃 贰 险 赴 隋 沤 揣 拗 翁 选 造 海 灌 啪 荫 曾 轴 扎
睡 框 月 窜 而 吻 簪 崇 瞟 颖

训练三

额 贵 装 自 惹 掐 枕 秦 供 石 挎 街 尝 啊 密 操 痣 刁
并 委 润 翻 二 灾 涌 餐 杨 六 朝 叶 猜 熔 斩 日 翁 乳
申 否 刺 撒 腻 犬 瓶 丢 框 铝 嘭 色 俩 那 胸 池 关 近
乘 莫 啃 圈 挑 嘿 舔 跃 零 荫 桨 涮 旬 晃 屯 得 聊 亏
段 渠 刁 踹 砣 曾 闷 咳 握 拨 面 幅 俊 欧 索 画 撇 拗
舜 防 不 品 虐 司 胜 降 扎 讷

① 林焘. 语音研究和对外汉语教学[J]. 世界汉语教学,1996(03):20—23.

2. 多音节词语综合训练。

训练一

咖啡	扭搭	沙漠	按期	实用	贫困	喷嚏	昂扬	交流	平反
哈尼族	送信儿	榫头	独特	蠢笨	肆虐	沉冤	月份	酌量	号召
萌芽	鲜花	奶嘴	判定	上座儿	搜寻	接洽	仍然	拐弯	白菜
冠军	总得	熊猫	萝卜	策略	悬挂	听讲	蛐蛐儿	培植	快乐
软骨	鄙薄	物价	因此	调和	而且	往常	机床	生日	走味儿

训练二

发扬	模型	花蕊	拔拉	配合	森林	拼音	嫂子	车站	平方	一顺儿
谢谢	称赞	两边	峡谷	志气	乔装	蠢蠢	入口	短促	刻苦	刺猬
耐用	拈阄儿	瓜分	沸腾	谎言	从而	试卷	拐弯	亲爱	手软	熊猫
总得	具体	脆弱	包干儿	葬送	落后	需求	书架	标尺	快乐	穷忙
调整	恩情	均匀	喧闹	忘却	旦角儿					

训练三

罚款	脾气	血渍	知遇	动员	漂亮	安全	群体	没错	强度	死亡
下午	小曲儿	搅扰	亚军	婆婆	劳驾	稳定	刮脸	匪首	课本	舅舅
障碍	奶水	搜查	中间儿	仍然	拐弯	陶瓷	侵略	分蘖	凶狠	回头
修女	赞成	特别	尺寸	恒星	打嗝儿	广博	冲刷	随时	快乐	穷人
帮忙	竹笋	民用	因而	命运	做活儿					

任务六　朗读短文测试训练

 任务目标 ─────────────────────────────────●

【知识目标】

掌握普通话水平测试朗读短文项测试的测试要求和评分标准。

【能力目标】

1. 能够按照测试要求熟练地朗读 50 篇《普通话水平测试用朗读作品》。
2. 能够依据测试要求和评分标准纠正自己的语音问题。

【素质目标】

1. 通过朗读训练提升语言表达素养。
2. 逐步养成使用国家通用语言——普通话交流的意识与习惯。

案例引路

　　在练习朗读文章时,小陈觉得小蒙语调太过平淡,听着无味;而小蒙则认为小陈的朗读太过抑扬顿挫,太有诗歌朗诵的意味。这次你更认同谁呢?

　　普通话水平测试时第三部分朗读短文(1 篇,400 个音节),限时 4 分钟,共 30 分。测试时,计算机辅助测试系统会从《普通话水平测试实施纲要》第五部分《普通话水平测试用朗读作品》中随机抽取一篇,考生进行朗读。

一、测试目的

　　测查应试人用普通话朗读书面作品的水平,在测查声母、韵母、声调读音标准程度的同时,重点测查连读音变、停连、语调及流畅程度。

二、测试要求

　　朗读考试的基本要求:一是要正确,即朗读时要使用普通话,不读错字音,不丢字,不添字,不改字,不回读,不读颠倒,读得字字响亮;二是要流利,朗读时在做到读准字音的基础上,要语速适中,口齿清晰,从容不迫,自然流畅;三是要有感情,在正确理解朗读文章的主题思想、感情基调的基础上,做到读得真挚自然,不矫揉造作。

三、评分标准

微课视频
朗读测试
的要求

此项成绩占总分的 30%(30 分),评分以朗读作品的前 400 个音节(不含标点符号和括注的音节)为限。错字、增字、漏字,每个音节扣 0.1 分;声母和韵母的系统性语音缺陷视程度扣 0.5 分、1 分、2 分;语调偏误,视程度扣 0.5 分、1 分、2 分;停连不当视程度扣 0.5 分、1 分、2 分;朗读不流畅(包括回读),视程度扣 0.5 分、1 分、2 分。超时扣 1 分。

说明:《普通话水平测试用朗读作品》共 50 篇,各篇的字数略有出入,为了做到评分标准一致,测试中对应试人选读材料的前 400 个音节(每篇 400 音节之后均有标志)的失误做累积计算;但语调、语速的考查应贯穿全篇。从测试的要求来看,应把提供给应试人做练习的 50篇作品作为一个整体,应试前通过练习全面把握。

四、考前练习

(一)读准字音,音变符合普通话规范

【示例】

一天,我陪患病的母亲去医院输液,年轻的护士为母亲扎了两针也没有扎进血管里,眼见针眼处鼓起青包。

——节选自姜桂华《将心比心》

这里的"一"字要变调为去声,"护士"是轻声词,"扎"声母是舌尖后音 zh,"血管"中"血"要读作 xuè,"针眼"的"眼"要儿化,都要读准确。

(二)语调自然,声调、句调、词语的轻重格符合普通话标准

【示例】

我常想读书人是世间幸福人,因为他除了拥有现实的世界之外,还拥有另一个更为浩瀚也更为丰富的世界。

——节选自谢冕《读书人是幸福人》

这是一句陈述句,宜用平调读出。句中的停顿可以这样处理:我常想读书人∣是世间幸福人,因为∣他除了拥有现实的世界之外,还拥有另一个∣更为浩瀚∣也更为丰富的世界。

(三)停连得当,朗读流畅自然

朗读时,要严格忠实于作品,不回读、漏读、增读、改读,并且要根据标点及句子的语意来处理停连。如果应试人对作品陌生,对作品不理解,会导致朗读作品时回读、漏读、增读、改读,影响朗读的流畅程度,使人听起来磕磕绊绊;如果停连不当,轻者影响语言节律,造成语

意不连贯,重者则造成语意的偏误,肢解词语或句子。

测试时,应尽量不磕巴、不回读,语速适当,不要过快过慢或者忽快忽慢,一分钟 200—240 个音节比较合适。

· 知识链接 ·

散 文 朗 读

当朗读散文时,语音准确饱满、抑扬顿挫是最基本的。在充分体会散文思想的基础上做到诵读以思带声;在准确把握散文结构的基础上做到诵读张弛有致。而最关键的还是对情感的驾驭和表达。淡淡的感伤需要舒缓以引人联想,满腔的激愤要恸声以使人共鸣,难掩的喜悦要忘我来与人分享,片刻的凝思要轻抑以把别人带入冥想。总之,要把作者注入文章中的情感思想充分地再现给别人,悉心揣摩,反复尝试是必不可少的。

散文的朗读虽没有一个固定的形式,不过也有一些基本的技巧,就是在朗读之前了解文章的整体思想,然后把自己当作作者,用语言把文章表达出来。

 自我检测

以下是 50 篇《普通话水平测试用朗读作品》[①]的朗读提示,请参照朗读提示进行朗读,也可扫码聆听"范读"。

♫ 音频资源
示范朗读

说明:

1. 50 篇作品选自普通话水平测试国家指导用书《普通话水平测试实施纲要(2021 年版)》。

2. 作品中的"一""不""啊"及轻声、儿化在"朗读提示"中均按音变后的读音标注。

3. 一般轻读,间或重读的音节,拼音加注调号,并在拼音前加圆点提示。如:"因为",拼音写作"yīn·wèi"。

4. 作品中的儿化音节有两种情况。一是书面上加"儿","朗读提示"中的注音在基本形式后加 r,如"小草儿",拼音写作"xiǎocǎor";二是书面上没有加"儿",但口语里一般儿化的音节,"朗读提示"中的注音也在基本形式后加 r,如"辣味",拼音写作"làwèir"。

朗读提示(文本详见《普通话水平测试实施纲要(2021 年版)》第 370 页作品 1 号)

① 规矩　guīju
② 蒜瓣　suànbànr
③ 辣味　làwèir
④ 饺子　jiǎozi
⑤ 榛子　zhēnzi
⑥ 掺和　chānhuo

① 国家语委普通话与文字应用培训测试中心.普通话水平测试实施纲要(2021 年版)[M].北京:语文出版社,2022:370—468.

⑦ 爆竹　bàozhú　　　　　⑧ 风筝　fēngzheng

⑨ 擦黑儿　cāhēir　　　　⑩ 长方块　chángfāngkuàir

朗读提示（文本详见《普通话水平测试实施纲要(2021 年版)》第 372 页作品 2 号）

① 打两个滚儿　dǎ liǎng gè gǔnr　　② 青草味儿　qīngcǎowèir

③ 鸟儿　niǎor　　　　　④ 薄烟　bóyān

⑤ 树叶儿　shùyèr　　　⑥ 小草儿　xiǎocǎor

⑦ 傍晚　bàngwǎn　　　⑧ 黄晕　huángyùn

⑨ 乡下　xiāngxia　　　⑩ 风筝　fēngzheng

朗读提示（文本详见《普通话水平测试实施纲要(2021 年版)》第 374 页作品 3 号）

① 尽管　jǐnguǎn　　　　② 有脚啊　yǒujiǎowa

③ 旋转　xuánzhuǎn　　④ 觉察　juéchá

⑤ 伶伶俐俐　línglínglìlì　　⑥ 影儿　yǐngr

⑦ 徘徊　páihuái　　　⑧ 薄雾　bówù

朗读提示（文本详见《普通话水平测试实施纲要(2021 年版)》第 376 页作品 4 号）

① 韧性　rènxìng　　　② 钉子　dīngzi

③ 研究　yánjiū　　　④ 看见　kànjiàn

⑤ 分量　fèn·liàng　　⑥ 信手拈来　xìn shǒu-niānlái

⑦ 部分　bùfen　　　⑧ 应该　yīnggāi

⑨ 岔路　chàlù　　　⑩ 调换　diàohuàn

朗读提示（文本详见《普通话水平测试实施纲要(2021 年版)》第 378 页作品 5 号）

① 修缮　xiūshàn　　　② 地方　dìfang

③ 木匠　mùjiang　　　④ 墨斗　mòdǒu

⑤ 杖竿　zhànggān　　⑥ 锛　bēn

⑦ 刨　bào　　　⑧ 苦背　shànbèi

⑨ 三浆三压　sānjiāng-sānyā　　⑩ 符合　fúhé

⑪ 殷墟　yīnxū　　　⑫ 卜辞　bǔcí

⑬ 记载　jìzǎi

朗读提示（文本详见《普通话水平测试实施纲要(2021 年版)》第 380 页作品 6 号）

① 翩然　piānrán　　　② 成熟　chéngshú

③ 簌簌　sùsù　　　④ 衰草连天　shuāicǎo-liántiān

⑤ 风雪载途　fēngxuě-zàitú　　⑥ 候鸟　hòuniǎo

⑦ 物候　wùhòu　　　⑧ 知识　zhīshi

⑨ 农谚　nóngyàn

朗读提示(文本详见《普通话水平测试实施纲要(2021 年版)》第 382 页作品 7 号)

① 转瞬即逝　zhuǎnshùn-jíshì　　② 二百公里　èrbǎi gōnglǐ
③ 间隔　jiàngé　　④ 追踪　zhuīzōng
⑤ 石子儿　shízǐr

朗读提示(文本详见《普通话水平测试实施纲要(2021 年版)》第 384 页作品 8 号)

① 肇庆　Zhàoqìng　　② 似的　shìde
③ 薄雾　bówù　　④ 淙淙　cóngcóng
⑤ 石块　shíkuàir　　⑥ 活泼　huó·pō
⑦ 古刹　gǔchà　　⑧ 引种　yǐnzhòng
⑨ 菩提树　pútíshù　　⑩ 琵琶　pípa

朗读提示(文本详见《普通话水平测试实施纲要(2021 年版)》第 386 页作品 9 号)

① 因为　yīn·wèi　　② 丧失　sàngshī
③ 诸多　zhūduō　　④ 精神　jīngshén
⑤ 上溯　shàngsù　　⑥ 陶冶　táoyě
⑦ 著述　zhùshù　　⑧ 论语　Lúnyǔ

朗读提示(文本详见《普通话水平测试实施纲要(2021 年版)》第 388 页作品 10 号)

① 似的　shìde　　② 地方　dìfang
③ 认得　rènde　　④ 朋友　péngyou
⑤ 很熟了　hěnshúle　　⑥ 眼睛　yǎnjing
⑦ 模糊　móhu　　⑧ 哥伦波　Gēlúnbō

朗读提示(文本详见《普通话水平测试实施纲要(2021 年版)》第 390 页作品 11 号)

① 早上　zǎoshang　　② 地方　dìfang
③ 大堤　dàdī　　④ 薄雾　bówù
⑤ 屹立　yìlì　　⑥ 隆隆　lónglóng
⑦ 闷雷　mènléi　　⑧ 踮着脚　diǎnzhejiǎo
⑨ 一会儿　yíhuìr　　⑩ 霎时　shàshí
⑪ 漫天卷地　màntiān-juǎndì　　⑫ 风号浪吼　fēngháo-lànghǒu

朗读提示(文本详见《普通话水平测试实施纲要(2021 年版)》第 392 页作品 12 号)

① 园子　yuánzi　　② 嘎吱嘎吱　gāzhī gāzhī
③ 一个劲儿　yígèjìnr　　④ 描摹　miáomó

⑤ 小脸儿　xiǎoliǎnr
⑦ 阳光啊　yángguāng nga
⑥ 怔住　zhèngzhù
⑧ 菱角　língjiǎo

朗读提示(文本详见《普通话水平测试实施纲要(2021 年版)》第 394 页作品 13 号)
① 因为　yīn·wèi
③ 围绕　wéirào
⑤ 星斗　xīngdǒu
⑦ 兴奋　xīngfèn
② 绯红　fēihóng
④ 倒映　dàoyìng
⑥ 软绵绵　ruǎnmiánmián
⑧ 休憩　xiūqì

朗读提示(文本详见《普通话水平测试实施纲要(2021 年版)》第 396 页作品 14 号)
① 部分　bùfen
③ 毫不费力　háobúfèilì
⑤ 比较　bǐjiào
⑦ 扼杀　èshā
② 氯化钠　lǜhuànà
④ 曝晒　pùshài
⑥ 为生命所必需　wéi shēngmìng suǒ bìxū
⑧ 提供　tígōng

朗读提示(文本详见《普通话水平测试实施纲要(2021 年版)》第 398 页作品 15 号)
① 密集区　mìjíqū
③ 粟　sù
⑤ 提供　tígōng
⑦ 处于　chǔyú
② 促成　cùchéng
④ 黍　shǔ
⑥ 轴心　zhóuxīn
⑧ 证据　zhèngjù

朗读提示(文本详见《普通话水平测试实施纲要(2021 年版)》第 400 页作品 16 号)
① 即便　jíbiàn
③ 一刹那　yíchànà
⑤ 弥漫　mímàn
⑦ 颇　pō
② 熙攘　xīrǎng
④ 陡然　dǒurán
⑥ 熟悉　shúxi

朗读提示(文本详见《普通话水平测试实施纲要(2021 年版)》第 402 页作品 17 号)
① 年龄　niánlíng
③ 血管　xuèguǎn
⑤ 不禁　bùjīn
⑦ 是啊　shìra
② 护士　hùshi
④ 针眼　zhēnyǎnr
⑥ 扎针　zhāzhēn
⑧ 将心比心　jiāngxīn-bǐxīn

朗读提示(文本详见《普通话水平测试实施纲要(2021 年版)》第 404 页作品 18 号)
① 晋祠　Jìncí
③ 苍劲　cāngjìng
⑤ 周柏　Zhōubǎi
② 拾级　shèjí
④ 见长　jiàncháng
⑥ 劲直　jìngzhí

⑦ 皱裂　zhòuliè
⑧ 偃卧　yǎnwò
⑨ 虬枝盘曲　qiúzhīpánqū
⑩ 松柏　sōngbǎi
⑪ 苍劲　cāngjìng
⑫ 老妪　lǎoyù
⑬ 荫护　yìnhù
⑭ 分外　fènwài
⑮ 脉脉　mòmò

朗读提示(文本详见《普通话水平测试实施纲要(2021 年版)》第 406 页作品 19 号)

① 部分　bùfen
② 不自量力　búzìliànglì
③ 咫尺　zhǐchǐ
④ 鲲鹏　kūnpéng
⑤ 斥鹦　chìyàn
⑥ 蓬蒿　pénghāo
⑦ 诚然　chéngrán
⑧ 似乎　sìhū

朗读提示(文本详见《普通话水平测试实施纲要(2021 年版)》第 408 页作品 20 号)

① 女主角　nǚzhǔjué
② 陡然　dǒurán
③ 似的　shìde
④ 迅即　xùnjí
⑤ 切近　qièjìn
⑥ 铿锵　kēngqiāng
⑦ 一笑一颦　yíxiào-yìpín
⑧ 婀娜　ēnuó
⑨ 淹没　yānmò
⑩ 涨　zhǎng

朗读提示(文本详见《普通话水平测试实施纲要(2021 年版)》第 410 页作品 21 号)

① 为之　wèizhī
② 唐招提寺　Táng Zhāotí Sì
③ 友谊　yǒuyì
④ 莲蓬累累　liánpengléiléi
⑤ 成熟　chéngshú
⑥ 禁不住　jīnbuzhù
⑦ 缅怀　miǎnhuái
⑧ 瞩望　zhǔwàng

朗读提示(文本详见《普通话水平测试实施纲要(2021 年版)》第 412 页作品 22 号)

① 潜行　qiánxíng
② 白桦树　báihuàshù
③ 胸脯　xiōngpú
④ 似的　shìde
⑤ 露出　lùchū
⑥ 战栗　zhànlì
⑦ 怪物啊　guàiwuwa
⑧ 崇敬　chóngjìng
⑨ 是啊　shìra
⑩ 鸟儿　niǎo'ér

朗读提示(文本详见《普通话水平测试实施纲要(2021 年版)》第 414 页作品 23 号)

① 浩瀚无垠　hàohàn-wúyín
② 莫高窟　Mògāokū
③ 东麓　dōnglù
④ 彩塑　cǎisù
⑤ 鲜明　xiānmíng
⑥ 威风凛凛　wēifēng-lǐnlǐn
⑦ 捕鱼　bǔyú
⑧ 琵琶　pípa

⑨ 银弦　yínxián
⑪ 翩翩起舞　piānpiān-qǐwǔ
⑬ 帛画　bóhuà

⑩ 遨游　áoyóu
⑫ 藏经洞　cángjīngdòng
⑭ 掠走　lüèzǒu

朗读提示（文本详见《普通话水平测试实施纲要（2021 年版）》第 416 页作品 24 号）

① 涵养　hányǎng
③ 提供　tígōng
⑤ 因为　yīn•wèi
⑦ 表现为　biǎoxiànwéi
⑨ 飓风　jùfēng
⑪ 抑制　yìzhì

② 农谚　nóngyàn
④ 卓著　zhuózhù
⑥ 调度室　diàodùshì
⑧ 从而　cóng'ér
⑩ 洪涝　hónglào
⑫ 应该　yīnggāi

朗读提示（文本详见《普通话水平测试实施纲要（2021 年版）》第 418 页作品 25 号）

① 莲子　liánzǐ
③ 小荷才露尖尖角　xiǎohé cái lù jiānjiānjiǎo
④ 事与愿违　shìyǔyuànwéi
⑥ 地方　dìfang
⑧ 部分　bùfen

② 一条缝　yì tiáo fèngr

⑤ 东西　dōngxi
⑦ 单薄　dānbó

朗读提示（文本详见《普通话水平测试实施纲要（2021 年版）》第 420 页作品 26 号）

① 创造　chuàngzào
③ 契合　qìhé
⑤ 记载　jìzǎi

② 印刷术　yìnshuāshù
④ 着手　zhuóshǒu
⑥ 适当　shìdàng

朗读提示（文本详见《普通话水平测试实施纲要（2021 年版）》第 422 页作品 27 号）

① 稀松　xīsōng
③ 禽　qín
⑤ 一点儿　yìdiǎnr
⑦ 随机应变　suíjī-yìngbiàn
⑨ 复杂　fùzá

② 因为　yīn•wèi
④ 猩猩　xīngxing
⑥ 符号　fúhào
⑧ 连缀　liánzhuì

朗读提示（文本详见《普通话水平测试实施纲要（2021 年版）》第 424 页作品 28 号）

① 父亲　fù•qīn
③ 一车两卒　yì jū liǎng zú
⑤ 不禁　bùjīn
⑦ 棋子　qízǐ
⑨ 不好意思　bùhǎoyìsi

② 兵将　bīngjiàng
④ 将军　jiāngjūn
⑥ 地方　dìfang
⑧ 不假思索　bùjiǎ-sīsuǒ

朗读提示(文本详见《普通话水平测试实施纲要(2021 年版)》第 426 页作品 29 号)

① 仲夏　zhòngxià
② 半隐半现　bànyǐn-bànxiàn
③ 庄稼地　zhuāngjiadì
④ 小径　xiǎojìng
⑤ 散金碎玉　sǎnjīn-suìyù
⑥ 凸凹　āotū
⑦ 狭窄　xiázhǎi
⑧ 赫然　hèrán
⑨ 俯瞰　fǔkàn
⑩ 辟出　pìchū
⑪ 空地　kòngdì
⑫ 蘑菇　mógu
⑬ 篱笆　líba
⑭ 蝙蝠山　Biānfúshān
⑮ 豁开了嗓门儿　huō kāi le sǎngménr
⑯ 小鱼儿　xiǎoyúr

朗读提示(文本详见《普通话水平测试实施纲要(2021 年版)》第 428 页作品 30 号)

① 崇山峻岭　chóngshān-jùnlǐng
② 数以千计　shùyǐqiānjì
③ 盗匪　dàofěi
④ 黏合剂　niánhéjì
⑤ 夯筑　hāngzhù
⑥ 侵蚀　qīnshí
⑦ 崇尚　chóngshàng
⑧ 整齐划一　zhěngqíhuàyī
⑨ 处事　chǔshì
⑩ 一模一样　yìmú-yíyàng

朗读提示(文本详见《普通话水平测试实施纲要(2021 年版)》第 430 页作品 31 号)

① 对称　duìchèn
② 似的　shìde
③ 池沼　chízhǎo
④ 重峦叠嶂　chóngluán-diézhàng
⑤ 在乎　zàihu
⑥ 丘壑　qiūhè
⑦ 模样　múyàng
⑧ 砌　qì
⑨ 玲珑　línglóng

朗读提示(文本详见《普通话水平测试实施纲要(2021 年版)》第 432 页作品 32 号)

① 云彩　yúncai
② 山根　shāngēnr
③ 岱宗坊　Dàizōngfāng
④ 斗母宫　Dǒumǔgōng
⑤ 经石峪　Jīngshíyù
⑥ 不禁　bùjīn
⑦ 柏洞　Bǎidòng
⑧ 露面　lòumiàn
⑨ 对峙　duìzhì
⑩ 似的　shìde
⑪ 权当　quándàng

朗读提示(文本详见《普通话水平测试实施纲要(2021 年版)》第 434 页作品 33 号)

① 披露　pīlù
② 黄绿相间　huánglùxiāngjiàn
③ 飘浮　piāofú
④ 云彩　yúncai
⑤ 因为　yīn·wèi
⑥ 广袤　guǎngmào

| ⑦ 即便　jíbiàn | ⑧ 翘首　qiáoshǒu |

朗读提示（文本详见《普通话水平测试实施纲要（2021 年版）》第 436 页作品 34 号）

① 先生　xiānsheng	② 一块　yíkuàir
③ 大伙　dàhuǒr	④ 这一点啊　zhè yì diǎn na
⑤ 云头　yúntóu	⑥ 不由得　bùyóude
⑦ 模仿　mófǎng	

朗读提示（文本详见《普通话水平测试实施纲要（2021 年版）》第 438 页作品 35 号）

① 地方　dìfang	② 羁绊　jībàn
③ 巍峨　wēi'é	④ 广袤　guǎngmào
⑤ 坎坷　kǎnkě	⑥ 即便　jíbiàn
⑦ 沉着　chénzhuó	⑧ 热血　rèxuè

朗读提示（文本详见《普通话水平测试实施纲要（2021 年版）》第 440 页作品 36 号）

① 人家　rénjiā	② 花儿　huār
③ 结出了　jiēchūle	④ 旗杆　qígān
⑤ 芍药　sháoyao	⑥ 鸡冠花　jīguānhuā
⑦ 绿荫　lùyīn	⑧ 几场春雨　jǐ cháng chūnyǔ
⑨ 捣衣　dǎoyī	⑩ 傍晚　bàngwǎn

朗读提示（文本详见《普通话水平测试实施纲要（2021 年版）》第 442 页作品 37 号）

① 一簇　yí cù	② 闪耀　shǎnyào
③ 颤动　chàndòng	④ 泊　bó
⑤ 涨潮　zhǎngcháo	⑥ 拨　bō
⑦ 缓缓地　huǎnhuǎnde	⑧ 树梢　shùshāo

朗读提示（文本详见《普通话水平测试实施纲要（2021 年版）》第 444 页作品 38 号）

① 系着　jìzhe	② 铃铛　língdang
③ 蝙蝠　biānfú	④ 眼睛　yǎnjing
⑤ 碰着　pèngzháo	⑥ 苍蝇　cāngying
⑦ 似的　shìde	⑧ 荧光屏　yíngguāngpíng
⑨ 清楚　qīngchu	

朗读提示（文本详见《普通话水平测试实施纲要（2021 年版）》第 446 页作品 39 号）

| ① 一幅　yì fú | ② 汴梁　Biànliáng |
| ③ 乡下　xiāngxia | ④ 买卖　mǎimai |

⑤ 摆小摊　bǎixiǎotānr

⑥ 官吏　guānlì

⑦ 招牌　zhāopai

⑧ 作坊　zuōfang

⑨ 茶馆　cháguǎnr

⑩ 因为　yīn·wèi

⑪ 一乘轿子　yí shèng jiàozi

⑫ 马笼头　mǎlóngtou

朗读提示（文本详见《普通话水平测试实施纲要（2021 年版）》第 448 页作品 40 号）

① 学生　xué·shēng

② 软塌塌　ruǎntātā

③ 精神　jīngshen

④ 心思　xīnsi

⑤ 踏实　tāshi

⑥ 身板　shēnbǎnr

⑦ 搀扶　chānfú

朗读提示（文本详见《普通话水平测试实施纲要（2021 年版）》第 450 页作品 41 号）

① 颐和园　Yíhéyuán

② 横槛　héngjiàn

③ 几千幅画　jǐ qiān fú huà

④ 耸立　sǒnglì

⑤ 佛香阁　Fóxiānggé

⑥ 掩映　yǎnyìng

⑦ 画舫　huàfǎng

⑧ 一点儿　yìdiǎnr

⑨ 堤岸　dī'àn

朗读提示（文本详见《普通话水平测试实施纲要（2021 年版）》第 452 页作品 42 号）

① 先生　xiānsheng

② 津津有味　jīnjīn-yǒuwèi

③ 钟头　zhōngtóu

④ 故事　gùshi

⑤ 催促　cuīcù

⑥ 一知半解　yìzhī-bànjiě

⑦ 诸　zhū

⑧ 部分　bùfen

⑨ 笸箩　pǒluo

朗读提示（文本详见《普通话水平测试实施纲要（2021 年版）》第 454 页作品 43 号）

① 卓尔不群　zhuóěr-bùqún

② 史籍　shǐjí

③ 收集　shōují

④ 记述　jìshù

⑤ 危涧　wēijiàn

⑥ 晚上　wǎnshang

⑦ 当日　dàngrì

⑧ 露宿　lùsù

⑨ 栖身　qīshēn

⑩ 洞穴　dòngxué

⑪ 燃松拾穗　ránsōngshísuì

⑫ 地方　dìfang

朗读提示（文本详见《普通话水平测试实施纲要（2021 年版）》第 456 页作品 44 号）

① 龟甲　guījiǎ

② 铸刻　zhùkè

③ 绳子　shéngzi

④ 学问　xuéwen

⑤ 蚕丝　cánsī

⑥ 帛　bó

⑦ 盛放　chéngfàng　　⑧ 篾席　mièxí

⑨ 薄片　báopiàn　　⑩ 比较　bǐjiào

⑪ 便宜　piányi

朗读提示（文本详见《普通话水平测试实施纲要(2021 年版)》第 458 页作品 45 号）

① 位于　wèiyú　　② 地处　dìchǔ

③ 梭子　suōzi　　④ 脊梁　jǐ·liáng

⑤ 似的　shìde　　⑥ 湖泊　húpō

⑦ 调剂　tiáojì　　⑧ 提供　tígōng

朗读提示（文本详见《普通话水平测试实施纲要(2021 年版)》第 460 页作品 46 号）

① 田垄　tiánlǒng　　② 阡陌　qiānmò

③ 畜牲　chùsheng　　④ 踟蹰　chíchú

⑤ 深褐色　shēnhèsè　　⑥ 下种　xiàzhǒng

⑦ 收成　shōucheng　　⑧ 嫩草　nèncǎo

⑨ 飞附　fēifù　　⑩ 苍蝇　cāngying

朗读提示（文本详见《普通话水平测试实施纲要(2021 年版)》第 462 页作品 47 号）

① 石拱桥　shígǒngqiáo　　② 记载　jìzǎi

③ 几乎　jīhū　　④ 陡坡　dǒupō

⑤ 暴涨　bàozhǎng　　⑥ 拱圈　gǒngquān

朗读提示（文本详见《普通话水平测试实施纲要(2021 年版)》第 464 页作品 48 号）

① 成为　chéngwéi　　② 教人　jiàorén

③ 光润　guāngrùn　　④ 似的　shìde

⑤ 涤清　díqīng　　⑥ 主意　zhǔyi 或 zhúyi

⑦ 暂　zàn

朗读提示（文本详见《普通话水平测试实施纲要(2021 年版)》第 466 页作品 49 号）

① 面积　miànjī　　② 一瞥　yìpiē

③ 夹球跑　jiāqiúpǎo　　④ 熟练　shúliàn

朗读提示（文本详见《普通话水平测试实施纲要(2021 年版)》第 468 页作品 50 号）

① 报道　bàodào　　② 塑料　sùliào

③ 散落　sànluò　　④ 草丛　cǎocóng

⑤ 牲畜　shēngchù　　⑥ 庄稼　zhuāngjia

⑦ 板结　bǎnjié　　⑧ 处理　chǔlǐ

任务七   命题说话测试训练

⊙ **任务目标** ────────────────────────────────── ●

【知识目标】

掌握普通话水平测试命题说话测试项的测试要求和评分标准。

【能力目标】

1. 能够辨析说话过程中语音、词汇、语法的不规范现象。
2. 围绕《普通话水平测试用话题》中的 50 个话题,运用规范的普通话进行说话表达。

【素质目标】

1. 能够运用普通话流畅、自信地表达观点和想法。
2. 逐步养成使用国家通用语言——普通话交流的意识与习惯。

📋 **案例引路**

　　为了练好命题说话,小蒙和小陈经常结伴练习,每天先练说一个话题,再互相指出对方说话中存在的问题。小蒙在说话中常常将方言词汇直接用普通话进行音译,如"红薯"说成"番薯",还将方言的句式、语法带入普通话表达中,如"你先去"说成"你去先","我把书给她了"说成"我给书她了"。小陈指出,虽然小蒙的语音准确,但是在表达中使用了方言词汇,就不是规范的普通话。你认为小陈说得对吗?

　　普通话水平测试的第四部分命题说话,说话时长不得少于 3 分钟,共 40 分,此项成绩占总分的 40%。

一、测试目的

微课视频
命题说话的
题目和要求

　　测查应试人在无文字凭借的情况下说普通话的水平。这不仅是对应试人语言水平的考查,也是对应试人心理素质的考验。

二、测试要求

　　测试时,系统从《普通话水平测试用话题》中的 50 个话题中随机抽取 2

个话题供考生选择。这 50 个话题均选自国家语委普通话与文字应用培训测试中心编制的《普通话水平测试实施纲要（2021 年版）》。在测试时，应试人需要用鼠标点选自己要说的话题，测试系统会给 30 秒的准备时间。准备时间结束后，应试人必须围绕选定的话题，自然流畅地连续说满 3 分钟。

　　普通话水平测试的命题说话题目大致可以归纳成三类：一是叙述类，如我的一天、童年生活、难忘的旅行等，可以讲述对自己影响深刻的人和事；二是说明类，如我喜欢的职业、我了解的地域文化（或风俗）、我喜爱的艺术形式等，可以介绍自己熟悉的景物、职业、风俗等；三是议论类，如谈个人修养、谈社会公德、谈服饰等，还可以谈一些现象和自己对这些社会现象的看法。

　　题目类型虽然不同，但是都要求应试人做到语音标准，词汇语法规范，说话自然流畅，紧扣题目，条理清晰，内容充分。

三、评分标准

（一）语音标准程度，共 25 分

计分档次为：

一档：扣 0 分、1 分、2 分。（一档指语音标准，或极少有失误）

二档：扣 3 分、4 分。（二档指语音错误在 10 次以下，有方音但不明显）

微课视频
命题说话
的评分

三档：扣 5 分、6 分。（三档指语音错误在 10 次以下，但方音比较明显；或方音不明显，但语音错误大致在 10 次至 15 次之间）

四档：扣 7 分、8 分。（四档指语音错误在 10 次至 15 次之间，方音比较明显）

五档：扣 9 分、10 分、11 分。（五档指语音错误超过 15 次，方音明显）

六档：扣 12 分、13 分、14 分。（六档指语音错误多，方音重）

（二）词汇语法规范程度，共 10 分

计分档次为：

一档：扣 0 分。（一档指词汇、语法规范）

二档：扣 1 分、2 分。（二档指偶有词汇或语法不符合规范的情况）

三档：扣 3 分、4 分。（三档指词汇、语法屡有不符合规范的情况）

（三）自然流畅程度，共 5 分

计分档次为：

一档：扣 0 分。（一档指语言自然流畅）

二档：扣 0.5 分、1 分。（二档指语音基本流畅，但口语化较差，有背稿子的表现）

三档：扣 2 分、3 分。（三档指语速不当，话语不连贯，语调生硬）

(四)其他失分项

微课视频
命题中常见
的问题

第一,缺时。命题说话限时 3 分钟,要求应试人在测试时必须围绕选定的话题说满 3 分钟。在说话过程中,应试人如果出现断断续续、长时间停顿,或由于准备不足、难以继续而提前终止说话,都会按照缺时时长累计扣分。

第二,离题。离题就是跑题,即应试人在测试时说话的内容偏离主题。例如有的应试人在测试时将"我喜欢的节日"说成了"我喜欢的节目",说话过程中完全围绕"我喜欢的节目"来组织语言,无论应试人是看错了题目还是故意为之,都会按照离题时长扣除相应分数。

第三,内容雷同。内容雷同所涉及的情况比较多,主要包括三种情况:一是应试人在说话时背诵媒体上(包括但不限于报刊、书籍、网络)发表的作品,如有的应试人选择的题目是"我喜欢的季节",在说话过程中大段背诵了朱自清的《春》,还有的应试人直接用了从网络上搜到的别人写的参考资料"范文";二是多人共用一篇说话稿,如有些应试人在测试前和一起参加测试的同学集体备稿,共用相同的内容;三是在说话过程中多次重复或大段重复相同的话语。以上情况均会按照说话内容雷同的时长扣除相应分数。

第四,无效语料。无效语料是指与话题无关的一些话语。如在说话过程中不断地重复相同的语句,大量使用"啊""嗯"等语气词代替正常的说话内容,或者用读秒、读数、读题目、唱歌等与话题无关的语料来填充说话内容,均会按照累计时长扣除相应分数。

四、考前练习

(一)对说话题目进行构思,理清思路,确定提纲,多加练习

微课视频
命题说话的
准备

命题说话需要说满 3 分钟。在备考时,不建议应试人将每一个话题写成文稿并背诵下来。一是因为命题说话的目的是要测查应试人在没有文字凭借的情况下说普通话的标准、流畅程度。二是因为在测试过程中,应试人很容易由于紧张而忘记稿件内容,出现忘词的现象,从而影响说话的自然流畅程度。

要想在 3 分钟内有话可说,应试人需要根据主题,对说话内容进行选择和组织,确定说话的提纲。

音频资源
命题说话示范
《我的愿望》

【示例】说话题目:我的愿望(或理想)

评析:愿望或理想是指心中期望实现的想法,多指美好的、个人认为有意义、有价值的对未来的期望。可以是一个,也可以是多个;可以是已实现的,也可以是尚未实现的。说话时可参考以下提纲。

首先,可以先从小时候的愿望(或理想)说起。例如在童年时期,女孩子的愿望可能是拥有一套芭比娃娃,男孩子的愿望可能是拥有一套玩具赛车。接着说一说随着年龄的增长,你的愿望(或理想)发生了什么变化,现阶段你的愿望(或理想)是什么?

其次,说一说现阶段的愿望(或理想)是如何产生的。例如受长辈的影响、受某位教师的

影响、受朋友的影响等，这里可以具体说一说这个愿望(或理想)产生的细节。

再次，说一说你为实现这个愿望(或理想)付出了哪些行动，做出了哪些努力，最好讲一件具体的事。如果你在努力的过程中经历过挫折，可以具体说一说遇到困难时你是如何克服的。

最后，说一说这个愿望(或理想)是否已经实现？如果已经实现，可以说一说这个愿望(或理想)对你的影响，可以是对学习、生活的影响，也可以是对人生观、价值观的影响，还可以是对人际交往观念的影响。如果还没有实现，可以说一说你今后打算如何做。

【示例】说话题目：我喜爱的动物

评析：从数量上说，我喜爱的动物可以是一个，也可以是多个；从对象上说，我喜爱的动物可以是特定的一个，也可以是一类。我们的生活中到处都有动物，如田间地头散放的鸡鸭鹅、猪狗牛羊，家庭养的萌猫宠狗、金鱼鹦鹉，动物园里的熊猫猴子、老虎棕熊等。说话时可参考以下提纲。

🎵音频资源
命题说话示范
《我喜爱的动物》

首先介绍"我"喜爱的动物是什么，如果是特定的单独的喜爱对象，可以介绍它跟自己是什么关系(是谁送的或是谁买的)。

接着，描述它的外形外貌、习性、生活环境。

然后，谈谈喜欢它的原因，它给你带来什么样的感受。在这里，最好展开讲一讲你们之间发生过的事情。如果是自己养的动物，可以说一说印象比较深刻的一件事。比如小动物后来送人了或生病离开了，让你感叹人生；或者是这个动物充满活力，给你带来了欢乐。

最后，可以使用托物言志的方法进一步说说它的象征意义。

如果时间仍不足 3 分钟，可以再继续说另一种或几种动物。

(二) 说话过程中要注意语音标准，语法规范

在测试中，由于受母语的影响，在没有文字凭借的情况下，很多应试人容易出现方音，甚至出现方言词汇及方言语法。

【示例】我喜欢的美食

我是一个典型的吃货，哪儿有好吃的我都想去尝尝。有一次我回老家，吃过一种雪条，超好吃！上面有绿豆、巧克力。奶奶给五十块钱我，我一次就买了五条，吃得特别过瘾。

上面的说话内容中，要注意"型、吃、尝尝、次"等后鼻音、翘舌音、平舌音字词的发音，还要注意"哪儿、一次、一种"等词语的音变。其中"雪条"属于方言词，应改为"冰棍儿"或"冰淇淋"。"奶奶给五十块钱我"属于方言语法，应把双宾语调换成"奶奶给我五十块钱"。

需要注意的是，命题说话虽然要求应试人用日常的口语方式进行表达，但是在考试的场合下，应试人的表达和日常生活交际中的口语表达还是有略微差别的。应试人的表达不能过于随意，虽然不用像写书面作文一样正式严谨，但是也要去除表达中的冗余的口头禅，同时注意少用网络词汇与外语词汇。例如有的应试人在说话过程中提到"绝绝子""破大防"等网络用语，都属于语法不规范的范畴。

（三）语调要自然，说话要流畅

所谓自然就是指说话要口语化，不要带朗读腔。为使说话流畅，应试人应做好充分准备，并多用短句，少用长句；多用单句，少用复句；多用口语，少用书面语；语速适中，不要过快。

【示例】家乡（或熟悉的地方）

我的家乡是一个风景优美、民风淳朴、物产丰富的位于祖国西南的一个与越南接壤的边陲小镇。

上面这句话说得特别绕口，可改为"我的家乡在中国的西南，与越南接壤，是一个边陲小镇。这里风景优美，民风淳朴，物产丰富"。

• 知识链接 •

克服自卑训练法

方法一：行走时抬头、挺胸，步子迈得有弹性。心理学家告诉我们，懒惰的姿势和缓慢的步伐，能滋长人的消极思想；而改变走路的姿势和速度可以改变心态。平时你从未意识到这一点吧？从现在起，你就试试看！

方法二：抬起双眼，目视前方，眼神要正视别人。心理学家告诉我们：不正视别人，意味着自卑；正视别人表露出的则是诚实和自信。同时，与人讲话时看着别人的眼睛也是一种礼貌的表现。

方法三：当众发言。卡耐基说过，当众发言是克服羞怯心理、增强人的自信心、提升热情的有效突破口。这种办法可以说是克服自卑的最有效的办法。想一想，你的自卑心理是否多次发生在这样的情况下？你应明白：当众讲话，谁都会害怕，只是程度不同而已。所以，你不要放过任何一次当众发言的机会。

方法四：众人面前"显显眼"。心理学家告诉我们：有关成功的一切都是显眼的。试着在步入会场时有意从前排穿过，并选前排的座位坐下，以此来锻炼自己。

 自我检测

1. 自我介绍 3 分钟。要求普通话标准、条理清晰、流畅自然。

2. 以下话题是《普通话水平测试用话题》①中的 50 个话题，请从中选择一个进行说话训练，说满 3 分钟，要求语音标准、词汇语法规范、表达自然流畅。

我的一天

老师

珍贵的礼物

---

① 国家语委普通话与文字应用培训测试中心. 普通话水平测试实施纲要(2021 年版)[M]. 北京：语文出版社，2022：470—471.

假日生活

我喜爱的植物

我的理想（或愿望）

过去的一年

朋友

童年生活

我的兴趣爱好

家乡（或熟悉的地方）

我喜欢的季节（或天气）

印象深刻的书籍（或报刊）

难忘的旅行

我喜欢的美食

我所在的学校（或公司、团队、其他机构）

尊敬的人

我喜爱的动物

我了解的地域文化（或风俗）

体育运动的乐趣

让我快乐的事情

我喜欢的节日

我欣赏的历史人物

劳动的体会

我喜欢的职业（或专业）

向往的地方

让我感动的事情

我喜爱的艺术形式

我了解的十二生肖

学习普通话（或其他语言）的体会

家庭对个人成长的影响

生活中的诚信

谈服饰

自律与我

对终身学习的看法

谈谈卫生与健康

对环境保护的认识

谈社会公德（或职业道德）

对团队精神的理解

谈中国传统文化

科技发展与社会生活

谈个人修养

对幸福的理解

如何保持良好的心态

对垃圾分类的认识

网络时代的生活

对美的看法

谈传统美德

对亲情(或友情、爱情)的理解

小家、大家与国家

项目三

一般口语表达技能

| 任务八 | 科学发声技能训练 |

 任务目标 ─────────────────────────────────●

【知识目标】

1. 掌握胸腹联合式呼吸的基本方法。
2. 掌握"吐字归音"的要领。
3. 掌握共鸣控制的方法。

【能力目标】

1. 能够正确运用发声技巧,包括呼吸控制、共鸣控制、音量和音色调整。
2. 提高声音分析和辨识能力,能够识别并模仿不同的声音特性。
3. 加强实验和科学研究能力,尝试探索声音的物理和生理特性。

【素质目标】

1. 培养科学探究精神和创新思维,激发对科学发声的兴趣和好奇心。
2. 提高跨学科学习和应用能力,将声音知识应用于不同领域,如演讲、讲故事或其他语言学习。
3. 增强对科学伦理和社会责任的认识,理解科学发声在社会沟通和文化交流中的重要性。

案例引路

　　李悦天生就是大嗓门,从学前教育专业毕业后,她应聘到了一所幼儿园工作。任教一段时间后,李悦经常感觉嗓子疲劳、喉咙肿痛,嗓音也变得嘶哑,严重影响到了语音的质量及与幼儿沟通的效果。到医院检查后,医生建议李悦服药治疗,要少说话、多喝水,同时科学调节共鸣器官,这样不仅可以丰富声音色彩,还可以保护声带。可是幼儿教师这个职业需要每天面对幼儿,话又不能少说。李悦为此感到非常苦恼。

一、气息运用

(一)气息在发声中的作用

　　清代末年戏曲理论家陈彦衡在《说谭》中,言简意赅地概括出气息在发声中的作用:"夫气者,音之帅也。气粗则音浮,气弱则音薄,气浊则音滞,气散则音竭。"吸气、呼气的流量与速度,直接影响着声音的感情色彩,也影响着口语表达的效果。因此,在口语表达中,气息不仅是发声的动力,还是调动和催发感情的重要手段。运用好气息,气随情动,以气托声,才能做到以声传情。

(二) 胸腹联合式呼吸

呼吸方式大致有三种:胸式呼吸、腹式呼吸、胸腹联合式呼吸。胸式呼吸是人们站姿、坐姿自主呼吸时的呼吸方式,这种呼吸方式进气量小,持久力差,难以控制。腹式呼吸是人们卧姿自主呼吸时的呼吸方式,这种呼吸方式进气量较大,但缺乏胸肌的参与,形成的声音闷、暗,难以调节。这两种呼吸都属于自然呼吸法,不能满足教师口语表达的需要。教师在口语表达中,应采用胸腹联合式呼吸。胸腹联合式呼吸的优势在于:在吸气时,借助胸腔肌肉群的力量使肋骨扩展、横膈肌下降,增大了胸腔的容气量,建立了胸、膈、腹之间的关系,使呼出的气流强而有力,气息更加稳健,便于控制。

1. 胸腹联合式呼吸要领

胸腹联合式呼吸训练方法:采用站姿或坐姿,上身保持正直,头放正,肩放松。站姿时,双脚可呈丁字步站立,也可立正姿势站立,脚宽不要超过肩宽;坐姿时,要坐在凳子的前半部分,双脚平放地面。

(1) 吸气要领。小腹向内微收,胸、腰部同时向外扩展,感觉腰带渐紧,腰部有气环撑开的感觉。用鼻吸气,吸气时不要耸肩,控制气息一两秒钟后,用口将气缓缓呼出。一方面,可用"闻花香"来体会吸气的感觉:想象面前有一盆鲜花,花香扑面而来,深吸一口气,感觉两肋张开、气息下沉、腹肌收缩、腰部胀满,气吸进八成满,控制一两秒后,缓缓呼出。另一方面,也可用"抬重物"来体会吸气的感觉:找一张较重的大桌子,吸气后将其抬起,吸气的瞬间两肋张开、气息下沉、腹肌收缩、腰部胀满,与胸腹联合式呼吸吸气时的感觉相似。

(2) 呼气要领。呼气时,要保持吸气时的状态,胸、腹部在控制下将肺部储气慢慢放出。呼气要用嘴,练习呼气时,呼出的气息要细、匀、稳,呼气的时间要逐渐延长。可进行"吹灰尘"练习:假设面前桌子上布满灰尘,均匀而缓慢地呼出气息,以吹掉桌子上的灰尘。

2. 运用胸腹联合式呼吸应注意的问题

在胸腹联合式呼吸的实际运用中,吸气与呼气的配合有四种方式:慢吸慢呼、慢吸快呼、快吸快呼、快吸慢呼。进行胸腹联合式呼吸训练要循序渐进:初学时,为了掌握正确的呼吸状态,可先进行慢吸慢呼、慢吸快呼训练;在初步掌握胸腹联合式呼吸方法之后,可进行快吸快呼、快吸慢呼的训练。在实际口语表达中,运用最普遍的是快吸慢呼。训练时气息吐字要配合好,气息通畅不紧,吐字清晰利落,情感贯穿其中。

(三) 气息的接续技巧

一篇文章或一段话不可能用一口气表达完,因此,我们要学会在口语表达中不露痕迹地接续气息。

　　接续气息的方式主要包括换气和补气。换气是在句段表达到一定位置时,从容自然地吸入一口气后继续表达。补气则是在一句话中,当意思未讲完而气息不够用时,巧妙、及时地补进一些气息后继续表达。补气时,要保持胸腹联合式呼吸的吸气状态,两肋扩张,气息自如地经口鼻迅速补入。

　　口语表达时,气息太满会增加控制的难度,因此气吸到六七成满即可。如果表达长句或需要大量气息时,则可吸至七八成满。

　　· 知识链接 ·

换气的要领和方法①

　　1. 换气的要领

　　呼吸控制的换气练习,是实际应用最重要的练习。话筒前呼吸的弱控制,也体现在换气方式上。不必在话筒前表演你一口气能说多长的话,而要随着说话语意的自然语段,不断地补气、换气。换气的总要求是:句首换气应无声到位,句子当中应小量补气,句子之间应从容换气,句子结尾应该余气托送。要达到以上要求,除掌握其基本状态时的"保持两肋支撑感时调节腹肌吃力状态控制呼吸"外,还应掌握一些常用的换气、补气技巧。

　　2. 换气的基本方法

　　偷气:以极隐蔽的方式,不为人察觉地迅速进气。它是播音时常用的补气方式。在实际掌握时,只要呼吸通道保持通畅,偷气只是腹肌在一瞬间的松弛动作。偷气常用于句子当中的小量补气和紧凑的句首换气时。例如:北京人民广播电台。//各位听众,/现在播送//北京市气象台/今天晚上六点钟/发布的//北京地区天气预报。

　　抢气:情感和内容表达需要时,不顾及有没有杂音,明抢气口。例如:她噙着泪水说出了藏在心里的话:"//离家前,//妈妈嘱咐我://'大城市的人/好欺负乡下人,//一个山里妹子/更得处处留心。'可在北京,//我却遇到了这么多好心人。"

　　就气:听感上有停顿而实际上不进气,运用体内余气予以补贴,"就气"说完后一句话,以达到语意连贯的效果。例如:她名叫×××,//是××省东部山区/来京服务的/小保姆,年仅二十岁。

二、吐字归音

　　人的发音器官包括呼吸器官(肺和气管)、发声器官(喉和声带)、共鸣器官(口腔、咽腔、鼻腔、喉腔)、咬字器官(上下唇、上下颌、舌头、硬腭、软腭)。肺部产生气流,气管传送气流,气流在喉部冲击声带使之振动,产生基音。基音经过咽腔、口腔、鼻腔时产生共鸣,使声音得

---

① 吴弘毅. 实用播音教程:普通话语音和播音发声(第1册)[M]. 北京:中国传媒大学出版社,2002:287—288.

以扩大和美化。声音和气流在口腔中受到唇、齿、舌、腭等的调节,形成了负载信息的语言符号——语音。

(一)认识吐字归音

吐字归音原是传统戏曲、相声、单弦、大鼓词等说唱艺术中的专业术语,现也广泛运用于口语表达艺术中,指发音时吐字咬字清晰,字尾归音到位。吐字归音训练可以帮助我们克服发音中的方言色彩、吃字现象,做到字正腔圆,提高语言的纯正度和艺术性。如有的人在说普通话时把"kùnnan(困难)"发成"kuìnan",把"hěn(很)"发成"hěi",把"ing"发成"in",通过归音技巧的训练,就可以得以纠正,把音发得准确到位。

(二)吐字归音的要求

吐字归音包括"出字"和"收音"的技巧。要求咬准字头(声母+韵头),吐清字腹(韵腹,即主要元音),收住字尾(韵尾)。如"diàn(电)",咬字头时舌尖抵住上齿龈,吐字腹时口腔打开,收字尾时舌尖回抵上牙床。

(三)吐字归音的训练方法

进行吐字归音的训练,要先进行普通话声母、韵母的练习。声母训练时,要严格掌握正确的发音部位和发音方法,找准着力点,使发出的音有弹力;韵母训练时,要严格控制口腔的开合、唇形的圆展和舌位的前后。另外,进行吐字归音的训练,还要多进行音节正音练习,即按照普通话的语音标准,矫正自己的方音、难点音。如平翘舌练习(z-zh,c-ch,s-sh)、鼻音、边音练习(n-l)、前后鼻韵母(n-ng)及声调练习等。

初步练习音节吐字归音时,音节要呈"枣核形"。这就要求一个音节的发音过程有头有尾,声母、韵头为一端,韵尾为一端,韵腹为核心。字的中间发音动程大,时间长;字的两头发音动程小,口腔开合占的时间也短。语言是流动的,实际表达时音节疏密相间、轻重缓急错落有致,做到"字字如核"也是不现实的。较长较重的音节"枣核形"可以表现得充分一些,较短较轻的音节就不必追求"枣核形"。

1. 吐字训练要领

吐字时嘴里要有充满气息的感觉,字从口中吐出时要富有弹性,字音沿着口腔的中纵线前行并有流动感。吐字要做到:准确、清晰、圆润、集中。

2. 归音训练要领

普通话里的字尾,包括元音尾(以 i 和 u 收尾)和辅音尾(以 n 和 ng 收尾)两种。字尾阶段,口腔由开到闭,肌肉由紧渐松,字尾要归在应到的位置上,并趋向渐弱。

-i 的收尾:从字腹到字尾,口腔逐渐缩小、放松,发完音后唇形扁平。

-u(包括 ao、iao)的收尾:从字腹到字尾,口腔逐渐缩小、放松,发完音后唇形收圆。

-n 的收尾:发完音后舌尖回抵上牙床。

-ng 的收尾:气息灌满鼻腔,穿鼻而出。

口腔控制练习

1. 扩大口腔

扩大口腔不等于将嘴唇张开,而是指撑大口腔内部的容积,即挺高上腭、压低舌面,打开上下牙槽。训练时可假设大口咬苹果,咬时注意打开上下牙槽,咬完后闭唇夸张地咀嚼。

2. 口部操

(1) 唇的训练方法。

① 展唇:双唇闭紧,尽力向前噘起,然后将嘴角用力向两边伸展,反复进行。

② 撇唇:口腔闭合,牙关打开,合拢的双唇分别向左歪、向右歪、向上抬、向下压,反复进行。

③ 绕唇:双唇闭紧向前噘起,按顺时针方向绕360度,再按逆时针方向绕360度,反复进行。

④ 喷气:双唇紧闭,将唇的力量集中在上唇中央部位,阻住气流,然后突然喷气,发出 p 的本音。唇形爆开时呈圆形。

⑤ 裹响:双唇闭合内收,利用内裹和口腔突然打开迸发的力量将双唇打开,双唇打开时向里吸气,唇形呈圆形,发出 bo 音。

⑥ 练读声母为 b、p 的绕口令。例如:八百标兵奔北坡,炮兵并排北边跑,炮兵怕把标兵碰,标兵怕碰炮兵炮。

(2) 舌的训练方法。

① 刮舌:舌尖抵住下齿背,随着张嘴,用上门齿齿沿刮舌面,舌面逐渐上挺隆起,然后将舌面后移向上贴住硬腭前部。这一练习对于打开后声腔和纠正"尖音"、增加舌面隆起的力量很有效。口腔开度不好的人和舌面音 j、q、x 发音有问题的人可以多练习。

② 伸卷:用力将舌伸出唇外,力量集中在舌的中纵线,舌体集中,到达极限时,将舌尖用力向上卷回。这一练习可以使舌体集中、舌尖能集中用力。

③ 顶腮:口腔闭合,牙关打开,用舌尖分别向外顶左内颊、右内颊,像逗小孩儿时嘴里有糖状,左右交替,反复练习。

④ 立舌:舌在口内由水平状态分别向左90度立起,向右90度立起,反复练习。这一练习对于改进边音 l 的发音有益。

⑤ 弹舌:口微开,舌尖与上齿龈接触,并做由慢至快的弹动。

⑥ 练读声母为 d、t 的绕口令。例如:调到敌岛打特盗,特盗太刁投短刀,挡推顶打短刀掉,踏盗得刀盗打倒。

三、共鸣控制

(一) 共鸣的作用

人们可以通过共鸣来扩大音量、美化音色。从人的声带本体发出的原声是非常微弱、单调的,既打不响又传不远。共鸣器官起到了改变音色、改善声音质量的作用。

共鸣器官主要包括鼻腔、口腔、咽腔、喉腔、胸腔。其中,鼻腔和口腔是最主要的共鸣腔体。鼻腔的共鸣由鼻腔周围的含气骨腔和骨传导引起的骨质振动形成,对于高音的共鸣作用较大。口腔既是共鸣器官,又是咬字器官,是人类语言的制造场,口腔里的唇、舌、齿、腭、颊等部位的活动都可以改变口腔的形状,对共鸣起着重要的作用。咽腔是声波必经之路,是重要的共鸣交通区,对扩大音量、润饰音色起着重要的作用。喉腔是音波形成后的第一个共鸣腔体,如果喉部束紧,喉腔会被挤扁,声音就会暗淡,因此,放松喉部有利于发挥喉部共鸣的作用。胸腔共鸣指发声时胸部产生的振动,声音越低胸部振动越明显,胸腔共鸣可以使声音更加浑厚有力。各共鸣腔协调工作,才能使我们的声音饱满、圆润、浑厚、贯通。

(二) 共鸣的方式

按共鸣腔的位置和共鸣的区域,共鸣可分为头腔共鸣、口腔共鸣、胸腔共鸣。口语表达主要采用以口腔共鸣为主,中、低、高音三腔共鸣的方式。其中,中音共鸣指口腔共鸣,低音共鸣指胸腔共鸣,高音共鸣指鼻腔共鸣。

(三) 共鸣控制训练

1. 口腔共鸣训练

控制口腔共鸣的要领在于扩大口腔,具体方法是:提颧肌,打牙关,挺软腭,松下巴。

(1) 提颧肌。面部做微笑状,颧肌上提,口腔前部有展宽的感觉。嘴角略微上抬,会使声音含有欢乐、积极的感情色彩。

(2) 打牙关。打开后槽牙,牙关反复开合;发韵母 ai、ei、ao、ou,发音时感觉声束沿上腭中线前滑,仿佛"挂"在硬腭上。

(3) 挺软腭。口腔做"半打哈欠"状,有意识地将软腭向上抬起,用这种状态进行发音练习。

(4) 松下巴。发音时,下巴自然内收,放松下巴。也可用"牙痛时说话"来体会。

口腔共鸣练习,主要以开口元音为主,可用阴平调发 ba、da、ga、pa、ta、ka、peng、pa、pi、pu、pai 等音节体会声音和气息,也可先做单元音发音练习,然后用短小的句段进行练习。

2. 鼻腔共鸣训练

鼻腔共鸣是通过软腭来实现的。发鼻辅音 m、n、ng 时,软腭下垂,打开鼻腔通路,体会鼻腔共鸣。鼻腔共鸣显得声音有厚度,但是鼻腔共鸣过多会使鼻音色彩过重,影响声音的清晰度。

可用 m、n 开头的音做练习,体会鼻腔共鸣。例如:买卖、猫咪、弥漫、名门、能耐、南宁、恼怒、妞妞、明年。

3. 胸腔共鸣训练

胸腔的空间及共鸣能量大,发出的声音有深度和宽度,声音更浑厚、宽广。

用手轻按胸部,发 a 音,从高到低,从实声到虚声发长音,体会发哪一段声音时胸腔振动强烈,然后在这一声音段做胸腔共鸣练习。一般情况下,较低而又柔和的声音易于产生胸腔共鸣。

此外,音色变化最主要表现为声音的虚实变化。在语言表达中,文字的思想情感是千变万化的,声音也会随之产生色彩变化。实声是声带较为紧密靠拢时发出的声音,而虚声是声带较为松弛、声门适度开启时发出的声音。丰富的虚实变化与多层次的音高、音量、音长的变化配合,便形成了多姿多彩的声音样式。

音色虚实变化的训练步骤如下:

第一步,在音高、音量比较自然和"宽窄"适度的情况下,发出实声的 a 或 i 的长音。

第二步,基本状态不变,只稍稍放松气力,在带有少许"回音"感的情况下,再次发音。此时,便是以实为主,虚实结合的音色。

第三步,基本状态不变,继续放松气力,再次发音,产生以虚为主的音色。

按以上三个步骤进行语句、篇章的虚实变化训练,通过对比,根据内容确定最恰当的音色变化方式。如朗诵诗歌《祖国·母语》的虚实变化如下:

我有祖国,我有母语	(由实渐虚)
我的母语是热血一般的黄河的波涛	(以实为主,虚实结合)
我的母语是群星一般的祖先的名字	(以实为主,虚实结合)
我的母语是春蚕口中吐出的丝绸古道	(虚实结合)
我的母语是春鸟舌尖跳动的中国民歌	(虚实结合)
我的母语是丁香凝结的雨巷	(以虚为主,虚实结合)
我的母语是傲雪绽放的红梅	(虚实结合)
我的母语是浓得化不开的乡愁啊	(由实渐虚)
我的母语是划开天幕的雷电	(由虚渐实)
奏响黎明的号角	(以实为主)

• 知识链接 •

嗓音保护[1]

嗓音保护,是指在嗓音使用中的保护。一副好的嗓音是"用"出来的,而不是在一声不吭当中保护出来的。"用",一方面是努力、客观地认识、评价自己的声音的特点,另一方面是要积极、科学、合理地使用自己的嗓音。

---

[1] 摘自中国传媒大学李刚教授的讲座录音。

　　养成科学的用声习惯,避免使声音过于明亮,不要过分追求虚声,防止用声偏高或偏低,以及不适当地长时间加大音量或过长时间用声。同时,要注意气息的状态和吐字器官的动作对用声的影响。另外,从事嗓音工作的人,除了注重掌握科学发声方法外,为了保护嗓音,防止疾患,还需要在日常生活当中注意以下几点:

　　第一,发声器官的健康。发声器官是依赖于整个身体状况的,为此日常注意体育锻炼是很必要的。但是要注意到我们应该取适当的运动方式,诸如长期进行举重、推铅球、短跑、长跑等剧烈的运动就不太适合。特别是在练声的前后,更不要进行剧烈的运动。

　　第二,精神上要有张有弛,保证心理健康。神经衰弱会使发声器官失调,造成喉肌弱症、喉神经瘫痪和声嘶等现象。如果精神长期处于紧张状态,在发声的时候心理负担过重,容易形成心理源性发声障碍,产生出字迟缓,不能控制的重复发音,音哑、声嘶甚至完全失声。

　　第三,睡眠要充足。睡眠不足会引起声带充血、喉肌疲劳,致使声音黯淡嘶哑。

　　第四,避免烟酒刺激。抽烟会使声带黏膜干燥、充血、肥厚,喉下分泌物增多,从而引起声音变低、音色昏暗沙哑等。饮酒除了辛辣对喉部的直接刺激外,还会使大脑及发声器官功能失调,这一点是要特别注意的。

　　第五,饮食要适量,避免进食自己不习惯的刺激性食物。如有的人吃含糖量比较高的食物,就会引起暂时性的不适应。

　　第六,特殊时期的保护。妇女经期常伴有声带充血、水肿、声音嘶哑等问题,这时候就要减少用声一两天。如果你正处在变声期,就要注意用声要适度,避免高喊。

　　第七,谨慎用药。如治疗急性炎症,最好不要使用激素类药物,应该禁止无病服药,用药小心。

 自我检测

　　1. 深吸一口气,保持一两秒后呼气,呼气时发"si"音,气息要细、匀、稳,呼气时间逐渐延长,达到30秒为合格。

　　2. 数葫芦练习。深吸一口气,保持两秒后呼气,呼气时说:"金葫芦,银葫芦,一口气数不了二十个葫芦,一个葫芦,两个葫芦,三个葫芦……"葫芦数得越多越好,中间不要偷气。

　　3. 运用胸腹联合式呼吸,练说下面的绕口令,一口气说得越长越好。

　　出东门过大桥,大桥前面一树枣,拿着竿子去打枣,青的多红的少,(吸足气)一个枣两个枣三个枣四个枣五个枣六个枣七个枣八个枣九个枣十个枣十个枣九个枣八个枣七个枣六个枣五个枣四个枣三个枣两个枣一个枣,这是一段绕口令,一气说完才算好。

　　4. 结合归音要领,读出下列词语。

　　尾音为-i:摧毁　煤堆　魁伟　汇兑

尾音为-u(包括 ao、iao):照耀 骄傲 笑料 输出

尾音为-n:春天 军训 困难 温顺

尾音为-ng:长江 狂妄 英勇 生成

5. 练读下面的绕口令,锻炼唇舌的力度和灵活度。

一平盆面,烙一平盆饼,饼碰盆,盆碰饼。

白石白又滑,搬来白石搭白塔。白石塔,白石搭,白石搭石塔,白塔白石搭。搭好白石塔,白塔白又滑。

哥挎瓜筐过宽沟,赶快过沟看怪狗,光看怪狗瓜筐扣,瓜滚筐空哥怪狗。

一个胖娃娃,捉了三只大花活蛤蟆,三个胖娃娃,捉了一只大花活蛤蟆,捉了一只大花活蛤蟆的三个胖娃娃,真不如捉了三只大花活蛤蟆的一个胖娃娃。

河边有棵弯弯柳,柳下有个刘妞妞,风吹垂柳柳招手,妞妞伸手折垂柳,折来垂柳用手扭,扭了六个柳篓篓。

石小四和史肖实,石小四年十四,史肖实年四十。年十四的石小四爱看古诗词,年四十的史肖实爱看新报纸。年四十的史肖实发现好歌词,忙递给年十四的石小四;年十四的石小四见了好报纸,忙递给年四十的史肖实。石小四接过杂志看诗词,史肖实接过报纸看时事,看完了诗词和时事,史肖实石小四走出了阅览室。

这是蚕,那是蝉,蚕常在叶里藏,蝉常在林里唱。

村里有个顾老五,穿上新裤去卖谷。卖了谷,买了布,外加一瓶老陈醋。肩背布,手提醋,老五急忙来赶路。走了一里路,看见一只兔。老五放下布和醋,糊里糊涂去追兔。剐破了裤,没追上兔,回来不见了布和醋。

地上有个盆,盆里有个瓶,乒乒乒,乒乒乒,不知是盆碰瓶,还是瓶碰盆。

6. 练习下面的词语和绕口令。

(1) 体会口腔共鸣。

澎湃 冰雹 拍照 平静 抨击 批评

哗啦啦 噼啪啪 咣啷啷 扑通通 胡噜噜

快乐 宣纸 挫折 菊花 捐助 吹捧 乌鸦

山上五株树,架上五壶醋,林中五只鹿,柜中五条裤,伐了山上树,取下架上醋,捉住林中鹿,拿出柜中裤。

(2) 体会鼻腔共鸣。

妈妈 光芒 中央 接纳 头脑

蓝蓝的天上白云飘,白云下面马儿跑,挥动鞭儿响四方,百鸟齐飞翔。

(3) 体会胸腔共鸣。

百炼成钢 翻江倒海 追悔莫及

小柳树,满地栽,金花谢,银花开。

(4) "三腔"共鸣练习。

连续发 a——i——u——,由最低音拔向最高音,体会共鸣状态的变化。运用共鸣技能进行夸张四声的发音练习:

山河锦绣　光明磊落　中华伟大　江河美丽　阴阳上去　花红柳绿

7. 声音弹性的训练。

（1）α、i、u、由低音向上滑动,再从高音向下滑动。（练习扩展音域、加大音量、控制气息）

（2）远距离对话练习,练习时随时改变距离。

甲:喂——喂——小芳——

乙:嗳——

甲:快——来——啊——

乙:怎么了——呀——

甲:一起去看——电——影——吧

乙:好——啊!

8. 朗读下面的诗歌,注意音色的虚实变化。

日照　香炉　生　紫烟,（实虚→虚→实→虚）

遥看　瀑布　挂　前川。（虚实→实→虚→实）

飞流　直下　三　千尺,（实虚→虚→实→虚）

疑是　银河　落　九天。（虚实→实→虚→实）

9. 朗读下列诗歌,合理运用气息和共鸣技巧,要求吐咬清晰、归音到位。

卜算子·咏梅
毛泽东

风雨送春归,飞雪迎春到。已是悬崖百丈冰,犹有花枝俏。

俏也不争春,只把春来报。待到山花烂漫时,她在丛中笑。

咏　梅
陆　游

驿外断桥边,寂寞开无主。已是黄昏独自愁,更着风和雨。

无意苦争春,一任群芳妒。零落成泥碾作尘,只有香如故。

任务九   朗读训练

 任务目标

【知识目标】

1. 能够辨认朗读的特点和要求。
2. 能够区分朗读的内在心理感受。
3. 能够识别朗读的外在表达技巧。

【能力目标】

1. 在朗读准备时,能够调动内部心理感受分析作品的形象、逻辑和内在语。
2. 在朗读作品时,能够运用恰当的外部表达技巧提升朗读效果。
3. 能够综合运用朗读技巧进行不同文体作品的朗读。

【素质目标】

1. 通过训练,逐步认识到朗读对于提升语言表达效果的作用。
2. 在朗读过程中通过传达作品的情感,提升自身的情感认知和情感表达能力。

案例引路

　　读一读下面这首小诗,看看你能读出一个什么样的"乡下的孩子"。

乡下的孩子

赵永红

曾是妈妈怀里

欢唱的黄鹂,

曾是爸爸背上

盛开的野菊。

捉一只蝴蝶,

能编织美丽的故事。

含一片草叶,

能吹出动听的歌曲。

挖一篮野菜,

撑圆了小猪的肚皮。

逮一串小鱼，

乐坏了馋嘴的猫咪。

哦，

乡下孩子，

生在阳光下，

长在旷野里。

一、认识朗读

（一）什么是朗读

朗读是传播文字，而人则是展现生命，将值得尊重的生命和值得关注的文字完美结合，就是我们的《朗读者》。

——董卿《朗读者》

什么是朗读？朗读是有声语言的艺术表现形式之一，是把书面语言转化为有声语言的再创作活动。朗读既是阅读的一种方式，又是感知文字美、语言美的一种途径，还是提升语感的一种手段。

当然，朗读又不同于一般意义的阅读，它不是简单地把文字转变为声音，而是以富于技巧、富于情味的声音传达出文字所承载的信息和情感，并融入朗读者自己的独特感受和理解。

微课视频
朗读的特点
和要求

（二）朗读的特点

1. 再造性

如果说文字作品是作者的创作，那么朗读则是朗读者以文字作品为依据的一种再创作。朗读者在运用有声语言表达作品时，会理解作品、体会作者的情感，同时也会融入自己的真情实感。朗读时，为了把作品更好地传达给听众，还要注意停顿、重音等技巧的运用。因此，朗读不仅仅是照字念音，还要以声绘义，以音传情。

2. 依凭性

不同于即兴说话，朗读使用的是现成的文字作品，有现成的文字材料做凭借，因此，朗读必须忠实于原作，不能随意更改原作，更不能随意地添字、漏字、改字。

在生活中，有些朗读者存在声音小、语速快、没有轻重音的区别、没有语调的起伏变化及没有顿歇的现象，这种念书式的朗读是因朗读者情感调动不足而造成的，是无法激起听众情感共鸣的。真正的朗读者应该做到：边看、边思考、边读，运用停连、重音、语气、语调、节奏等技巧,准确地把握和再现原作品的内容和主题。

朗读就是用爽朗生动的标准音,把书面上用文字写出成段成篇的文章作品念出来,成为有声有色的活语言,使多数人听见后,了解并且接受,不仅产生等于书面作品的表达效果,还可以由于声音的作用,增强效果,使听者不仅知道,而且得到更深刻的感受。

——节选自徐世荣《朗读在语文教学中的作用》①

3. 规范性

朗读的规范性可以从以下两个方面理解。

(1) 内容规范,即朗读的内容是已经形成文字的文本,其词汇和语法基本是规范的。朗读通常要选择符合语言文字规范化要求的书面语言作品,如典范的文学作品、报刊新闻等,这些作品从思想内容到语言形式,都经过了提炼、加工,符合规范的要求,可供人们学习和效法。

(2) 语言规范,即朗读是使用符合语言文字规范化要求的有声语言,也就是使用普通话。只有这样,才能准确地传达作品的内容,取得良好的表达效果。

(三) 朗读的要求

1. 准确无误

(1) 字音正确。朗读时,按照普通话的语音标准,将每个音节的声、韵、调读准确,既要注意一些容易受方言读音干扰的字词,也要注意多音字、有特殊读音的人名与地名等词语,同时还要能熟练运用轻声、儿化、变调等语流音变技巧。

(2) 语句准确。在忠实于原作品的基础上,做到不添字、不漏字、不颠倒、不重复,语句准确。

(3) 语义明晰。除了要在内容上忠实于原作品,把每个词语、语句、段落表达得准确、清晰、明了外,在朗读之前还要深入地理解作品,理清重点语句和重点段落,把握全篇的主题和层次之间的逻辑关系,恰当地安排停顿、重音。

2. 流畅自然

流畅自然也就是流利顺畅,自然得体。其中,流畅主要是指不结巴、不重复、不随意断句。朗读的时候,眼睛看到文字常常先于口中读出文字,这种"看先于读"的程度叫"视读广度"。视读广度越大,理解也就越完全,相应地,中间出现断读、重复以及读破句的情况也就越少。流畅自然地朗读就是一个扩大视读广度的过程,将眼睛扫视到的几个词迅速地联系起来,做到"看中有想,想中有读,读中有看"。朗读者的目光和思维应该始终具有超前性。

3. 感情真挚

感情是朗读的生命。每一篇好的文章,都蕴含着丰富的思想感情,朗读时不仅要传达作者的情感,还要传达朗读者的情感。感情真挚地朗读是对朗读者的较高要求,需要在正确流畅的基础上对文章有深刻的理解,包括理解文章的思想内容、体会文章的思想感情。朗读时要能够通过想象让自己有身临其境之感,眼前能够浮现作品中描述的画面。只有深刻理解

---

① 徐世荣. 朗读在语文教学中的作用[J]. 小学教学研究,1980(01):3—7.

了作品,朗读时感情才会真挚、饱满。当然,要做到感情真挚,也还要掌握一定的朗读技巧,如正确处理重音,在恰当的位置停顿,运用自然贴切的语气及抑扬顿挫的语调,把握作品的节奏类型,运用恰当的语速等,以期实现朗读的生动感人。

(四)朗读前的准备

1. 理解作品

要朗读一篇作品,首先要通读作品,弄准每个字词的读音;理解语句,理解作品所要表达的意思和情感。成功的朗读是建立在充分理解作品之上的,所以朗读前要认真研读作品,如了解作品的写作背景、熟悉作品中的人物关系、捋清事情的发展脉络、理解分析作品的主题、全面掌握作品的内容等。这样,朗读者才能有鲜明的态度和情感,与作者产生基本一致的情感共鸣,也才能从作品的思想内容出发,准确把握作品的感情基调。

微课视频
朗读前的
准备

2. 把握基调

基调是作品总的感情色彩和分量。作品的基调是一个整体概念,是层次、段落、语句中具体思想感情的综合表露。任何一个作品都应该有一个统一、完整的基调,有的喜悦明快,有的悲愤凝重,有的昂扬有力,有的深沉坚定,有的豪放舒展,有的细腻清新。如在朱自清的作品中,《荷塘月色》的基调是淡淡的喜悦加淡淡的忧伤;而《春》的基调则是轻松明快的。

3. 有声试读

在扫清了朗读中的字词障碍,也把握了作品的基调之后,就进入了反复试读阶段,反复试读时可做好符号标记。试读的时候,重点段落和拗口之处不妨多读几遍。开始要自己朗读、自己监听或者找同伴互读互听,也可以对试读录音,以便了解朗读中的问题并及时纠正,还可以听示范录音并跟读。

4. 学做标记

朗读标记并没有统一的规定,以下是一些常用的标记符号:

(1)"/"表示一般停顿,无论有无标点符号,都可以使用。

(2)"//"表示强调停顿,一般是较长时间的停顿。

(3)"⌒"表示连接,缩短停顿时间,将前后连起来读,一般用于有标点的地方。

(4)"·"表示重音,标在需要重音强调的音节下面。

(5)"↗"表示语调上扬。

(6)"↘"表示语调下降。

(7)"→"表示语调平直。

(8)"∽"表示语调曲折。

【示例】

盼望着,盼望着,东风来了,春天的脚步/近了。

一切都像刚睡醒的样子,欣欣然张开了眼。山/朗润起来了,水/涨起来了,太阳的脸/红起来了。

　　小草/偷偷地/从土里钻出来,嫩嫩的⌒,绿绿的。园子里⌒,田野里,瞧去,一大片一大片/满是的。坐着⌒,躺着,打两个滚⌒,踢几脚球⌒,赛几趟跑⌒,捉几回迷藏⌒。风/轻悄悄的,草/软绵绵的。

——节选自朱自清《春》

　　朗读者在试读时做一些符号标记,有利于在正式朗读时恰当地表达。准备正式朗读时,朗读者还要调整好心理状态,只有在积极的状态下,才能准确地把握感情,控制气息和声音,做到感情饱满、气息通畅、用声自如。

• 知识链接 •

表 9-1　朗读和朗诵的异同

		朗读	朗诵
同		1. 都是"朗声",即用清晰响亮的声音"读"或者"诵"。 2. 都要使用标准的普通话,忠实于原作,读得自然、流畅。 3. 都要深入感受和理解作品。 4. 都要对有声语言进行艺术加工,做到以情带声、以声传情。	
异	形式本质	朗读本质上是一种"念读",应用性比较强。	朗诵是一种艺术表演形式,常在文艺活动中使用。
	选材范围	朗读的适用范围更广:从诗歌、散文、记叙文、议论文、说明文到社论、评论、信件,甚至打油诗都可以朗读。可以这样说,只要有文字都可以朗读。	朗诵的适用范围较窄,一般以诗歌、散文为主,而且也往往集中于脍炙人口的经典文学作品。
	表现形式	朗读对声音的处理要求本色化、生活化,口语形式平实、自然,根据声音的高低、吐字的节奏,口语表达需要有所变化,但不宜太多。	朗诵对声音的处理则更注重风格化、个性化,通过音量大小、音区高低、节奏张弛等多方面的变化,凝结成一种艺术感染力。
	态势与形体	朗读时对于朗读者的形体、态势、表情、眼神等均无明确要求。 朗读可以持稿进行。	朗诵要求朗诵者在朗诵过程中形体、态势、表情、眼神和谐统一、协调配合。 朗诵一般要脱稿进行,形体、态势要与朗诵内容配合,不能过多地看稿,以免限制朗诵者的表情、眼神及与听众交流。

二、朗读的内部心理感受

为了进一步增强朗读的表达效果,朗读时要调动内部心理感受。感受是理解和表达之间的桥梁,也是调动感情的基础。内部心理感受是指朗读者透过文字引起对文字语言所代表的客观事物的感受或内心体验。这种感受是朗读者个人对文本的主观理解和情感投射,是朗读过程中不可或缺的一部分。内部心理感受主要包括以下三个方面。

微课视频
朗读的内部
心理感受

(一) 形象感受

形象感受指朗读者充分调动视觉、听觉、嗅觉、味觉、触觉等感官功能,使作品中的情、景、物、人、事、理在内心"活"起来、"动"起来,脑海中浮现作品中文字所描绘的形象;使自己进入作品的特定情境、场景,仿佛看到、听到、闻到、尝到、感触到作品中的种种事物,感受到时间的移动、空间的翻转、事物的变化,感受到蕴含在作品文字中的情感流动。

【示例】

一开瓶子塞儿,就是那么一股甜香,调上半杯一喝,甜香里透着股清气,很有点鲜荔枝的味儿……

——节选自杨朔《荔枝蜜》

朗读这段话时就需要调动嗅觉、味觉等感官,好像真的闻到了、尝到了荔枝蜜的甜香和清气。

【示例】

那是力争上游的一种树,笔直的干,笔直的枝。它的干通常是丈把高,像加过人工似的,一丈以内绝无旁枝。它所有的丫枝一律向上,而且紧紧靠拢,也像加过人工似的,成为一束,绝无旁逸斜出;它的宽大的叶子也是片片向上,几乎没有斜生的,更不用说倒垂了;它的皮光滑而有银色的晕圈,微微泛出淡青色。这是虽在北方风雪的压迫下却保持着倔强挺立的一种树!哪怕只有碗那样粗细,它却努力向上发展,高到丈许,两丈,参天耸立,不折不挠,对抗着西北风。

……

当你在积雪初融的高原上走过,看见平坦的大地上傲然挺立这么一株或一排白杨树,难道你就只觉得树只是树?难道你就不想到它的朴质,严肃,坚强不屈,至少也象征了北方的农民?

——节选自茅盾《白杨礼赞》

朗读者看到这些文字描述,应该借助其中的重点语句,进行丰富的联想和想象,仿佛确实看到笔直挺拔的白杨树,看到白杨树的丫枝、叶子、树皮,看到白杨树在风雪的压迫下倔强挺立。

(二) 逻辑感受

逻辑感受是指朗读者对作品中事物间的逻辑关系产生的感受。

作品中的逻辑关系,主要指全篇各层次、各段落、各语句之间的内在联系。这种内在联系,犹如文气,顺畅地贯穿全篇;犹如经络,紧密地布满全身。它不仅指组合的先后顺序,还指为什么这样结构。不论是时间顺序、空间顺序、观点顺序,还是情节、矛盾、问题的连绵起伏,它都应在朗读者的头脑中形成强烈的感受。

——节选自张颂《朗读学》

逻辑感受包括并列、对比、递进、转折、主次、总括等多种感受。把握文章逻辑关系可以从以下四个方面入手:一是把握段落之间的层递关系,感受文章是如何展开的;二是把握句群之间的关系,如并列、递进、因果、转折等,主要从虚词上着手感受;三是把握实词的运用,尤其是主要动词;四是把握修辞方法的运用。

朗读者只有对作品的起承转合、上下衔接有了具体的逻辑感受,才能避免支离破碎、散乱一片,从而使语言表达连贯顺畅、一气呵成。具体的逻辑感受与具体的形象感受完美结合,才能为朗读表达做好恰切、扎实的准备。

(三) 内在语

内在语,在戏剧艺术中又叫潜台词。它是指那些在朗读中,文章的语言不便表露、不能表露或没有完全表露出来和没有直接表露出来的语句关系和语句本质。

内在语是朗读者对作品的独特感受和体验,是流动在心中的情感、态度、价值观,是朗读者情感与思维不断碰撞融合的心理状态,也是体现于朗读中的言外之意、弦外之音。内在语是为朗读目的而服务的。发掘内在语,不仅能够有效地衔接语气,对于把握语句的真正内涵、丰富朗读的语气也具有重要意义。

需要注意的是,内在语是用声音来表达文字背后的含义和情感,通过语调、语速、音量等技巧,将文字中的情感和意境传达给听众;而内部心理感受则更偏重于个人在接收到某种信息或经历某种情境时,内心所产生的感受、情绪和体验。简单来说,朗读内在语是一种通过声音表达情感和意境的方式,而内部心理感受则是个人内心的真实体验和感受。

【示例】

奶奶把小女孩抱起来,搂在怀里。她俩在光明和快乐中飞走了,越飞越高,飞到那没有寒冷,没有饥饿,也没有痛苦的地方去了。

——节选自安徒生《卖火柴的小女孩》

从字面意思看,这一段的基调应该是幸福与快乐的,但从故事内容和主题思想上理解,却是极度痛苦与凄惨的:小女孩在大年夜冻饿而死,和她已经去世的奶奶"团聚"了。朗读时,朗读者眼前应该是一幅小女孩又冷又饿的画面。朗读时,内在语要像一股巨大的潜流在朗读者的内心深处不断涌动,内在语的潜流越强,朗读也就越有深度。

知识链接

表 9-2　内在语的分类①

序号	分类	特　点	示　例
1	发语性内在语	呼台号之前,在节目、稿件、层次、段落、语句之间加上适当的词语作为开头,在我们内心播出来,并与稿件原来开头的词语自然地衔接,将其带发出来。	1.（青年朋友,俗话说）少壮不努力,老大徒伤悲。 2.（您知道吗,观众朋友）在祖国最西南边陲的密林深处,有一座边防哨卡。
2	寓意性内在语	寓意性内在语是文字的弦外之音,是隐含在语句深层的内在含义,是结合上下文语言环境挖掘出来的语句本质和语句目的。 语句本质与文字在表面上截然对立,把握、判断并不难,难在把握和判断的是意向色彩或程度、分寸上的细微差别。	热恋中的姑娘嗔怪男友说"你真坏""你真傻"。其实是说"你真好""你真可爱"。
3	关联性内在语	关联性内在语指那些没有用文字表示出来的语句关系,具体地说,就是那些体现语句逻辑关系和语法意义的隐含性关联词和短语。它最大的特点是通过挖掘语句间的隐含性的关联词或短语,使语句关系更加明晰。	她打了个寒战,（虽然）风又掀起了她的衣襟,（但是）这次她没有去拉。
4	提示性内在语	提示性内在语用于语句段落层次之间,也是为了解决上下语气衔接的问题,但与关联性内在语有所不同。它不是以关联词短语的形式出现的,而且在内容上也更丰富多彩。如果说关联性内在语注重使语句逻辑关系更加严密,那么提示性内在语则更注重使表达语气富于灵动的活力。	1.听众朋友,最近有一件事传遍古城西安,（什么事呢?）一位居民提着一口有毛病的铁锅找到市政府,要求帮助退换。 2.清晨,我到公园去玩,一进门就闻到一阵的清香,（啊,荷花!）我赶紧向荷花池走去。
5	回味性内在语	上文结束,不管是缓收还是急止,都给人以语已尽情尚存的印象。让受众回味什么,思考什么,想象什么,憧憬什么,都要靠回味性内在语具体引发。一般用于段落、层次,特别是全文的结尾。	1.冬天来了,春天还会远吗? 2.我急忙唤回我的猎狗,带着它走开了。

---

① 战迪.播音主持综合训练教程新编[M].北京:中国传媒大学出版社,2019:91—92.

续表

序号	分类	特　点	示　例
6	反语性内在语	反语性内在语直接体现了语句表层意义与深层内在含义,即语句本质的对立或对比关系,在上下文语言环境中比较容易把握。	明明不小心打碎了书架上的花瓶。爸爸回来看到后说道:"你可真能干啊!"

三、朗读的外在表达技巧

既承认内心依据的重要性,又承认语言技巧的重要性;既承认内心体验的决定作用,又承认外部表现的反作用。

——张颂

朗读需要调动内部的心理感受,但同时也不能忽略外部的表达技巧。在内心感受的基础上,运用表达技巧将作品的主题、内容、情感、态度表达出来,才是真正的朗读。成功的朗读是内部心理感受和外部表达技巧的完美结合。

(一)停连

微课视频
朗读的表达
技巧(停连)

"停"指停顿,"连"指连接。在朗读中,段落之间、语句之间、词与词之间,会有休止、中断的地方,这就是停顿;有些地方有标点符号却不休止、不中断,连起来读,就是连接。

1. 停顿

停顿既是换气的需要,也是表情达意的需要。这种语句或词语之间声音上的间歇,并不代表思想感情的中断或空白;相反,是给听者一个领略和思考、理解和接受的时间,以帮助听者理解文章含义,加深印象。恰到好处的停顿会起到"此时无声胜有声"的效果。朗读时,要根据文章的意思处理好停顿的位置,不能不加考虑地随意断句,否则,除了使人听起来不舒服之外,还会出现表情达意上的错误。

【示例】

加了工资的/和/尚未加工资的职工,心情都很舒畅。(√)

加了工资的和尚/未加工资的职工,心情都很舒畅。(×)

停顿可以分为以下两类。

(1)语法停顿。语法停顿能反映词句间语法关系,显示语法结构的停顿。由于停顿的位置不同,显示的语法关系和结构就不相同,当然,所表达的含义也就不相同。

【示例】

亲爱的明明老师欢迎你!

第一种，亲爱的明明老师：/欢迎你！

第二种，亲爱的明明：/老师欢迎你！

第三种，亲爱的：/明明老师欢迎你！

语法停顿反映一句话里面的语法关系，在书面语里就反映为标点，在口语表达里就用停顿来表示。停顿时间的长短一般由标点的类型决定，常用的标点停顿时间大致是：

顿号＜逗号＜分号、冒号、破折号＜句号、问号、感叹号

句子之间的停顿＜段落之间的停顿

当然，标点不是确定停顿的唯一依据，实际朗读中，没有标点的地方有时为了把语义表达清楚，往往也需要停顿。如：

主语和谓语之间；

动词和宾语之间；

修饰语和中心语之间；

定语、状语之后；

宾语、补语之前。

【示例】

这些对普通人而言和杂技差不多的项目/是女排队员们必须熟练掌握的基本技能。

——节选自宋元明《走下领奖台，一切从零开始》

主语部分是"这些对普通人而言和杂技差不多的项目"，但定语较长，这时为了表达清楚语义，就可以选择在主语和谓语之间停顿。

（2）强调停顿。强调停顿是为了突出某种事物或表达某种特殊感情所进行的停顿。强调停顿不受语法停顿的限制，也不受标点符号的约束，而是依据表情达意的需要来决定停顿的位置和时间。强调停顿必须在仔细揣摩作品与深刻体会作品内在含义的基础上设置。

【示例】

于很多中国人而言，火车就是故乡。在中国人的心中，故乡的地位尤为重要，老家的意义非同寻常，所以，即便是坐过无数次火车，但印象最深刻的，或许还是返乡那一趟车。那一列列返乡的火车所停靠的站台边，熙攘的人流中，匆忙的脚步里，张望的目光下，涌动着的都是/思乡的情绪。

——节选自舒翼《记忆像铁轨一样长》

在"都是"后停顿是为了突出这种情绪叫"思乡"。这一刻，火车已经成为故乡的象征，有眷恋，有依赖，更有深深的怀念。无论时间多么漫长，距离多么遥远，心中那份浓得化不开的思乡情始终如一。通过停顿，让这种情绪显得更加深厚。

2. 连接

有标点符号而不停顿，就是连接。

【示例】

突然，从树上跳下一只松鼠，拦住他大叫："小马！别过河，别过河，你会淹死的！"小马吃

惊地问:"水很深吗?"松鼠认真地说:"深得很哩! 昨天,我的一个伙伴就是掉在这条河里淹死的!"

——节选自彭文席《小马过河》

为了表达小松鼠急切的心情,中间有逗号而没有停顿,是为了语义的连贯,情绪的贯通,这就是连接。

【示例】

小白兔害怕了,撒腿就向森林里跑去,嘴里还不停地喊:"<u>不好了,不好了! 咕咚来了,咕咚来了!</u>"

——节选自刘元尚《咕咚来了》

上面画线的部分在朗读时可以不用停顿,一气呵成,这样更能突出"小白兔"紧张的心理——千万不能让"咕咚"追上并抓住自己。而其他小动物也被这种情绪感染,紧张的氛围就弥漫开来。

朗读中的停顿和连接都要从表情达意出发,做到清晰顺畅、表意准确,避免出现影响语义及造成歧义的停连等不当现象。

(二) 重音

朗读时,为了突出主题、表达重点,对句中的某个词或是词组加以突出强调,这些被强调的词或词组就是重音。重音发音时往往气流强、声音重,但也有的重音需要用气流弱、声音轻的方式表达。

微课视频
朗读的表达
技巧(重音)

1. 确定重音的位置

找准重音的位置十分重要,同样的一句话由于重音位置不同,语义也会随之变化。

【示例】

你是全村最干净的小猪了。(强调的是"你",不是别人。)

你是全村最干净的小猪了。(强调的是结论,你就是,不用怀疑。)

你是全村最干净的小猪了。(强调的是范围,"全村",不是别处。)

你是全村最干净的小猪了。(强调的是程度,没有人比你更干净了。)

你是全村最干净的小猪了。(强调的是"小猪",不是别的动物。)

——节选自庆子·凯萨兹《我的幸运一天》

朗读过程中重音的位置并没有固定的规律,而是要根据语句所表达的思想感情,并联系语境来综合考虑。因此,朗读时要认真体会作品,正确理解作者意图,这样才能准确地找准重音的位置。一般来说,需要做重音处理的词句如下。

(1) 突出话语重点,表明语意内容的词句。在句子中占有主导地位,能够揭示句子深刻内涵的关键词语,如陈述事实、表示说明的词语,起修饰限制作用的词语,表示判断的主要词语,在句子中起反义作用的词语等,这些词语往往是准确鲜明地传达语句目的的核心词语,需要做重音处理。

【示例】

① 这是一年的最后一天——大年夜。(安徒生《卖火柴的小女孩》)(陈述事实)

② 小松鼠的歌唱得美妙极了,把满天的星星都唱出来了。(苗丁、倪冰如、李建君《耳朵上的绿星星》)(修饰限制)

③ "这不是河马,这是水牛。"乡下的猫说。(邓思丽《城里的猫和乡下的猫》)(表示判断)

④ 狼吃完小羊之后,还要表白自己是"善良"的。(反义作用)

(2) 表示对比、并列、呼应和递进等关系的词句。句子中具有对比、并列、转折、呼应、递进等作用的词语,往往是表达逻辑关系的关键词语,将这些词语确定为重音,可以帮助听者更好地理解语义。

【示例】

① 孔雀很美丽,可是很骄傲。(乔晓妮《骄傲的孔雀》)(对比关系)

② 小狐狸终于明白了:发泄怒气可以让人快乐,安静休息也能让人高兴。(王智博《出气商店》)(并列关系)

③ 小花狗对白鹅说:"白鹅姐姐,白鹅姐姐,请教我学游泳吧!"白鹅爽快地答应了,说:"学游泳很简单。"(佚名《小花狗学游泳》)(对应关系)

④ 风不吹,浪不高;小小船儿轻轻摇,小宝宝啊要睡觉。风不吹,树不摇,小鸟不飞也不叫,小宝宝啊快睡觉。风不吹,云不飘,蓝色的天空静悄悄,小宝宝啊好好睡一觉。(陈伯吹《摇篮曲》)(递进关系)

(3) 表达某种强烈感情的词句。文章里渲染感情色彩的地方常常运用一些比喻、夸张、拟人的手法或者形象生动的词语,这些词语在朗读中可以作为重音强调。

【示例】

① 兔妈妈想了想,忽然自言自语起来:"唉,天也真冷,要是穿上姥姥家那件不怕冷的大衣,那就太好了。"(《不怕冷的大衣》)(比喻)

② 然后,老鼠又给猴子、狐狸、狮子、斑马、长颈鹿、大象和海龟,都分了一口月亮。大家都觉得,这是它们吃过的最好吃的东西。(麦克·格雷涅茨《月亮的味道》)(夸张)

③ 大象的鼻子往上一伸,月亮轻轻地往上一跳。(《月亮的味道》)(拟人)

当然,上述这些方法只是确定重音的部分依据,切不可机械套用,最终确定重音还是要根据语义选择最能突出言语目的的中心词和关键词。

2. 表达重音的方法

重音并不一定都要加重音量,表达重音的方法有很多,常用的有以下几种。

(1) 重音重读。在朗读中,要把突出强调的词或词组读得重一些,响一些。为了表达明朗的态度、鲜明的观点或形象的事物,声音一般要高亢响亮、饱满有力。

【示例】

① 数风流人物,还看今朝。(毛泽东《沁园春·雪》)

② 于高山之巅,方见大河奔涌;于群峰之上,更觉长风浩荡。(《人民日报》)

(2) 重音轻读。用大量气息把重音轻轻地吐出来,用来表达深沉、凝重、亲切、细腻的思想感情和怀念、幸福的情愫或平静、舒适的氛围，音节轻而弱，使得柔和亲切、悦耳动听的字音在较响的语流中得到凸显。

【示例】

① 盼望着，盼望着，东风来了，春天的脚步近了。（朱自清《春》）

② 为什么我的眼里常含泪水？因为我对这土地爱得深沉。（艾青《我爱这土地》）

③ 别了，我爱的中国，我全心爱着的中国！（郑振铎《别了，我爱的中国》）

（3）重音长读。读重音时，无论是重音重读还是重音轻读，都免不了会拖长音节，就会用到这种方法，如上述重音轻读的示例②。重音长读一般抒情色彩较浓，往往用来表达深挚的情意，读的时候可以放慢速度或延长音节，起到突出强调的作用。

【示例】

① 有这么一个传说：古时候，天上有十个太阳，晒得地面寸草不生。（《后羿射日》）

② 瞧，太阳晒着晒着，她变成很轻很轻的水蒸气，飞呀，飞呀，飞到天空，变成一朵白云，一朵美丽的白云。（嵇鸿《雪孩子》）

为了在朗读中做到表意准确、重音突出，读作品前应该先确定重音的位置，找出最能彰显本句的中心词和关键词。找准重音后，可以根据语义和情感表达的需要，综合运用以上几种方法把重音表达出来，以达到引起听众共鸣的朗读目的。

（三）语速与节奏

1. 语速

微课视频
朗读的表达技巧
（语速与节奏）

语速，通常指在一定的时间内语言表达容纳一定数量的词语。在朗读或说话时，事物在发展，情感在流动变化，语速也会随之调整。正常说话时的语速，大概是每分钟 200 个音节，朗读时，根据作品内容和情感表达的需要，语速会有相应的快慢变化。

朗读不同的作品，要准确地表达作品中的场景及思想感情，语速需要有与之相适应的变化。一般来说，热烈、欢快、兴奋、紧张的内容，语速会快一些；平静、庄重、悲伤、沉重、回忆的内容，语速会慢一些；叙述、说明、议论的内容，语速则用中速。朗读中的语速变化也不是忽快忽慢，而是根据文章内容或情感变化自如调整，自然过渡。

【示例】

从前有个老头儿和他的老太婆，住在蓝色的大海边；他们住在一所破旧的泥棚里，整整三十又三年。（语速稍慢，表明时间很长）

有一次，老头儿向大海撒下渔网，拖上来的只是些水藻和海草。当他第三次撒下渔网，却网到一条鱼儿，不是一条平常的鱼——是条金鱼。（语速变快，表达欣喜的情感）

金鱼苦苦哀求："放了我吧，老爷爷，请把我放回海里去，我给您贵重的报酬，您要什么我都依。"（语速变快，表达小金鱼急切想要脱离困境的祈求之情）

老头儿吃了一惊，心里有点害怕：他打鱼打了三十三年，从来没有听说过鱼会讲话。他把金鱼放回大海，还对她说了几句亲切的话："小金鱼，我不要你的报酬，你游到蓝蓝的大海去吧,在那里自由自在地游。"(语速稍慢,表明对小金鱼的关爱和嘱托。)

——节选自普希金《渔夫和金鱼的故事》

在以上童话里,"小金鱼"的人物角色可以理解为小女孩,语速可以稍快;"渔夫"是老年人,语速可以稍慢。

2. 节奏

节奏也是口语表达中常用的技巧之一,它与停连、重音等技巧一起为准确地表达作品服务。朗读中的节奏是针对作品全篇而言的,指朗读者在表达中所显示的快与慢、抑与扬、轻与重、虚与实等种种声音形式的回环往复。朗读节奏可以分为六个基本类型:轻快型、低沉型、凝重型、舒缓型、高亢型、紧张型。[①]

(1)轻快型。语气轻快、欢畅,语势多扬少抑。比如朱自清的《春》。

(2)低沉型。语气沉重,语速缓慢,语势多抑少扬。比如鲁迅的《记念刘和珍君》。

(3)凝重型。语气凝重,语势平稳,语音沉着、坚实、有力,多抑少扬,多重少轻。比如余光中的《乡愁》。

(4)舒缓型。语气舒缓,语势多扬少抑,声音轻柔而不着力;表达幽静的场面、美丽的景色、舒展的情怀。比如陈淼的《桂林山水》与朱自清的《荷塘月色》。

(5)高亢型。语气高昂爽朗,语势多上扬,声音明亮、强劲、有力;抒发激越的情怀,表达昂扬的斗志。比如高尔基的《海燕》。

(6)紧张型。语气急促、紧张,语势多扬少抑,多重少轻,气促而音短,多表现急促、紧张的情绪和场景。比如鲁彦的《听潮》。

3. 语速和节奏的关系

语速与节奏是两个不同的概念,语速是节奏的表现形式。一般情况下,高亢型、紧张型的节奏,语速往往稍快;舒缓型、凝重型的节奏,语速稍慢。语速的快慢是根据思想情感的变化而变化的。此外,体裁不同,基调不同,表达的情感不同,语速也不同。

在朗读过程中,朗读者要根据作者的感情起伏和事物的发展变化随时调整自己的语速,同时也要注意吐字清晰,不能因为语速快而导致含混不清甚至"吃字";语速慢时也要注意声音的明朗实在,不能因为语速慢而显得松松垮垮。总之,朗读时语速要做到快而不乱,慢而不拖。

(四)语气与语调

1. 语气

在朗读中,语气指由语音的高低、快慢、升降、强弱、虚实等外在形式所表现出的特定的内在意蕴与感情色彩。通过语音形式的细微变化来传神地表现思想感情,达到声情并茂的效果。语气运用得恰当,就可以把作品中的情感淋漓尽致地表达出来。语气包含四种,分别是陈述、祈使、疑问和感叹。不

微课视频
朗读的表达技巧
(语气与语调)

---

① 张颂. 朗读学(第三版)[M]. 北京:中国传媒大学出版社,2010:193—194.

同的语气表达的情感态度是不一样的。

【示例】

"你看。"（可能只是单纯地为引起注意，可做插入语，陈述语气）

"你看！"（可以表示惊喜、意外等感情，祈使语气）

"你看？"（表示"你也有资格看？"疑问语气）

"你看？！"（表示愧惜、难过、失望等感情，感叹语气）

可见，同样的文字内容，由于语气不同，所表达出的情感态度就完全不一样。朗读时，语气的表达也具有一定规律。

【示例】

爱——气徐声柔，温和的感觉。

憎——气促声硬，挤压的感觉。

悲——气小声缓，迟滞的感觉。

喜——气满声大，跳跃的感觉。

惧——气提声凝，紧缩的感觉。

急——气急声促，紧迫的感觉。

怒——气粗声躁，嗔怒的感觉。

疑——气细声微，踌躇的感觉。

稳——气少声平，沉着的感觉。

焦——气多声撇，烦躁的感觉。

当朗读的语气不对时，很可能是朗读者的情感态度不准确或是声音气息不协调。朗读者要正确地表达语气，内心的情感态度要把握准确，外在的声音气息调节也非常重要。

2. 语调

在朗读或说话时，语句会有高低升降的变化，这种变化就形成了语调，借助语调，有声语言才有较强的表现力。语调的基本类型主要有以下四种。

（1）平直调，语调相对比较平稳，没有明显的起伏变化。一般的叙述、说明，以及表达迟疑、深思、冷淡、悼念、追忆等情感的句子，多用平直调。

【示例】

古时候，山里有一只怪兽，叫做"年"，形状长得非常丑恶，龙不像龙，麒麟不像麒麟，每当没有月亮的黑夜，它就跑到山下来吃人。

人们非常害怕这个怪兽，认为它比狮子、老虎还要厉害，都不敢斗它，所以有不少人被它吃了。这样一天一天下去，死去的人越来越多。一到没有月亮的晚上，村子里家家户户都紧闭大门。

——节选自《过"年"的传说》

（2）上扬调，语调由低逐渐升高。常用于表达疑问、反诘、惊异、命令、呼唤、号召等情感的句子。

【示例】

① 我一睡着，/梦就来了。/我一醒来，/梦就去了。/梦从哪里来的？/又到哪里去的？

——节选自田地《找梦》

② 北风爷爷笑着说："哈,我的本领多大! 大家见了我就害怕!"

……

小红高声喊:"北风爷爷,你吹吧! 我可不怕你。"

——节选自鲁冰《北风爷爷你吹吧》

（3）降抑调,语调由高逐渐降低。这种语调常用来表达肯定、祈使、允许、感叹等语气或情感。

【示例】

我游水/像一艘白色游艇。/我走路/八字脚不很好看。/所以我/最喜欢的是池塘,/最怕的是上岸!

——节选自林良《鹅》

天不怕,地不怕,/就怕回家爸爸骂。/爸爸骂,为什么？/不爱学习爱打架!

——节选自谢采筏《小蟋蟀》

（4）曲折调,语调曲折变化,对句子中某些音节要特别地加重或延长。这种语调常用来表达夸张、强调、反语等较为特殊的语气或情感。

【示例】

"哎呀,美极了! 真是美妙极了!"老大臣一边说,一边从他的眼镜里仔细地看,"多么美的花纹! 多么美的色彩! 是的,我将要呈报皇上,我对这布料非常满意。"

——节选自安徒生《皇帝的新装》

老大臣尽管什么也没有看到,但他害怕别人说他是愚蠢的人,于是故作夸张,掩饰内心的虚伪。

以上四种语调的基本类型只是一个粗略的分类,在朗读练习中,朗读者也不必把丰富多彩的语调变化强行纳入这四种基本类型。朗读中的语调是根据作品的情感流动而变化的。朗读中的语调运用一定要在表达情感的基础上灵活运用。

总之,朗读的表达技巧必须建立在内部情感的基础上,否则就失去了意义。在朗读过程中,停连、重音、节奏、语气、语调等技巧并不是独立地各司其职,而是互相联系、互相影响,只有综合把握、灵活运用,才能取得良好的朗读表达效果。

· 知识链接 ·

提高朗读表现力的若干小技巧

朗读的语言必须富于表现力才能触动人心。为了使朗读生动活泼,可以练习使用一些声音技巧。常用的技巧主要有以下几种:

气音:表示惊异或耳语时可用气音,就是气大于声,发出类似耳语的声音。

颤音:表示激动时,声音稍带点颤抖。

拖腔:表示迟疑时,把句中某一音节拉长一些。

泣诉:表示悲伤时,声音带点呜咽色彩。

笑语:表示快乐时,带点发笑的色彩。

拟声:模仿各种声响。

以上几种声音技巧如果运用得好,可以有效地增强朗读效果。

四、不同文体的朗读训练

朗读技能不仅有助于提高语言表达、欣赏和理解能力,还能培养想象力和创造力,提升文化素养。接下来,我们按文体分类,选取了部分作品,并在其后给出简要的朗读提示,帮助朗读者进行朗读的综合训练。

(一)诗歌的朗读

朗读诗歌,要突出其深邃的意境和鲜明的节奏两个特征。自由诗的节拍不像格律诗那样固定整齐,具体朗读的方式要依赖于诗歌的内容和句义。朗读者在朗读时要积极展开想象,将自己置身于诗歌所描绘的意境中,从而获得并再创诗人的情感。

1. 自由诗

【示例】

纸　　船

冰　心

我从不肯妄弃了一张纸,

总是留着——留着

叠成一只一只很小的船儿,

从舟上抛下在海里。

有的被天风吹卷到舟中的窗里,

有的被海浪打湿,沾在船头上。

我仍是不灰心的每天叠着,

总希望有一只能流到我要它到的地方去。

母亲,倘若你梦中看见一只很小的船儿,

不要惊讶它无端入梦。

这是你至爱的女儿含着泪叠的,

万水千山,求它载着她的爱和悲哀归去。

《纸船》是冰心1923年去美国留学途中在船上写的一首诗,副标题为:寄母亲。在这首诗里,作者凭借叠纸船嬉水这种孩提时常常玩的游戏,遥寄自己对母亲的怀恋,亲切自然地创造出一种梦幻似的悱恻的意境,不禁令人潸然泪下。这首写于船上的《纸船》,是冰心面对大

海,以赤子之心,寄情于慈母的诗作,讴歌了母爱、童真与大自然。朗读这首诗要注意以下几个方面:

第一,感情要真挚。作者把母爱、童真与大自然几种主题糅合在一起,体现的是对母亲的思念,全诗充满了令人动容的感情色彩,因此朗读时不可感情平淡、言不由衷,更不能矫揉造作、拿腔作调。

第二,节奏要舒缓。朗读时,语速不宜过快,节奏不可太急,还要注意随着诗歌感情的变化而变化,做到富于高低起伏、轻重缓急的变化。

第三,层次要清晰。全诗分三小节。第一节写行动,是说船儿虽小而数量却多,体现出诗人这一行动的情真意切。第二节写意愿,因为她坚信,母女之间的亲情是风吹浪打不能拆开、万水千山不能隔断的。第三节写梦境,人们在思念至深时,往往寄希冀于梦幻,希望万水千山,求它载着她的爱和悲哀归去。

2. 格律诗

【示例】

春 夜 喜 雨

杜　甫

好雨/知时节,当春/乃发生。

随风/潜入夜,润物/细无声。

黄鹤楼送孟浩然之广陵

李　白

故人/西辞/黄鹤楼,烟花/三月/下扬州。

孤帆/远影/碧空尽,惟见/长江/天际流。

掌握节奏和韵律。格律诗的节奏建立在固有的规整的节拍基础上,必须遵循其固有规律。五言诗常见的节奏形式是"2＋3",七言诗常见的节奏形式是"2＋2＋3"。此外,朗读时还要注意理解诗歌的内容,联系内在感情,贯通语调表情。

(二) 散文的朗读

散文的表现手法灵活多样,叙述、描写、抒情、议论常兼而有之。朗读时,叙述的语言要读得舒展、自然、清新,描写的语言要读得细致、感性、生动,抒情的语言要读得真挚、内敛、蕴藉,议论的语言要读得有感而发。总体上说,朗读者应该读得细腻、真实、质朴,用声不宜太强、太高、太实,语言应舒展、亲切,声音松弛、轻柔、气息绵长。

【示例】

春 雨 的 色 彩

楼飞甫

春雨,像春姑娘纺出的线,轻轻地落到地上,沙沙沙,沙沙沙……

田野里,一群小鸟在屋檐下躲雨,他们在争论一个有趣的问题:春雨到底是什么颜色的?

小燕子说:"春雨是绿色的。你们瞧,春雨落到草地上,草就绿了。春雨淋在柳树上,柳枝儿也绿了。"

麻雀说:"不对,春雨是红色的。你们瞧,春雨洒在桃树上,桃花红了! 春雨滴在杜鹃丛中,杜鹃花也红了。"

小黄莺说:"不对,不对,春雨是黄色的。你们瞧,春雨落在油菜地里,油菜花黄了。春雨落在蒲公英上,蒲公英的花儿也黄了。"

春雨听了大家的争论,下得更欢了,沙沙沙,沙沙沙……

"春雨到底是什么颜色的?"围绕这个有趣的话题,一群小鸟展开了争论。朗读时要注意区别人物的对话,宜用轻快、活泼的语气。第一段的"沙沙沙,沙沙沙……"要读得轻快,有节奏感。中间几段是小鸟们的对话,要读出情趣。结尾一段,拟声词"沙沙沙"要读得欢快、喜悦,与第一段略有区别。

(三) 寓言的朗读

寓言的篇幅短小,但情节有趣、寓意深刻、富于哲理。朗读寓言时,既要有讲故事的投入,又要有说道理的冷静;故事部分的语调要张扬,通过夸张表现形象个性,充分展现情节的戏剧性,但注意不能把寓言当作故事来读;抓住寓言中鲜明的形象来表现本质。

【示例】

狼 和 小 羊
《伊索寓言》

狼和小羊碰巧同时到一条小溪边喝水。那条小溪是从山上流下来的。狼非常想吃小羊。可是它想,既然当着面,总得找个借口才好。狼就故意找碴儿,气冲冲地说:"你怎么敢到我的溪边来? 把水弄脏,害得我不能喝,你安的什么心?"

小羊吃了一惊,温和地说:"我不明白我怎么会把水弄脏。您站在上游,水是从您那儿流到我这儿,不是从我这儿流到您那儿的……""就算这样吧!"狼说:"你总是个坏家伙。我听说,去年你在背地里说我的坏话!""啊? 亲爱的狼先生!"可怜的小羊喊道:"那是不会有的事,去年我还没出世呢!"狼觉得用不着再争辩了,就龇着牙咆哮着逼近小羊说:"你这个小坏蛋,说我坏话的不是你就是你爸爸,反正都一样!"说着,就扑到小羊身上,抓住它,把它吃掉了。

人们存心要干凶恶残酷的坏事情,那是很容易找到借口的。

(四) 常见幼儿文学作品的朗读

幼儿文学作品往往内容显浅、精炼有趣、语言活泼,具有鲜明的教育意义和启迪作用。朗读时,在声音造型方面要从儿童的接受心理出发,适度儿童口语化;在语调方面可张扬一些,适度夸张,同时注意运用丰富的音色和语气。

【示例】

欢迎小雨点
圣 野

来一点,

不要太多。

来一点，

不要太少。

来一点，

泥土咧开了嘴巴等。

来一点，

小菌们撑着小伞等。

来一点，

小荷叶站出水面来等。

小水塘笑了，

一点一个笑窝。

小野菊笑了，

一点敬一个礼。

这是一首句式短小、富有动感的幼儿诗。几个活泼的形象构成一幅幅动感的画面，几个看似很平常的"等"，分别在诉说着心中的渴望与希冀。朗读时，注意抓住几个动词，表现出生机盎然、欢乐向上的精神风貌。

【示例】

微　笑

佚　名

小鸟说："我愿意为朋友们唱歌，让他们高兴。"

大象说："我愿意为朋友们干活，让他们高兴。"

小兔说："我愿意为朋友们送信，让他们高兴。"

小蜗牛好着急，他能为朋友们做什么呢？

一群小蚂蚁正在忙着搬东西，他们从小蜗牛身边走过时，小蜗牛向他们友好地微笑。

小蜗牛想：对呀，我可以把微笑送给朋友们，让他们高兴呀！小蜗牛就画了好多张图片，上面有一只小蜗牛在甜甜地微笑。朋友们看到这张图片，也高兴地笑了。

这篇小散文通过简练优美的语言向我们展示了一个互助友爱的童话世界，也表现了小蜗牛美好的心灵。"我愿意为朋友们……，让他们高兴"的句型反复出现，充分表现了小动物们助人为乐的美德。作品字里行间始终洋溢着欢快热烈的气氛，让人充分领略到小动物们之间纯洁的友情。朗读时，应该使用活泼、轻快的语气，主要使用轻快型节奏。

·知识链接·

为幼儿朗读童话，要有一颗"童心"

所谓"童心"，即从儿童的心理角度出发，用儿童的眼光来看待童话故事中所发生的一切，相信童话中所讲的一切都是真实可信的，这是朗读童话时所应具备的一种心理状态。朗读时的自我感受应像是给孩子们讲一件自己亲眼所见或亲身经历过的事情。这样,孩子们才会被你的朗读所吸引并积极思考,从中受到教育。

　　童话中的形象在一切文艺作品中是最为自由和广泛的,鱼虫鸟兽、花草树木、日月星辰、风霜雨雪,无所不有。童话中塑造的形象往往都是我们生活中并不存在的,但这些形象揭示了一定的现实意义,具有一定的象征性。在童话中,无论是有生命的还是无生命的,有形的还是无形的,具体的物质还是抽象的概念,都可以通过人格化的手法将它们作为有性格、有思想、有语言、有行动的形象表现出来。需要注意的是,朗读者不能因为童话中讲的都是"小儿科"的东西,就觉得别扭、不自在,调动不起朗读童话的情绪,如果那样,朗读时一定是干巴巴的。

 自我检测

1. 根据诗歌朗读训练指导的要求,分析并朗读下面的诗歌。

如果我是一片雪花

金　波

如果我是一片雪花,
你猜,我会飘落到什么地方去呢?
我愿飘到小河里,
变成一滴水,
和小鱼小虾游戏。

我愿飘到广场上,
堆个胖雪人,
望着你笑眯眯。

我更愿飘落在妈妈的脸上,
亲亲她,亲亲她,
然后就快乐地融化。

夜 雨 寄 北

李商隐

君问归期未有期,巴山夜雨涨秋池。
何当共剪西窗烛,却话巴山夜雨时。

水 调 歌 头

苏　轼

丙辰中秋,欢饮达旦,大醉,作此篇,兼怀子由。

明月几时有？把酒问青天。不知天上宫阙，今夕是何年。我欲乘风归去，又恐琼楼玉宇，高处不胜寒。起舞弄清影，何似在人间。

转朱阁，低绮户，照无眠。不应有恨，何事长向别时圆？人有悲欢离合，月有阴晴圆缺，此事古难全。但愿人长久，千里共婵娟。

2. 综合运用各种朗读技巧，朗读下面的散文，注意读出它的意境。

人生若只如初见

水一方

不知何时起，倾心纳兰性德的诗词，回眸细读纳兰词，绮丽、清香韵律不时在唇齿之间流转，芳香馥郁。非文人不能多情，非才子不能善怨。纳兰多情却不滥情，且长于情深于情。他的词清新婉约，直抒胸臆，流露脉脉温情，又好似读哲悟，能够闻道，其中最爱"人生若只如初见"一句。

"人生若只如初见"所有尘缘旧梦都化为沧海一笑。只留住最初最美的那一刻。不曾会有伤怀、无奈。用一颗平淡的心坦然面对走过的日子，这是何等美妙的人生之幸事。

匆匆飞逝的时光，蓦然回味，也许曾经一见倾心痴迷狂乱的感觉，阅尽世事，再见之时，会心欲碎，泪先流。若是曲尽人散，悲剧而终，不如把岁月定格在初见时分……

人生若只如初见那该多好，初见时，美好的感觉就像和煦的三月阳光，不染纷华，修美于内，难以去怀，留住这份淡淡的如水的情怀，诗意地弥漫在了生命中，将会是多么幸福的事情。

然而人生的际遇有时很玄妙，美丽、温馨、浪漫的初遇情结在日复一日的交往中随诱惑、误会、猜疑、非议接踵而来，最终消失殆尽。终于有一天，我们疼了，倦了，心力交瘁，有了所谓的伤害、背叛和指责，有了"何事秋风悲画扇"的落寞沧桑，重续汉成帝妃班婕妤幽于冷宫后的《自悼赋》"妾身似秋扇"。楼台思妇，惆怅寂寥，问花不语，自怨自艾。于是，我们长叹一声，幽幽地说，人生若只如初见……

人生若只如初见，把初见的美丽永远定格在回忆中。贮藏初识的情景，初次相遇，在心底永留住难以忘怀的感情。拭去缕缕缺憾，若爱已在指缝中溜走，别抱怨生活的吝啬，既然感情不可能有若初见，那么我们能做的大概只有让一切随风而散，潇洒地转过身去，留下一个美丽的远去背影。

人生如此，浮生如斯，情至极致。人生若只如初见，因此，有情不必终老，无情未必就是决绝，因为留在记忆深处永远是初见时彼此的微笑……

3. 试着把下面这篇寓言朗读给你的同学听。

美丽的公鸡

何学海

从前有一只公鸡，他自以为很美丽，整天得意扬扬地唱："公鸡公鸡真美丽，大红冠子花外衣，油亮脖子金黄脚，要比漂亮我第一。"

有一天，公鸡吃得饱饱的，挺着胸脯唱着歌，来到一棵大树下。他看见一只啄木鸟，就说："长嘴巴的啄木鸟，咱们俩比一比，到底谁美。"啄木鸟冷冷地说："对不起，老树长了虫子，我要给他治病。"公鸡听了，唱着歌，大摇大摆地走了。

公鸡来到一个果园里，看见一只蜜蜂，就说："鼓眼睛的小蜜蜂，咱们俩比一比，到底谁美。"蜜蜂冷冷地说:"对不起,果树开花了,我要去采蜜。"公鸡听了,又唱着歌,大摇大摆地走了。

公鸡来到一块稻田边,看见一只青蛙,就说:"大肚皮的青蛙,咱们俩比一比,到底谁美。"青蛙冷冷地说:"对不起,稻田里有害虫,我要捉虫去。"

公鸡见谁也不跟他比美,只好往回走。在路上,公鸡碰到一匹驮粮食的老马,向老马说了自己和啄木鸟、蜜蜂、青蛙比美的事。他伤心地问老马:"老马伯伯,我要跟他们比美,他们为什么都不理我呢?"老马说:"因为他们懂得,美不美不光光看外表,得看能不能帮助人们做事。"公鸡听了很惭愧,再也不去跟谁比美了。他每天天不亮就喔喔喔地打鸣,一遍又一遍地催人们早起。

4. 请运用丰富的音色和语气生动地朗读这首散文诗。

百 合 花

郭　风

夏季来了,百合花开放着喇叭形的花朵,它的花,雪一般洁白。

我看见一只红色的蜻蜓,展开透明的翅膀飞来了,停在这雪白的花瓣上休息。

我看见一只暗红色的瓢虫飞来了,它像一颗红豆,停在百合花那长形的绿叶上休息。

微风轻轻吹来,它们都在风的怀抱里静静睡去。

任务十　表述与交流训练

任务目标

【知识目标】

1. 能够区分单向表述和双向交流。
2. 能够识别单向表述各种形式(复述、描述、评述和解说)的要求和分类。
3. 能够识别双向交流中交谈的要求和分类。

【能力目标】

1. 能够根据不同的要求自如地运用复述、描述、评述和解说的表述方式。
2. 能够根据不同的场景,态度真诚地与人交谈。
3. 能够得体规范地进行拜访活动和接打电话。

【素质目标】

1. 通过单向表述训练,构建客观、中立、冷静和理性的情感态度。
2. 通过双向交流训练,展示出礼貌、尊重和理解对方的态度。
3. 在表述和交流中学会倾听,逐步生成耐心、宽容的品质。

案例引路

　　以下是 2023 年 5 月 28 日央视《开讲啦》节目——《拥有爱的能力》中的结尾部分。

　　许燕:我们去爱一个人的时候也会接纳他的缺点,这是非常重要的。爱屋及乌,其实就是这个道理。

　　大家一定要知道,我们的爱是分层次的,那么我们先要学会爱自己,我们(也)要爱他人,我们要乐于助人、与人为善;我们要去防止出现反人类行为,比如说战争、犯罪、欺凌,更高境界的是一种社会性的爱。当我们所有人都充满了爱的时候,我们这个世界一定是充满爱的。

　　那么我们怎样去传播爱呢? 我们经常说,这个爱特别难说出口,爱在心中口难开。那么,我们要学会去练习一种爱的传递,跟你周围的人说一句:我爱你! 说得出口吗?

　　(观众纷纷摇头)

　　我们把爱的疆界打开,我们现在说的是社会爱(社会性的爱),还能说出口吗?

　　(观众微微点头,会心微笑)

　　应该是可以的! 所以给大家回去留一个作业,对你身边的人多说一点积极的、爱的这样一些话,多记一点大家爱的点滴的这样一个时刻。然后当你去看到别人曾经跟你有过一个美好的相遇的时候,你这个爱自然就会说出口。我们可以去做快乐日记,平常多去记你这一天当中遇到了什么快乐的事情,而不是去关注损失。我们每个人的愉悦都是有表情的,这个微表情一定会表现出来。你总是跟任何一个人都是笑脸相迎的,你会感觉到这个世界是非常美好的。

　　我希望大家能够(生活)在一个充满爱的世界里面,这才是我们真正人类的美好世界。

　　谢谢大家!

　　撒贝宁:谢谢! 再次把掌声送给许老师,带给我们的充满爱和温度的开讲。谢谢! 谢谢! 刚才在您开讲的过程当中,(谢谢各位,请坐)好多观众写来了充满深情的小纸条问题。所有这些小纸条,都代表着你们对《开讲啦》节目的一份爱,谢谢你们,我爱你们! 真的很感动!

　　有一个问题说,现在网上流行这样一句话,读了这么多的书,懂得了这么多道理,可还是过不好这一生。所以特别想问一下,当我们学习了这些心理学的知识之后,了解了这些道理之后,就一定能获得幸福吗?

　　其实这位观众和我有同样的感觉,就是我特别怕今天晚上在这里,如醍醐灌顶般突然一下知道了很多事情,但明天早上一觉醒来,生活还是如往常一样。

　　许燕:又回到现实了。我们仍然又回到我们的人格这个问题上,不一定! 如果你想改变的话,你就要去做,当你做了以后,一定会有改变。而且有时候呢,是先改变我自己,我才发现这个世界也在改变。

　　就像有一个故事说的就是这一点,一个孩子,他妈妈带他去到公园里面,他看到一个照相的房子,他说:"妈妈,我想照一张相。"他妈妈看着他说:"你的衣服这么破烂,我们以后换一件好衣服的时候再来照吧!"但是他说:"妈妈,我能笑!"这里面能够看到这个孩子他的(出发)点是在哪里:当他自己改变的时候,他看世界就是一个充满阳光的时候,那这个世界就是阳光的。所以只要你自己愿意改变的话,哪怕从一点一滴做起,你的生活都会发生变化。

　　我们强调的是什么? 与压力共舞! 塑造好自己的人格,让你成为更好的自己。(掌声)

　　撒贝宁:我就想起冯骥才先生说过一句话,他说:"爱到极致就是珍惜。"无论你此刻正处在哪一段爱的关系中,子女和父母之间的,恋人之间的,朋友之间的,亲人之间的,甚至哪怕你跟善意的陌生人之间的,请你珍惜,珍惜这份美好!

　　许燕:我们今天是一个爱的主题,所以我建议我们大家,以一种爱的方式来结束我们今天的节目。我们站起来,一起大声说:我爱你,我爱这个世界!

　　撒贝宁:你要说不出来,比心也行;你要比心比不出来,点赞也可以,但是我希望我们大声说出来。拉上(手)吧! 来!

　　许燕:对!

> 撒贝宁(微笑)：哎呀，看着他们，真好！
> ······
> 撒贝宁：我爱你，我爱这世界！
> 观众：我爱你，我爱这(个)世界！我爱你，我爱这(个)世界！(观众互相拥抱)
> 撒贝宁：谢谢，谢谢收看！下期《开讲啦》再见！
> (注：许燕，北京师范大学心理学教授，心理学家)

在这个案例中，出现了多种表述和交流的方式，你知道有哪些吗？完成这个任务的学习之后，不妨再来解读这个案例。

一般而言，从说话人的角度分类，口语交际能力可以概括为两个层次，一是怎么想就怎么说、我口表我心的单向表述；二是根据交际对象的个性特点，有针对性地推进口语交际的双向交流。

一、单向表述训练

单向表述指信息仅从一个方向传递到另一个方向，没有反馈机制的交流方式。它通常是以一种单向的、静态的方式进行，信息发送者将信息传递给接收者，但接收者无法直接回应或反馈。这种表述方式在传递信息、宣传或教育等方面具有重要意义，因为它能够快速传递大量信息，而无须接收者的参与和反馈。

这里，我们着重介绍单向口语表述的复述、描述、评述、解说四种形式。

(一) 复述训练

1. 什么是复述

复述是从书面表达向口头表达转移的训练方式，也就是复述者把读过或听过的具体材料或有关内容，在理解和记忆的基础上，根据不同的需要或详细或简要或加上自己的想象用语言讲述出来。这对于培养语感、积累词汇、锻炼思维、提升表达的条理性都有不可忽视的作用。

2. 复述的要求

(1) 把握中心，忠实原文，不得随意改动原材料的观点、主要情节等。

(2) 将原材料的书面语言转换成口头语言时，可对原材料在语言表述方面进行合理的删减或扩充，要有条理性，且突出重点。

(3) 语言表达自然、简洁、流畅、口语化。

3. 复述的分类

(1) 详细复述。

这是一种接近原文的复述,要求忠实原始材料,不对内容做比较大的删减,主要内容不能有改动或丢失。但这种复述必须将书面语言转化成口头语言。

在详细复述中,需要注意如下几点:①要切实把握原始材料的内容要点。②可以对原始材料的结构做必要的调整,如将不适合口语表达习惯的倒叙、插叙改为顺叙等。③可以对语言进行加工,如将长句子变成短句子,少用"他""她"等容易混淆的词语,而代之以具体的人物名称,层次适当简化。

进行详细复述的练习,可以培养对语言材料的感知能力、记忆能力和有条理的连贯表达能力。复述训练应该从详细复述开始。

【训练】

选一篇童话,先认真读两遍,然后进行详细复述,并请同学和老师评议。

(2) 概要复述。

概要复述,指对原材料进行概括,抓住最基本的观点或情节,用简明的语言复述出来。不改动原文的顺序,主要针对重点进行述说。

在概要复述中,需要注意如下几点:①总体把握内容,理清线索,抓住中心,保留主干,舍去枝节,做到既反映原貌,又缩减篇幅。②概述记叙性材料,应抓住中心意思,保持故事情节的完整性,反映人物的基本特点,尽量维持原材料的结构顺序和表现方法,次要材料一般可以部分或全部舍去;概述议论性材料,应抓住中心论点,保留主要观点和重要论据,体现原来的论证层次;概述说明性材料,应抓住要点,准确体现事物的本质特征。③进行概述要防止舍不得减,与详述没有差别,该跳过的地方不跳,可以带过的地方带不过去;还要防止删掉重点,偏离中心,使人产生误解。

进行概要复述的练习,可以培养综合概括能力,大概相当于写作练习中的缩写。可见,说与写两项技能可以相互促进。

【训练】

向同桌复述一部新看的儿童电影或儿童题材电影的主要故事情节。

(3) 扩展复述。

扩展复述,指通过合理想象,在忠实于原文的基础上,选择扩展部分进行复述。它既可以是对细节的描述,也可以是对情节的扩充,但要注意扩展的分寸。

在扩展复述中,需要注意如下几点:①以原材料为基础,合理想象,扩展情节内容,不要背离原意和基本框架。②根据原材料的中心思想确定扩展的重点,可以选择某一方面进行扩展,不必面面俱到。③可以根据表达需要恰当运用比喻、对比、夸张等多种表达方法。

进行扩展复述的练习,有助于培养理解能力和想象能力,提高语言表达的感染力。

【训练】

请以"水果店里的争吵"为题,对下面的故事梗概进行扩展复述。

深夜里,厨房传来一阵吵闹声,原来是水果们在争吵:苹果、葡萄、香蕉、橘子、大西瓜吵得不可开交,大家各说各的好。

梨笑着说:"你们不要吵了,要学习别人的长处,改正自己的短处,再把别人的长处带进自己的优点之中。这叫取长补短。"

水果们都一言不发,厨房里又恢复了平静。

——节选自《水果店里的争吵》(有改动)

 知识链接

变 式 复 述①

如果你对复述的语言材料有了充分的理解,你还可以在想象和联想的基础上变换叙述角度,或者进一步扩充内容、发展情节,或者更深刻地刻画人物等,以使你所叙述的内容更加生动。

变式复述常见的有变换体裁、变换人称、变换叙述顺序三种形式:①变换体裁:如把诗歌改为散文,把散文改为小说等;②变换人称:如第一人称变为第三人称,第三人称变为第一人称等;③变换叙述顺序:如把顺叙改为倒叙,把倒叙改为顺叙等。

自我检测

1. 游戏——传声筒。

八人一组,由第一个同学看到内容后用耳语传给下一个人,逐个传递,由最后一名同学大声说出所听到的内容,再对比最开始看到的内容。内容如下:

我一句,你一句,我说你听要仔细。

你说对了笑嘻嘻,我说错了别生气。

2. 请扫码阅读,并详细复述童话故事《睡美人》。

3. 请扫码阅读,并概要复述短篇童话《神笔马良》。

4. 请扩展复述儿歌《一个小懒鬼》。

 文本阅读《睡美人》　　 文本阅读《神笔马良》

一 个 小 懒 鬼

方轶群

吃饭,他张嘴,

穿鞋,他抬腿,

伸伸舌头要喝水!

这么懒,

谁? 谁? 谁?

我不是,

你不是,

是他,一个小懒鬼!

① 周晓波.普通话与说话训练(第四版)[M].重庆:重庆大学出版社,2009:134.

(二)描述训练

1. 什么是描述

描述是用形象、生动的语言,具体、细致地描绘人、事、物、景等具体事物的形态特征,或再现某种场景的一种口语表达方式。描述具有生动性、直观性、审美性等特点。

2. 描述的要求

(1)内容要真实,使人信服。不要求面面俱到,但要详略得当。

(2)抓住特征,突出重要细节,表达人物情感,渲染环境气氛,绘声绘色绘形,以声传神。

(3)恰当使用比喻、拟人、夸张、对比等修辞手法,运用一定的声音技巧,力求鲜明生动,富有感染力。

【示例】

进入魔法学校的第一件事就是参观大礼堂。四张长长的大桌子从礼堂的左右两侧延伸出来,上面铺着花纹繁复的布巾。金色的盘子和大银烛台在餐桌上高高地耸立着,一股强烈的热烤香肠的味道弥漫在空气中。当数百名学生的长袍在空中飘动时,大礼堂里回响着一种沙沙的声音。教师们沿着桌子走来走去,与学生交谈着。

——节选自 J. K. 罗琳《哈利·波特与魔法石》

这个段落描述了魔法学校的环境和氛围,包括大礼堂的布置、食物的香味、学生的长袍,以及教师与学生交谈的场景。这些细节的描绘让读者能够更好地理解和感受魔法学校的神秘和神奇。

3. 描述的分类

(1)观察性描述。观察性描述是描述者观察时或观察后立即进行描述的一种表达方式。观察性描述要求准确、细致、全面地再现观察对象的基本特征。看图(包括电影、电视、戏剧等非文字可视材料)描述、看物描述、观景描述、看人描述、看事描述等都属于观察性描述。

图10-1 《女巫温妮》的封面

【训练】

请尝试描述图画书《女巫温妮》的封面,注意描述的顺序。

(2)回忆性描述。回忆性描述是以回忆的方式再现事物或场景的一种描述方式,因为描述的事物不在眼前,需要通过回忆和联想组织材料,从而使听者理解被描述的事物和场景。回忆性描述要求描述者能够清楚准确地记忆被描述对象。追忆往事、缅怀故人、述说见闻、回忆场景等都可以使用这种方式。

【训练】

请尝试描述你儿时的一件趣事。

注意：①主题要明确；②描述要有细节；③要融入自己的情感体验；④语言简洁明了。

（3）创造性描述。创造性描述是以现实为基础，通过合理想象和联想而进行的一种描述方式。它是建立在描述者日常细心观察生活的基础上的。如推想事件的前因后果、来龙去脉，揣摩人物的心理活动，推测事物的发展变化，描绘想象中的事物等都可以使用这种方式。

【训练】

请对下面这段话做创造性描述。

"有一天，我看了四十四次日落！你知道吗，悲伤的人会爱上日落的。"

"那么你是很悲伤了？"我问，"看了四十四次日落的那天？"小王子没有回答我。

他的星球很小，比他大不了多少，如果他想看日落的话，只要把椅子挪动几步，随时都能看到黄昏的景色。

他看了四十四次日落那天，我能感觉到他的悲伤和寂寞，那天，这个小生命一定十分难过，只是他没有说。

也许能说出来的，都不是真的难过，那些说不出来的，才是真的难过吧。

那天，他为什么那么难过呢？我想到了他的玫瑰花。

——节选自安托万·德·圣-埃克苏佩里《小王子》

• 知识链接 •

描述的内容①

1. 对人物的描述

（1）外貌：可从长相、神态、穿着打扮、气质、性格等方面进行描述。

（2）语言：生动、适宜的语言描述更能体现人物的个性。

（3）行为：人物的动作特性，往往体现了一个人的思想、情感。

（4）心理活动：对人物心理活动的描述能展现其精神世界。描述时，应注意人物的性格、年龄、身份等。

2. 对物体的描述

主要是对物体形态、色彩、功用、特性的描述。

3. 对景物的描述

对景物的描述是对自然环境和社会环境中景物的描述，它对营造主题氛围、增强作品美感起着重要作用。

 自我检测

1. 描述有几种类型？分别有什么要求？请在你学过的文学作品里各举一例进行说明。

2. 观察描述本班一位同学，在不说姓名的情况下请大家猜猜他是谁。

---

① 周晓波. 普通话与说话训练(第四版)[M]. 重庆：重庆大学出版社，2006：139—140.

3. 请从下列话题中任选一个进行回忆性描述。

(1)一场球赛。(2)一次难忘的聚会。(3)一部好看的电影或电视剧。(4)一次难忘的旅行。(5)一本记忆深刻的小说。(6)妈妈的一道拿手菜。(7)人生的"一堂课"。(8)见过最美的一道风景。

4. 请以"二十年后的我们"为题进行创造性描述,准备时间不超过三分钟。

(三)评述训练

1. 什么是评述

评述,就是对一定的人物、事件或立场、观点发表自己的见解。评述以评为主,述为评提供材料,提供基础,评述结合。

评述具有广泛的用途,在日常生活、工作、学习中,人们常会遇到各种各样的问题,需要表明自己的意见与观点,强调自己的态度与立场。同时,评述也是一种最基本的口语表达形式,是通用口才训练中的一项基本内容。

2. 评述的要求

评是发表意见,述是对评述内容的叙述,评与述是一个统一的整体。因此,无论何种评述,都要达到下列要求。

(1)评要客观公正,述要实事求是。评述,既然是评与述的结合,就要做到评要客观公正,述要实事求是。在评的时候,要客观表达个人的态度或观点,公平公正地做出评价,不能根据个人喜好,主观、片面地下结论;在述的时候,要尊重事物或事件的原貌,不能以偏概全,歪曲事实,要做到准确、真实。

(2)评述要观点明确,理由充分。评述的关键,在于表达对事物或现象的观点看法,因此,赞成什么、反对什么、强调什么、突出什么,要态度鲜明、观点明确,切忌模棱两可、含糊其词、不知所云。有了观点,理由应当充分,不可泛泛而谈,要言之有据。观点不能离题万里,材料不能东拉西扯。

(3)评述要语言准确,逻辑严谨。评述的语言要准确,评要做到精确得当,述要做到简练概括。在评述时要注意表达的条理性,语言的逻辑性;说理时注意思想感情的变化和语调的起伏,力求做到以情感人,以理服人。评述往往是评与述结合在一起的,但述是手段,评是目的,不应重述轻评或以述代评,要述与评结合,观点与材料统一,述有选择性,评有针对性,切忌南辕北辙,述评脱节。

3. 评述的分类

评述就是发表意见与看法。大到评述国际国内大事,小到评述街谈巷议,都要用到这种方法。根据评述中评与述的结合方式,评述主要分为三类:先述后评、先评后述、边述边评。

(1)先述后评。先述后评,就是先叙述要评论的内容,然后进行评论。述的方式可以是复述、描述或解说,内容集中放在前面;评的内容主要是对述的对象发表观点和意见,可以相对集中放在后面。一般评述人物、事件、见闻或者别人的讲话,都适宜采用这种方式。

先述后评,一般来说,最符合人们由具体到抽象地认识事物的规律,因而它是最常见常用的评述方式。评述中要注意述与评的统一,观点集中,有针对性,避免述得过多,评得过少。

【训练】

请你运用"先述后评"的方式对以下现象进行评述。

以下是国家统计局发布的我国近几年出生人口数据:

2016 年:1 786 万		2020 年:1 200 万	
2017 年:1 723 万		2021 年:1 062 万	
2018 年:1 523 万		2022 年:956 万	
2019 年:1 465 万		2023 年:902 万	

(2) 先评后述。先评后述,就是先提出自己的观点,稍作阐述,然后再叙述材料以证明自己的观点。这种评述方式,把评放在前面,首先确定立场、提出观点,然后再点明评述的对象或内容,有助于引起听者的注意,突出自己的观点。一般来说,在观点比较明确、肯定、集中,或说话的形势比较危急,说话者的心情比较急切时,往往采用这种形式。评述时,要注意重点突出,论述符合逻辑条理,切忌评与述分离,简单堆砌。

【训练】

请你运用"先评后述"的方式对下面这一文件精神进行评述。

教育部办公厅 2023 年 4 月 6 日发布《关于开展 2023 年全国学前教育宣传月活动的通知》。通知公布活动主题为"倾听儿童,相伴成长",活动时间为 2023 年 5 月 20 日至 6 月 20 日,宣传重点是为了展示宣传近些年基层幼儿园贯彻落实《3—6 岁儿童学习与发展指南》《幼儿园教育指导纲要(试行)》的实践探索,本次宣传月将聚焦基层幼儿园保育教育实践中的专业难点和困惑问题,征集幼儿园教师坚持以幼儿为本,在日常保教工作中倾听理解幼儿、有效支持幼儿学习发展的视频案例,重点宣传:一是如何发现幼儿在游戏和生活中有意义的学习;二是怎样回应、支持和拓展幼儿的学习;三是结合实际,分享深入观察了解幼儿对改进保育教育实践,促进教师专业成长的真情实感。

(3) 边述边评。边述边评,就是一边叙述一边评论,有述有评,两种表达方式交替进行。这种评述方式可以随着事件的发展或评述内容的增加、扩大,依次发表自己的意见,既能使评述有针对性,又能使观点更加明确具体。但是,述评以后要注意归纳小结,述评过程中不可浮光掠影、泛泛而谈,要言简意赅、切中要害。幼儿教师在教学时也经常采用这种评述方式。

文本阅读
即兴评述语言
提升五法

【训练】

请你选择其中 2—3 个热词,运用"边评边述"的方式进行评述。

2023 年 12 月 26 日,中国教育在线评出了 2023 年教育热词,分别为:①教育强国建设;②ChatGPT;③学科专业调整;④科学教育加法;⑤拔尖创新人才;⑥校外培训行政处罚暂行办法;⑦青少年心理健康;⑧安静的课间十分钟;⑨下不来的高台;⑩幼儿园关停;⑪第一学历;⑫两院院士增选;⑬大学校园开放;⑭考研报名人数下降。

自我检测

1. 评述有几种类型? 分别有什么要求? 请你各举一例进行说明。

2. 请从各种媒体上搜集近期社会热点新闻,在班级内开展"我看社会热点"的主题班会,每人就一条新闻进行先述后评和边评边述的训练。

3. 从下列话题中任选一个进行先评后述的练习。

(1)校园生活的真实感受。(2)草坪中间被踩出了一条小路,那是通往教室的捷径。(3)异性之间的友谊。(4)大学生抽烟。(5)好朋友欺骗了你。

(四) 解说训练

1. 什么是解说

解说是对事物进行解释说明的一种综合性口语表达方式。解说可以帮助人们准确地了解某些事物的性质、性状、功能,深入理解某些事理的奥妙、变化及发展的规律。解说训练有助于积累知识、获取知识,有利于培养敏锐的观察力、快捷的反应能力、准确的表达能力。

2. 解说的要求

(1)内容真实准确。解说是向人们阐明事理,传授知识,因此解说必须实事求是。解说的内容本身要具有科学性,一般应该是那些经过科学实验或人们的社会实践证明了是正确的客观知识或主观经验。解说还要求做到准确无误,不得违背事实,任意夸大。

(2)条理清晰明白。为了使解说清楚明白,必须注意解说的条理与顺序。解说必须根据事物本身的条理与特征及人们认识事物的特点或规律,精心安排顺序,尽量做到层次分明、条理清晰。

(3)语言简洁通俗。解说的语言要准确精当,简洁明了,要能抓住事物的要害,使人一听就明白其主要特征。解说的语言还要做到深入浅出、通俗易懂,要能够把各种抽象深奥的事理或专业性的知识通俗化、具体化,使人一听就明白。

3. 解说的分类

解说的种类可以从不同的角度划分。在此,我们仅从有无稿件的角度将解说分为备稿解说和即兴解说两大类。

(1)备稿解说。备稿解说就是将所要解说的内容写成文稿,经过认真准备后,再进行解说。如教学释疑、知识解说、影视解说、导游解说、实物和图片解说等。

① 教学释疑,指在教学中,教师对疑难问题的解释说明。

【示例】

在幼儿园大班科学活动"好玩的沙漏"①中,教师这样解释"为什么有的沙漏漏得快,有的沙漏漏得慢"。

———————————

① 孙嫣红.大班科学活动:好玩的沙漏[J].早期教育(教师版),2015(03):44.

师:有的沙漏中间的孔大,有的孔小;有的孔多,有的孔少;有的装得沙多,有的装得沙少。

进一步探寻沙漏的奥秘:

(1) 漏口大小、多少一样,沙子多少不一样。

师:沙多的沙漏漏得快,还是沙少的沙漏漏得快呢?

(先请幼儿猜想,然后请一名幼儿现场示范)

小结:原来,同样的漏口,沙少的沙漏结束得快。所以,在沙少的标记下方打"√"。

(2) 漏口大小、多少不一样,沙子等量。

师:请小朋友将沙倒入盆中,现在我们在沙漏里装入一样多的沙,将沙装到红线处。

师:现在,沙一样多了。猜猜看大孔的沙漏和小孔的沙漏,哪个漏得快;单孔的沙漏和多孔的沙漏,哪个漏得快。

师:小朋友都有了自己的猜想,现在两个小朋友一组来试一试、比一比,看看究竟哪个漏得快,并在漏得快的标记下面打"√"。

幼儿操作、记录探索结果。教师提醒幼儿"手不碰到沙漏,两人同时开始",并对有困难的幼儿给予帮助。

师:谁来介绍一下,大孔的沙漏与小孔的沙漏谁漏得快? 多孔的沙漏和单孔的沙漏谁漏得快?

小结:原来,在沙一样多的情况下,大孔的沙漏结束得快,小孔的沙漏结束得慢;在沙一样多的情况下,多孔的沙漏结束得快,单孔的沙漏结束得慢。

评析:教师的解释和操作让"玩"沙这一活动体现出了更高的价值,幼儿既有愉快体验,又能丰富知识、积累经验。

【训练】

在组织语言活动"雪地里的小画家"时,幼儿经常会提一个问题:青蛙为什么没参加画画呢? 其实是因为青蛙在洞里"冬眠"。

请你用解说的方法来为幼儿释疑什么是"冬眠"。

② 知识解说,指用客观、平实的语言将自然科学、社会科学的基本知识介绍给听众。介绍科普知识时,年代、数据、人名、地名、原理等必须准确无误。

【示例】

下面是对生活常识"眼球为什么不怕冷"[①]的解说:

到了冬天,身体裸露的部位常觉得冷,如手指、耳朵、鼻尖,可是从来没人觉得眼珠子冷,这是为啥呢?

首先要知道为什么会有冷的感觉,分布在身体皮肤里的感觉神经末梢有 4 种,一种向大脑报告"触"觉,一种报告"痛"觉,一种报告"热"觉,还有一种就是报告"冷"觉。

眼球上却没有最后这一种感觉"冷"的神经末梢,因而眼球不感觉冷。那么,是不是说眼球的感觉迟钝呢? 一点也不,眼球的感觉极为敏锐,可以说是身体上最敏感的部位,极为细

---

① 本书编写组. 全世界学生爱问的 300 个医学问题[M]. 广州:广东世界图书出版公司,2012:158.

小的异物掉入眼睛里都会引起不舒服的感觉。

另外,眼球不感觉冷,还有一些其他因素。如眼球上血管分布较少,因而向外界的散热就少;再者,眼球的前面还有眼睑,俗称眼皮,既温暖又柔软,忽闪忽闪的,不断地阻挡着迎面而来的寒流,使眼球不像鼻子、耳朵那样完全裸露在寒风中。

【训练】

请搜集相关资料,尝试练习知识性解说"为什么雨后的空气格外清新",并注意将原理交代清楚。

③ 影视解说,即电影、电视的"画外音"。这类解说可以交代故事发生的时间、地点、历史背景,可以浓缩原作的内容情节,用声音代替画面进行跨时空的过渡,还可以解释观众不易理解的画面含义等。解说时,要随着影视图像内容的不断变化,运用合适的语调、语气,努力让自己的解说同画面融为一体。

【示例】

大型纪录片《航拍中国》的片头语是:

你见过什么样的中国?是960多万平方公里的辽阔,还是300万平方公里的澎湃?是四季轮转的天地,还是冰与火演奏的乐章?

像鸟儿一样,离开地面,冲上云霄,结果超乎你的想象。前往平时无法到达的地方,看见专属于高空的奇观。俯瞰这片朝夕相处的大地,再熟悉的景象,也变了一副模样。

从身边的世界,到远方的家园;从自然地理,到人文历史,50分钟的空中旅程,前所未有的极致体验。从现在开始,和我们一起,天际遨游。

【训练】

请在大型纪录片《地球脉动》中任选一集,反复观看两到三遍,然后关掉声音,尝试根据画面进行解说。

请注意语速、语气及语调,尽量让声音与画面统一且同步。

④ 导游解说,即对名胜古迹的成因、特点、有关典故进行的讲解说明。这种解说要求导游员首先要充分了解旅游景点的历史及现状,要用简练生动、风趣幽默的话语写好导游词。解说时,话语要清新流畅、生动活泼;态度要热情和蔼;所站的位置要适中,既不影响游客的视线,又能以自己为中心,手势、身姿应落落大方。

【示例】导游解说"黄河壶口瀑布"①:

壶口瀑布,位于宜川县城东48公里的大峡谷中,河西属陕西省宜川县壶口乡境,河东与山西省吉县相接。它是黄河上唯一的黄色大瀑布,以壶口瀑布为中心的风景区,集黄河峡谷、黄土高原、古塬村寨为一体,展现了黄河流域壮美的自然景观和丰富多彩的历史文化积淀。1988年被确定为国家重点风景名胜区,1991年被评为"中国旅游胜地四十佳",2002年,晋升为国家地质公园。

壶口之名,得来已久。《禹贡》曰:"盖河漩涡,如一壶然。"壶口即因此而得名。《古今图书集成》谓:"山西崖之脚,尽受黄河之水,倾泻奔放,自上而下,势如投壶。"传说,壶口瀑布是

---

① 姚宝荣,陈锋仪.陕西导游词[M].北京:中国旅游出版社,2006:536—537.

大禹凿石导水处。

......

壶口瀑布落差约 30 米,宽度最大时可达千余米,最大瀑面 3 万平方米。滚滚洪流,到这里急速收敛,注入深潭,声似雷鸣,数公里外都可以听到;水波急溅,激起百丈水柱,形成腾腾雾气,真有惊涛拍岸、浊浪排空、倒卷半天烟云之势! 每当夏秋之季,如彩虹贯于晴空,分外秀丽。其声、其势、其景,可以用"壮、秀、奇"来概括,使人不能不为之陶醉。

【示例】幼儿园班级环创的解说词:

欢迎各位老师来到中三班参观与指导,我们班结合"早期阅读"课题和地方资源进行了环境创设和区域的设置。现在大家看到的是我们班的区域"中华民俗坊",在这里我们分别开辟了"瓶子彩绘""纸袋秀""托盘画""牙签乐""巧手间"等。我们为孩子们提供了白色的饮料瓶、包装纸、托盘、纸盒及颜料、牙签、彩笔、剪刀等,孩子们可以根据自己的兴趣选择活动区,自己动手做做、画画、说说。像"瓶子彩绘"和"托盘画",我们还特意设计了个性记录表,让孩子们可以记录下自己的创作过程。这样不仅能够提高孩子们的动手能力,同时也能促进他们的语言表达能力。

在水池的一边,我们专门开辟了"爱书吧",这里有我们和孩子们共同收集的儿童绘本,也有孩子们结伴制作的大绘本,还有用来修补图书的胶棒和剪刀。孩子们可以坐在软垫上翻阅图书,也可以结伴轻声地交流图书的内容,久而久之喜欢阅读的习惯也就养成了。

现在大家来到的是我们的活动室,活动室所有的布置都以盒子为主要材料,同时辅以一些地方资源的毛刷制品,主题墙"快乐家园"和四周墙壁上的"童话故事"以及吊饰是连为一体的,让孩子们通过看与说来感受小动物们的快乐,同时也达成了孩子热爱幼儿园与热爱生活的目的。

在走廊阳光充裕的一角,我们和家长、孩子们共同开辟了小小的"自然角"——今天你来看过我吗? 这儿的植物都被署上了自己的名字,并且在花盆外我们还贴上了照料者的名字,这样每个孩子都能参与其中,与植物一起成长,感受万物的变化,积累生活经验和知识。

好的,中三班的环境就介绍到这里,感谢各位老师的参观与指导,请大家多提宝贵建议。谢谢!

【训练】

请你模拟幼儿园老师向来交流学习的同行专家介绍你所在幼儿园的区角游戏开展情况,可以任选 1—2 个区角进行介绍。

请注意解说的顺序和重点。

⑤ 实物或图片解说,即解说员在博物馆、展览馆和各种展览会、展销会上对参观者所做的解说。这种解说或介绍历史文物,或介绍历史性图片,或介绍各种产品的特点与性能等。这类解说要求解说员必须背熟已准备好的解说词。

【示例】关于"三星堆青铜面具"①的解说词:

---

① 汤莉,罗晓红,邹鹏,等.解说三星堆[M].成都:巴蜀书社,2014:71.

在三星堆遗址两坑内出土有20余件青铜面具,它们是三星堆青铜文化中极富有特色的一个群体。三星堆出土的青铜面具既体现了古蜀人独特的审美观念和艺术构思,具有很高的美学价值,同时又是那个时代古蜀人巫术文化和精神崇拜的重要体现,充分表达了古蜀先民们超越现实、向往未来的精神追求!

首先我们来欣赏一件举世无双的青铜大面具。这件面具在出土的时候残损较为严重,通过修复大师的修复才变得完整如初。这件面具高72厘米,宽132厘米,重近百公斤,是三星堆出土的所有面具中最大的一件。从青铜大面具铸造方法来说,依然采用的是范铸浇铸法,两耳朵则采用了嵌铸法连接,如此庞大的面具的铸造很显然需要许多工匠的密切配合和协作,所以这件面具也可以充分体现出古蜀国强大的国力和工匠的高超技艺。

【训练】

请你搜集手工课上制作的一些玩教具,然后试着对它进行解说,包括设计思路、所需原料、制作过程、活动玩法等。

(2) 即兴解说。即兴解说指事先没有文字准备的现场解说。即兴解说主要有体育比赛现场解说和看图说话两种形式。

① 体育比赛现场解说,指在各种体育比赛中,解说员通过电台、电视台将比赛实况及时如实地介绍给听众(观众)的语言活动。这种解说要求解说员必须具备丰富的科学文化知识,特别是体育专业知识。比赛前,解说员要充分熟悉该项比赛的规则、专业术语、发展现状及有关情况,对每个运动员的名字、号码,以及他们各自的特长和技术水平要有一定的了解;对裁判员的情况也要了解掌握。

解说员必须口齿伶俐、吐字清晰、语汇丰富,解说的语言要形象生动、简洁明快,能够准确及时地反映赛场上瞬间突变的情况。解说时,注意力要高度集中,要细心观察每个运动员的比赛情况、赛场的变化、裁判员的活动以及观众情绪的变化。

【示例】"海洋生物长跑比赛"[①]的解说词:

海洋电视台,海洋电视台,我是本场比赛的解说员海星星蒂,现在正在海洋体育馆为您现场直播海底长跑比赛的实况,欢迎收看!

你瞧! 运动员们已经入场了。乌贼墨墨正雄赳赳、气昂昂地向观众席走来,还不停地挥舞着他那灵巧的触须,正在跟大家打招呼呢! 海龟布奇背着大壳也来参赛了,不知沉重的大壳是否会拖了他的后腿呢? 我们拭目以待。紧接在后面的是螃蟹钳钳、鲨鱼沙克……各位观众,各位观众,我们最最公平、最最公正的裁判员出场啦,他就是海豚圆圆。上场的选手们已个个摩拳擦掌,做起了准备工作,有的压腿、有的伸伸懒腰……看这阵势,个个都很有信心,志在必得啊!

比赛的一切工作都准备就绪了,裁判已高举发令枪,选手们也是整装待发——预备,开始! 哇,比赛才刚刚开始,选手们就发挥了各自的看家本领,毫不相让。乌贼墨墨被称为"水中火箭",果然是名不虚传,你看,他正以每分钟一千米的速度向前飞快冲刺着,触须不断前后摆动,真让人眼花缭乱啊。各位观众,海龟布奇追上来了,看来重量级的大壳丝毫未给

① 刘稳.海洋生物长跑比赛解说词[J].新作文(小学4—5—6年级),2012(04):31—32.

他添麻烦,只见他灵活矫健的四肢用力一挥,便可冲出几百米远,漂亮!真是太出人意料了!哎呀,钳钳你可要加油啊,怎么到最后去了呢?快!快!看来钳钳是紧张得不得了啊,额头上都冒出汗珠了呢!沙克比布奇略微逊色一些,还在后面张着血盆大口穷追不舍呢!

糟糕!钳钳一个跟跄摔了个大跟头,怎么样,没事吧?什么?脚崴了?看来钳钳是无法继续比赛了,被几个人抬了下去,哎!太可惜了!各位观众,我们把镜头转回比赛现场。接下来的冠军争夺赛绝对会让您目瞪口呆。

墨墨依旧稳占第一的位置,把沙克和布奇远远地甩在后面。快看,沙克以一个三百六十度翻滚超前,布奇,你可要小心点啊!可布奇毫不担心,他用力一挥那强健有力的四肢,再次超过沙克。各位观众,各位观众,最激动人心的时刻到啦!墨墨已经接近终点,大家为他加油啊!通过了!通过了!真是太漂亮了!冠军真是非他莫属啊。我们再来看看后面的情况,紧跟在后面的布奇、沙克也依次通过了终点。墨墨成了这次比赛当仁不让的冠军,真是恭喜啊!

海洋电视台,海洋电视台,各位观众,时间过得真快啊,精彩的海底长跑比赛实况就为您转播到这里,我是解说员海星星蒂。谢谢收看,我们下次比赛再见!

【训练】

请你任选一个幼儿园亲子运动会的比赛项目,准备一段解说词,尝试对比赛进行解说。

请注意口齿清晰,并能结合赛场情况随时对解说内容做出调整。评一评,谁是班级的"最佳解说员"。

② 看图说话,就是看到一幅画或一组画时进行即兴解说,这种连话成篇的口语表达形式与口头作文相似。它既可以描述,也可以述评,还可以解释说明,是一种快速"看"——"想"——"说"的过程,是培养观察能力、思维能力、想象能力和口语表达能力的一种综合训练。

【示例】

仔细观察图 10-2 小猫种"鱼"①,通过联想,我们可以解说为:

图 10-2 小猫种"鱼"

春天来了,小动物们都忙着种庄稼。小花猫心想:"我也得赶快种点鱼!"小花猫急忙跑回家,拿来锄头,在地上挖了许多坑,把钓来的鱼全都种在坑里。从此以后呀,小花猫再也不去小河边钓鱼了,它每天都守在坑旁边,盼着它的小鱼早点发芽。可是,时间一天天过去了,别人的庄稼一天天长大,可小花猫种的小鱼就是不发芽。小花猫不明白,为什么别人的种子都发芽了,我种的小鱼到现在还不发芽呢?小朋友,你们说,小花猫种的小鱼能发芽吗?

【训练】

仔细观察下图,请以"小猴子套圈"为题,解说下面的组图。注意表达的逻辑条理以及画面转换时的过渡与连缀。

① 王丽娜.幼儿教师讲故事技巧[M].上海:复旦大学出版社,2019:25.

图10-3　小猴子套圈

知识链接

解说的方法①

解说时常用的方法有以下几种：

一是举例说明，即举出有代表性的、有说服力的具体例子来说明事物的方法。

二是分类说明，即依据事物状态、特征、性质、成因、结构、功用等，对不同事物加以分类，进行说明的方法。

三是对比说明，即通过不同事物之间或一事物不同侧面的比较来说明事物或事理的方法。

四是形象性说明，除了以上几种方法外，解说常用的方法还有"下定义""作诠释""列数字"等。

自我检测

1. 什么是解说？解说有哪些要求？

2. 备稿解说有哪些类型？请为每种类型举一例并试着练习解说。

3. 请用"教学释疑"的方式解说以下描写天气的成语。

(1)寒冷：春寒料峭、滴水成冰。(2)温暖：春回大地、风和日丽。(3)酷热：焦沙烂石、蝉鸣地干。(4)暴雨：倾盆大雨、狂风骤雨。(5)雷电：电闪雷鸣、风驰电掣。

4. 阅读下列段落，先判断是哪种解说类型，再进行解说练习。

---

① 孟玉红，刘小菠. 口语训练教程[M]. 郑州：郑州大学出版社，2010：125—126.(有删减)

（1）近几年来，人们常常听到或见到一种疾病，叫作手足口病。不用说，这种病可以侵犯手、足和口。本病多发生于婴幼儿（年长儿也可患病），是由一种叫作柯萨奇的病毒引起的。

这种病的主要表现是：口痛、厌食及低热。口腔主要病变为舌、颊黏膜、硬腭有小疱疹或溃疡，病损也可见于软腭、牙龈、咽部、扁桃体及口唇。发生口腔病变的同时，可有颌下及颈部淋巴结肿大。出现于手或足的皮疹最初是突出于皮肤表面的丘疹，继而形成疱疹，但不像水痘那么大。皮疹主要出现在手和足，但也可以出现在上肢、腿部以及臀部。皮疹的数目多少不等，少的仅有几个或几十个。和水痘近似，如果不继发感染、化脓，一般愈后不留痕迹（也就是说不留瘢痕）。①

都说"春天孩儿脸，一天变三变"。这是春天气候变化无常的写照。另外呢，由于春天还有昼夜温差大、云雨少、多风干燥等特点。这样的气候特别有利于流感、病毒性肝炎等传染性疾病的发生和传播，另外也是气管炎、心血管疾病的高发期。

（2）在经历了封建王朝的皇宫和初建的故宫博物院这两个截然不同的历史身份后，故宫开始了在中国共产党领导下向更高领域推进的历史进程。

祖国的土地，天是蓝的，水是甜的，空气是清新的，可尽情地呼吸。每一个行人脸上都透着那么纯洁，我体验到了精神的幸福。

这是一位文化人在新中国成立之初描述他的内心感受。幸福来自一个新时代的来临，在新的气象中，故宫开启了新的一页。新的一页的开启，发生在1949年的年初。（节选自历史纪录片《故宫》第十二集《永远的故宫》）

（3）峨眉山位于四川省西南边缘向青藏高原过渡地带，北距四川省省会成都120公里，东距历史文化名城乐山38公里。最高峰万佛顶海拔3099米。核心景区面积154平方公里，由高、中、低三大游览区组成。峨眉山系国家5A级旅游景区，1996年被联合国教科文组织列入《世界遗产名录》，并评为全球优秀生态旅游景区的样板。②

5. 请仔细观察图10-4③，为其准备一段解说词并尝试解说。

图10-4 "塑命"与宿命

① 高东宸.家庭医学顾问[M].北京：人民卫生出版社，1995：368.
② 原群.导游技巧与导游词策划[M].北京：旅游教育出版社，2014：59.
③ 图片摘自中华人民共和国生态环境部"宣传产品资源库"中的海报《"塑命"与宿命》.

6. 选择几段奥运会的比赛录像,关闭声音后在班级播放,请同学们试着对其进行解说。打开声音后再次播放,对比两次解说之间的差别。

7. 下面是"小老鼠做蛋糕"①的一组图,但是没有表现出制作蛋糕的过程,请你展开想象,对其进行解说。解说时,请注意想象的合理性。

图10-5　小老鼠做蛋糕

二、双向交流训练

双向交流指在交流过程中,双方都能够主动地表达自己的观点、想法和感受,并且认真倾听对方的意见、建议和反馈。这种交流方式有助于促进双方的理解和沟通,加深彼此之间的联系和信任,同时也有助于发现问题、解决问题并共同进步。

(一) 什么是交谈

交谈指两个或两个以上的人之间的谈话或对白,它是人们最平常和普遍的一种口语交际形式。良好的交谈口才在人际交往中有诸多好处,有助于互通信息、沟通思想、开阔视野、增长知识、增进友谊。交谈训练,有助于提高思维的灵活性、应变性和敏捷性,更有助于培养简洁、明快、通俗的口语风格。

(二) 交谈的要求

1. 分析交谈对象,讲究交谈方式

以了解情况为目的的交谈,一般要选择一个对话题比较了解的行家、知情人作为交谈对象,这样才能获得满意的效果。如果对方是主动找上门来,对你的话题做出积极应答的人,

① 艾琳. 幼儿园看图讲述(中班·上)[M]. 武汉:武汉出版社,2014:3.

可以采用开诚布公的方式进行坦率的交谈；如果对方对你的态度冷淡，这时首先应以平等、真挚、友好的态度待人，使对方建立信任，产生谈话的愿望，然后再进行交谈。选择交谈方式，要根据对方心情的好坏，也要根据对方性格的特点，还要根据交谈对象的实际情况，分析自己与交谈方的关系和交谈的内容，以决定谈话时所应把握的分寸。

2. 语言规范，表达清晰

语言规范，即交谈的口语必须使用约定俗成的语音、词汇、语法规范，避免造成交谈的误解，保证谈话顺利进行，达到沟通的目的。表达清晰，即理清思路，注意说话的逻辑顺序，避免说话结巴，不通顺和过多的口头禅。在此基础上，交谈时还应考虑语言美，即恰当使用礼貌用语。准确使用称呼语、敬语、谦语和委婉语，注意语调、语气得当，感情爱憎分明，褒贬轻重适当。交谈时，请注意不使用不文雅的谚语、歇后语；不说污言秽语，不油腔滑调，不冷语伤人。

3. 善于提出、控制和转换话题

话题是交谈的动机，为了更好地完成交谈目的，话题在交谈开始时就必须明确提出，并在交谈中控制和及时转换。

（1）提出话题。交谈的动机、对象、内容和环境不同，提出话题的方法也就不同，常见的有开门见山法、侧面迂回法和反面激将法。

（2）控制话题。交谈具有随意性，在交谈过程中，话题易被转移，因而对交谈双方而言，为了将交谈进行下去，取得更好的效果，有必要控制话题。控制话题的方法，主要有提示法和主动引导法。

（3）转换话题。在实际交谈中，常常需要转换新话题。这时应当及时转换话题，转换时要把握好时机，也要讲究方式。

4. 保持积极态度，讲究谈话姿势

交谈过程中，各方必须相互尊重，相互坦诚。交谈各方的每一个表情、动作，都在他方的密切注视之下，都会对交谈产生重要的影响。在交谈时，还得讲究谈话姿势，表情自然大方，手势点到即止。

📖 文本阅读

社交场合中的语言禁忌

5. 善于倾听和回应对方的话

倾听能够捕捉信息、获取知识，同时还能了解谈话人的个性特点。学会倾听应该做到尊重谈话方；主动及时地对谈话内容做出反馈；体察谈话方的言外之意；态度礼貌谦虚。交谈时，请注意不要中途打断或中止谈话方的谈话，有疑问时以探讨、研究的口吻提出来，切不可自以为是。回应对方时，要做到内容切题，有条理，利用语音、语调的变化，动作、姿态的辅助引起对方的注意。

（三）交谈的分类

交谈按其性质和目的划分，可分为聊天、谈心、问答、洽谈四种。

聊天是一种随意的、非正式的交谈。交谈双方无须进行任何准备，形式不拘，话题丰富，

轻松愉快,属于自由度较大的"闲谈"。

谈心是一种互相倾诉心里话的交谈。谈话双方重在沟通感情,针对双方某一思想问题进行交流,多在亲人、朋友、师生之间进行。

问答是一种重在提问与回答的双向性交谈。问答由于问题明确,针对性强,一问一答,配合紧密,多出现在课堂教学、请教、咨询或采访等场合。

洽谈是一种与他人商量彼此相关的事情,以求达成协议的交谈。参与洽谈的双方都是"有意为之",目的明确,常常围绕一个中心话题阐明各自的观点,经过商讨、互相沟通,逐渐统一认识。在国际政治交往和经贸交易中的谈判,就属于这种交谈。

(四) 交谈的训练

交谈的内容要根据不同场合做出适度的调整,这里我们主要针对拜访和接打电话时可能出现的交谈情况进行分类训练。

1. 拜访的语言技巧

生活中我们经常要拜访一些人,如长辈、老师等,借助这种交际活动,人们可以达到相互了解、沟通信息、加深感情、增进友谊的目的,而要充分实现这个目的,就需掌握一些拜访的语言技巧。

(1)进门语。敲开房门同主人见面后,应立即打招呼。如"您好,打扰了!""早就想来看望您,直到今天才有机会,真是抱歉!""给您添麻烦了!""对不起,让您久等了!""好久没来看您了。"

(2)善于寻找话题。不管出于哪种拜访目的,拜访者要善于寻找话题,如天气冷暖、近期趣闻或社会热点等,将话题自然引出,内容要符合情景。如果是有求于人的拜访,切不可直奔主题,张嘴就求人,可以先谈些轻松的话题,让交谈在自然良好的氛围中展开,再引入正题,说明来意。

(3)控制交谈时间。①引入正题之后,应该言简意赅地说明此番来意。②控制好交谈时间,不宜过长,以免耽误主人的时间。③不要东拉西扯,没完没了。④尽量选择主人感兴趣的话题。⑤不要高谈阔论,大声喧哗,将音量控制在双方恰好可以听清楚的范围之内。

(4)注意态势仪表。①拜访时,拜访者应做到举止文明,态势得体。②衣着不可太过随意。③不对主人指手画脚。④未经允许不要随意翻动东西。⑤不要频繁走动。⑥不随意参观主人的卧室。⑦举手投足尽量做到适度得体。

(5)告别语。告别时,应对主人的热情款待表示感谢并请主人留步。如"十分感谢您的盛情款待,再见!""就送到这里,请回吧。""这件事就拜托您了,谢谢!"如果是被邀请到对方家中做客,告辞时,除对主人表示感谢外,还可邀请主人及其家属来自己家做客。如"您什么时候方便也到我家坐坐!""也请你们一家人来寒舍聊聊。"注意,邀请对方不可勉强。

此外,拜访还有一些事项需要注意:①选择合适的拜访时间。一般说来,早晨、吃饭、午休、深夜均不宜登门拜访。②拜访要提前告知。如果万不得已做了不速之客,见面要及时表示歉意。③交谈用语要得当。称呼要顾及对方的辈分、地位等,还要看相互间的关系。④顾及主人及家属。拜访时要适当同主人的家属交谈,不要对其视而不见。⑤如果是多人拜访,不要一个人抢着说话,要让大家都有机会说话。⑥对主人的敬茶、敬烟应表示感谢。如果自己要抽烟,应征得主人的同意。⑦遇到另有来客,应前客让后客,礼貌地表示失陪。

【训练】

毕业之后,你有件事情急需母校的一位老师帮忙,可在校期间你与这位老师接触得并不多,毕业后也没什么来往。现在你准备去拜访他,想一想你该怎么做呢?

2. 接打电话的语言技巧

交谈除了面对面交谈以外,还有一种特殊的交谈——电话交谈。由于电话交谈是借助电话或手机说话,听话人不在面前,交谈的双方无法借助任何辅助手段(如态势语言),而是全凭话筒传达的声音判断对方的态度和情感。所以,为了提高电话的使用效率,我们必须通过以下几个方面提高口语技巧。

(1)吐字清晰。打电话的时候,微笑、手势和别的种种传送情意的方法都不发生作用,语气语调成了主要的工具,吐字清晰、用字适当及抑扬顿挫都非常重要。打电话时,口要对着话筒,说话音量不宜太大,也不要太小。咬字要清楚,吐字比平时略慢一点,语气要自然。必要时,可把重要的话复述一遍,在交代地点、时间时要仔细。当对方听不清发出询问时,要耐心地回答,切忌不耐烦,始终要给人以和蔼、亲切的感觉。

(2)尊重对方。现在一般人打电话几乎都是从“喂”开头到“再见”结束。这声“喂”最好说得轻松愉快,说过“喂”后,应该马上说出自己的姓名:“你好,我是……”说完了话时,那声“再见”也要说得轻松愉快,不要显得唐突。在谈话结束时,不管谈得结果如何,即使对方对你的要求没有给予肯定的答复,你也不要降低声音或发出表示没有兴趣再谈的语气。如果你在通电话的中途必须跟身旁的人讲话,那么应先向通话的对方表示抱歉,再用手遮住受话器。这种中断的时间越短越好,同时别忘了,即使你遮住了受话器,对方仍旧可能听到,所以不要说些引人误解的话。如果身旁发生了什么事而必须挂断电话时,应先简短道个歉或解释一下再说“再见”。假如你告诉对方等一会儿再打电话给他,那你就要尽可能快点打过去,免得对方等候时间过长。

(3)简明扼要。与人通话时,除了说话要讲究礼貌,还要注意谈话时间不宜过长,不要利用电话闲谈和开玩笑,因为占线时间长了,不仅影响别人通话,而且别人打给你的电话也进不来了。通话结束后,也不宜不明不白地将电话挂了,而应该礼貌地说声“再见”,这是通话结束的信号,也是对对方表示尊重的表现。重要事项要预先做好记录,并在心底默念一遍,这样待正式拨通电话时,你就不至于乱了头绪而说不出口。

(4)选择时间。在上班时间利用电话联系工作,应该尽量在对方上班10分钟之后和下班10分钟之前,这时对方可以认真听你讲话,不会有匆忙之感。电话机旁常备纸笔或电话记录卡,以备不时之需。给同学、同事、朋友家里打电话应该在早晨8点钟以后、晚上10点钟以前,太早或太晚都不适宜,除非有十分重要的事情需要告知或商量。

(5)控制情绪。当你心情不好时,打电话更要注意语气和声调。因为情绪不佳,说话的语调往往会生硬、呆板,而对方又不知道你的心事,容易引起误会。有时事情很急,希望能用最简单的语言、最快的速度解决问题,这时也往往容易忽视语气与声调的控制,结果往往会适得其反。要想把事情办妥，必须注意语调从容、叙述清楚、交待明确，切不可开口就呛人，让人一听就冒火。

（6）切忌无礼。打电话时，除了语言，其他一些细节也应重视，如当你粗心拨错电话号码时，如果已经接通就不能"咔嚓"一声把电话挂断，因为你拨错了号码，给对方带来了麻烦。正确的做法应该是先向对方道歉，然后挂断电话。又如当电话接通，你要找的人不在时，也不宜"咔嚓"一声把电话挂断，以免受话人得知有人来过电话，又不知道是谁的，造成悬念和不安。礼貌的做法是你把自己的单位、姓名、电话号码告诉接电话的人，请他帮忙转告你要找的人。

【训练】

人们往往认为，打电话时的对方是看不到表情的，那么何必微笑呢？其实，这是错误的。说话的表情亲切，声调的自然、热情、愉快，定能给对方留下一个好印象。课后，请尝试在不同的场合微笑着接打电话，看看你会有什么惊喜的发现。

· 知识链接 ·

常用礼貌用语七字口诀

与人相见说"您好"，问人姓氏说"贵姓"，问人住址说"府上"。
仰慕已久说"久仰"，长期未见说"久违"，求人帮忙说"劳驾"。
向人询问说"请问"，请人协助说"费心"，请人解答说"请教"。
求人办事说"拜托"，麻烦别人说"打扰"，求人方便说"借光"。
请改文章说"斧正"，接受好意说"领情"，求人指点说"赐教"。
得人帮助说"谢谢"，祝人健康说"保重"，向人祝贺说"恭喜"。
老人年龄说"高寿"，身体不适说"欠安"，看望别人说"拜访"。
请人接受说"笑纳"，送人照片说"惠存"，欢迎购买说"惠顾"。
希望照顾说"关照"，赞人见解说"高见"，归还物品说"奉还"。
请人赴约说"赏光"，对方来信说"惠书"，自己住家说"寒舍"。
需要考虑说"斟酌"，无法满足说"抱歉"，请人谅解说"包涵"。
言行不妥"对不起"，慰问他人说"辛苦"，迎接客人说"欢迎"。
宾客来到说"光临"，等候别人说"恭候"，没能迎接说"失迎"。
客人入座说"请坐"，陪伴朋友说"奉陪"，临分别时说"再见"。
中途先走说"失陪"，请人勿送说"留步"，送人远行说"平安"。

 趣味测试

人际沟通能力自测量表

人际沟通表达能力影响着我们生活的方方面面。想知道你的人际沟通能力如何吗？我们来做个小测试。

1. 你跟新同学打成一片一般需要多少天?

一天。(3分)

一个星期。(2分)

十天甚至更久。(1分)

2. 当你发言时有些人起哄或者干扰,你会:

礼貌地要求他们不要这样做。(3分)

置之不理。(2分)

气愤地走下台。(1分)

3. 上课时家人来教室找你,恰好你坐在后排,你会:

悄悄地暗示老师,得到允许后从后门出去。(3分)

假装不知道。但心里很焦急,老走神。(2分)

偷偷从后门溜出去。(1分)

4. 放学了,你有急事要快点走,而值日的同学想让你帮忙打扫教室,你会:

很抱歉地说:"对不起,我有急事,下次一定帮你。"(3分)

看也不看地说:"不行,我有急事呢!"(2分)

假装没听见,跑出教室。(1分)

5. 开学不久你就被同学选为班长,你会:

感谢同学们的信任和支持,并表示一定把工作做好。(3分)

觉得没什么大不了的。只是要求自己默默地把工作做好。(2分)

觉得别人选自己是别有用心,一个劲地推托。(1分)

6. 有同学跟你说:"我告诉你件事儿,你可不要跟别人说哟……"这时你会说:

"哦! 谢谢你对我的信任。我不是知道这件事的第二个人吧?"(3分)

"你都能告诉我了,我怎能不告诉别人呢?"(2分)

"那你就别说好了。"(1分)

7. 老师布置你和另一位同学一起完成一项任务,而这位同学恰恰和你不怎么要好,你会:

大方地跟他(她)握手:"今后我们可是同一条船上的人哟!"(3分)

勉强接受,但工作中决不配合。(2分)

坚决向老师抗议。宁可不做。(1分)

8. 你和别人为一个问题争论起来,眼看就要闹僵了,这时你会:

立即说"好了好了,我们大家都要静一静,也许是你们错了,当然,也有可能是我的错。"(3分)

坚持下去,不赢不休。(2分)

愤然退场,不欢而散。(1分)

结果分析:

8—12分　你的沟通能力较低

由于你对沟通能力的重视不够,而且也没有足够的自信心,导致你在成长的道路上,一些机遇常常与你擦肩而过。你应该以轻松、热情的面貌与同学进行交流,把自己看作集体中的一员。同时,对别的同学也不可存在任何偏见。经常与人交流,取长补短,改变自己拘谨封闭的状态。请记住:沟通能力是成功的保证和进步的阶梯。

13—19分　你的沟通能力较强

在大多数集体活动中表现出色,只是有时候缺乏自信心。你还需加强学习与锻炼。

20—24分　你的沟通能力很好

无论你是学生干部还是普通学生,你都表现得非常好,在各种社交场合都表现得大方得体。你待人真诚友善,不狂妄虚伪。在原则问题上,你既能善于坚持并推销自己的主张,同时还能争取和团结各种力量。你自信心强,能让同学们都信任你,你可以使你领导的班级充满团结和谐的气氛。

 自我检测

1. 什么是交谈? 交谈有哪些要求?

2. 想一想,下面的情况你打算怎么说?

(1) 你的好朋友小云最近有心事,她把心事告诉了你并嘱咐你要保密。这时你的另一位好朋友燕燕很好奇,向你打听小云的情况。你该怎么对燕燕说?

(2) 人人都有自己的隐私不便告人,设想一种你自己比较在意的隐私被别人问到的情景。你要怎么说才能确保得体还不会使人误解?

(3) 假如你身边有一位十几年"烟龄"的亲戚,多人劝他戒烟都没有成效,而且他本人还振振有词。你打算怎么劝他?

(4) 学校将要举办绘画大赛,班内有一个绘画技巧和天赋很好的女生,但由于生性害羞、内向,对自己缺乏自信。你能想出什么办法鼓励她参赛?

3. 假如你是幼儿园老师,下面的情况该如何展开交谈?

(1) 大班的轩轩小朋友至今不会自己吃饭,因为在家都是奶奶喂饭。你该怎么跟轩轩的奶奶交谈?

(2) 中班的多多是一个比较执拗的小朋友,做事不懂得考虑别人的感受。今天户外活动时,他把另一个小朋友推倒在地,被推倒的小朋友哇哇大哭起来。你该怎么跟多多交谈?

(3) 小班的点点已经三岁半了,可每天还是包着尿不湿来幼儿园,甚至不包尿不湿就不会如厕。你该怎么跟点点的妈妈交谈?

(4) 今早接园的时候,你跟乐乐小朋友打招呼,可她显得情绪有些低落,并无多大兴趣回应你。你该怎么跟乐乐交谈?

4. 下面这个案例中,如果你是这名演讲者,你会怎么说呢?

某人在某大学演讲时,有人向他提出:"你说自己只读过初中,那你有什么资格在此面对几百名大学生夸夸其谈,你不感到是一种自欺欺人的行为吗?"

5. 下列案例的最后谈判结果,我们没有给出,可能会是什么? 理赔员会继续加下去吗? 思考谈判专家的谈判技巧。你在生活中有过类似的体验吗? 试举例。

美国一位著名谈判专家有一次替他邻居与保险公司交涉赔偿事宜。谈判是在专家的客厅里进行的,理赔员先发表了意见:"先生,我知道你是交涉专家,一向都是针对巨额款项谈判,恐怕我无法承受你的要价,我们公司若是只出 100 元的赔偿金,你觉得如何?"

专家表情严肃地沉默着。根据以往经验,不论对方提出的条件如何,都应表示出不满意,因为当对方提出第一个条件后,总是暗示着可以提出第二个,甚至第三个。

理赔员果然沉不住气了:"抱歉,请别介意我刚才的提议,我再加一点,200 元如何?"

"加一点,抱歉,无法接受。"

理赔员继续说:"好吧,那么 300 元如何?"

专家等了一会儿说:"300? 嗯……我不知道。"

理赔员显得有点惊慌,他说:"好吧,400 元。"

"400? 嗯……我不知道。"

6. 你觉得下面案例中小王的做法好吗,为什么?

大学生小王到一位年轻的女教师家做客,一进门,就遇到了个难题:女老师的爱人也在家,该怎么称呼他呢? 大哥? 叔叔? 不太合适! 师父,师公? 太别扭了,再说也不是这种叫法。也叫老师? 总觉得还不是太好! 小王灵机一动,问:"张老师,您爱人贵姓,他也是老师吗?""姓李,是个工程师!""哦!"小王如释重负,大大方方地伸出手去,叫道:"李工,您好!"

7. 你有过这样的经历吗? 遇到这种情况,你会采取什么样的态度呢?

(1) 在日常生活中,有人一边与人通话,一边在纸上乱写乱画,随口应着对方,有时还要问上一句:你说了什么? 我没记住。

(2) 有时候,拨通或接听电话,听见对方嘴里一边吃着东西一边跟你说话。

(3) 还有的时候,对方在跟你打电话的时候,突然跟身边的人说话。

8. 生活中的你接打电话规范吗? 你是不是在接打电话的过程中遇到过麻烦? 你又是怎样解决的呢? 请同学们谈谈彼此间存在的接打电话时的不规范现象,并引以为戒。

任务十一　态势语训练

 任务目标

【知识目标】

1. 了解态势语的特点、作用和运用要求。
2. 熟悉不同态势语的类型和运用原则。

【能力目标】

1. 掌握态势语的特点和要素，在表情达意时能够合理地运用态势语。
2. 发挥态势语在口语表达中的作用，提升有声语言的表达能力。

【素质目标】

通过训练达到有声语言和态势语表达的和谐统一，提升个人语言表达的素养。

案例引路

　　美国心理学家艾伯特·梅瑞宾认为，在一条信息的传递效果中，词语的作用约占7％，声音的作用约占38％，而面部表情约占55％。这说明了态势语表达的重要性。心理学研究还表明：人感觉印象的约77％来自眼睛，约14％来自耳朵。可见，视觉印象在头脑中保持时间超过其他器官。所谓"百闻不如一见"就是这个道理。

一、认识态势语

　　态势语也叫体态语言、无声语言，它是说话者通过自己的身体姿态、仪表风度、手势动作、面部表情和服饰打扮等来表达情意、传达信息的一种非有声语言。态势语可以部分代替有声语言或表达有声语言难以表达的感情和态度，是口语交际的重要辅助手段。

（一）态势语的特点

1. 直观性

　　态势语之所以能够辅助有声语言而产生形象、生动的表达效果，主要是因为它具有完全可见的表现形式，直接作用于人的视觉。例如欣赏同一个剧目或同一首歌曲，你是愿意听录音还是愿意看现场演出？显然你会选择后者。因为后者不但使用声音语言,还配合态势语,这就使得演出生动、形象、逼真,具有更大的吸引力和感染力。毛泽东在"十大教授法"中提倡"以姿势助说话",就是强调了态势语在教学中的重要作用。为此,我们在教学中一定要研究和运用态势语,这样才能增强教学效果。

2. 真实性

态势语并不是人们日常生活中的一般动作,而是在特定条件下用表情、动作和体姿来做交流思想的工具,是表露人的内心、寄寓人的情感的语言。人们发出体态语,既有可能是下意识的一种控制行为,又有可能是无意识的行为。心理学家弗洛伊德就曾说过,凡人皆无法隐藏私情,他的嘴可保持缄默,但他的手却会"多嘴多舌"。由此看来,人体语言大都发自内心深处,极难压抑和掩藏。比如,做了亏心事或偷了东西的人,总显得心神不定、六神无主或鬼头鬼脑;听到好消息时,脸上总要露出笑容;听到批评时,脸色总会显得很不自然;说谎时,总怕看着对方的眼睛;激动时,总要手舞足蹈;发怒时,总要青筋暴起,或双拳紧握、咬牙切齿。这些事实不难证实态势语的真实性和可靠性都超过了有声语言。因此,若想分辨人心的真伪,应首先注意观察他人的体态信号。

3. 伴随性

态势语虽然具有直观性和真实性的优势,但它毕竟不是一种独立的语言交流系统,而是存在于口语表达的过程之中对有声语言做必要的辅助和补充,以提高说话的整体表达效果。口语交际中第一位的表达手段仍然是有声语言。只有有声语言才能最清楚、最细腻地传达各种信息。态势语只能表达一部分内容,可以补充有声语言,但不能脱离有声语言,更不能完全代替有声语言。在教学中,师生现场直观教学的效果是最理想的。这主要是因为学生在直观教学中除了接受有声语言,同时还接受态势语。如果教师在课堂上一言不发,只打手势,那么学生将根本无法接受知识。所以,我们既要重视态势语,又要了解它的特点,以便恰如其分地使用它。在口语交谈中不可能没有态势语,但又不能太多。太多的态势语反而会使人眼花缭乱,分散注意力,影响表达效果。

(二) 态势语的作用

1. 辅助有声语言

这是态势语的主要功能。态势语的运用,能加强语言表达时的效果,辅助有声语言圆满地表达内容,充分地抒发感情;还可以对重要的词语、句子进行加重或强化处理,具有强调功能,从而提高了有声语言的表达效果。

2. 塑造自身形象,产生良好的首因效应

首因效应即第一印象。在第一印象中,体态语的作用尤为明显。在交际场合,尤其是彼此不熟悉的人,由外貌、表情、行为举止等构成的整体仪态给人的印象要比言语更直观和迅速。如果第一印象良好,心理状态就会兴奋,言谈也就会主动,人们就有继续交谈的愿望,这就为以后的交往打下了良好的基础。如果第一印象不好,交谈就会被动些,甚至根本就不想

与之谈话,不但影响口语交际的正常进行,还会给今后的交往带来障碍。得体的着装、热情的态度、友好的目光、真诚的笑容等良好的态势语可以使人在很短的时间内以良好的自身形象获取对方的信任,有利于口语交际的展开,促进双方建立和谐融洽的关系。

3. 增加有声语言的表现力和感染力

在口语交际过程中,态势语多是伴随着有声语言通过动态的、直观的形象传递着各种信息。这使得有声语言在直接诉诸人的听觉的同时,还具有视觉的形象可感性,让表达更加生动、鲜活,给人以深刻的印象。在表达情感、情绪和态度方面,态势语有时甚至比口头语言更明确、更具体、更有感染力。

4. 弥补有声语言的不足

有声语言虽然是我们表达思想感情的重要工具,但它也有言不尽情、词不达意的时候,这时态势语作为有声语言的重要补充,同样也可以起到表达思想与沟通情感的作用。在面对面的交流中,说话人的身姿体态、举手投足、面部神情等,始终发送着各种信息,不经意地流露着内心的情感、愿望等。听者也会不自觉地从对方的面部表情中捕捉信息。许多时候,只需一个眼神、一种表情、一个手势,我们就会明白对方要表达的意思,看似默默无语但沟通与交流却没有停止,达到"此时无声胜有声"的效果。因此,态势语可以把有声语言不便说或说不出的意思表达出来,或者帮助表达未尽之意,它具有取代和补充功能。

(三)态势语运用的要求

态势语必须运用得当,使其发挥应有的辅助有声语言的作用,不然就会画蛇添足,甚至弄巧成拙。准确、自然、协调和适度是运用态势语的基本要求。

1. 准确

态势语的使用要有目的性,一挥手,一摆头,身子前倾或后仰,都有其内在的根据和清楚的用意。过多的下意识或者无意识的态势语不但会引起听众的视觉疲劳,还有可能造成听众的费解、误解。比如,某国一位总统在任期结束前参加下一届的总统竞选。在一次记者招待会上,他双手上抬招呼大家站起来,而嘴上却说:"大家请坐。"在另一次演讲中,他手指听众,却说"我",然后指着自己说"你们"。这弄得大家莫名其妙,也使得很多选民认为他年纪大了,纷纷弃他而去。该总统因态势语用得不准确而贻笑大方,这从另一个侧面诠释了正确运用态势语的重要性。

2. 自然

态势语应是交谈者或演讲者内在思想感情的自然流露,是有声语言的有机组成部分。态势语的使用要顺乎自然,不要为了追求美感而画蛇添足,或者为了追求有风度而机械模仿。态势语要与有声语言融会贯通,随内容和感情的需要而出现,强调临场性,这样才是自然的、恰当的。另外,"怯场"也是造成态势僵硬的主要因素,所以要多创造当众讲话的机会,闯过心理关,态势才会更加自然大方。

3. 协调

使用态势语时,一方面手势、表情和身姿要协调;另一方面要根据讲话内容和感情需要,与有声语言协调一致。态势语的节奏要与有声语言的节奏同步,超前或滞后都会破坏交谈或演讲的整体一致性,影响有声语言的表达。动作的幅度,也要随情感的强弱做出相应的调整。另外,态势语的运用要针对听众的多少、会场的大小、环境条件变化而有所区别,还要根据听众的不同而有所选择。

4. 适度

在口语交际过程中,态势语并非越多越好,一定要顺乎自然,不要刻意为之。动作的幅度、力度、频率等要适中,要能够突出口语交际的目的,否则会使人望而生厌。只有自然、适当的态势语,才会让沟通更加自如。

· 知识链接 ·

态势语的变异性

人类有些态势语具有普遍的意义,如世界上各民族的人在打招呼时,都会扬起眉毛,但大多数态势语由于民族文化背景、时代风尚、社会环境及其他应用条件的不同,而表现出独具特色的民族性、时代性、社会性。比如,我国古时候用作揖表示见面礼,而现在则用握手、点头或拥抱表示见面礼;我国古时候晚辈对长辈常用跪拜礼,而现在则多用鞠躬礼。这是因为时代和社会不同了,态势语也随之发生变化了。态势语的变异性还表现在使用个体的差异性,同一个人表达相似的意思也完全可能由于所处环境与时间的不同、听众对象的不同以及个人情绪的变化而运用不同的态势语。就同一民族、同一时代而言,基本的态势语有一种相对约定俗成的习惯,但比起有声语言来,态势语仍旧是灵活可变的,具有其特定的变异性。

二、态势语训练

态势语主要包括表情语、手势语和身姿语等。

(一)表情语训练

表情语指人通过面部肌肉、眼、眉、嘴、鼻等的不同变化来反映内心复杂思想情感的非言辞语言。表情语是最丰富、最有表现力的态势语言,它能最迅速、最灵敏、最准确、最充分地反映人的喜、怒、哀、乐、悲、恐、惊等各种情感。身势学的创始人伯德惠斯戴尔认为,人脸可以做出25万种不同的表情,如此丰富的传播手段是任何语言都难以描述的。可以说,表情是心灵的"屏幕"。

1. 表情语常见类型举例

(1)表示欢乐:眉毛舒展,眼神亲切明亮,充满笑意,即我们常说的眉开眼笑。

（2）表示失望：目光呆滞，暗淡，面部肌肉凝滞。

（3）表示兴趣：眉毛微微上扬，双眼略略张大，一般口部微张，同时嘴角略上翘呈现微微的笑意，以示关心、重视，且含有鼓励、褒扬成分。

（4）表示满意：眼睛略闭，嘴角上翘浮出微笑，以示鼓励。

（5）表示亲切：双眼微眯，嘴角微翘，面露微笑。

（6）表示询问：眉毛上扬，眼睛略睁大，嘴微微张开，略带关注、疑惑之态。

（7）表示严肃：眉毛微皱，双唇较紧地抿在一起，眼睛略略张大。

（8）表示惊奇：眉毛上扬，睁大双眼，嘴圆张。

（9）表示愤怒：眉紧皱，眼圆睁，牙关紧咬致使双唇紧抿，有时伴有面色紫红或苍白。

（10）表示蔑视：眼微眯，嘴角下垂，嘴向一边撇去。

（11）表示仇恨：目光冷漠，直盯对方，面肌紧张，甚至略带抽搐。

（12）表示踌躇：目光游移不定，眉毛略皱，嘴微开。

（13）表示心虚：目光不敢正视别人，面肌凝重。

以上举例只是对常见表情的简单概括而已，事实上，人的表情是多种多样且复杂多变的，同时也会因人而异，或因情感强弱的程度产生细微的变化。在生活中，要学会细心观察，并结合自身体验来提高自己对面部表情的解读能力和表现能力。

2. 目光语

人们常说"眼睛是心灵的窗户"，这是再恰当不过的比喻。眼睛是表现人的内心情感的最直接、最真切、最丰富的器官。有时，有声语言无法表述出来的内心世界，却能从人的眼睛里显示出来。不论是喜怒哀乐还是悲恐惊惧，都能用眼神来表达，有的心理学家还得出这样的结论：人的视线活动概括了约70%的态势语言表达领域。泰戈尔曾经说过，一旦学会了眼睛的语言，表情的变化将是无穷无尽的。在与人交流的过程中，目光投向的角度不同、专注度不同都会给人留下不同的心理感受。

（1）目光的角度。

① 正视，即直接地注视对方，表示认真、坦诚，或是关注对方。

② 斜视，表示轻蔑，看不起人或不屑一顾。

③ 仰视，表示尊重对方，如与老师、长辈交谈时就应多使用仰视的方式。

④ 俯视，表示关心亲切。如教师上课或与学生课下交谈时要多使用俯视的方式，使学生感到亲切温暖。

⑤ 环视，即有节奏地注视不同的人或事物，表示认真、重视。它适用于同时与多人打交道，表示自己"一视同仁"。如教师上课尤其要多使用环视，既能做到面向全体，又能将每个学生的反映纳入自己的视野之中。

⑥ 他视，即与某人交往时不注视对方，反而望着别处。它表示胆怯、害羞、心虚、反感、心不在焉。

（2）注视的程度。

① 凝视，是直视的一种特殊情况，即全神贯注地进行注视。它多用于表示专注、恭敬。

② 盯视，即目不转睛，长时间地凝视某人的某一部位。它表示出神或挑衅，故不宜多用。

③ 虚视，是相对于凝视而言的一种直视，其特点是目光不聚焦于某处，眼神不集中。它多表示胆怯、疑虑、走神、疲乏、失意或是无聊。

④ 扫视，即视线移来移去，注视时上下左右反复打量。它表示好奇、吃惊。

⑤ 无视，即在人际交往中闭上双眼不看对方，又叫闭目而视。它表示疲惫、反感、生气、无聊或没有兴趣。它给人的感觉往往是不大友好，甚至会被理解为厌烦、拒绝。

• 知识链接 •

微　笑　语

微笑是交际活动中最富有吸引力、最有价值的面部表情。有人把微笑称为一种有效的"交际世界语"，这是十分恰当的。美国著名的礼仪大师罗杰·E.艾克斯泰尔说过，有一个世界通用的动作，一种表示，一种交流形式，它存在于所有的文化与国家中，人们不分国别、不分种族地使用它，并理解它的含义。它可以帮助你与各种关系的人交往，不论是业务伙伴，还是朋友，它是人们交流中唯一最有用的形式。那就是微笑。①

微笑是对人的尊重、理解和友善，能展现自己的魅力，同时也最容易得到别人的理解、尊重和友善。微笑的作用虽然很大，但不能滥用，基本要求是真诚、自然、亲切、甜美。微笑要做到真诚，即发自内心的。面含笑意，亲切自然，使人如沐春风。而虚伪的假笑、牵强的冷笑则会令对方感到别扭和反感。微笑要做到甜美，这种表情由嘴巴、眼睛及眉毛等来协调完成。微笑要有尺度，即热情有度。在交际中突然哈哈大笑或表情过于夸张，不仅让对方感到不自然，而且会令对方感到莫名其妙。另外，微笑加上得体的手势，会使人看起来更自然、大方、得体。

微笑的基本做法：微笑时面部肌肉放松，嘴角两端稍稍用力向上拉，使两端嘴角向上翘起，让唇线略成弧形，在不牵动鼻子、不发出笑声、不露出牙齿的前提下，微微一笑。

（二）手势语训练

手势语是说话者运用手指、手掌、拳头和手臂等动作变化，表达思想感情和传递信息的一种态势语言。手是人体最灵活的部分，所有工作几乎都要由手来完成，在说话交流中，手势同样起着不可低估的作用。恰当地运用手势，对于加强口语的语势，补充口语的不足，表现说话者的体态形象，增强语言的说服力和感染力都有着重要作用。有时候，一个动作，一个手势便胜过千言万语。

手势语不同于哑语，哑语是以手势代说话，而手势语只是辅助有声语言表情达意的一种

---

① 范荧，陈亦聆.中外礼仪集萃[M].上海：上海外语教育出版社，2007：2—3.

手段。是否需要手势及手势如何运用,都是由话语内容和感情决定的。

1. 手势的种类

手势表达的含义相当丰富,可以大致分为四种:

一是情意手势,主要用于表达说话者的情感。

二是指示手势,用于指明要说的人、事物、方向等。

三是象形手势,用来描摹、比画具体事物或人的形貌。

四是象征手势,用来表达抽象概念。

2. 手势的活动区域

手势在不同的区域活动,往往代表不同的情感含义。一般将手势大体分为三个区域。

(1)上区:为肩部以上,多表现积极、振奋、肯定、张扬、美好、理想等意义。

【示例】

如果说,中国是头沉睡的雄狮,就需要我们每一个人用热情去唤醒,让他咆哮,让他呐喊!如果说,中国是条俯卧的巨龙,就更需要我们做主人的用双手去托起,让他腾飞,让他振兴,让他永远屹立于世界强国之林!

(2)中区:为肩部至腰部,多表现坦诚、平静、和气等,常用于叙述事物或说明事理等中性意义。

【示例】

在浩瀚无垠的沙漠里,有一片美丽的绿洲,绿洲里藏着一颗闪光的珍珠。这颗珍珠就是敦煌莫高窟。它坐落在我国甘肃省敦煌市三危山和鸣沙山的怀抱中。

(3)下区:为腰部以下,多表现憎恶、鄙视、压抑、否定等贬义。

【示例】

反动派暗杀李先生的消息传出以后,大家听了都悲愤痛恨。我心里想,这些无耻的东西,不知他们是什么想法,他们的心理是什么状态,他们的心是怎样长的!

3. 手势的动作方式

手势的动作方式主要有三种。

(1)手指手势。手指的运用主要能表示以下几种情况:①表示数目;②表示态度;③指点事物或方向;④凝聚注意力;⑤表示微小或精确。

(2)手掌手势。在现实生活与工作的交流沟通中,手掌的运用是最普及、最常见、最频繁的,它是手势语的主角和态势语的“重头戏”。所以,我们必须重点练习与熟练运用手掌手势。手掌手势的基本要领:拇指张开,其余四指自然并拢微曲,手臂(手臂分为三段:上臂、前臂与手)根据手掌的位置而灵活变化。

常用的手掌动作有以下几种:

① 伸手(手心向上,前臂略直,手掌向前平伸),表示请求、交流、许诺、谦逊、承认、赞美、希望、欢迎、诚实等意思。

② 抬手(手心向上,手臂微曲,手掌与肩齐高),表示号召、唤起、祈求、激动、愤怒、强

调等。

③ 举手(五指朝天,前臂垂直,手掌举过头顶),表示行动、肯定、激昂、动情、歌颂等。

④ 挥手(手臂向前,手掌向上挥动),表示激励、鼓动、号召、呼吁、前进、致意等。

⑤ 推手(手心向前,前臂直伸),表示坚决、制止、果断、拒绝、排斥、势不可挡等意。

⑥ 压手(手心向下,前臂下压至下区),表示要安静、停止、反对、压抑、悲观或气愤等。

⑦ 摆手(手心对外,前臂上举至中区上部),表示反感、蔑视、否认、失望、不屑一顾等。

⑧ 心手(五指并拢、弯曲,自然放在胸前),表示自己、祝愿、愿望、希望、心情、心态等。

⑨ 侧手(手掌放在身体一侧,手心朝前),表示憎恨、鄙视、神秘、气愤,指示人物和事物等。

⑩ 合手(两手在胸前由分而合,双手合一),表示亲密、团结、联合、欢迎、好感、接洽、积极、同意等。

⑪ 分手(两手在胸前由合而分,双手打开,做另一手势状),根据打开后手势的区域不同分别表示不同的含义:空虚、沉思、消极(下区),赞同、乐观、积极(中区),兴奋、赞美、向上(上区)等。

(3)拳头手势。拳头的动作在演讲中,一般表示力量、决心、奋斗、警告、斗争、愤怒、仇恨、无比激动、坚定信心、充满自豪等。做拳头手势时拳头只能对上,切不可将拳头对人。

4. 手势语使用的原则

使用手势语时要注意以下几点原则。一是要克服随意性。每一个手势都要有明确的意义,避免繁多杂乱。二是要雅观自然,符合生活美学的要求,避免生硬造作。要保持三个协调:手势与全身的协调、手势与口头语言的协调、手势与感情协调。三是适度、简练。手势的多少要适量,手势动作要简单精练。四是要克服教学中常见的不良手势,如有的教师双手抱臂给人以懒散、自傲的感觉;有的手插裤兜,给人以故作姿态的印象;有的不停地掰断粉笔,让人不安;有的则不停地敲打桌子,令人厌烦……

· 知识链接 ·

哑语与手势语

哑语又叫手语。手语是由于聋哑人交际的需要而产生的,它已作为聋哑人的一种语言,逐渐为人们所接受。哑语包括手指语和手势语。手指语是用手指的指示变化和动作代表字母,并按照拼音顺序依次拼出词语。在远古时代,全人类还处在简单的有声语言阶段,常常用手做各种姿势来表示相应的意思,这样的手势大多数是指示性和形象性的动作,称为自然手势。此后,随着社会的进步,特别是聋哑人教育的产生与发展,开始创造出具有语言性质的手势,这种在有声语言和文字基础上产生的,与有声语言密切结合的手语,称之为哑语或手语。哑语是聋哑人的交际语言。而普通人使用的手势语,只是一种语言交际时的辅助手段,二者具有本质的区别。

(三) 身姿语训练

身姿语指通过身体的姿势、动作来表达情感、传递信息的体态语。在口语交际中一个人的身姿往往可以反映他的心理状态,表达他对人和事所持的态度,体现其风度,同时也向他人传递不同的信息。例如:站立时自然立正,表明了庄重、严肃的态度;身体稍前倾或躬身则表示谦虚恭敬;抬头挺胸表现人的自信豁达;弯腰曲背则说明颓丧消极;挺胸鼓肚表示傲慢;左右摇摆、双脚乱动则给人焦躁轻浮之感。落座时,深坐者给人以老成持重之感;浅坐者则显得谨慎谦恭或局促不安。走路时,大步快走,表明精神愉快,自信乐观;步缓沉重,则说明身体欠佳或精神萎靡。俗话说,"站有站相,坐有坐相",又说"坐如钟、站如松、行如风",这些都是对人的坐姿、站姿和行姿的基本要求,同样也是对教师的要求。良好的身姿是教师基本素质的体现。身姿主要包括坐姿、站姿和行姿三种。

1. 坐姿

坐姿是言语交流时常见的一种基本身姿。坐姿的一般要求如下:入座时,应当轻而稳,不要给人毛手毛脚不稳重的印象。坐的姿态要端庄、大方、自然。无论是什么坐具,都不要坐得太满,上身要挺直,腿的姿势配合要得当,一般不能跷起二郎腿。讲话时,上身要些许前倾,表示对对方的尊重和自己的专心。上身需要后仰时,幅度不能太大,否则会给人困倦、无聊、想休息的印象。

为了保证坐姿的得体和优雅,应注意以下禁忌:一是落座后,两腿不要分得太开,分得太开会显得不雅。二是当两腿交叠而坐时,悬空的脚尖要向下,切忌脚尖向上,并上下抖动。三是交谈时勿将上身向前倾并以手支撑着下巴。四是落座后不要左右晃动,扭来扭去,给人一种不安分的感觉。

2. 站姿

站姿的要求是正直,所谓"站如松"就是这个意思。站立的方法是挺胸、收腹、略微收臀、平肩、直颈、两眼平视、精神饱满、面带微笑,这样给人一种自信的感觉。站立时,要注意站姿,两手自然地垂于身体两侧,不要两手叉腰,也不能双手插入口袋或把双手交握在背后,否则会给对方一种轻佻之感;还要注意站向,交谈时站立的方向应该是正面对着对方,以表示尊重。

站姿的禁忌:两脚并拢、昂首挺胸,看起来很有精神,却显呆板,不能给人自然美;两脚叉开,不能给人谦虚的感觉;呈"稍息"姿态,一只脚还在不停地抖动,给人不严肃、不稳重的印象;摆弄衣角、纽扣、低头不面向听众,给人胆怯之感;耸肩或不停地晃动身体,扭腰,将手插入兜内,给人懒散的感觉。

3. 行姿

行姿的一般要求:自然、轻盈、敏捷、矫健。自然而不别扭、轻盈而不鲁莽、敏捷而不笨拙、矫健而不自卑。

在课堂教学中,教师举止得体、稳健洒脱的身姿语配合有声语言会收到良好的教学效果,同时给学生留下美好的印象,也能起到为人师表的榜样作用。

知识链接

理想的坐姿

优雅的坐姿传递着自信、友好、热情的信息,同时也显示出高雅庄重的良好风范,符合端庄、文雅、得体、大方的整体要求。

我们经常会见到一些不雅观的坐法,比如两腿叉开,腿在地上抖个不停,而且腿还跷得很高,这时无论你穿什么样的衣服,如裤子或裙子,都不能这样做。

女士坐的时候,两个膝盖一定要并起来,腿可以放中间或侧向一边。如果想跷腿,两腿应是合并的。男士坐的时候膝部可以分开一点,但不要超过肩宽,也不能两腿叉开,半躺在椅子里。

入座时的基本要求有:在别人之后入座。出于礼貌,和客人一起入座或同时入座时,要分清尊卑,先请对方入座,自己不要抢先入座。

自我检测

1. 请自行搜寻并观看一段名家演讲或优秀教师的教学视频片段,对他们的态势语进行赏析,谈谈你的感受。

2. 读下面的语句,并用恰当的表情表演出来。

(1) 珍珍心里很想唱,可是觉得屋里人多,怪不好意思的。她就扭着腰说:"嗯,我不唱。"

(2) "谁让你说话来着?"9 大声地对 1 说:"瞧你瘦得像根火柴棒,没头没脚的,两个你加在一块儿,也不过是个 2。"

(3) 你是多么美丽呀,逗人喜爱的鸟! 那脖子,哟,那眼睛,美丽得像个天堂的梦! 而且,怎样的羽毛,怎样的嘴巴呀! 只要你开口,一定是天使的声音。

(4) 狮子一听气炸了,说:"什么什么? 有这样的事? 我得拿出点厉害给那个蠢东西看看!"

(5) 小天鹅忽然发现了自己倒映在水里的影子:"啊! 我是这么漂亮,我怎么从来都没有发现呀!"

(6) 小兔子有气无力地说:"妈呀,累死我了,哪有时间理你呀,我还要推我的白菜呢。"

(7) 小天鹅听了,伤心地飞回了湖里,落下了一行行眼泪:"我长得很漂亮,为什么没有人夸奖我呢?"

(8) 松鼠在松树上大声喊道:"小马,别过河,河水会淹死你的!"

(9) 兔子得意极了,它们一边往岸上跳,一边说:"哈哈,老乌龟,你上了我们的当喽。"

(10) 小猪一不小心,摔了一跤,这一跤摔得小猪两眼直冒金星,疼得哭了起来:"练跑步太辛苦了,我不练了,我不练了。"

(11) 大猴子边跑边喊:"不得了啦,不得了啦,月亮掉到井里头啦!"

(12) 青蛙听了,"呱呱"地笑了起来:"傻孩子,我就是你们的妈妈呀!"

3. 为下面的儿歌设计手势语,然后分组表演讨论。

坐 火 车
柯 岩

小板凳,摆一排,

小朋友们坐上来,

这是火车跑得快,

我当司机把车开。

(轰隆隆隆,轰隆隆隆,呜! 呜!)

抱娃娃的靠窗坐,

牵小熊的往后挪,

皮球积木都摆好,

大家坐稳就开车。

(轰隆隆隆,轰隆隆隆,呜! 呜!)

穿大山,过大河,

火车跑遍全中国,

大站小站我都停,

注意车站别下错。

(轰隆隆隆,轰隆隆隆,呜! 呜!)

哎呀呀,怎么啦,

你们一个也不下?

收票啦,下去吧,

让别人上车坐会儿吧。

(轰隆隆隆,轰隆隆隆,呜! 呜!)

4. 根据下面的材料,设计合适的态势语,然后在班上表演。

师 爱 无 限

　　冰心老人曾经说过这样一句话,爱是教育的基础,是老师教育的源,有爱便有了一切。踏上三尺讲台,我正为实现这一切而努力着,我带着一颗为学生服务的心走上讲台,就像一个大姐姐一样嘘寒问暖,不仅关注他们的学习,也关注他们的生活。我也经常提醒学生"要劳逸结合,忙而不乱,注重效率",心中有疑虑时可以找老师谈心,有困难了可找老师帮助解决。我不断地向学生"提醒幸福",使我的学生也不断地感受到幸福。

　　有了一颗服务心,才会有一张微笑脸。民主、平等、和谐的师生关系是现代教育追求的目标。给学生一张笑脸是实现这一目标的关键。"野蛮产生野蛮,仁爱产生仁爱",这是教育的真理。给学生一张微笑的脸,会让学生在掌握知识技能的同时也知道怎样去笑看世界、笑对人生。微笑着,欣赏学生,做慧眼的伯乐,给其成功感;微笑着,鼓励学生,做其成长的帮手,助其信心感;微笑着,宽容学生,做大肚的弥勒,育其自责感。是啊! 在笑脸下,才有欣赏,才有鼓励,才有宽容,才有爱。

在短短数年教书生涯中,虽然辛苦,虽然清贫,虽然也有过急躁、彷徨,甚至想放弃,但人是懂感情的,一往情深精诚所至,一心一意顽石开,爱心所至,情感所至,必将春风化雨暖人心。在这里,我想到了这样几句诗:"生命的远景,艰难而稳重,美丽而动人,道路的伸展,都是给时间的方向,从脚下开始,从脚下结束。"

我们拥有充实的教师人生,我相信,当我们的生命走向尽头时,我们可以自豪地说:"天空没有留下我的痕迹,但我已飞过。"

摘 核 桃

有一天,狐狸约猴子一起去摘核桃,他们商量好了,把包好的核桃一人分一半。猴子到树上去摘,狐狸在树下收。可是,等猴子摘完核桃下了树时,发现狐狸把核桃全都剥开了,果仁归他自己,把核桃皮都分给了猴子。猴子说道:"唉,狐狸,你也太不够朋友了。不是说好把剥好的核桃一人分一半吗? 这不等于你把核桃全都拿走了吗?"可是,狐狸却狡猾地笑着说:"唉,小老弟,你这不是睁着眼睛说瞎话吗? 如果用秤来称一称,你得到的比我还多呢。"

一些满肚子坏主意的家伙,总是花言巧语地欺骗别人。小朋友们,你们可要注意了,千万别上了这些人的当。

—— 项目四 ——

职业口语表达技能

任务十二　儿童化口语训练

任务目标

【知识目标】

1. 能够辨析儿童化口语的特点和要求。
2. 掌握儿童化口语的表达句式。
3. 掌握辅助儿童化口语表达的方法。

【能力目标】

1. 能够运用多样化的表达方式进行儿童化口语表达。
2. 能够根据不同的情境和幼儿的需求，采用恰当的表达方式与幼儿进行交流。
3. 能够运用儿童化口语表达与幼儿建立亲密的师幼关系。

【素质目标】

通过训练，能够认识到掌握儿童化口语表达对于提升幼儿教师的职业素养的重要意义，逐步形成尊重幼儿、关爱幼儿的教育观念和对幼儿教师职业的认同感。

案例引路

　　刚到幼儿园实习时，小蒙总喜欢用命令的语气对幼儿说"坐神气""坐端正"之类的话，效果却不佳。而带班的张老师却总是微笑着对幼儿说："你的小脚并拢了吗？""并拢了。"孩子们也会高兴地回答。"你的小手找到膝盖了吗？""找到了。""你的眼睛看见我了吗？""看见了。""我真高兴，因为你们都这么神气。那么我们开始学本领，好吗？""好！"于是，一个集体教学活动就在孩子们兴致勃勃且积极参与的情况下顺利地开展了。深受张老师启发的小蒙开始改变与幼儿的交流方式。作为一名幼教工作者，想要跟幼儿进行有效的沟通，就只有想他们所想，用儿童化的语言跟他们沟通，跟他们做朋友。只有尊重幼儿，建立平等的师幼关系，才能让幼儿真正地接受你。

一、认识儿童化口语

儿童化口语指符合儿童心理、儿童语言习惯和接受水平的规范化口语。根据幼儿园的活动性质及幼儿的年龄特点,儿童化语言是幼儿园教师口语的一大特点,它不仅能缩短教师与幼儿之间的情感距离,也能提高幼儿的兴趣且吸引幼儿的注意力,还能显出对幼儿的亲近感。教师恰当地使用儿童化口语,可以使深奥的知识变得浅显易懂,使幼儿的学习变得轻松愉快。

苏联教育家马卡连柯说过,同样的教学内容,同样的教学方法,因为语言的不同就可能相差二十倍。由此可见,教师语言表达的重要性。幼儿教师从事的是有关幼儿的教育教学工作,他们的儿童化口语掌握得如何,直接影响着教育教学的效果。因此,要加强幼儿教师儿童化口语表达能力的培养。

(一) 幼儿教师必须具备儿童化口语表达能力

幼儿教育的对象是幼儿,这就决定了幼儿教师的教育教学口语除具备准确、明白、生动规范外,还要求儿童化。这是因为:一方面,儿童化口语与儿童的心理言语习惯相近、相吻合,用儿童化口语进行教育和教学,更贴近幼儿的心理,使他们更容易接受;另一方面,在幼儿阶段,低龄幼儿的言语能力较低,说话不够规范,语言模式尚未定型,不少幼儿还不能用完整语句来表情达意,但他们的模仿能力很强,对教师还有很强的信任和崇敬心理。幼儿教师儿童化口语的运用,有利于促进幼儿思维的发展。因此,儿童化口语对于幼儿教师来说是十分重要的。

(二) 幼儿教师儿童化口语的要求

1. 表达准确规范、语意浅显明白

幼儿教育不仅仅是教师教、幼儿学的过程,更是教师在组织活动中,通过观察、了解并引导幼儿,从而激发他们参与活动的积极性、主动性和创造性的过程。这就要求教师在组织活动的过程中,讲究语言艺术,提高语言素质。教师的语言既要浅显易懂、生动有趣,又要符合语法规范。

幼儿的年龄特点和生理特征使得他们比较容易理解那些看得见、摸得着、感觉得到的直观性强的具体事物,而对表示抽象概念的语言信息接受起来比较困难。因此,幼儿教师儿童化口语就表现为"三少四多":少用书面语,多用口头语;少用抽象的词语,多用具体形象的词语;少用复句、长句,多用单句、短句;多用象声词、语气词等。具体应做到以下三点。

一是要准确规范。对幼儿说话不可轻率,不能模仿幼儿的表达方式,也不能认为幼儿知识水平有限,教师就可"以其昏昏,使人昭昭"。有些教师在跟幼儿交流时,喜欢用"尿尿""桌桌"等叠音词,很容易对幼儿的语言学习产生误导,不利于幼儿词汇的积累。如有两个幼儿对"恐龙吃草还是吃肉"这个问题争论不休,于是请教老师,可老师对恐龙的知识知之不多,便信口说了"吃肉"。两个幼儿的争论虽然暂时停止了,但此后,在这两个幼儿的知识世界里,恐怕所有的恐龙都是吃肉的了。因此,表达准确规范,这对幼儿教师来说也是"师德"的基本要求。

二是要浅显明白。由于幼儿年龄小、阅历浅、知识面窄、掌握的词汇量少,因此,词意和

语意的运用一定要具体形象,浅显易懂。如一位教师在讲完《小蝌蚪找妈妈》的故事后,问小朋友们:"谁来叙述一下小蝌蚪演变成小青蛙的过程?"这一问,卡壳了,小朋友们不知道该怎么回答。于是该教师赶快纠正说:"哪个小朋友来说一说小蝌蚪是怎样一步一步地长成小青蛙的?"这样的提问让孩子们豁然明白,并争相抢答。

三是要句式短小。根据心理学测定,对小年龄的幼儿说话时,如果一句话超过七个词,常常会使他们听了后面的而忘了前面的。所以,幼儿教师对幼儿说话时,不仅应该句子短小,附加成分要少,以单句为主,而且要将幼儿已经掌握的新词融入儿童化口语中,使儿童听起来感到更加亲切。例如,"森林里住着一只长着一双铜铃般眼睛的大老虎。"可以改为:"森林里住着一只大老虎,长着一双大大的眼睛,像铜铃那么大。"

需要注意的是,教师在口语表达中要避免附加成分的堆砌,避免"成人腔",避免"异常诧异""毛骨悚然"等一些文言词语的嵌入。语句的长短要因幼儿年龄而异,有长有短,有快有慢。

2. 感情丰富,注重情态的儿童化

第一,形象生动,注意表达形象的塑造。

【示例】

为了迎接六一儿童节,我们幼儿园决定进行文艺会演。我们小班编排了一个"我的小鸡"的舞蹈,但是由于小班的孩子年龄小,常常记不住动作。其中有一个模仿小鸡的动作,请孩子们把两个食指合在一起,变成小鸡的尖嘴巴,可是孩子们既要记脚的动作又要记手的动作,常常顾得了脚又顾不了手,一不小心就把两只手分开来了。虽然我经常提醒他们"手合好!""别忘了手!"可还是有小朋友会忘记。

有一天,一个小小的幽默却让孩子们深深地记住了这个动作。那天在跳"我的小鸡"舞蹈时,小宝的两只手又分开了,我大声说:"哎呀,不好了,有只小鸡的小嘴巴又豁开来了。"孩子们大声地笑了起来,小宝马上把两只分开的小手又合在了一起。

评析: 教师的一个小小的幽默表达,就让孩子们自己把行为调整过来了。生动形象的语言往往能起到意想不到的效果,这就是教育的艺术。

第二,要尊重幼儿,语调亲切。幼儿由于年龄小,总会有一种期望爱抚的心理。他们能通过语言感觉到教师对自己是慈爱还是冷漠。而教师对幼儿的挚爱也常常表现在言语中。感情丰富的儿童化口语应该是娓娓动听的,富于天真烂漫色彩的。

【示例】

春天的上午太阳暖洋洋的,刚结束集体教学活动的小朋友们有点懒洋洋的,老师对小朋友们说:"宝宝们看,太阳公公真勤劳,它今天要来看宝宝们学习本领呢。宝宝们,我们到外面去学习本领,让太阳公公看看,我们乖乖兔班的宝宝们是最棒的,好吗?"小朋友们听完,都欢呼雀跃起来。

总之,如果我们对幼儿真诚的爱的情感溢于言表,那么,即使是脱口而出的话,也能"淡语皆有味,浅语皆有致"。饱含慈爱之心的儿童化口语,会引起幼儿强烈而持久的内心体验,收到意想不到的教学效果。

　　但是,在幼儿园教学中,教师也要注意避免"过分儿童化"。如果片面地理解口语儿童化,过分追求形式,造成语言不规范、语音变化太大、表情过于做作,其结果是给幼儿的语言发展带来不好的影响。儿童化的口语来说,内容是关键。儿童化口语的内容应符合幼儿的心理发展水平,对幼儿有吸引力,且简洁明了。这就更要求幼儿教师在掌握好普通话儿童化的同时,提高自身语言的科学性和艺术性。这对幼儿思维和语言能力的发展无疑是有很大帮助的。

知识链接

儿童语言发育的六个阶段

　　预备期(0—1岁):咿呀学语和初步理解阶段,故又称"先声期"。到孩子8个月时,发声练习达到高峰,并会改变音量和音词以模仿真正的语言。

　　语言发育第一期(1—1.5岁):这时期幼儿的语言特色是说单字句,能用手势、表情辅助语言来表达需要;能以动物的声音来代替其名;会模仿自己听到的声音,如问:你几岁?他会鹦鹉式复述:几岁,如同回音般,故医学上称为"回音语"①

　　语言发育第二期(1.5—2岁):又称"称呼期",这个时期的幼儿开始知道"物各有名",喜欢问其名称,掌握的词句迅速增加。

　　语言发育第三期(2—2.5岁):能说短句,会用代词你、我、他,开始接受"母语"所表现独特的语法习惯,如用感叹句来表示感情,用疑问句进行询问等。

　　语言发育第四期(2.5岁—3岁):这个时期的幼儿会使用复杂句,喜欢提问,故又称"好问期"。

　　完备期(3—6岁):说话流利,会用一切词类,并能从成人的言谈中发现语法关系,修正自己错误的暂时性的语法,逐渐形成真正的语言。

 自我检测

　　1. 儿童化口语有什么要求?

　　2. 阅读下面的幼儿教育案例,谈谈你的感受。

鞋子穿反了

　　我们发现托班幼儿在生活中经常将鞋子的左右穿反。穿反鞋子,从外观上看不美观,但从身体方面考虑,会让托班幼儿感觉不舒服,影响他们走路及正常的活动。如果托班幼儿长期穿反鞋子,会影响他们脚的生长,甚至影响健康。因而,对教师来讲,及时发现情况、及时纠正托班幼儿的错误,对他们参加正常活动及其身心发展有着十分重要的意义。

　　要让托班幼儿分清鞋子的正反,必须先分析导致他们反穿的原因。据我观察,主要有两

_____

① 编者注:"回音语"出现在这个阶段,并持续到2岁左右消失,为正常。

个方面的原因。一方面,托班幼儿年龄小,观察能力弱,观察不够细致,把大致相同对称的鞋子误认为是一模一样的,所以穿鞋时不再选择,随手拿来,套上就穿。另一方面,托班幼儿的一一对应、匹配能力还在发展,不知道左脚对应左鞋、右脚对应右鞋。找到原因后,我就设计了几个环节来“对症下药”,“据因纠果”。首先,用拟人化的方法帮助托班幼儿认识鞋的正反,让他们清楚地知道一双鞋子的左右两只是不一样的。然后,用儿歌《小鞋朋友》来告诉托班幼儿,穿错鞋就像娃娃在生气一样噘嘴歪头;穿对鞋像娃娃在微笑,点头拉手。最后,与托班幼儿一起玩“找鞋穿鞋”与“给脚印穿鞋”两个游戏,以此来发展托班幼儿的细致分辨、一一对应、正确匹配的能力。

案例引路

小蒙和小陈在幼儿园见习时,看到班上的小朋友梅宝摘了花圃里的花。小陈教育梅宝说:“不许摘花,爱护环境,人人有责!”小蒙认为小陈说话的口吻太成人化了,应该用儿童化的语言。小陈反问小蒙:“那你说说看?”小蒙一下子也答不上来。同学们,如何用儿童化口语教育梅宝呢?

二、儿童化口语词句训练

幼儿的年龄和认知特点决定了他们是天真烂漫、纯洁无邪、活泼可爱的。幼儿教师的教育教学语言要贴合幼儿的特点,就必须用幼儿独特的视角来观察事物,用幼儿特有的心理和思维思考分析问题,用幼儿所能理解的词汇和句式进行表达。

(一)意象具体的表达句式

幼儿的词汇量较小,常通过形状、声音、色彩等直观的事物进行思考。因此,教师儿童化口语的表达,应多使用表示具体动作、色彩、物体、声音的词,塑造具体生动的表达形象。在句式方面,则多用结构简单的短句,在句中适当加入语气词、拟声词,使句子富于变化。

【示例】绘画活动“秋天的果子”

A 教师:秋天到了,果子成熟了,今天我们就来画画秋天的果子。

B 教师:秋天到了,果园可漂亮了,果树上挂满了大苹果,红通通的。摘一个,闻一闻,哇,真香!嗯,今天老师就带大家到果园去画画,好不好?

评析: A 教师的表达简洁却缺少趣味性;B 教师运用了叠音词“红通通”,动词“摘”“闻”,语气词“哇”,仿佛把孩子们带到了秋天美丽的果园,激发了孩子们画画的兴趣。

(二)形象生动的表达句式

适当运用比喻、比拟、夸张等修辞方法,可以把深奥的道理浅显化,把抽象的概念形象化,使表达更生动,以此来打动孩子们的心灵,激发他们学习的兴趣。

【示例】小椅子也会疼

"请小朋友轻轻地把小椅子搬到老师这边来。"集体教学活动前,教师提醒着孩子们。班上一下子变得忙碌起来,有的幼儿用一只手拖着小椅子,有的幼儿直接把椅子当小马骑了过来。于是,活动室里不时发出椅子与椅子、椅子与地板"咚、咚、咚"碰撞的声音。

"哎呀,你们的椅子朋友真可怜呀!我们不是说好要照顾好我们的好朋友吗?"教师带着满脸疼惜的表情说道。顿时,孩子们投来惊讶的目光。"刚才,小椅子对我说呀,它有时候要被人摔,有时候要被人踢,有时候要被人拖着走,有时候又被撞得青一块紫一块。现在,满身都是伤痕,快要疼死了。""小椅子也有感情啊!""啊,小椅子也会疼!"

孩子们一下子明白了,纷纷把小椅子举了起来,搬到相应的位置上再轻轻地放了下来。

评析: 教师采用了拟人化的手法,赋予了椅子生命,让椅子的疼痛深深打动了孩子们的心灵,让他们学会关心他人,视小椅子为自己的朋友,不再去伤害它,而是要注意保护它、关心它。

(三)感情真挚的表达句式

和幼儿说话时,教师可通过语气、语调的变化,使语言亲切自然、形象生动,富有情感。这样,既可传达出教师的喜怒哀乐,使教师的表达更富有感情色彩,更能引起孩子们情感的共鸣。

【示例】晓晓不哭了

晓晓是班上一个性格比较内向的小朋友,每天早上来幼儿园总是哭着拽着奶奶的衣服不肯松手,并且嘴里喊着要奶奶早点来接。

师:晓晓是个乖孩子,奶奶今天会早点来接你的。(安慰)

师:晓晓,你最喜欢玩什么呀,老师陪你玩好不好?(亲切)

师:晓晓真能干,我们叫上其他小朋友一起玩好不好?(鼓励)

评析: 通过教师亲切的话语,晓晓的哭声很快便停住了。教师还通过一起玩游戏转移晓晓的注意力,并鼓励晓晓与其他小朋友交朋友,这样晓晓很快就能适应幼儿园的生活。

【示例】手工课:快乐口袋

师:老师这里有一个神奇的口袋,小朋友们想不想看一看?(神秘)

幼:想!

师:这就是老师的快乐口袋,小朋友们看,它漂亮吗?这里面装满了老师自己的快乐,小朋友们想不想把自己的快乐也装起来呢?(愉悦)

幼:想!

师:好,现在就请小朋友们自己动手制作一个快乐口袋。看看哪位小朋友的快乐口袋装的"快乐"最多!(鼓励)

评析: 教师富有变化的语气语调吸引了小朋友们对手工的兴趣,让他们跃跃欲试。

【示例】语言活动:儿歌《小小鸡和小小鸭》

师:我是可爱的小小鸡,叽叽叽。哎呀呀,我的头疼极了!呜呜呜,怎么办?(可怜)

幼:不要哭,我给你唱首歌!不要哭,我带你去看医生!

师:我不要看医生,不要吃药,药那么苦;我也不要打针,会很疼!(坚决)

幼:不要害怕,吃药不苦,打针不疼,吃药打针病很快就好了!

师:真的吗?(疑惑)

幼:真的真的!

师:谢谢,你们真好!(感谢)

评析:教师在语言教育活动中,通过模仿小小鸡生病了的表情及表达,激发了孩子们的爱心,调动他们参与语言活动的积极性、主动性,满足他们说话的愿望和要求。这样,孩子们在不知不觉中学到了知识,提升了语言能力。

 自我检测

1. 请用儿童化的语言描述校园的景色。

2. 假如你是幼儿教师,你如何回答以下这些小朋友提出的问题。

(1) 小青问:"老师,我为什么是女生? 为什么李浩是男生?"

(2) 毛毛问:"老师,我喜欢豆豆,我想跟豆豆坐在一起,可以吗?"

(3) 贝贝问:"老师,我可以叫你妈妈(爸爸)吗?"

(4) 小雨问:"老师,我不想打针,可以吗?"

(5) 蕾蕾问:"老师,你明天可以到我家做客吗?"

3. 阅读下列案例,想一想,如果你是幼儿教师,你会怎么说?

案例一:在绘画活动中,小朋友们正在认真地画小船,并给小船涂上自己喜欢的颜色。只见张磊用红笔给船画上颜色,眼看一艘美丽的船就要画好了,我正想表扬他,却见他又拿起了黑色的画笔,把画好的船横一道竖一道涂得面目全非。我顿时傻了眼,刚才漂亮的画面,全给弄坏了。只见他嘴里还小声地喊着"哈嘿哈!"旁边的小朋友围了过来,觉得有趣,也用黑笔把自己画好的画进行了"毁灭性"的破坏。

案例二:一次游戏活动中,玲玲在认真地搭建积木,她搭得非常投入。我走过去欣赏她的作品,她自豪地对我说:"老师,看我搭的高楼,这些是高楼边的大树,还有小花。"我认真欣赏并赞扬了她:"你真棒!"可是过了不多久,就有几位小朋友来跟我说:"玲玲哭了。"我询问他们:"怎么了?""她搭的房子被洋洋弄坏了。"来跟我说的小朋友着急地说。我走过去一看,玲玲面前的积木都散在了桌面上,地上也有,搭建的高楼已不见了踪影。

案例引路

　　小蒙到幼儿园见习时,带了一个小小的手偶,常在午饭后休息时与小朋友们玩手偶小游戏。就这样,小蒙成了幼儿园最受小朋友们欢迎的见习老师。一个小小的手偶,以最快速度,缩短了幼儿与陌生的见习老师之间的距离。

三、儿童化口语辅助表达训练

儿童化的语言除了有声语言表达外,还可辅以态势语或道具。有研究表明,在我们的表达中,约60%的信号是通过无声的信息发出去的。由于年龄和心理特点的限制,儿童的词汇量较少,他们对无声信息的关注度远远高于成人,儿童之间的沟通也常常借助动作、物品来进行。因此,要学习儿童化口语,我们除了要注重有声语言的表达,还应注重无声语言的表达,注意表情、动作及道具的巧妙运用。自然的仪态,丰富并稍带夸张的表情,幅度适宜的手势,才能使语言有声有色具有吸引人的魅力。

(一)目光语训练

儿童的眼神总是清澈明亮的,他们内心的秘密,情感的变化起伏,总是自觉不自觉地在不断变幻的眼神中流露出来。我们很容易从眼睛这扇窗户读懂儿童的心灵。印度著名作家、诗人泰戈尔曾经说过,一旦学会了眼睛的语言,表情的变化将是无穷无尽的。因此,一名合格的幼儿教师一定要学会和掌握丰富的目光语技巧。

真诚、柔和的目光是师幼交流的重要法宝,通过目光,教师可以让幼儿读懂其要表现的赞赏、好奇、鼓励、同情、亲切、难过等情绪。

【示例】我们种的小豆子

幼:老师,你看我种的小豆子发芽了!

师:真的吗? 让老师看看。哇,真的,小豆子发芽了! 你真能干,把小豆子照顾得非常好! (赞赏)

幼:老师,老师,怎么不发芽? 是不是死了?

师:哦? 让老师看看,哎呀,是水浇得太多了,小豆子被淹死了。(惊奇、惋惜)

幼:老师,我错了,是我昨天浇水太多了,把小豆子害死了。

师:没关系,你也是个很有责任心的宝宝,都怪老师昨天没说清楚,咱们吸取教训,再种一颗小豆子,一起把它照顾好,好不好? (亲切、鼓励)

幼:好! 我一定会把它照顾好的!

评析:教师在进行口语表达时,恰当地运用了目光语,对认真种豆子的幼儿进行了表扬,对自责的幼儿进行了鼓励,使幼儿积极与教师交流,认真参与到活动中,并学有所获。

(二)表情语训练

1. 微笑

微笑是人类最好看的表情,是一种不学就会的世界通用语。在口语交际中,教师若是善于运用微笑,那么将会收到意想不到的交际效果。

在态势语中,微笑是极富感染力的,微笑可以美化形象,可以使师幼关系更融洽。正因为微笑具有如此重要的作用,在口语交际中,教师应该通过学会使用微笑这种无声的语言,使师幼交流更和谐、更融洽、更顺畅。微笑要做到真诚、自然,要发自内心,眼睛要透出笑意,切忌皮笑肉不笑的假笑。

2. 面部表情

除了微笑,教师还可以通过面部肌肉的放松、紧缩、颤抖等变化,表达说话时沉着、喜悦、愤怒、悲哀、振奋等丰富的思想感情。有的人看起来面善,主要是其面部表情比较柔和、放松;有的人看起来不善,则主要是因为面部表情的线条比较硬朗、紧张。

教师在幼儿的心目中是神圣的,教师的一言一行、一颦一笑对他们都有着深刻的感染力。教师嘴角微微上扬,眼睛充满盈盈笑意,无须开口,就已传达出真诚和友善。

(三) 手势语训练

手势语指通过手的动作表现出来的一种体态语,是典型的动作语。由于手势语具有表情具体、意思鲜明、形象感强、动作幅度大的特点,教师得体地运用手势语,会使讲话更有吸引力和说服力。所以,在幼儿园师幼交流中,手势语被教师广泛地运用。

一是表扬性手势语,用"大拇指"动作表达夸奖的意思。

【示例】

阳阳,今天你帮老师擦桌子,擦得很干净,非常棒!

二是指示性手势语,用手指表示数目,或用手势表示方向,进行虚拟性模拟。

【示例】

一只青蛙一张嘴,两只眼睛四条腿,扑通扑通跳下水。

三是象形性手势语,用手势模拟事物的形状或轮廓。

【示例】

在森林里,有一座大大的房子,房子的形状很特别,就像一个心形的大蛋糕。

(四) 姿态语训练

姿态语是通过人身体的各种姿态传神、传情、传递信息的一种体态语。在与幼儿交际交往中,教师常采用蹲姿与幼儿平等对话,通过摸摸头、轻拍肩膀等动作与幼儿进行肢体接触来增进彼此之间的感情。

【示例】我变勇敢了

"婷婷,今天在幼儿园打预防针哭了吗?"

"没有!我很勇敢,一点没哭!"

"是吗?你不害怕打针啦?"

"不害怕!打针的时候陈老师一直拉着我的手,我就变得很勇敢了!"

(五) 服饰语训练

与幼儿交流中,教师整齐的衣着、得体的服饰,往往会给他们留下美好的"第一印象",让幼儿乐于亲近,从而使教师与幼儿的沟通获得较好的效果。

口语交际中,服饰语作为一种无声语言,对于口语交际效果有着重要的影响。教师在着装时应注意以下事项:

（1）着装应便于蹲坐或做游戏。

（2）着装应整洁、美观、和谐，能给人以愉悦感。

（3）着装颜色应鲜亮或柔和，给人以亲近感。

在与幼儿沟通时，教师还可以通过使用图片、玩具等道具作为媒介激发幼儿交流的兴趣，使师幼关系更融洽。在幼儿园的教育教学活动中，教师常常用小红花、小红旗等道具来激励幼儿，道具在这里成为教师对幼儿认可表扬情感体现的符号。在讲故事时，教师还可以通过图片、木偶等道具，巧妙地表达故事中人物的内心活动及情感变化，使故事更吸引幼儿。因此，道具是儿童化语言表达的重要辅助手段。

【示例】树妈妈的孩子

师：小朋友们看，老师手上拿的是什么？

幼：树叶。

师：嫩绿的小树叶是树妈妈的小宝宝，要是我们把树妈妈身上的小宝宝都摘光了，树妈妈该多难过呀！

幼：老师，我再也不摘小树的树叶玩了。

· 知识链接 ·

善于对孩子表达爱

向孩子传达爱的最好的方法，就是把自己变成孩子，设身处地为孩子着想。

（1）告诉孩子"我喜欢你"。

（2）通过温和的触觉来传达对孩子的爱意。

（3）关心孩子的行为，注意到他在什么时候做了什么事情。

（4）告诉孩子什么是对的，什么是错的。

（5）注意到孩子的每一个小小的进步。

（6）询问孩子对自己的意见。

（7）耐心且真诚地回答孩子提出的各种问题。

（8）对孩子可委以适当的重任。

（9）因势利导，让孩子建立自信心。

（10）尊重孩子的人格。

 自我检测

1. 朗读下面的诗歌，注意儿童化口语态势语的运用。

春　雨

滴答，滴答，下小雨了！

种子说："下吧，下吧，我要发芽！"

梨树说:"下吧,下吧,我要开花!"

麦苗说:"下吧,下吧,我要长大!"

小朋友说:"下吧,下吧,我要种瓜!"

滴答,滴答,下小雨了!

熊宝宝的小芽芽

天是蓝蓝的,云是白白的,草是绿绿的,花是红红的。熊宝宝种下一粒种子,长出了小芽芽。熊宝宝真高兴呀,每天都来看看它。

长啊长,长大了! 会不会长出苹果呀? 长啊长,长大了! 会不会长出梨子呀? 长啊长,长大了! 会不会长出西瓜呀? 长啊长,长大了! 没有果来没有瓜。

摘下叶子咬一口,真是难吃呀! 熊宝宝生气拔起它,快快扔了吧!

嘿哟哟,嘿哟哟,怎么拔不动了呀?

嘿哟哟,嘿哟哟,原来是个萝卜呀?

啊呜、啊呜,熊宝宝高兴地吃了它!

啊呜、啊呜,熊宝宝高兴地吃了它!

2. 演一演,评一评。

小水滴哭了

中班午休期间,有两个孩子起来如厕后没有立刻回寝室。

老师故作神秘,把耳朵贴近水池边:"你们听谁在哭呀?"

两个孩子互相看看,都不说话。

老师:"噢,是小水滴在哭,他边哭还边对老师说了些话,你们想知道小水滴对老师说了什么吗?"

"想!"

"小水滴对老师说他是一个非常爱清洁又乐于助人的好宝宝,可是现在小朋友开着水管玩水,他既不能帮助别人还要流到一个又脏又臭的下水道里变成脏水,所以他才难过地哭起来。"

其中一个孩子去关水龙头,并说:"老师,我以后一定不让小水滴再流眼泪了!"

另一个孩子也说:"老师,我以后再也不玩水了,这样小水滴就不会难过了!"

语言活动:小树叶

师:(双手合拢,掌中有一片小小的树叶)今天,老师给小朋友带来了一个小小的秘密,就藏在我的手中,会是什么呢?

幼儿自由猜测:棋子、橡皮、积木……

师:老师用一首歌来给你们一点小小的提示吧。(唱《小树叶》,然后出示小树叶)看,是什么呀?

幼:小树叶。

师:小树叶会说话吗?

幼:小树叶不会说话/会说话,会沙沙沙地响。

师:风吹树叶摇晃时,发出沙沙的声音,好像小树叶在说话似的。 想听听小树叶说了些什么吗?

幼:(干脆有力)想听!!

师:(放配乐诗《小树叶》)让我们一起来听听小树叶的话,听后说一说你们听到了什么。

幼1:小树叶说它长在河边的大树上。

幼2:小树叶为了救小蜜蜂离开了大树妈妈。

幼3:小树叶变成小船救了蜜蜂。

师:小朋友刚刚听得很仔细,老师也听了小树叶的话,我也来说一说好吗?(出示挂图,并有感情地朗诵)听了小树叶的话,你有什么感受,为什么会有这种感受?

幼:我觉得很难过,因为小树叶再也不能回到大树妈妈身上了/我也很难过,因为小蜜蜂虽然得救了,但是小树叶却离开了妈妈/小树叶很善良,我很高兴……

师:小朋友,老师和你们一样,为小树叶的善良和乐于助人的行为感到骄傲和高兴,你们知道这是为什么吗? 你们有没有这样的感觉呢?

幼:小树叶很勇敢,我为它感到高兴/小树叶帮助了小蜜蜂,它很棒/小树叶帮助了别人,它自己也很快乐……

师:对呀,小树叶有一颗善良的心,它助人为乐的精神让我们感到骄傲,感到高兴。

附:

小 树 叶

我是一片小小的树叶,

长在河边的大树上。

有一天,风吹过来对我说:

一只小蜜蜂酿了一天的蜜,

累了,跌落在河边的水面上。

于是我离开了大树,飘呀,飘呀,

飘到河里变成一艘小船,救起了跌落的小蜜蜂。

任务十三　讲故事训练

 任务目标

【知识目标】

1. 熟悉幼儿故事的特点及讲故事的要求。

2. 掌握选择幼儿故事、改写幼儿故事的基本方法。

【能力目标】

1. 能够依据幼儿年龄特点和不同讲述情境进行故事的选择与修改。

2. 能够综合运用讲故事的技巧绘声绘色地讲故事。

【素质目标】

1. 通过讲故事训练，提升教学的基本功。

2. 更加广泛深入地领悟真善美的内涵，形成热爱学前教育事业的职业认同感和传播真善美的责任意识。

案例引路

　　小蒙和小陈都报名参加了学前教育专业学生参加的讲故事比赛，两人一起练习，互相帮助，共同提高。小陈指出小蒙讲故事时面无表情，不够生动："像你这样讲故事，小朋友肯定不喜欢听！"而小蒙则指出小陈讲故事时的表情和动作太多了："我们不是演儿童剧，是在讲故事！"两人争论不下。于是，两人来请教教口语课的黄老师，黄老师不仅对两人在讲故事时态势语的运用进行了指导，还从如何改编故事、如何讲好故事、如何演好故事给了她们很多的建议。小蒙和小陈感叹道："没想到讲故事还有这么多的窍门。看来，想要讲好故事，得多下功夫才行啊！"

一、讲故事的要求

　　讲故事是一种群众喜闻乐见的口语艺术形式。它是幼儿教师在教学活动中最常用的形式之一，也是幼儿教师必备的基本技能之一。

　　在幼儿园里，教师通过讲故事的形式，让孩子们懂道理、辨是非、学知识、练表达，使孩子们的语言能力、思维能力、想象力得到发展。也可以说,讲故事是深受幼儿喜爱的一种教育形式。

(一) 幼儿故事的特点

幼儿故事是故事的一个分支,它具有故事的一般特征,如注重故事性、讲究情节的连贯性、形象鲜明、以叙述为主的表现手法等。但由于读者对象年龄特征上的差异,幼儿故事也独具以下特点。

第一,主题单纯。幼儿故事的主题鲜明,并且往往比较单一,易于幼儿理解、接受。如《没有牙齿的大老虎》的故事主题,就是告诉幼儿如果不刷牙就会牙疼的道理。

第二,情节生动。情节生动、富于悬念,幼儿故事的这一特点尤为突出。幼儿的心理特点主要是无意注意占优势,注意力容易分散和转移。平淡无味的故事难以引起幼儿的注意,更难以把他们引入到故事的特定情景之中。所以,幼儿故事一定要具有动人心弦的情节。如《龟兔赛跑》中慢吞吞的乌龟居然跑赢了健步如飞的兔子,多么让人意外,正是这种意想不到的情节,深深地吸引了幼儿。

第三,形象鲜明。幼儿故事中的形象一般都很鲜明生动,并且类型化,如善良美丽的公主、英俊的王子、聪明可爱的小白兔、凶狠的大灰狼、狡猾的狐狸、愚笨的猪等。故事中鲜明的形象常常给孩子们留下深刻的印象,如人鱼公主、小矮人等。

第四,语言口语化。幼儿故事的语言浅显易懂,句式短小,生活化,易于幼儿理解。但是口语化与生活化的语言并不意味着就不美了,因为幼儿故事是要表达真善美的,对幼儿起着陶冶情操、启迪心智的作用。

第五,篇幅短小。幼儿故事的篇幅一般比较短小,可读性、可讲性都比较强。

(二) 讲故事的基本要求

一是题材的选择。一方面,要根据幼儿的特点,选择既具有教育意义,又新颖曲折、深浅适度的故事。另一方面,应结合讲故事的目的及讲述者的特点来选择相应题材的故事。

二是语言的运用。讲故事的语言要生动、形象,口语化,有动感和画面感。要运用生动活泼、生活化的语言,对故事进行生动形象的讲述。注意运用重音、停顿、语调等技巧,使讲述更能传情达意。

三是节奏的把握。故事的节奏就是对"抑、扬、顿、挫"的控制,讲述时要掌握好"轻、重、缓、急"。例如《龟兔赛跑》,讲到"兔子悠闲地在树底下睡觉"这一段时,节奏要慢;而讲到"等醒来的兔子发现乌龟已经在终点时,急得奋起直追"这一段时,节奏则要快。快慢结合,才能突显故事的层次,突出故事的重点。

四是角色的塑造。通过动作、表情等体态语的设计,塑造鲜活的故事角色,突出人物特点。态势语的设计要自然大方,合乎角色特点。

> **· 知识链接 ·**
>
> ### 给幼儿多讲故事的好处
>
> 第一,提高幼儿思维能力。让幼儿多听故事的一个重要的好处,就是可以提高他们的思维能力,让他们对一些新鲜事物的理解与想象能够更加全面、更加清晰。
>
> 第二,培养乐观性格。多让孩子们听一些积极乐观的故事,让他们从中获益,从而更好地陶冶他们的情操,养成乐观的心态。
>
> 第三,促进语言表达能力。幼儿在听故事的过程中,会慢慢地融入故事中的角色,从而慢慢由听故事转变为想讲故事。幼儿自己生动地描述故事,必然会有效地促进其语言能力的发展。
>
> 第四,提高幼儿对文学的兴趣。故事也是一种文学体裁。在幼儿听故事的过程中,他们的大脑会慢慢地接受这样的一种文学形式,在潜移默化中丰富他们的文学知识,进而提高他们对文学的兴趣。
>
> 第五,从故事中学会自省。有些幼儿因受到溺爱而会无理取闹,如果能多让幼儿听一听关于孩子自我反思的故事,相信他们会从故事当中慢慢学会自省,从而改变自己的不良行为。

二、讲故事的步骤

(一) 选故事

孩子们喜欢听故事,但是作为幼儿教师,不是什么故事都可以拿来对幼儿讲的,对故事应有选择性。选故事应遵循以下原则:一是要契合教育目标,要根据教育目标来选故事,选择有教育意义的故事;二是要有趣味性,不管是经典的老故事,还是具有时代特征的新故事,要根据听故事的对象来选故事,选择孩子们爱听的有趣的故事。

(二) 读故事

在讲故事前,教师要反复地读故事、理解故事,做到以下几点。

第一,熟读故事,理清故事的主要情节。如要给幼儿讲古神话传说《后羿射日》,教师必须要把"古时候天上有十个太阳,人们难耐高温。后羿力大无比,射掉了九个太阳,剩下现在的一个太阳,使温度适宜人们居住"这样基本的故事情节理清楚。

第二,理解故事的主题。理解故事主题,才能更好地表达出故事的教育意义。例如《后羿射日》,传递的是人类在生产力水平比较低下的古代与恶劣的自然环境做斗争,敢于征服自然、创造美好生活的不屈不挠的斗争精神。

第三,把握故事中人物的主要性格特点。如在《后羿射日》《夸父追日》中,后羿和夸父性格的共同点都是不畏困难、勇于斗争。

（三）改故事

有些故事虽好，但不适合直接拿来对幼儿讲述，因此，在讲述之前要进行相应的改动，使之更符合幼儿故事的特点及要求。

1. 神话传说和民间故事的改写

它们不是专为幼儿创作的，因此改写时要注意以下问题：

（1）选择内容。根据幼儿年龄特点和接受能力，对内容进行适当的删减。如民间故事《宝莲灯》，其中"三圣母带着宝莲灯私奔下凡与刘彦昌相会"的相关内容就可以删去不讲。

（2）语言规范、标准、儿童化。改写时要多在语言上下功夫，把书面语变成口语，使语言儿童化。

2. 寓言故事的改写

（1）转换角度。原作的主题如果适合幼儿，就不必改动，但也可以考虑换个角度改写。如《龟兔赛跑》，从兔子的角度看，是骄者必败；从乌龟的角度看，则是坚韧不拔定能取胜。

（2）扩展情节。寓言故事往往篇幅短小，需要扩展。扩展故事可以从以下几个方面入手：第一，增添形象，烘托气氛，渲染主题；第二，重复情节，便于幼儿记忆；第三，设置悬念；第四，增加富于个性的语言、对话和动作。

【示例】《龟兔赛跑》的改写

原文的开头：跑也不顶用，关键是要及时出发。龟兔赛跑足以说明此理。"咱们打赌"，乌龟说："你不会早于我到达终点。""我会落在你后面？你不会是胡说吧？"骄傲的野兔说。乌龟说："我一定要与你打赌。"

扩展后的开头：兔子长了四条腿，一蹦一跳，跑得可快啦。乌龟也长了四条腿，爬呀，爬呀，爬得真慢。有一天，兔子碰见乌龟，笑眯眯地说："乌龟，乌龟，咱们来赛跑，好吗？"乌龟知道兔子在开他玩笑，瞪着一双小眼睛，不理也不睬。兔子知道乌龟不敢跟他赛跑，乐得摇着耳朵直蹦跳，还编了一支歌曲笑话他。"乌龟乌龟爬爬，一早出门采花，乌龟乌龟走走，傍晚还在门口。"乌龟生气了，说："兔子，兔子，你别神气活现的，咱们就来赛跑。""什么？什么？乌龟你说什么？""咱们这就来赛跑。"兔子一听，差点笑破了肚子："乌龟，你真敢跟我赛跑？那好，咱们从这儿跑起，看谁先跑到那边山脚下的一棵大树边。预备，一、二、三，跑！"

3. 童话的改写

童话的改写应遵循以下原则：

（1）主题要单一。要先确定一个幼儿能够理解的主题，然后围绕它进行改写。

（2）篇幅要短小，结构要紧凑。

【示例】安徒生童话《海的女儿》的改写

原文开头相当长，改写后是这样的：

"在大海深处，有一座用珊瑚做成的宫殿，里面住着海王。海王有六个女儿，其中，最小的女儿是她们中长得最美丽的。不过,她们都没有腿,而是长着一条像鱼一样的尾巴。"

评析: 改写后,可以使故事迅速进入正题,保证了篇幅的短小和幼儿注意力的集中。

(四) 讲故事

讲故事,顾名思义,重在"讲",要在熟练掌握停连、重音、语气、语调等技巧运用的基础上,进行旁白的声音和角色的声音的塑造。

一是旁白的声音要契合故事的感情基调,营造故事的氛围。正所谓爱则气柔声徐,憎则气旺声硬,喜则气满声扬,悲则气沉声抑,怒则气粗声重,惊则气提声重。

【示例】《月亮婆婆值夜班》中旁白的声音处理

这时,月亮婆婆开心地笑了,她轻轻地冲小星星们点了一下头,星星们便心领神会地演奏起柔美舒缓的乐曲,月亮婆婆甜美轻柔地唱着摇篮曲:"睡吧,睡吧,我亲爱的宝贝……"

评析: 这段故事旁白,用柔和的声音进行讲述,可以营造充满温馨和爱的故事氛围。

二是角色的声音要注重突出角色的个性特点。聪明可爱的角色声音轻松欢快;憨厚老实的角色声音沉稳柔和;奸诈狡猾的角色声音尖细高扬;凶狠残忍的角色则声粗音高。

【示例】《金斧头》中角色的声音处理

老爷爷扑通一声跳进河里,捞了一把斧头上来:"你丢的是这把吗?孩子!"

程实一看,这是一把银光闪闪的银斧头,真好看,但还是摇着头说:"老爷爷,谢谢您!这把斧头也不是我的!"

……

地主眼睛一亮,忙说:"银的也不错,最好是一把金的……"

评析: 故事中的老爷爷慈祥,程实老实厚道,而地主则贪婪成性,根据三个角色不同的性格特点,塑造不同的声音,就可以把人物的鲜明特点展示出来。

(五) 演故事

给幼儿讲故事,要想讲得动听,必须做到绘声绘色,讲、演结合。讲,就是绘声,即口头语表达生动;演,就是绘色,即态势语表演精彩。演故事,主要强调眼神、表情、手势、身姿等态势语的表演。

态势语的设计要抓住角色的特点及其主要特征。例如,长长鼻子的大象、笨手笨脚的小熊、挠头抓虱子的猴子、展翅高飞的雄鹰等。个性鲜明的动作,再加上眉飞色舞的表情,才能把故事演得精彩。

如上述讲故事的示例《金斧头》中三个人物形象的态势语,就明显不同。递斧头的老爷爷,面对程实时,动作缓慢,眼神慈爱;面对地主时,眼神则透出轻蔑。程实看着银斧头时,通过摇头、摆手的动作和坦诚的眼神,表现出他的诚实和不贪财。地主看着银斧头时,通过身体马上前倾、瞳孔马上放大、露出贪婪的眼神等态势语,表现出他的贪婪、狡诈。

知识链接

幼儿教师讲故事评分标准

(1) 故事主题突出,内容健康向上,富有儿童情趣。(20 分)

(2) 情感真挚,声情并茂。(20 分)

(3) 脱稿表演,普通话语音标准,讲述流畅,节奏感强,语气恰到好处。(30 分)

(4) 表情生动形象,形体动作协调,体态语到位。(20 分)

(5) 服饰得体,仪表端庄,举止大方,体现幼儿教师的精神风貌。(10 分)

 自我检测

1. 幼儿故事的特点有哪些?

2. 讲故事的基本要求是什么?

3. 幼儿教师应如何改写神话传说和民间故事?

4. 为了便于幼儿接受与理解,幼儿教师应从几个方面改写寓言故事?

5. 幼儿教师怎样为幼儿选改童话?

6. 每位同学从下列故事中选择一个,进行讲故事训练,然后举办班级故事会。

要求:绘声绘色地讲故事,注意口语表达与态势语相结合。

彩 虹 蛋 糕

(选自 2023 年全国职业院校技能大赛(高职组)"幼儿教育技能"赛项赛卷)

妈妈的生日到了,小猴子高兴地说:"哈哈! 我有一双能干的小手,我要亲手给妈妈做一个生日蛋糕!"

小猴子量好了面粉,打好了鸡蛋,还特别加了妈妈最喜欢吃的草莓酱,放进大烤箱。过了一阵儿,香喷喷的味道就飘了出来,引来了小老虎、小狗熊、小山羊和小鸭子,大家都说:"实在太香啦!"

不一会儿,小猴子就从烤箱里端出一个又大又红的草莓蛋糕,哇! 实在太漂亮啦! 小猴子请朋友们尝一尝。"哇! 实在太好吃啦!"你一口,我一口,厚厚的蛋糕很快就剩下薄薄的一层了。小猴子急哭了:"我拿什么礼物送给妈妈? 妈妈快要下班了!"

大家安慰他说:"实在太对不起了! 现在,我们一起做个新蛋糕吧!"

小猴子说:"我妈妈爱吃草莓酱,我要做一层红红的蛋糕!"

小老虎说:"我有肉松,我要做一层黄黄的蛋糕!"小狗熊说:"我有蓝莓,我要做一层蓝蓝的蛋糕"。小山羊说:"我有小草,我要做一层绿绿的蛋糕。"小鸭子说:"我有小虾,我要做一层青色的蛋糕。"

呀! 一层层叠起来,就做成了一个彩虹蛋糕!

妈妈回来了,她惊呆了,抱起小猴子亲了又亲:"哇! 彩虹蛋糕,实在太美啦! 能干的宝贝,谢谢你的生日礼物!"小猴子高兴地搓着小手,不好意思地说:"这是我和朋友们一起动手做的！是大家的功劳啊！"

咕 咚 来 了

(选自 2022 全国职业院校技能大赛(高职组)"学前教育专业教育技能"赛项赛卷)

在宁静的小湖边,有棵大大的木瓜树,树上结满了金黄的木瓜。这天中午,一只小白兔正靠在大树旁睡觉,呼噜呼噜睡得可香了。这个时候一阵微风吹过来,一只熟透了的木瓜被吹得摇来摇去,然后咕咚一声掉进小湖里了。这奇怪的声音把小白兔给惊醒了。他竖起两只大耳朵,瞪大了眼睛向四周仔细瞧了瞧,可是什么也没发现。小白兔害怕了,撒腿就向森林里跑去,嘴里还不停地喊:"不好了,不好了！咕咚来了,咕咚来了！"

狐狸正在同小鸟跳舞,看见小白兔慌慌张张地跑过来,就问他发生了什么事。小白兔跑得上气不接下气,气喘吁吁地说:"不好了,咕咚来了！"狐狸不知道咕咚是什么,还以为是厉害的妖怪,吓得跟着小白兔跑了起来。他们又惊动了小熊和小猴。小熊和小猴不问青红皂白,也跟着他们跑起来。他们几个一边跑一边喊着:"不好了,咕咚来了,咕咚来了！"大象看见了,感到很惊讶,拉住狐狸问:"出了什么事?"狐狸气喘吁吁地说:"咕咚来了,那是个三个脑袋,八条腿的怪物……"于是,大象也加入逃跑的队伍。

就这样,一路上跟着跑的动物越来越多,队伍越来越大,奔跑的声音也越来越响。终于把正在睡午觉的森林之王——狮子给惊醒了,狮子非常生气,便大吼一声,怒气冲冲地问道:"你们跑什么跑,吵得我觉都睡不成了！快说！发生什么事情了?"大家你看我、我看你,都说不出来是怎么回事,最后问到了小白兔,他发抖着说:"咕、咕咚来了,它、它可吓人了！"可狮子从来没听说过咕咚这个东西,就问小白兔:"咕咚是什么,你给我带路,去找这个咕咚,我倒要看看什么东西这么可怕！"

于是,在小白兔的带领下,大家来到那棵木瓜树下,只见树底下的湖水又清又绿,大家找呀找呀什么怪物也没看见,正感到纳闷儿呢,忽然又吹过一阵凉爽的微风,一只熟透的木瓜咕咚一声掉进了湖里,接着又有几只木瓜先后掉进湖里,发出了咕咚、咕咚的声音。原来这就是可怕的咕咚呀,大家一下子全明白了,再想起刚才狼狈逃跑的样子,都哈哈大笑起来。

小白兔羞红了脸,低下了头。

鹅 大 哥 出 门

(选自 2023 年全国职业院校技能大赛(高职组)"幼儿教育技能"赛项赛卷)

鹅大哥一摇一摆地走出门去,来到池塘边,看见自己的倒影,心里乐滋滋地说:"瞧,我多漂亮啊！红红的帽子,雪白的羽毛,谁也比不上！"

鹅大哥真神气,大步大步往前走。看见一群小鸡,它大声嚷嚷:"让开,让开！你们这些小东西。"小鸡们急忙躲到路边:"叽叽叽,叽叽叽,鹅大哥怎么这么神气?"

鹅大哥真神气,大步大步往前走。看见一群小鸭,又大声嚷嚷:"走开,走开！你们这些小不点。"小鸭们急忙躲到路边:"嘎嘎嘎,嘎嘎嘎,鹅大哥怎么这么神气?"

鹅大哥越来越神气,它把胸脯挺得高高的,脑袋抬得高高的,眼睛望着天,连前面有个大泥坑也没看见,扑通一声,掉进了泥坑里。大白鹅变成了大黑鹅,这一下,它可就不神气喽!

小　马　过　河

（选自 2020 年全国职业院校技能大赛（高职组）"学前教育专业教育技能"赛项赛卷）

小马和他的妈妈住在绿草如茵的十分美丽的小河边。

每当妈妈过河给河对岸的村子送粮食的时候，他总是跟随在妈妈的身边，寸步不离。

他过得很快乐，时光飞快地过去了。

有一天，妈妈把小马叫到身边说："小马，你已经长大了，可以帮妈妈做事了。今天你把这袋粮食送到河对岸的村子里去吧。"

小马非常高兴地答应了。他驮着粮食飞快地来到了小河边。可是河上没有桥，只能自己蹚水过去。可是河水有多深呢？犹豫中的小马一抬头，看见了正在不远处吃草的牛伯伯。小马赶紧跑过去问道："牛伯伯，您知道这河里的水深不深呀？"牛伯伯挺起他那高大的身体，笑着说："不深，不深。河水才到我的小腿。"

小马高兴地跑回河边，准备蹚水过河去。他刚一迈腿，忽然听见一个声音说："小马，小马别下去，这河可深啦。"小马低头一看，原来是小松鼠。小松鼠翘着她那漂亮的尾巴，睁着圆圆的眼睛，很认真地说："前两天，我的一个伙伴不小心掉进了河里，河水就把他卷走了。"小马一听没主意了。

马妈妈老远就看见小马低着头驮着粮食又回来了，心想他一定是遇到困难了，就迎过去问小马。小马哭着把牛伯伯和小松鼠的话告诉了妈妈。妈妈安慰小马说："没关系，咱们一起去看看吧。"

小马和妈妈又一次来到河边，妈妈这回让小马自己去试探一下河水有多深。小马小心地试探着，一步一步地蹚过了河。噢，他明白了，河水既没有牛伯伯说的那么浅，也没有小松鼠说的那么深。只有自己亲自试过才知道。

小马深情地向妈妈望了一眼，心里说："谢谢你了，好妈妈。"

然后他转头向村子跑去。他今天特别高兴，你知道是为什么吗？

我的幸运一天

（选自 2022 全国职业院校技能大赛（高职组）"学前教育专业教育技能"赛项赛卷）

一天，一只饥饿的狐狸正准备出门找午餐。在他修爪子的时候，忽然门外传来一阵敲门声。

"嗨，小兔子！"有人在门外喊，"你在家里吗？"

"兔子？"狐狸想，如果这儿有什么兔子的话，我早就把他当早餐了。狐狸打开门——门外站着一只小肥猪。"哎呀，我找错门了！"小猪尖叫起来。

"啊，没错。"狐狸喊着，"你找的正是地方！"他一把抓住小猪，使劲地把他拖了进来。

"这真是我的幸运一天！"狐狸大声叫道，"什么时候午餐竟然自己送上门来了！"

小猪一边挣扎一边尖叫："放开我！让我走！"

"对不起，小子。"狐狸说，"这可不是一般的午餐呐，这是一顿烤猪肉——我的美味大餐！现在，就到烤锅里去吧！挣扎也没有用。"

"好吧"，小猪叹了口气。"听你的安排吧，可是我有一件事情要说。"

"什么事？"狐狸吼道。

"嗯,你知道,我是一只猪,而猪是非常脏的。难道你就不想给我先洗洗澡吗? 想一想吧,狐狸先生。"

"嗯",狐狸自言自语道,"他是很脏。"于是,狐狸开始忙起来了:他捡树枝,他生火,他拎水。然后,他给小猪痛痛快快地洗了个澡。"你真是个令人害怕的家伙!"小猪说。

"好了",狐狸说:"现在你是全村最干净的小猪了。给我安静地待着!""好吧,"小猪叹了口气。"听你安排吧,可是……"

"可是什么?"狐狸吼道。

"嗯,你知道,我是一只非常小的猪。难道你就不想喂饱我,让自己吃得更过瘾一点吗? 想一想吧,狐狸先生。"

"嗯",狐狸自言自语道,"他确实小了一点。"于是,狐狸开始忙起来了:他摘西红柿,他做通心粉,他烤小甜饼。然后,他给小猪吃了一顿丰盛的午餐。"你真是个令人害怕的厨师!"小猪说。

"好了",狐狸说,"现在你是全村最肥的小猪了。给我进烤锅吧!"

"可是,你知道,我是一只勤劳的猪,所以我的肉特别硬。难道你就没有想过给我按摩一下,让自己能吃上更嫩一点的烤肉吗? 想一想吧,狐狸先生。"

"嗯,肉嫩一点当然更合我的口味啦!"于是,狐狸又开始忙起来了:他先推推这儿,又拉拉那儿。他把小猪从头到脚又捏又敲。

"这真是令人害怕的按摩!"小猪说,"不过,这些日子我确实工作得很辛苦,我的背都僵硬了。你能再用点力吗,狐狸先生? 再多用一点点力气就好了。噢,可以了,可以了。现在,再往左边用点力气。"

"狐狸先生,你在哪儿?"

可是,狐狸先生再也听不见了——他累昏过去了,连抬抬手指头的力气都没有了,更别说烤猪肉啦!"可怜的狐狸先生",小猪叹了口气,"他忙了整整一天!"

然后,村里最干净、最肥、最柔软的小猪,拿着剩下来的小甜饼飞快地跑回家去。"多么舒服的澡! 多么丰盛的午餐! 多么惬意的按摩!"小猪叫起来,"这真是我最幸运的一天。"

雪 孩 子

(选自 2020 年全国职业院校技能大赛(高职组)"学前教育专业教育技能"赛项赛卷)

雪下个不停,一连下了好几天。

天晴了,兔妈妈要出门去。小白兔嚷着:"妈妈,我也要去!"兔妈妈说:"好孩子,妈妈有事,你不能跟我去。"兔妈妈给小白兔堆了个雪孩子,小白兔有了新伙伴,心里真高兴,就不跟妈妈去了。

小白兔跳舞给雪孩子看,唱歌给雪孩子听。她玩累了,就回家去睡午觉。哎呀! 屋子里真冷,赶快往火堆里添些柴吧! 小白兔添了柴,把火烧得旺旺的,屋子里就暖和了,她躺在床上,闭上眼睛,一会儿就睡着了。

火越烧越旺。哎呀,火把旁边的柴堆烧着了。可是小白兔睡得正甜,她一点也不知道。

"不好啦,小白兔家着火了!"雪孩子看见小白兔家的窗子里冒出黑烟、冒出火星,他一边喊,一边向小白兔家奔去。

"小白兔,小白兔,你在哪里?"雪孩子冲进屋子去,冒着呛人的烟,烫人的火,找呀,找呀,找到小白兔,连忙把小白兔抱起来,跑出了屋子。

小白兔得救了,可是雪孩子融化了,浑身水淋淋的。这时候,树林里的小猴子、小刺猬都赶来救火,不一会儿大伙儿就把火扑灭了。

兔妈妈回来了,她说:"谢谢大家来救火,谢谢大家!"小刺猬说:"是谁救了小白兔? 真的要谢谢他呢!"

对啊,是谁救了小白兔呢? 是雪孩子。可是雪孩子呢? 雪孩子不见了,他已经化成水了。

不,雪孩子还在呢! 瞧,太阳晒着晒着,他变成很轻很轻的水蒸气,飞呀,飞呀,飞到天空,变成一朵白云,一朵美丽的白云。

乌鸦和狐狸

从前有一只乌鸦,它找到了一块新鲜的肉,叼在嘴里高兴地飞到了大树上。这时,一只狐狸正巧经过这里,看到了乌鸦嘴里叼着的肉,心想:"这一块肉一定很好吃吧,但是用什么办法才能把那块肉弄到手呢?"狡猾的狐狸眼珠一转,想出了一个好办法,于是,它来到大树下,对着树上的乌鸦大声说道:"亲爱的乌鸦小姐,你长得真漂亮啊,想必你的歌声也一定很美妙吧,你能唱一支动听的歌给我听吗?"乌鸦听了狐狸的赞美,高兴极了,激动地放声歌唱,刚一张嘴肉就从嘴里掉了下来,刚好落在狐狸的嘴里。故事讲完了,它告诉我们这样一个道理:不能轻易相信别人的话,要有自己的主见,还要认清自己,要保持清醒的头脑,才不会受骗呀!

没有牙齿的大老虎

在大森林里,谁都知道老虎的牙齿厉害。小猴伸着舌头说:"嗬,比柱子还粗的树,大老虎只要用尖牙一啃就断,真怕人哪!"

"大老虎嚼起铁杆来,跟吃面条一样……"小兔说着,害怕得缩起了脑袋。

可狐狸却说:"你们怕大老虎的牙齿,我就不怕! 我还要把他的牙齿全部拔掉呢!"

哈哈哈,哈哈哈,谁相信狐狸的话呢?

"吹牛! 吹牛!""没羞! 没羞!"小猴和小兔一个劲儿地笑小狐狸。

"不信,你们就瞧着吧!"狐狸拍拍胸脯走了。

嗬,狐狸真的去找大老虎了,他带了一大包礼物:"啊,尊敬的大王,我给你带来了世界上最好吃的东西——糖。"

糖是什么? 老虎从来没尝过,他吃了一粒奶油糖,啊哈,好吃极了!

狐狸以后就常常给老虎送糖来。老虎吃了一粒又一粒,连睡觉的时候,糖还含在嘴里呢。

这时,大老虎的好朋友狮子忙来劝他:"哎哟哟,糖吃得太多,又不刷牙,牙齿会蛀掉的。狐狸最狡猾,你可别上他的当呀。"

"嗯。"大老虎答应着,他正要刷牙,狐狸来了:"啊,你把牙齿上的糖全刷掉了,多可惜呀。"

"可听狮子说,糖吃多了会坏牙的。"

"唉唉,别人的牙怕糖,你大老虎的牙这么厉害,铁条都能咬断,还会怕糖?"

"谢谢,谢谢。"老虎捂着嘴巴说。

　　狐狸一看老虎的嘴巴就叫了起来："哎哟哟,你的牙全得拔掉!"

　　"啊!"老虎歪着嘴,一边哼哼,一边说："唉,只要不痛,拔……就拔吧……"

　　吭唷,吭唷,狐狸拔呀拔,拔了一颗又一颗……最后一颗牙,狐狸再也拔不动了。

　　嘿,有办法了! 狐狸拿着一根线,一头拴住老虎的牙,一头拴在大树上。然后他拿个鞭炮放在老虎耳朵边,一点火,呼——啪!"啊哟!"老虎吓得摔了个大跟头。最后一颗牙齿也掉下来了!

　　哈哈,哈哈……这只没有了牙齿的大老虎成了瘪嘴老虎啦! 他还用漏风的声音,对狐狸说："还是你最好,又送我糖吃,又替我拔牙,谢谢,谢谢!"

任务十四　教育口语训练

 任务目标

【知识目标】

1. 能够辨析幼儿教师教育口语的特点。

2. 能够阐述幼儿教师教育口语的要求。

3. 能够辨析沟通语、劝慰语、说服语、激励语、表扬语、批评语等幼儿教师教育口语基本技能的作用。

【能力目标】

1. 掌握沟通语、劝慰语、说服语、激励语、表扬语、批评语等幼儿教师教育口语表达的基本技能。

2. 能够根据不同的教育情境运用恰当的教育口语展开教育活动。

3. 能够根据不同的教育对象运用恰当的教育口语展开教育活动。

【素质目标】

1. 树立科学的教育观与教师观。

2. 逐步形成积极的职业认同感,热爱学前教育事业。

案例引路

　　亮亮非常喜欢幼儿园里的新玩具,兴奋地把玩具撒了一地。张老师用命令的语气说:"快把地上的玩具捡起来!"亮亮无动于衷,继续乱撒玩具。这时,李老师拿了个装玩具的整理箱,把它当成超市的小推车,一边推一边说:"超市里的玩具真多,我想买一辆汽车。这里正好有一辆蓝色的汽车!"然后,李老师把这辆小汽车捡起来放进"小推车"。亮亮看见了,马上放下手中的小玩具,把李老师的"小推车"推了过去,一边捡起一个毛绒小狗玩具,一边说:"这只小狗真好看,我要买下来。"不一会儿工夫,亮亮一边"买玩具",一边把地上的玩具都放进了整理箱。

　　以上两位老师的用语和做法,你认为哪个更适合幼儿?

　　《幼儿园教师专业标准(试行)》中强调,幼儿园教师是履行幼儿园教育工作职责的专业人员。幼儿园教师作为幼儿学习活动的支持者、合作者、引导者,应具备"将教育灵活地渗透到一日生活中""充分利用各种教育契机,对幼儿进行随机教育"的专业能力。幼儿园教师在与幼儿互动中对幼儿进行思想品德、行为规范教育时使用的工作用语,就是幼儿教师教育口语。

一、认识教育口语

(一)教育口语的特点

幼儿教师教育口语与日常口语相比,用词浅显,语句简洁规范,语流顺畅;与艺术口语相比,语气更加亲切柔和,语调变化自然,态度温和;与其他教育口语相比,通俗易懂,语句简短,语义明晰。那么,教育口语有哪些特点呢?

1. 富有童趣

童趣是指符合儿童心理和认知水平的意趣、情趣、理趣。幼儿教师教育口语富有童趣,才能吸引幼儿的注意,扣动幼儿的心弦。教育口语的内容要富有童趣,从幼儿的视角表述问题。教育口语的表达方式也要趣味化,多用拟声词、感叹词,多用比喻、拟人、夸张等修辞手法,声音要和谐、悦耳,语调要活泼,语速稍慢,多用表情、手势、身姿变化等态势语辅助表达。

【示例】

小班幼儿在洗手的过程中,总会听到告状声:"老师,他又在玩水!""老师,××没有挽袖子"……A教师反复提醒常规要求"洗手时要这样……要那样……注意……",可效果总是不好。这天,在孩子们洗手时,A教师也加入进去,并表情丰富地唱起了自己改编的《洗手歌》:"挽起袖口,洗洗小手,我们来洗——手……甩甩抖抖,甩甩抖抖,水珠飞走……"A教师边唱歌曲边洗手,小朋友们也纷纷跟着学起来。就连以前幼儿最容易忽略的挽袖子、甩手、取毛巾等环节,孩子们也都愿意主动完成了。

评析:A教师将洗手环节趣味化,让幼儿在游戏中通过动作表达自己的感受,能促使幼儿在潜移默化中掌握基本的生活技能,养成良好的生活习惯。

2. 简明规范

根据幼儿的认知方式和心理特点,幼儿教师教育口语应该简洁通俗,用幼儿听得懂的词语与简短的句式。教师说话的目的性要明确,突出要义;说话要层次分明,条理清楚。

【示例】

教师整理队伍准备带小朋友到公园去玩。

教师:"今天老师带小朋友们去公园玩,大家要排好队,跟着老师,靠右边的人行道走。听清楚了吗?"

幼儿:"听清楚了。"

教师:"出发!"

评析:教师语言指令明确,通俗易懂,幼儿易于接受。

3. 具体鲜明

由于幼儿的思维方式以形象思维为主,教师要多举幼儿熟知的事例说明事理,唤起幼儿对具体事物的感知。教师要多运用态势语来辅助口语,富有感情、绘声绘色地表达,使幼儿如闻其声,如见其人,如临其境,切忌板着面孔空洞地说教。

【示例】

该吃午饭了,明明一看是自己不爱吃的面条和鸡蛋汤,就不想吃饭了,其他几个幼儿也纷纷效仿明明,不想吃饭。教师见状,拿了把尺子,量了量教室里花草的"身高"。

教师:"哎呀,这花草又长高了! 谁知道这花草为什么会长这么快呢?"

幼儿:"我们每天都给花草浇水的。"

教师:"对呀,水就是花草的'饭菜',花草每天按时吃饭,当然长得快了!"

幼儿:"我也想长高!""我也想长得快!"

教师:"那你们就多吃饭,吃得饱饱的! 我们和花草比比,看谁长得快!"

孩子们都大口地吃起饭来。

评析:教师抓住幼儿想快点长高、长大的心理,运用类比的方法,巧妙地解决了幼儿挑食不想吃饭的问题。

4. 明理启智

在师幼互动中,教师要关注幼儿的日常表现,及时发现和赏识每个幼儿的点滴进步,抓住教育契机,从幼儿的行为感受出发,与幼儿进行有效沟通,让幼儿感知是非、明白事理,在潜移默化中培养幼儿良好的意志品质,帮助幼儿形成良好的行为习惯。

(二) 教育口语的要求

1. 态度积极,尊重幼儿

教师要保持乐观向上、热情开朗的工作态度,对幼儿要有亲和力。教师的教育口语的语气要亲切、热情。运用教育口语时,教师要建立在尊重幼儿的基础上,用语要注意保护幼儿的自尊心、自信心、好奇心,激发幼儿的积极性;要尊重个体差异,切忌讽刺、挖苦、歧视幼儿。教师要平等对待每一个幼儿,同时考虑幼儿的年龄差异,使用符合幼儿年龄特点的语言和幼儿交流。

【示例】

小班幼儿刚入园时总是哭闹,经过一段时间的适应后多数幼儿已不再哭闹。但是,小班的菲菲如今在入园时,还是哭闹不止。A 教师吓唬菲菲:"再哭,再哭就把你关到厕所里!"B教师热情地从家长手里接过菲菲,蹲下来对她说:"我喜欢不哭的菲菲! 小朋友也喜欢不哭的菲菲!"B 教师接着问全班小朋友:"如果菲菲不哭了,小朋友们愿意和菲菲玩吗?"幼儿:"愿意!"B 教师:"菲菲喜欢玩过家家的游戏,谁来和她一起玩呢?"幼儿:"我!""我和她玩。"菲菲不再哭闹,和小朋友们玩了起来。

评析:A 教师用吓唬的方式,容易对幼儿的心灵造成伤害;B 教师照顾到幼儿的个体差异,巧妙地让菲菲融入集体。

2. 表达规范,善于倾听

教师的教育口语要规范、健康,这不仅是教育工作的需要,同时也是为了给幼儿树立良好的榜样。教师是幼儿心目中最有威望的人,幼儿喜欢模仿教师的一言一行。教师的言语行为、表达方式,无形中给幼儿进行了直观的示范,如果教师的语言不规范,将会影响幼儿的语言学习。

【示例】

在一次户外游戏中,小明率先完成了游戏任务,教师对小明说:"小明,你真是酷毙了!"

评析:有些教师容易将一些网络用语或方言词汇运用到教育教学活动中,如"破大防了""离了个大谱"等,这些都属于语言表达不规范的现象。

教师要及时捕捉幼儿的"闪光点",多鼓励多肯定幼儿。幼儿缺乏自我意识,他们往往从成人的肯定、认可中体会自身价值,并从中汲取自信、勇气和力量。教师要善于倾听,不轻易打断幼儿的表达,从幼儿的表达中了解幼儿,从而与幼儿进行有效沟通。

3. 引导到位,态势得体

教师在教育活动中要留心观察幼儿,根据幼儿的表现和需要,给予幼儿适宜的指导。教育口语要言简意赅,语义明晰。

运用教育口语时,教师可以蹲下或坐下,平视幼儿,这样会让幼儿感觉自己受到了尊重,有利于幼儿心理的放松。与幼儿交流时,教师的目光要注视着幼儿,多用亲切柔和或鼓励赞许的目光;批评幼儿时,目光可严肃些,但切忌用鄙夷、轻视的目光。此外,抱抱幼儿、摸一下头、拍一下肩等充满爱意的小动作,都会让幼儿感受到教师对他的关爱,有利于创设宽松的教育环境。教师切忌双手交叉抱在胸前教育幼儿,批评幼儿时更不能用食指指点幼儿。

• 知识链接 •

为深入贯彻《国家中长期教育改革和发展规划纲要(2010—2020年)》和《国务院关于当前发展学前教育的若干意见》(国发〔2010〕41号),指导幼儿园和家庭实施科学的保育和教育,促进幼儿身心全面和谐发展,教育部于2012年10月印发了《3—6岁儿童学习与发展指南》(以下简称《指南》)。

《指南》以为幼儿后继学习和终身发展奠定良好素质基础为目标,以促进幼儿在体、智、德、美各方面的全面协调发展为核心,通过提出3—6岁各年龄段儿童学习与发展目标和相应的教育建议,帮助幼儿园教师和家长了解3—6岁幼儿学习与发展的基本规律和特点,让幼儿度过快乐而有意义的童年。

《指南》从健康、语言、社会、科学、艺术五个领域描述幼儿的学习与发展。每个领域按照幼儿学习与发展最基本、最重要的内容划分为若干方面。每个方面由学习与发展目标和教育建议两部分组成。

学习与发展目标部分分别对3—4岁、4—5岁、5—6岁三个年龄段末期的幼儿应该知道什么、能做什么、大致可以达到什么发展水平提出了合理期望,指明了幼儿学习与发展的具体方向。教育建议部分列举了一些能够有效帮助和促进幼儿学习与发展的教育途径与方法。

自我检测

1. 幼儿教师教育口语有哪些特点？
2. 运用教育口语应遵循哪些要求？
3. 结合你实习时在幼儿园遇到的现象，设计一段教育口语，并和同学交流、练说。

案例引路

　　班里的孩子不爱惜图书，经常出现扔书、使劲翻书导致书页破损或把书乱放等现象。教师找来几本新书和几本小朋友扔坏、翻坏的旧书。

　　教师：小朋友们看，这两摞书一样吗？

　　幼儿：不一样。

　　教师：对，这些是刚买的新书，这些是小朋友们看过的旧书。你们喜欢新书还是旧书？

　　幼儿齐声回答：喜欢新书。

　　教师：可是这些新书告诉老师，说"那些旧书原来也是新的，可是在小一班才放了一周，就变成旧书了。小一班的小朋友把图书宝宝往天上扔，有时踩在脚底下，有时压在腿下面，有时两个人抢书，把图书宝宝都撕破了。我们可不想来小一班！"小朋友们，图书宝宝生气了，我们该怎么办呢？

　　幼儿：老师，我们以后要好好爱惜书。

　　教师：那大家怎样爱惜书呢？

　　幼儿：我不扔书了。我不和小朋友抢书。我看完书把书放好……

　　（看到孩子们认识到了错误）教师：小朋友们，图书宝宝听到你们的话后，非常高兴，愿意和你们交朋友。你们能说到做到吗？

　　幼儿齐声回答：能！孩子们的声音响亮而坚定！

　　如果你是教师，你会怎样引导幼儿爱惜图书？

二、教育口语基本技能训练

（一）沟通语训练

1. 沟通语的作用

　　沟通是实现教育目标、满足教育要求、实现教育理想的重要手段。教师与幼儿的沟通是在了解幼儿处境、心情的前提下，选择恰当的表达内容和表达方式与幼儿进行交流，以争取幼儿认同或配合的言语策略和技巧。通过与幼儿沟通，教师一方面可以充分了解幼儿的兴趣、需要、性格及心智发展水平，有利于针对性地对幼儿进行教育；另一方面还可以了解幼儿的内心世界，发现幼儿的心理变化，有利于及时调整教育方法。这样一来，幼儿在沟通中可以感受到来自教师的关爱、信任和期望,从而增强自信心,更愿意表达自己的思想,更愿意与人交往、表现自己。

2. 沟通语的技巧

与幼儿进行言语沟通时,教师要尊重幼儿的情感,寻找幼儿感兴趣的话题,鼓励幼儿开口,同时还要注意语言的儿童化——词语、句式要符合幼儿的认知水平,不讲幼儿听不懂的话。此外,教师要善于倾听,当幼儿表述自己的情感时,不要随意打断幼儿的话。

教师与幼儿言语沟通的主要方式有两种:一是"语脉接引",即顺着幼儿的意思接话;二是互补交流,即对幼儿没说到的话教师要及时诱导,适时补上一两句,引导幼儿表达出真情实感。

教师在与幼儿进行言语沟通的同时,也要有效使用非言语沟通的方式。非言语沟通主要通过态势语(表情、眼神、动作等)来进行。例如:当幼儿来园时,教师面带微笑伸开双臂拥抱幼儿,能让幼儿感受到教师对自己的爱;当询问幼儿时,教师蹲下身体和幼儿平视交流,能使幼儿更愿意向教师倾诉;当幼儿自己整理玩具时,教师面带微笑地看着他,能让幼儿感受到教师对他的肯定和鼓励;当幼儿做错事时,教师皱着眉头冲他摇摇头,能让幼儿马上意识到自己做错了。

【示例】

(1)教师带着大班的孩子从走廊上经过,这时迎面走来了一队小班的幼儿,大班中有幼儿说:"老师,对面有小朋友走过来了!"教师微笑着问大家:"小班的弟弟妹妹来了,我们该怎么办呢?"孩子们异口同声地说:"让弟弟妹妹先过去!"

(2)户外活动结束,幼儿拥进盥洗室抢着洗手,结果挤成一团,发生了争吵。

幼儿:"老师,强强把我的衣服甩湿了!""老师,聪聪挤我!"……

教师:"这么多小朋友一起洗手,可是水龙头不够多,我们怎样才能不拥挤快快洗呢?"

幼儿:"我洗完了,他再洗!""我们排着队洗。"

教师:"小朋友们说得真好! 我们排着队轮流洗吧!"

在与幼儿沟通时,教师要避免两种情况的出现:一是沟通错位,二是情感反差。当沟通受阻时,教师要注意及时调节。教师可以先静听幼儿诉说,然后再运用沟通语逐步引导幼儿进入正题。在与幼儿沟通时,教师要设身处地为幼儿着想,不能苛求幼儿。当幼儿表达有困难,无法把话继续说下去时,教师可以用简单的提问,鼓励幼儿把话说完,如"接下来发生什么了?""你说得真好,继续!"

【示例】

(1)教师提的问题还没说完,有名幼儿急于回答,抢着打断教师的话,边举手边说:"老师,我会我会,让我说吧。"

教师:"就你能,就你多嘴。"

(2)红红穿着妈妈给她新买的连衣裙兴高采烈地对老师说:"老师,您看妈妈给我买了新裙子!"

教师头也不抬冷漠地说:"哦,知道了。"

评析：示例(1)中教师岔开了幼儿的语义指向，不仅没有鼓励幼儿，反而挫伤了幼儿的积极性；示例(2)中幼儿主动同教师说话，教师却用敷衍的态度应答，给幼儿的心头投上了一片阴影。沟通应该是有温情的交流，要求教师充满爱心，充满热情。

（二）劝慰语训练

1. 劝慰语的作用

幼儿在幼儿园常会因不适应、意愿未被满足、和同伴发生冲突而产生不愉快情绪。此时，教师若能分析原因，对幼儿进行劝慰，就可以帮助幼儿尽快走出不良心境。

爱是教师和幼儿沟通的基础。教师运用劝慰语，要以爱与真诚为基础，认真倾听幼儿的诉说，表达出对幼儿的理解或同情。

2. 劝慰语的技巧

劝慰胆汁质、多血质的幼儿，教师要直接明了，设法淡化并转移其注意力；劝慰黏液质的幼儿，教师要有耐心，表现出同情理解，并给予积极的暗示；劝慰抑郁质的幼儿，教师要不厌其烦，设法引导其转移注意力或离开引发不良情绪的环境。

【示例】

（1）晓晓性格比较内向，每天早上来幼儿园总是拽着奶奶的衣服不肯松手，并且嘴里喊着要奶奶早点来接。A教师看到后，一边抱过晓晓一边安慰她说："晓晓是个乖孩子，奶奶会早点来接的。"教师边给晓晓擦眼泪边问她："晓晓，你最喜欢玩什么呀，老师陪你玩好不好？"看晓晓还在抽泣，教师伸出小拇指，对晓晓说："咱们玩个拉钩的游戏好不好？"说着教师钩住晓晓的小拇指，边拉边说："拉钩上吊，不准哭，一百年，不许变。"通过玩拉钩的游戏，晓晓的哭声很快便停住了。这时又跑来好几个小朋友要一起玩拉钩的游戏，晓晓的注意力被转移，和小朋友们一起玩了起来。

（2）B教师正在组织活动，天色突然暗下来，电闪雷鸣，不一会儿就下起了雷阵雨。此时，全班幼儿乱作一团，有的幼儿高喊："下雨了！下雨了！"有的幼儿跑到教师身边害怕地抱住她。这时，教师沉着冷静地对孩子们说："不要怕，有老师在呢！来，都到老师身边来。"孩子们听教师这么一说，很快便安静下来。接着，教师组织幼儿观察夏天的雷雨，还教幼儿学唱歌曲《夏天的雷雨》，这让幼儿不再感到恐惧，而且玩得十分高兴。

评析：以上示例中的两位教师的劝慰语虽不多，却表达出了对孩子真挚的爱。教师的细心与耐心，是他们与幼儿进行良好沟通的基础。

（三）说服语训练

1. 说服语的作用

说服语指教师在教育活动中，通过讲述事例、阐明道理等方式，使幼儿改变态度或接受某种意见、主张、措施或办法。当幼儿发生争执、纠纷时，教师及时恰当的说服教育是非常必要的。教师要善于运用说服语让幼儿学会识别和感受他人的情绪情感，控制自己的消极行为，从而进一步做出互助、分享和谦让等积极行为。如当看到幼儿在撕书时，教师对幼儿说：

"你把书的衣服撕破了,它多难受啊。"当看到幼儿在揪小鸟的羽毛时,教师说:"小鸟哭了,你再揪它,它就不和你做朋友了。"教师用这样的方法比训斥、责怪、打骂效果要好得多。

2. 说服语的技巧

教师的说服需要建立在师幼充分沟通的基础上,从而使幼儿在轻松愉悦的心理状态下接受正确的行为方式。因此,教师要说服幼儿,需先分析幼儿的特点,寻求双方的心理相通点,且态度要耐心诚恳。在运用说服语时,教师应注意以下三个方面:一是说服的目的要明确,当幼儿明确了教师的要求,才有可能改变错误的方式,采取正确的行动;二是采取疏导与规劝相结合的方法,不能粗暴地训斥,要耐心倾听幼儿的心声,掌握幼儿的真实想法,这样才可能有针对性地进行规劝;三是不说大话、套话、空话,不以教师的身份压服幼儿,而是要晓之以理、动之以情。

在运用说服语时,教师可以正面说服,即摆出事实,说出道理,指出危害,提出要求;也可以间接说服,用"劝—导"的方式,即先劝阻行为,再疏导情绪。教师在说服幼儿时,态度要诚恳,语言要有力度,要注意情理结合、以情动人。

说服幼儿没有固定的模式,如有的教师采用故事法说服幼儿,效果也很显著。教师在制止幼儿的不良行为时,可选用短小精悍和富有人生哲理的寓言故事、童话故事或名人名家的故事,讲故事后再让幼儿讨论、谈看法,使幼儿明白道理。教师还可采用实践法说服,即让幼儿在实践中亲身体验对方的情感。如在瑶瑶动手打了别的小朋友之后,教师让瑶瑶看被打小朋友的伤口,告诉瑶瑶伤口很疼,再给瑶瑶讲小朋友之间互让互爱的故事,让瑶瑶向被打的小朋友道歉。

【示例】

(1) 小朋友们在洗手,性格开朗的奇奇用手指堵住水龙头,水向四周喷洒,而他却高兴得哈哈大笑,其他幼儿也纷纷效仿。看来"节约用水"并没有引起孩子们应有的重视。这时,A教师把水的总阀一关,没水了,孩子们东张西望地找原因。教师说:"水宝宝告诉我,它是一个有用的孩子,能帮助人们把衣服洗干净,把手洗干净,还能给小草小树解渴。可是有的小朋友不停地玩水,把水宝宝都浪费了,水宝宝就生气了,便走了。以后你们的小手脏了也没法洗了,渴了也没有水喝了,怎么办呢?"有的幼儿说再也不浪费水了,教师说:"那让咱们一起把水宝宝请回来吧!"教师把水阀打开,水宝宝回来了。在接下来的洗手活动中,孩子们节约用水的意识好了许多,大多数幼儿都能及时关上水龙头,即使有的幼儿忘了,其他幼儿也会去提醒他"快关上水龙头,要不然水宝宝又走了"。

(2) 浩浩把玩具撒了一地,B教师对他说:"请你把玩具送回家,好吗?"浩浩不高兴了:"不行! 不行! 这是我的小兵!"说完他继续投入地玩游戏。教师轻声对浩浩说:"小兵没有穿鞋子,这么冷的天,它站在地上多冷啊! 还是赶快把它送回家吧!"浩浩听后,连忙把玩具收了回去。

评析:示例(1)中,教师采用拟人的手法,讲清楚为什么要爱惜"水宝宝",及时制止了幼儿的不良行为,为幼儿养成节约用水的好习惯奠定了基础。示例(2)中,刚开始教师想让处在游戏状态的幼儿停止游戏,使幼儿对教师产生对立情绪。随后,教师采用情境性语言启发幼儿,并将生活经验迁移到"玩具朋友"身上,幼儿就会乐意调整自己的行为。

(四) 激励语训练

1. 激励语的作用

激励语是教师用来激发和鼓励幼儿积极上进的话语。激励语具有很强的鼓动性和激发性。当幼儿因缺乏信心和勇气而畏缩不前,或因受到失败打击而悲观失望,或因遇到困难而垂头丧气的时候,教师需要使用激励语来焕发幼儿积极的情绪。幼儿自身的性格、爱好还不确定,情感起伏不稳定,经常会随教师的活动、语言的变化而变化。幼儿的兴趣和热情很大程度上需要由教师来激发。因此,教师应学会运用激励语,调动幼儿自身的积极因素,发掘幼儿内在的潜力。

2. 激励语的技巧

教师运用激励语,要善于从正面肯定入手,以鼓励方式说出,如平时一贯胆小的晓晓主动发言且回答正确,虽然发言声音很小,但教师应及时鼓励:"今天晓晓能大胆发言,还能把话说得很清楚、很完整,老师要表扬她! 以后发言声音能再大些,就更好了!"

教师运用激励语,要富有激情,语调应多扬少抑。运用激情把幼儿的积极情绪鼓动起来,但激励时注意不要言过其实。教师运用激励语,可采用以下方式:

(1) 以目标激励,导之以行。教师可鼓励幼儿:"其实你很聪明,老师相信你一定能把故事讲好!"

(2) 以榜样鞭策,激发上进。教师可以讲述值得幼儿学习的好人好事来激励幼儿,如:"蕾蕾吃完香蕉把香蕉皮扔到了垃圾箱里,我们都要像蕾蕾那样,吃完水果把垃圾扔到垃圾箱里,做个讲卫生的好孩子!"

(3) 有选择地运用"导激"和"自激"的方式。"导激",即贬中有导,用明确的诱导性语言把幼儿的激情引导到所希望的方向;"自激",即褒扬幼儿过去的优点和成绩,鼓励其改变不良现状。

教师运用激励语,语气要亲切,语调要高昂,充满热情,还要注意借助态势语,表达出对幼儿的关爱,如向幼儿投去鼓励的目光、拍拍幼儿的肩等。

【示例】

(1) 琪琪在家长的溺爱下,养成了任性、偏激的性格,还有很多不良的行为和坏习惯,但他爱听歌、唱歌。教师便使用赏识的方法去接近他、感化他。有一次他给同伴唱歌,教师竖起大拇指,对他说:"你唱得很好,你唱的歌老师和小朋友都很喜欢听,要是你不打人、不抓人,就更好了。"教师还经常抱抱他,摸摸他的头,给他自信。就这样,经过教师一段时间的努力,琪琪慢慢改掉了不少坏习惯。

(2) 有一次午饭后,孩子们在看动画片,而内向的可可却独自一人在小声唱歌。教师悄悄走到她身边,没有打断她,发现她在唱一首英语歌《ABC》。教师感到非常吃惊,微笑着向她竖起大拇指说:"你唱得棒极了,以后把这首歌教给小朋友好吗?"可可听了用力地点点头。此后,可可不再是一只怕羞的"小黄莺",她的胆子变大了,也比以前活泼了,教室里时常传出她快乐、优美的歌声。

评析：当幼儿有不良表现时,教师要多安慰、肯定和鼓励幼儿,让幼儿意识到每个人都会有做得不好的地方,只要努力就会改掉这些不良行为。教师切记不能采取讽刺挖苦甚至体罚的方式来刺激幼儿,那样很容易让幼儿失去自信。

(五)表扬语训练

1. 表扬语的作用

表扬语就是对幼儿表现出来的良好思想、行为、表现以及某种进步给予肯定性评价。教师的表扬是对幼儿的肯定和期待。适宜的表扬可以使幼儿的身心得到愉悦和满足,使自信心、自尊心、上进心得到增强,有助于幼儿改正不良的行为习惯,保证幼儿身心健康、和谐地发展。幼儿教师要有一颗博大的爱心,用心对待每一个幼儿,多表扬鼓励,多肯定赞美,努力为幼儿营造一个宽松、和谐的发展环境。

2. 表扬语的技巧

(1)表扬要及时、具体。教师要善于捕捉幼儿的"闪光点",并及时对幼儿进行表扬,"助燃"幼儿积极向上的心理愿望。表扬的目的在于为幼儿将来的行为指明方向,使幼儿得到鼓舞而更加进步。因此,教师在表扬时,既要让幼儿知道表扬的原因,也要指明幼儿值得表扬的具体行为,指明得越具体就越能让幼儿清楚哪些是好的行为。

【示例】

游戏活动结束后,教师让幼儿把积木收拾好。有两个幼儿同时看见了掉在地上的积木,但是表现各不同:方方视而不见,萍萍见了主动把那些积木收拾整理好。教师看到后,笼统地说:"萍萍,你今天真乖!"

评析:教师的表扬没有指明萍萍受表扬的原因,使萍萍不明白自己"乖"在什么地方。如果教师这样说:"萍萍今天帮助大家收拾玩具,看到积木掉在地上,能主动地收拾好,你做得很好,老师真为你高兴!"这样既肯定了萍萍的行为,让幼儿清楚地知道受表扬的原因,又培养了幼儿关心集体、爱护公物的良好行为习惯。

(2)表扬用语要客观、适度。不切实际、夸大其词的表扬会助长幼儿的自满和骄傲情绪,不利于幼儿的健康发展,因此,表扬用语要客观,评价要实事求是,不能评价过高或过低。表扬是一种外部的强化,过多或过频地使用表扬,不仅会让幼儿对表扬存在依赖性,做什么事就是为了得到表扬,还会削弱活动本身对幼儿的吸引力。因此,表扬也要适度、适量。

(3)表扬形式要多样。有的教师在表扬幼儿时,高频率地使用"你真棒""好极了"等用语。这种单一的表扬手段使用频率过高,会使幼儿体验不到愉快感,使表扬的作用也削弱了。教师如果能有意识地与其他教育手段(批评、激励等)或形式(赞许的眼神、会心的微笑)结合,就能取得最佳教育效果,使幼儿在良好的激励下不断产生进取的欲望和向上的动力,达到"赏识教育"的目的。

(4)表扬态度要真诚,语调要热情。教师运用表扬语要态度诚恳、充满热情,避免语气平淡,语调呆板。

【示例】

一次,教师正组织幼儿进行"认识螃蟹"的活动。当螃蟹被展现在幼儿面前时,活动室里的气氛顿时沸腾起来,有的幼儿开心得手舞足蹈,有的幼儿不由自主地聚拢到螃蟹周围,争先恐后地欲先睹螃蟹为快。此时教师不是因势利导,满足幼儿的好奇心,而是沉下脸来厉声斥道:"你们要干什么? 快回到座位上去,你们看飞飞多好,一直坐在自己的座位上没有离开过。"

评析: 求知欲旺盛、好奇心强的幼儿受到批评,而对活动表现得无所谓的幼儿(飞飞)却得到了教师的赏识和表扬,被视为"榜样"。这样的"表扬"会误导幼儿的行为,抹煞幼儿的好奇心、求知欲,不利于幼儿全面健康的发展。

幼儿教师要端正自己的教育观念。如评选"好孩子"的标准要改变,不能把听话、不乱动、遵守纪律作为评选"好孩子"的重要标准,而对那些聪明、好奇心强、表现欲旺盛的幼儿强加抑制。在班级里,难免会有一些调皮好动的或经常犯些小错的幼儿,教师应该恰当地运用表扬手段,正确引导他们健康发展。教师不能因为一点儿小错就全盘否定这些幼儿的优点,而应正面引导,扬长避短,因势利导,通过适当的赏识表扬,使他们改正小错误,树立幼儿的自信心,让每个幼儿健康快乐地成长。

【示例】

在现实生活中,有的教师为了让幼儿听话,往往采用事先许诺的表扬来奖励幼儿,以调动他们的积极性。如在活动转换时,为了不让幼儿乱走,避免发生安全事故,就对幼儿说:"今天活动后,谁不和别人乱打闹,老师就奖励他一颗五角星。"或者在不同的场景中,说这些话:"今天的点心全部吃干净的,老师评他做好孩子。""谁画的画儿漂亮,老师请他做值日生。"

评析: 教师的许诺也许会在短时间内有作用,使幼儿在得到教师的许诺后出现某些好的行为,在表现上积极了、主动了。但是,如果教师在教育幼儿的过程中这种表扬的方式使用得多了,则会滋长幼儿的一些不良行为,使其做什么事都带有明确的功利性,没有好处就不做。长此下去,这对培养幼儿做事的责任心和利他行为很不利。因此,运用表扬时,教师不可滥用事先许诺。

(六) 批评语训练

1. 批评语的作用

批评语是对幼儿的缺点、错误进行否定性评价的教育用语。在幼儿成长过程中,批评是一种不可或缺的教育手段,是为了让幼儿认识到自己的错误,自觉纠正缺点或错误,规范行为,从而养成良好习惯和品质。教师不能因为幼儿的耐挫力差而一味表扬,不敢批评。

当幼儿做错事时,教师要冷静处理,不能一味地斥责,更不能打骂,而是要讲明道理,让幼儿知道他错在哪里,并给幼儿指明或引导幼儿明确应该怎么做。

2. 批评语的技巧

教师批评幼儿时,要从关心爱护的角度出发,坚持实事求是的原则,不抱偏见、不抱成见,平等对待每一个幼儿。运用批评语,教师要注意以下几个方面。

(1)控制情绪,用语客观。教师批评幼儿时,态度要真诚,运用饱含爱心、富有情感的语言,创设幼儿易于接受的氛围。批评语要文明,不使用"笨""坏""智商低"等对品质的贬低评价字眼,不讽刺、不挖苦、不伤害幼儿的自尊心,要尊重幼儿的人格。

(2)就事论事,忌算总账。批评幼儿,应该就事论事,指出幼儿在这件事上的错误,不能因幼儿做错一件事情而历数其所有缺点,"新账老账一起算"。对经常做错事的幼儿,教师切忌偏听偏信,抱有成见,要多方了解情况,掌握事实后再对其进行批评,批评时要注意控制自己的情绪。

(3)态度明确,指出错误。批评幼儿时态度要明确,要指出幼儿的错误以及可能带来的危害,让幼儿明白错在哪里,以免今后再犯同样错误。不能因担心幼儿接受不了,而不说出错在哪里,切忌用语和态度模棱两可。

【示例】

"老师,小玉又抓人了!"随着孩子们的叫声,A教师发现曼曼捂着脸在哭,坐在一旁的小玉一脸的无辜。A教师赶紧走过去,小玉着急地解释着:"我喜欢她!"A教师对她说:"喜欢别人也不能抓人啊,别人喜欢你,也没有抓你。抓人是不对的!"

评析:小玉用抓人的方式表示喜欢,说明他不会恰当表达自己的情感,不懂得怎样交往才合乎情理。对此,教师既不能放纵他的行为,又不能压抑他的情感,还要保持孩子间的正常交往,教师应在直接批评之后告诉小玉表达喜欢的正确方式。

(4)讲究方法,不厌其烦。批评方法多样,要因人、因事、因时、因地而异:或严厉斥责,或委婉含蓄,或寓批评于幽默之中,或表扬与批评相结合。

幼儿自控能力不强,教师不能期望批评一次就使幼儿改掉缺点,而是要经常指点。批评时语气可强硬一些,如看到小朋友在摘花,教师可以说:"你让花宝宝离开妈妈,它会伤心的!我们要保护花宝宝,不能摘它!"

【示例】

"明明拿了小朋友的东西不还!""明明把我的鼻子打破了!""明明拽我的辫子!"B教师一开始还比较耐心,但总是有小朋友来告明明的状,她就有点沉不住气了。一次,明明把一个小朋友的头打破了。从医院包扎回来后,明明看到B教师很生气,主动道歉:"对不起,老师,是我不小心。"B教师生气地说:"头都打破了,还不小心啊!就你不小心,别的小朋友怎么不打架?"

评析:当幼儿在交往中有不当行为时,教师需要用理性控制自己的负面情绪,一味严厉斥责,往往会阻碍幼儿的发展。教师应先分析明明与小朋友交往时有暴力倾向的原因。经过分析发现,明明希望跟小朋友一起玩,但缺乏交往能力。当自己的交往没有引起别人的回应时,明明就采用攻击别人、拿别人的东西等方式来引起大家的注意。明明将小朋友的头打破,他看到流血,也很害怕。这时教师有必要先消除明明的恐惧,然后让明明认识到他的错误使小朋友受到了伤害。教师也可以让明明陪受伤的小朋友一起治疗,感受伤害的疼痛。在体验到同伴的痛苦之后,不需要教师多做说教,明明也会改变这种伤害他人的行为。

案例引路

点点是班上的一名特殊幼儿,他的动作和语言发展与其他小朋友存在一定的差距。一次,在晨间活动玩跳绳时,小朋友们都跳得热火朝天,唯独点点拎着一根绳子走来走去,一副无所事事的样子。活动结束后,A教师表扬了跳得好的幼儿,表扬了有进步的幼儿。点点就像个局外人,仍然东看看西瞧瞧……

A教师不应该忽略特殊幼儿点点。如果你是教师,你会怎么做呢?

三、适应不同对象的教育口语训练

幼儿个体之间存在着兴趣、个性、能力等差异。对不同幼儿进行教育时,教师就要认识差异、承认差异、重视差异,有的放矢地对待幼儿,促使每一个幼儿健康成长。

(一)面对不同个性幼儿的教育口语

人的个性包括兴趣、习惯、智能、气质和性格五个方面,其中性格是个性的核心。这里所指的"不同个性幼儿"的教育,主要是针对幼儿的性格这一个核心而言。教师要根据幼儿性格的特点,有针对性地运用教育口语。

1. 面对性格外向幼儿的教育口语

对性格外向的幼儿,教师可采用直接说理与情感激励的用语方式。直接说理,即直截了当地发表意见、讲明道理,或者在说清道理之后直接表扬或批评。教师运用这种方式时,语言要简洁,语气要肯定,适当增强用语的指令性。情感激励,是指教师运用口语中的情感因素调动幼儿积极的情绪体验,促使他们积极向上。这类用语要注意口语的用词选择。如幼儿表现好,可用"老师真为你高兴""祝贺你"等褒义词,语调可上扬,节奏可稍快。在幼儿有冲动表现时,教师要用平静的语调、劝诫性的话语使幼儿平静下来,如"慢慢说""老师相信你""别着急"等。

2. 面对性格内向幼儿的教育口语

性格内向的幼儿对批评、否定性的语言特别敏感,容易产生偏执、自卑的心理定势,情感含蓄,表现欲望不外露;对语言的回应比较迟缓,一般不善言谈。对性格内向的幼儿,教师可采用诱导与委婉暗示的用语方式。诱导,即用启迪的语言引导幼儿。运用这种方式,教师要找准影响幼儿的思想障碍,用层层深入的说理方法,打通"关节",打开幼儿心灵的锁。委婉暗示,即用暗示、婉转的言辞说话。运用这样的语言方式主要是避免刺激幼儿,避免矛盾激化,有利于保护幼儿的自尊心。

除以上两种方式外,对性格内向的幼儿,教师还要多用激励语,激发他们参与活动的主动性和热情。教师可用明确的目标激励幼儿,用已经取得的成绩增强他们的自信心,不对他们说泄气、失望的话,帮助他们克服自卑感。在言辞的选择、语气语调的表达上,始终保持对他们的信任、关切和期待。

【示例】

庆庆在活动时从来不敢举手发言,即使教师点名让他回答问题,他也不敢大声说话,声音很小。但是,自从教师与庆庆进行了有关"梦想"的谈话后,他发生了一些变化。

教师:你的梦想是什么?

庆庆:当一名解放军叔叔。

教师:那解放军叔叔的声音你听到过吗?

庆庆:解放军叔叔的声音特别洪亮。

教师:要是想当解放军叔叔,那我们就要先学习他们声音洪亮地说话。来,庆庆试一下。

在以后的活动中,教师多次点名让庆庆回答问题,并及时鼓励庆庆:"你的回答太棒了,小朋友们都听清楚了,都给你鼓掌呢!""你的回答太棒了,老师都没有想出来!"

(二) 面对不同年龄班幼儿的教育口语

1. 对小班幼儿的教育口语

教师对小班的幼儿说话,语气要亲切柔和,语调要活泼,语句要简短且多重复,多用语气词、象声词,多用一些拟人的手法,赋予物体鲜活的生命,多鼓励表扬。

【示例】

"晓晓,你最喜欢玩什么呀? 老师陪你玩好不好?"

"哗啦啦,哗啦啦,下雨啦,小朋友们该进屋啦。"

2. 对中班幼儿的教育口语

中班幼儿认识的事物在增多,词汇量也明显增多,教师对中班幼儿的教育口语,词汇应逐渐丰富,多用连贯语,句式多样化,可适当增加描述性、抒情性的表达方式。

【示例】

畅畅是个很内向的中班幼儿,平时不爱说话,但总是爱亲她喜欢的小朋友,弄得小朋友们总是躲着她。一次,畅畅在站队时亲了她旁边的尧尧,尧尧很不高兴地说:"别碰我,烦人!"教师听到声音走过去,问畅畅:"畅畅,你为什么亲尧尧呀?"畅畅说:"我喜欢她呀,想和她做好朋友。"教师微微一笑说道:"畅畅想和别人做好朋友,可以用好多种办法的,不一定非要亲小朋友呀,你可以摸摸她的小手,拉拉手也可以成为好朋友呀。你看你没有经过尧尧同意就亲了她,尧尧不高兴了,再说也很不卫生呀。这样,你过去拉拉尧尧的手,说要和她成为好朋友,你看这样行不行,我想尧尧也会很高兴和你做好朋友,不会再烦你了。"

3. 对大班幼儿的教育口语

随着幼儿思维的发展,大班幼儿的词汇量越来越丰富,此时教师的教育口语应注意选择准确、恰当的词语,组织和调配恰当的句式,运用各种修辞手法使教育用语更有效果。

【示例】

当看到幼儿追蝴蝶时,教师可跟在后面说:"蝴蝶最喜欢花,我们看看蝴蝶飞到了哪些颜色、哪些形状的花上玩耍,喜欢和哪些花交朋友?"

 知识链接

气质的心理学释义

盖伦最先提出了气质这一概念,用气质代替了希波克拉底体液理论中的人格,形成了四种气质学说,此分类方式一直在心理学中沿用至今。气质是表现在心理活动的强度、速度、灵活性与指向性等方面的一种稳定的心理特征。人的气质差异是先天形成的,受神经系统活动过程的特性所制约。孩子刚一出生时,最先表现出来的差异就是气质差异,如有的孩子爱哭好动,有的孩子沉稳安静。

气质是人的天性,无好坏之分。它只给人们的言行涂上某种色彩,但不能决定人的社会价值,也不直接具有社会道德评价含义。气质是人的个性心理特征之一,它是指在人的认识、情感、言语、行动中,心理活动发生时力量的强弱、变化的快慢和均衡程度等稳定的动力特征。气质主要表现在情绪体验的快慢、强弱、表现的隐显以及动作的灵敏或迟钝方面,因而它为人的全部心理活动表现染上了一层浓厚的色彩。它与日常生活中人们所说的"脾气""性格""性情"等含义相近。

气质与性格的差别:气质没有好坏之分,且是先天的、与生俱来的,不易改变的;性格是后天形成的,较易改变。某种气质的人更容易形成某种性格,性格可以在一定程度上掩饰、改变气质。气质的可塑性小,性格的可塑性大。

人的气质可分为四种类型:胆汁质(兴奋型)、多血质(活泼型)、黏液质(安静型)、抑郁质(抑制型)。活泼、好动、敏感、反应迅速、喜欢与人交往、注意力容易转移、兴趣容易变换等,是多血质的特征。直率、热情、精力旺盛、情绪易于冲动、心境变换剧烈等,是胆汁质的特征。安静、稳重、反应缓慢、沉默寡言、情绪不易外露,注意稳定但又难以转移,善于忍耐等,是黏液质的特征。孤僻、行动迟缓、体验深刻、善于觉察别人不易觉察到的细小事物等,是抑郁质的特征。

自我检测

1. 幼儿教师教育口语有哪些特点和要求?

2. 下面是幼儿园一日生活中的教育口语运用实例,请和同学一起讨论并练说。

场景一:晨间锻炼

在早上晨练时,多数幼儿能积极来到操场,并跟着教师一起跳绳,晨晨小朋友总是都躲在教室里不肯参加晨练。

教师:晨晨,来和小朋友们一起玩跳绳吧?

幼儿:老师我怕疼,绳子会打到我。

教师:那我们想想怎么做,要不先练习跳跃吧?

幼儿:不拿绳子老师我觉得自己可以。

教师:那你来尝试一下!

幼儿:我只能跳一个。(晨晨在教师的鼓励下成功跳了一个)

教师:晨晨真棒!

幼儿:老师我再试一试。

教师:晨晨一定会成功的。

场景二:幼儿进餐

在吃饭时,轩轩总是这也不吃,那也不吃。

教师:轩轩,我们来尝一尝今天的饭是什么味道吧。

幼儿:不行,我不喜欢,我不喜欢吃青菜。

教师:那我们看一看这里面的菜有什么是你喜欢吃的,我们来试一试。

幼儿:不喜欢,我都不喜欢,我看这些我都不喜欢吃。

教师:那你闭上眼睛,老师给你变一个魔术。不要睁开眼睛哟! 小嘴巴,请张开,嚼一嚼,是什么,好吃吗?

幼儿:(闭着眼睛)这是什么? 我觉得还挺好吃的。

教师:自己睁开眼睛看一看吧。

幼儿:原来是我最不喜欢吃的青菜呀,青菜原来这么好吃呀。

场景三:幼儿盥洗

幼儿在洗手时,总会出现和同伴一起玩水的情况,有时幼儿的衣服还会湿漉漉的。

教师:(播放《世界上最后一滴水》的绘本故事)小朋友们,我们今天看了这本绘本,那如果我们的世界上没有水了,会发生什么事情?

幼儿:我会没有水喝,我会很渴。

教师:那你们觉得水重要吗?

幼儿:很重要。

教师:小朋友们觉得如果你们想玩水,你们应该去哪里、去哪个地方玩呢?

幼儿:可以让爸爸妈妈带我们去游泳池或水上公园去玩。

教师:那如果在我们的教室里玩水,会发生什么样的情况呢?

幼儿:会把衣服弄湿,会摔倒,会磕着,会生病……

教师:那你们在洗手的时候应该怎么做呢? 对了,应该不玩水,保护好自己的衣服,不被水弄湿。

场景四:幼儿午休

当别的小朋友都睡觉的时候,有一位小朋友总是不睡觉,并且喜欢拿着自己的枕头扔来扔去,甚至有时候会故意把别的已睡着的小朋友叫醒。

教师:今天下午我们有非常丰富的体能活动。在体能活动时,我们需要用全身的力气来做运动,听说挑战成功了,体能老师还给小朋友们准备有好玩的玩具,你们想去玩吗?

幼儿:想去,我想去玩。

教师:需要一个精力充沛的小朋友去参加我们的体能活动,因为只有精力充沛的小朋友下午才能更好地完成任务。

幼儿:那我要怎么做才能参加活动。

教师:想一想,现在做什么事情可以让你更好地休息?

幼儿:睡觉。

场景五:区域活动

在区域活动中,幼儿每次选择去区角的时候总是说"我不想玩",观察后发现他是因为不知道该玩什么。

教师:今天你准备玩什么呢?

幼儿:我不想玩游戏。

教师:为什么呢?

幼儿:因为我不知道要玩些什么。

教师:老师记得你最喜欢画画,要不要去你最喜欢的美工区?

幼儿:那我要画什么?

教师:你现在心里想画什么呢? 画一画你心里想的东西吧。(幼儿开始画画)

教师:你的画完成了吗?

幼儿:完成了。

教师:你画的画色彩搭配得很均匀,老师很喜欢你的画!

3. 在幼儿园一日环节中,出现了以下情况,请设计恰当的教育口语,并与同学交流、练说。

场景一:早晨入园时,迪迪(小班幼儿)和妈妈再见后看起来想哭了。请你安慰迪迪,转移她的注意力。

场景二:晨间活动时,小朋友们在玩小轮胎,有的滚轮胎,有的把轮胎排成一排蹦来蹦去。明明和杰杰争吵起来:"这是我的!""是我先拿到的!"原来,明明无意中丢失了自己的小轮胎,而错把杰杰的轮胎当成了自己的。你该怎样教育明明?

场景三:游戏时,壮壮又抢小朋友的玩具了,教师批评壮壮:"你这孩子真是没救了,老师不要你了,出去吧!"教师的批评语运用得如何? 如果你是教师,遇到这样的情况你会怎么说?

场景四:欣欣胆子很小,从不和教师、小朋友们主动交流,常挂在嘴上的就是"老师我不行,老师我很笨的……"画画时她说"我不行",合作游戏时她说"我不行"——无论做什么事前她几乎都会说这句话。作为教师,你会如何激励欣欣,帮她找回自信?

任务十五　教学口语训练

 任务目标 ————————————————————————●

【知识目标】

1. 能够识别幼儿教师教学口语的特点。

2. 能够辨析针对不同年龄幼儿进行教学时口语的使用要求。

【能力目标】

1. 能够熟练运用教学口语基本技能清晰流畅地进行口语表达。

2. 能够根据不同的教育对象有针对性地调整教学口语。

3. 掌握导入语、提问语、过渡语、讲解语、评价语、应变语、结束语等各教学环节的用语技巧,并能运用技巧进行教学活动。

【素质目标】

1. 进一步提升语言表达素养,提升职业技能。

2. 逐步形成积极的职业认同感,热爱学前教育事业。

案例引路

大班科学活动:有趣的电池(教学片段)

教师:今天老师带你们来到了电动玩具城,我们一起来看一看、玩一玩、试一试,了解这些有趣的电动玩具及物品。

(幼儿按意愿分散选择玩具、摆弄物品并进行尝试,教师巡回引导幼儿观察)

教师:你的××玩具真有趣,它是怎么会动起来(亮起来、响起来)的呢? 你的玩具为什么不动呢?(幼儿讨论)

教师:哪位小朋友说一说,为什么有的玩具能动,有的玩具动不起来呢?(幼儿回答)

教师:小朋友们说的真好! 在我们这里的玩具中,有电池的玩具就能动,没电池的玩具就不能动。看来电池太神奇啦! 今天,我们就一起来认识电池。

为了激发幼儿认识电池、探索科学的兴趣,这位教师的教学口语,应该用怎样的语气、语调、语速表达呢?

教学口语是教师在幼儿园集体教学活动中使用的工作语言。教师通过教学口语指导、鼓励幼儿学习,引导幼儿探索、发现和表达,促进幼儿的学习与发展。因此,幼儿教师必须具备灵活运用教学口语的能力。

一、认识教学口语

幼儿教师的教学口语要符合幼儿教育的特殊语言要求,符合幼儿的心理和生理发展特点,应具有趣味性、知识性、启发性、针对性等特点。

(一)趣味性

教学口语要能吸引幼儿的注意力,能引起幼儿学习、活动的兴趣,使幼儿自觉、主动、愉快地参与活动,表达时要多运用比喻、拟人、夸张、对比等修辞手法,多用象声词与态势语,丰富表现手段,使教学内容更加鲜明、形象、生动。

【示例】

(1)老师说个谜语,请小朋友猜猜它是什么动物:身体高大像房子,鼻子长长像钩子,牙齿长长像刀子,耳朵宽大像扇子,四条粗腿像柱子,尾巴细小像辫子。(比喻)

(2)幼儿关心种子种植后的发芽情况,问老师:种子什么时候发芽? 它在泥土里干什么呢?

教师:种子在泥土里睡觉呢。等它睡饱了,养足了精神,就会钻出泥土,发芽了。(拟人)

(3)团团太胖了,他如果跌一跤,几个举重运动员都扶不动他,只能用起重机吊起来!(夸张)

(4)小亮每天早晚都刷牙,上刷刷,下刷刷,非常认真,所以他的牙呀,白白的,而且很健康。小刚经常不刷牙,晚上睡觉前还向妈妈要糖吃,所以他的牙呀,黄黄的,而且还经常疼。(对比)

(二)知识性

教学口语是传递知识的主要手段。幼儿教师的教学口语要包含一定的信息量,能让幼儿增长见识、获取经验。教师在具体表达时,要求知识点准确,语言清楚,层次分明,符合幼儿的认知水平。教师要对教学活动的目标、教学内容的安排、教学活动的过程等考虑周全,在教学活动中能用准确的词汇表达知识的内涵,用简洁的语句表达丰富的内容,用层次分明的语序表达明确的目的。

【示例】

(1)幼儿:老师,我奶奶说猫头鹰是坏鸟,对吗?

教师:猫头鹰能帮助农民伯伯捉田里的老鼠,对我们人类是有好处的,所以它是益鸟,我们应该保护它!

(2)教师给幼儿讲述成语故事《滴水穿石》:

山边有块青石板,石板上面有小水滴在往下滴。石板很瞧不起小水滴,就说:"你是在给我洗澡吗? 唉,小水滴呀,你的力气太小了,你只能给我挠挠痒啊!"小水滴听了,笑着对石板说:"我可不是替你洗澡,也不是给你挠痒痒,我要把你滴穿!"青石板一听,哈哈大笑起来:"你这么小的小水滴,想把我这么坚硬的大石板滴穿? 真是大白天说梦话! 哈哈哈……"小水滴不和他争辩,还是不停地滴呀滴。石板呢,也不把小水滴放在心上。一年又一年,许多年过去了,有一天,青石板发现自己身上真的被滴出了一个窟窿,就问小水滴:"小水滴呀,你的力量那么小,怎么会把我这么坚硬的石板滴穿呢?"小水滴笑着说:"办法很简单,我就是朝着一个位置,一个劲儿不停地滴,别看我力气小,可时间长了,我就把你这坚硬的石板滴穿了!"这就是"滴水穿石"的故事。

(三) 启发性

幼儿园教学活动应以幼儿为主体,教师要充分调动和发挥幼儿的主动性,引导幼儿去发现和探索,启迪幼儿去归纳和总结。

【示例】

教师:美丽的大海里生活着一群可爱的鱼宝宝,它们喜欢游泳、吹泡泡,生活得很开心。这里有一段音乐,说的就是这群可爱的鱼宝宝,我们一起来听一听。

教师:刚才小朋友都听得很认真! 下面,老师再放一遍音乐,小朋友们跟着音乐想象鱼宝宝的动作,并且做出来。看哪个小朋友做的动作更像鱼宝宝!

(一名幼儿做出"双手手掌相合,在胸前左右摆动"的动作)

教师:好可爱的鱼宝宝! 我们一起来跟他学一学。

(全体幼儿坐在座位上模仿)

教师:还有谁和他游得不一样?

(另一名幼儿做出"左手在身体前摆动表示鱼鳍,右手在身体后摆动表示鱼尾"的动作)

教师边模仿该幼儿的动作,边提问:"前面的手在做什么动作,后面的手在做什么动作?"等幼儿回答后,教师邀请全体幼儿:那我们一起来学小鱼游。鱼鳍摇一摇,鱼尾巴摇一摇。

(全体幼儿坐在座位上模仿)

教师(重复两名幼儿的动作):还可以怎么做呢?

(四) 针对性

幼儿的思维水平、知识水平、接受能力因年龄的不同会有较大差异。教师要根据不同年龄段幼儿的身心发展规律、特点,有针对性地调整自己的教学口语。

1. 对小班幼儿的教学口语

小班(3—4 岁)幼儿的思维处于具体形象阶段初期,他们掌握的词汇量很少,知识经验也少,理解能力较差,容易受周围人或事物的暗示和影响。因此,对小班幼儿,教师的教学口语要多用单句、短句,词语要浅显易懂,多用叠音词,如长长的、红红的、高高的;情感表达要具体鲜明,语气要夸张,语调要柔和,语速稍慢,可适当地重复,态势语要丰富。

【示例】

教师将香蕉藏在身后，做出神秘状，让幼儿猜："老师这儿有一样好吃的东西，样子是长长的，皮是黄黄的，用手剥去皮以后才可以吃，小朋友猜一猜它是什么。"幼儿猜出是香蕉后，教师说："香蕉会变戏法，你们信不信？"（用疑问、游戏的口吻再次打开幼儿兴趣的闸门）

2. 对中班幼儿的教学口语

中班（4—5 岁）幼儿的思维处于形象思维阶段，知识经验比小班稍丰富了一些，接受能力也有所增强。因此，对中班幼儿，教师的教学口语句式可多样化，陈述句、疑问句、祈使句等交替使用，单句、简单复句交替使用；语言表达的内容更丰富，教学内容和用词均比小班多样化，重复次数减少。

【示例】

教师：你喜欢你的妈妈吗？ 谁来说说为什么喜欢妈妈？（幼儿回答略）

教师：形形说喜欢妈妈，因为妈妈每天都在照顾她。

教师：冉冉说喜欢妈妈，因为妈妈时刻陪伴着她。

教师：飞飞说喜欢妈妈，因为他的生日妈妈总记在心里。

教师：聪聪说喜欢妈妈，因为妈妈为了家，为了宝贝，总是很辛苦，做很多的家务事。

教师：我们都很爱自己的妈妈，因为妈妈是世界上最关心、最疼爱你的人！ 今天呀，老师带来一件特殊的礼物要送给你们，这是一件很神奇的礼物。（播放之前准备的录音）在这段录音里，你们能找到妈妈的声音，你们能听到最想听到的话。我保证，你们听了这段录音以后，一定会变得很快乐！ 这么神奇的录音，你们想不想听？ 那可要竖起耳朵仔细地听，边听边记，你们的妈妈都说了些什么。

3. 对大班幼儿的教学口语

大班（5—6 岁）幼儿的神经发育已趋于完善，思维仍处于形象思维阶段，但已有初步的抽象思维能力。因此，对大班幼儿，教师的教学口语中可出现一些表示类概念的词，如家用电器、交通工具、塑料制品等；复句可逐步增加，使语言更丰富。

【示例】一次公开课

教师：小朋友们转身看台下，台下的这些呀，是来自全省各地的客人老师。咱们郑州的小朋友是这里的小主人，对不对？（幼儿：对！）那么，作为有礼貌的小主人，让我们一起用响亮、热情的声音，向所有的老师说一声：下午好！

教师：冬天田鼠需要吃的，那么它应该提前做什么？（幼儿答）哦，冬天田鼠要提前储存粮食，因为冬天找不到吃的。有一位田鼠妈妈，她也是这样想的，所以呢，她早早地就开始准备过冬的粮食了。在准备粮食的过程中啊，还发生了这样一个故事，我们一起来听一听：秋天快过去的时候啊，田鼠妈妈就已经开始准备过冬的粮食了。冬天那么长，一定得准备好多好多粮食！ 所以一连好几天，她都在森林里到处找吃的东西。虽然很累，但是她心里高兴极了，因为她找到了好多好多粮食！ 有麦子，有玉米，有花生仁儿，但是她数不过来了，我们帮她数数好吗？

· 知识链接 ·

《3—6岁儿童学习与发展指南》（节选）

教育部颁布的《3—6岁儿童学习与发展指南》中，对幼儿语言领域的学习与发展提出了两个方面的要求：倾听与表达、阅读与书写准备。

（一）倾听与表达

目标1　认真听并能听懂常用语言

教育建议：

（1）多给幼儿提供倾听和交谈的机会。如：经常和幼儿一起谈论他感兴趣的话题，或一起看图书、讲故事。

（2）引导幼儿学会认真倾听。如：成人要耐心倾听别人（包括幼儿）的讲话，等别人讲完再表达自己的观点。与幼儿交谈时，要用幼儿能听得懂的语言。对幼儿提要求和布置任务时要求他注意听，鼓励他主动提问。

（3）对幼儿讲话时，注意结合情境使用丰富的语言，以便于幼儿理解。如：说话时注意语气、语调，让幼儿感受语气、语调的作用。如对幼儿的不合理要求以比较坚定的语气表示不同意；讲故事时，尽量把故事人物高兴、悲伤的心情用不同的语气、语调表现出来。根据幼儿的理解水平有意识地使用一些反映因果、假设、条件等关系的句子。

目标2　愿意讲话并能清楚地表达

教育建议：

（1）为幼儿创造说话的机会并体验语言交往的乐趣。如：每天有足够的时间与幼儿交谈。如谈论他感兴趣的话题，询问和听取他对自己事情的意见等。尊重和接纳幼儿的说话方式，无论幼儿的表达水平如何，都应认真地倾听并给予积极的回应。鼓励和支持幼儿与同伴一起玩耍、交谈，相互讲述见闻、趣事或看过的图书、动画片等。方言和少数民族地区应积极为幼儿创设用普通话交流的语言环境。

（2）引导幼儿清楚地表达。如：和幼儿讲话时，成人自身的语言要清楚、简洁。当幼儿因为急于表达而说不清楚的时候，提醒他不要着急，慢慢说；同时要耐心倾听，给予必要的补充，帮助他理清思路并清晰地说出来。

目标3　具有文明的语言习惯

教育建议：

（1）成人注意语言文明，为幼儿做出表率。

（2）帮助幼儿养成良好的语言行为习惯。

（二）阅读与书写准备

目标1　喜欢听故事，看图书

教育建议：

（1）为幼儿提供良好的阅读环境和条件。

（2）激发幼儿的阅读兴趣，培养阅读习惯。

（3）引导幼儿体会标识、文字符号的用途。

目标2　具有初步的阅读理解能力

教育建议：

（1）经常和幼儿一起阅读，引导他以自己的经验为基础理解图书的内容。

（2）在阅读中发展幼儿的想象和创造能力。

（3）引导幼儿感受文学作品的美。

目标3　具有书面表达的愿望和初步技能

教育建议：

（1）让幼儿在写写画画的过程中体验文字符号的功能，培养书写兴趣。

（2）在绘画和游戏中做必要的书写准备。

 自我检测

1. 幼儿教师的教学口语应具备哪些特点？
2. 对不同年龄段的幼儿运用教学口语应分别注意什么？

案例引路

小陈是一名幼师生，她学习认真，成绩优异。暑假期间，小陈到家乡的一所幼儿园实习。为了组织好第一次教学活动，她非常认真地写好了教学活动设计，并请一位老师对她设计的活动目标、活动过程等进行指导。写好了教学活动设计，小陈的这节教学活动是否就能达到预期目标？她还需要做哪些方面的准备？

二、教学口语基本技能训练

幼儿教师运用教学口语表达时，要做到音量适中，清晰悦耳，口齿伶俐，语速适宜，语句通顺，语流连贯。幼儿教师要达到这些要求，平时需要进行响度、清晰度、速度、流畅度、儿童化等基本技能的训练。

（一）响度

响度，即教师表达时声音高低强弱的程度。对幼儿说话，音量要适中。教师的声音过低，坐在远处的幼儿可能听不清；声音过高，坐在近处的幼儿可能会感到刺耳。

进行响度训练的方法：一是到讲台上面对全班同学讲故事，使远处的同学能听清你说的每一句话，同时近处的同学又不觉得刺耳。二是分别面对几个同学、十几个同学、几十个同学用不同的音量讲话。训练时，要先克服心理障碍，鼓励自己张开嘴、大声表达。

(二)清晰度

清晰度,即教师表达时吐字、发音、表意的清晰程度。对幼儿说话,吐字要清晰,声、韵、调要准确,表达语意要明确;表达一些语音相近或容易混淆的音时,更要注意发音位置,做到吐字清晰。

进行清晰度训练的方法:练说绕口令或幼儿园教学实录,在音量适宜的基础上清晰表达。

(三)速度

幼儿教师的教学口语语速应比成人语速稍慢,但也有快慢、急缓变化。根据表达的内容,教师在讲解、叙述平静庄严的事情、表达悲伤的情感时,可用慢速;在进行一般的叙述说明、表达平淡的情感时,可用中速;在表达兴奋激动、慌乱惊恐的感情时,可用快速。

进行速度训练的方法:讲述儿童故事,心中想着听众(幼儿),要有对象感,同时注意语速的变化。

(四)流畅度

流畅度,即教学口语通顺连贯的程度。幼儿教师的教学口语,要求语句通顺,语言流畅,层次分明。要避免表达时吞吞吐吐,经常"卡壳",或急不择语,言不达意,口头禅多。

进行流畅度训练的方法:提高教学口语的流畅度,应从提高思维素质和内部言语的瞬间组织能力入手,同时要在实践中增强对动态语境的适应能力。可从朗读入手,由流畅地"读"逐步过渡到流畅地"说"。朗读时要自然流畅,不重复,读的同时积累词汇与表达句式;开始训练"说"时,可先拟好提纲或打好腹稿,规划好说话的层次、顺序,然后流畅地进行表达。

(五)儿童化

儿童化,指幼儿教师教学口语的表达应符合幼儿心理特征和接受能力,易于幼儿理解和接受。因幼儿年龄小,所掌握的知识和词汇量都很有限,教师要通过直观形象的事物来帮助幼儿理解和接受新知识、新事物。运用儿童化的教学口语时,教师要感情真挚,语气轻快活泼,语调自然灵活,句式要简单,多用短句、单句,尽量不用或少用修饰限制成分过多的长句、复句,多用拟声词、象声词,多用比喻、拟人、夸张、对比等修辞手法,态势语丰富,使表达更加形象生动。

● 知识链接 ●

吸引学生注意力的方法

第一,运用变化音量的方式吸引学生的注意力。讲到关键语句或表达重要内容时,可故意提高音量或降低音量,以音量的变化引起学生的注意。

第二,运用短暂的沉默吸引学生的注意力。如,讲完一课的重点后停一下,然后再轻声细语地重复一遍;或向全班提出问题后,有意识地停顿,暂不要求谁来回答,给学生留出思考的时间。

第三,运用态势语吸引学生的注意力。教师用微笑的面容、爱抚的眼神,增强亲和力,以引起学生的注意;发现精力分散的学生,上前用手爱抚,用手势制止,用眼神提示,让学生集中精力,认真听讲。

第四,将幽默、笑话等寓于讲课之中,以吸引学生的注意力。

 自我检测

1. 练习下面的教学片段,做到音量适宜、表达准确清晰。

师:小朋友平时怎么跟你的朋友们打招呼呢?

(幼儿回答:说你好、拉拉手、抱一抱等)

师:你们有这么多和好朋友打招呼的方式呀,真是些有礼貌的宝宝! 大家知道吗? 有一首歌也可以用来打招呼! 这首歌非常好听,你们听听看。(播放歌曲)

师:小朋友,你们在这首歌曲中听到了什么呢?

2. 根据语速提示,用恰当的语速讲述《卖火柴的小女孩》的片段。

她在墙上又擦着了一根火柴。这一回,火柴把周围全照亮了。(中速)奶奶出现在亮光里,是那么温和,那么慈爱。(慢速)"奶奶!"小女孩叫起来,"啊! 请把我带走吧! 我知道,火柴一灭,您就会不见的,像那暖和的火炉,喷香的烤鹅,美丽的圣诞树一个样,就会不见的!"(快速)

她赶紧擦着了一大把火柴,要把奶奶留住。一大把火柴发出强烈的光,照得跟白天一样明亮。(快速)奶奶从来没有像现在这样高大,这样美丽。(中速)奶奶把小女孩抱起来,搂在怀里。她们俩在光明和快乐中飞走了,越飞越高,飞到那没有寒冷,没有饥饿,也没有痛苦的地方去了。(慢速)

3. 先阅读下述科普知识"动物逃生有绝招",然后自己组织语言,运用儿童化口语,流畅地讲给幼儿听。

生活在大自然中的弱小的动物,面对弱肉强食的局面,并没有坐以待毙,而是慢慢形成了独特的逃避敌害的方法。

青蛙、北极熊用的是"伪装隐身法"。青蛙身披绿色的"护身衣"隐身于绿色的田野中。北极熊隐身在银色的冰雪世界中,使敌人不容易发现它。

乌贼、黄鼠狼用的是"烟幕逃生法"。乌贼是生活在海里的软体动物,在敌害临近时会突然放出墨囊中的墨汁,染黑周围的海水,乘机逃之夭夭。黄鼠狼在敌人穷追不舍时,情急之下会突然放出臭气,趁敌害被其臭气熏得反应迟钝之机溜之大吉。美洲的臭鼬喷出的臭液会使人或敌害陷入昏厥,然后自己大摇大摆地从容而去。

壁虎、海参用的是"自残逃生法"。壁虎在受到敌害惊扰时,其尾巴会自动脱落,脱落下来的尾巴还会在地上蹦个不停,转移敌人的注意力,自己乘机逃走。海参在海中活动时,受到强烈刺激也会"忍痛"将它的内脏从肛门排出,吸引敌人的注意力,自己乘机逃走。

乌龟、刺猬用的是"以静制动逃生法"。乌龟身披坚硬的"战甲",一旦遇敌则将头和四肢缩回甲内,变成十足的"缩头乌龟",再强大的敌害对它也无可奈何。刺猬遇到敌人会就地一滚,全身缩成"仙人球"式的肉球,体外坚硬的刺构成了坚不可摧的"铜墙铁壁",敌人只能摇头兴叹,失望而去。

📋✓ **案例引路**

"好玩的纸魔术"教学活动片段

师:小朋友,以前你们有没有看过魔术表演,是怎么样的?

幼:魔术师的手穿过玻璃拿硬币。箱子中的人消失了。

师:老师也会魔术,你们信不信?

幼:信。(教师把一张白色餐巾纸撕碎)

师:老师把完整的一张餐巾纸变成了很多片碎餐巾纸,厉害吧?

幼:不厉害。

师:现在提高难度,请一个小朋友对着我的手吹一口气,大声说:变!(看到教师把很多碎餐巾纸变成了一张完整的餐巾纸,幼儿连连叫好)

师:这是一张橙色的纸,老师要把它变成一只兔子,信不信?

幼:不信。

师:老师佩服小朋友的怀疑精神。

(教师用手撕出兔子耳朵,一边撕一边讲述撕的方法,并让耳朵动了起来。幼儿鼓掌。教师引导幼儿自己动手尝试)

师:我发现有一个小魔术师成功了,请她表演给大家看。你是怎么让耳朵动起来的呢?

幼:我先撕出了兔子的两个耳朵,没有把后面的纸全给撕掉,用手一拉就动了。

师:这位小朋友真聪明! 小朋友要记住,不能把藏在后面的纸全撕掉,留一点然后用手摩擦,让兔子耳朵随着手的摩擦动起来。

三、主要教学环节的口语表达

幼儿园的教学活动包括导入、讲解、过渡、评价、总结等环节。根据教学口语在教学活动不同环节中的运用,教学口语可分为导入语、提问语、过渡语、讲解语、评价语、应变语、结束语等。

(一) 导入语

在教学活动开始时,为了激发幼儿的学习兴趣,唤起幼儿的注意力,使幼儿的兴奋中心转移到活动中来,教师需要使用导入语。导入语可以帮助幼儿明确学习任务和学习目的,使幼儿产生探索和发现的欲望。

导入语的类型一般有猜谜式、提问式、讲故事式、对话讨论式、直接出示教具式、实验式、角色表演式等。设计导入语要选好导入点，导入点应是幼儿熟悉的人或事。导入语不能过长，要简洁、生动、准确，富于启发性，能与后面的教学内容自然衔接。

【示例】

科学活动"神奇的小种子"导入语：

亲爱的小朋友们，今天老师给大家带来了一个神奇的礼物，你们猜猜看，是什么呢？没错，就是种子！种子里面藏着大自然的秘密，你们想不想一起探索呢？那就跟着老师一起开启我们今天的科学之旅吧！

（二）提问语

提问语是教师依据教学内容和幼儿的问题而提出的，在幼儿园教学中运用广泛。提问语可以启发幼儿思考，激发幼儿的学习欲望，并发展幼儿的智力。

教师对教学内容和幼儿的智力、知识水平进行深入研究之后，才能对幼儿进行有价值的提问。好的提问语目标明确，用语恰当，意思明晰，富有启发性，能激起幼儿思考并回答的兴趣，而且提问要适时、适度、适量。教师不能一个劲儿地发问，要设计好何时间；注意提问的顺序，设计好提问的层次及难度推进，前一提问要为后一提问奠定基础，后一提问是前一提问的引申和推进；避免随意性、毫无目的的提问；提问要给幼儿留出思考的时间，等待幼儿回答时可用和蔼的目光注视幼儿，或用话语"别着急，想好了再说""我相信小朋友一定会回答的"诱导，切忌不停地逼问。

提问语一般有以下几种类型。

一是填空式。这种提问把问话组织成像试题中的填空那样，然后依次发问。这种提问多是根据教学活动中的一些需要记忆的地方提出问题，通常需要记忆的知识也就是重点问题，所以又称为重点式提问。如教幼儿认识啄木鸟，教师可提出"啄木鸟的嘴长得怎么样？""脚爪是什么样的？""羽毛是什么颜色的？"等一系列有关啄木鸟特点的问题。

二是过渡式。通过这个问题，引发后面的内容。在教学活动中起承上启下的作用。如："小羊是怎样战胜大灰狼的呢？"

三是选择式。针对某些容易混淆、弄错的地方提问时，可给幼儿提供两三个答案，让幼儿从中选一个答案。这样可以使答话不偏离中心。如："2 和 3 能组成 5，还是能组成 6 呢？""10 个 1 是 10，还是 11 呢？"

四是信息反馈式。教师针对幼儿的学习效果，提出具体的问题。这种提问可以帮助教师明确幼儿对知识的掌握程度，以便于教师正确把握教学活动的方式方法，必要时可随时根据反馈信息调整教学。如："你们懂了吗？你们是怎么想的？"

五是以错激疑式。教师故意说出错误的命题，激发幼儿思考、提出质疑，进而得出正确的答案。如："我担心啄木鸟那样站在树上，会掉下来，你们说会不会掉下来？"

六是追本探源式。在关键处提问幼儿"为什么"，引发幼儿思考并回答问题产生的原因。如："你说第三只小猪的砖房子最结实，为什么呢？"

【示例】

(1) 教师发给每位小朋友一枚荔枝。

教师:小朋友,你们看荔枝的外壳是什么颜色的? 摸摸它,手上有什么感觉? 是光滑的还是粗糙的? 现在剥开外壳看看,里面的果肉是什么颜色? 放在嘴里吃,有什么味道? 吃完果肉要吐出里面的硬东西来。谁知道这又黑又硬的东西叫什么?

(2) 教师:小朋友们,你们看,这些种子长得都不一样,有的圆圆的,有的扁扁的,有的颜色深,有的颜色浅。现在,请大家用你们的小手轻轻摸摸它们,感受一下它们的触感,然后告诉老师,你们发现了哪些特别的地方?

(三) 过渡语

过渡语是教师从教学活动的一个环节过渡到另一个环节时使用的话语。巧妙的过渡语能自然地引导幼儿从学习的一个方面过渡到另一个方面,同时使教学内容层次分明,衔接自然。

过渡语要简短,可以是一个词语、一个短句、一个要求或一句问话,如"好,接下来我们来⋯⋯""下面我们继续⋯⋯"但要避免单一化,应因人、因情、因景随机而变。设计过渡语,应先明确教学重点和环节。

【示例】

(1) 科学活动"小动物怎样过冬"的过渡语:

教师:刚才小朋友说了很多动物过冬的办法,那么小动物们究竟是怎样度过寒冷的冬天的呢? 现在,老师就请大家来看一段视频。(由幼儿发言过渡到看视频环节)

(2) 教师:这么美的歌词,如果带上动作来表演就更带劲了,我们来给它们编上动作吧! (由歌唱环节过渡到表演环节)

(四) 讲解语

讲解语是教师较完整、系统地讲述、阐释教学内容的教学用语,目的是让幼儿明白"是什么""为什么""怎么做"。讲解语的形式一般是提问、对话、独白。讲解语的内容,可以是向幼儿介绍事物发展变化的过程,可以是用形象的语言描述事物和现象,可以是对事物、事理进行解析和说明,可以是用简明扼要的语言归纳幼儿发言中的精彩之处。讲解语的表达,要准确明白,生动有趣,感情丰富。

【示例】

科学活动"神奇的小种子"讲解语

1."观察种子"环节

教师:小朋友们,你们看,种子的形状和颜色各不相同,这是因为它们来自不同的植物。每一种种子都有它独特的生长方式和特点。而种子的外壳,就像是小种子的保护伞,帮助它们抵御外界的伤害。

2."了解种子的生长过程"环节

教师:种子发芽需要水分和适宜的温度,当这些条件满足时,种子就会开始吸收水分,然后慢慢裂开外壳,露出里面的小芽。接着,小芽会长出根和茎,开始吸收营养,慢慢长成一棵小树苗。只要我们细心照料,给它们足够的阳光和水分,它们就能茁壮成长。

3.“动手实践:种植小种子”环节

教师:现在,我们来一起动手种植小种子吧! 首先,我们要在花盆里放入适量的土壤,然后用手在土壤里挖一个小坑,把种子轻轻放进去,再用土壤覆盖住种子。最后,用水壶给它们浇一些水。这样,我们就完成了种植的第一步。接下来,我们就要等待它们发芽、长大了。

(五) 评价语

评价语是对幼儿在教学活动中各种表现的评判,可以是激励性的、提示性的,也可以是指正性的。教师丰富、生动、富有感染力的评价语,可以调动幼儿的学习兴趣及参与活动的积极性,使幼儿注意力集中。评价语要实事求是,用语要贴切中肯,感情真挚,语言亲切,语调自然。尤其是对幼儿做得不够的地方进行评价时,教师要先肯定优点,再提出建议,为幼儿指明今后努力的方向,同时语气要温柔和气,不可过于严厉,以免使幼儿产生挫败感,伤害幼儿的自尊心。如有的幼儿没听清楚提问就急于回答问题,教师可以说:“你回答问题很积极,老师很感动,但是,请你先听清楚老师的提问,想好答案后再举手回答好吗?”

评价语要具有感染力,更加生活化、情趣化。如看到幼儿在积极思考时,教师说:“棒极了! 你像科学家一样爱动脑筋!”评价语不能用语单一,内容空洞,千篇一律。评价语要有针对性的评价指向,不能总用“不错!”“你真了不起!”“我们一起给他鼓鼓掌——嘿、嘿,你真棒!”这些评价“套话”,要给幼儿一定的暗示或引导。如当面对回答问题声音较小的幼儿时,教师说:“你回答问题很准确,如果你的声音再大一点儿,能够让全班小朋友都听到就更好了!”

【示例】

(1) 教师:“我们从声音里听出了你对妈妈的爱,真好!”

(2) 看到平时胆小的幼儿回答问题后,教师:“你能站起来回答老师的问题,老师真为你骄傲! (伸出大拇指)刚才问题回答得很清楚,继续加油!”

(3) 教师:“他不但清楚地念出了儿歌,而且还加上了动作,真了不起!”

(六) 应变语

应变语是教师为适应和调整教学中出现的突发情况而说的话。教学活动中,往往存在许多不稳定因素,随时有发生突发事件的可能,这就需要教师有较强的应变能力来处理这些突发事件。

教师要用心走进幼儿的世界,尊重并接纳幼儿独特的审美感受和表现形式,在组织教学活动时给予幼儿明确的任务。如果遇到突发事件,教师不要一味认为是幼儿在“捣乱”,这样就可以和孩子们一起徜徉在充满童心、童趣的艺术海洋里,分享幼儿创造的快乐,而不会总是被“捣乱、失控”之类的问题所困扰。如在律动活动“风来了”中,有个别幼儿因要表现被大风吹落在地上的衣服的情景而躺在地上,甚至压在别的幼儿身上,教师发现后风趣地说“哎呀,衣服掉在地上多脏呀,我得把他送到洗衣机重新洗一下”,并请倒地的幼儿临时到旁边休息一下。在“母鸭带小鸭”活动中,有的幼儿故意离开“妈妈”,教师扮作着急的样子引导:

"咦？小鸭怎么不见了呀？妈妈真着急！小鸭小鸭快回家!"并把小鸭送回"妈妈"的身边。

(七) 结束语

结束语是一节教学活动或一个教学环节结束时教师说的话。成功的结束语,或归纳总结本节内容,或巩固强化教学效果,给幼儿留下深刻的印象。结束语要求用词精当,说话简练,表达时语气肯定,语速放慢,重音突出。结束语一般有以下几种类型。

第一,归纳总结式。简单概括总结本节内容,使幼儿提高认识,加强记忆。如"会唱歌的昆虫"活动结束语:"'知了'又叫'蝉',是会唱歌的昆虫。会唱歌的昆虫还有蟋蟀、蝈蝈等。它们没有嗓子,没有声带,大多数是利用身体的某一个器官摩擦或扇动翅膀发出声音。"

第二,画龙点睛式。抓住重点,点出主旨,强化教学效果。如中班语言活动"小羊过桥"的结束语:"小白羊和小黑羊没有互相谦让,结果掉河里了,平时小朋友要怎样做到互相谦让呢?"通过强化,使幼儿懂得同伴间要互相谦让,不争抢、不打闹。

第三,指导活动式。教学活动的尾声,往往是幼儿表现的高潮,有时需以活动的方式总结,以巩固教学内容。如小班音乐活动"宝贝在哪里"(教幼儿认识五官)的结束语:"老师再弹唱一遍儿歌,小朋友和老师一起演唱和表演,一定要找到你的宝贝哦!"(教师弹唱:好宝宝,我问你,你的鼻子在哪里? 好宝宝,我问你,你的眼睛在哪里? ……幼儿边唱边指自己的鼻子、眼睛、嘴巴、耳朵)

第四,延伸拓展式。教学活动的结束不应是学习的结束,而是拥有新的知识或体验、养成良好习惯的开始。如中班健康活动"天天好习惯"结束语:"今天我们学习了小熊和小猪的做法,你们喜欢小熊还是小猪,为什么?（幼儿回答)希望小朋友们养成良好的生活习惯。"

· 知识链接 ·

幼儿教师儿向语言的改进[①]

2021年,教育部出台《关于大力推进幼儿园与小学科学衔接的指导意见》及其附件《幼儿园入学准备教育指导要点》和《小学入学适应教育指导要点》,对科学实施幼小衔接提出了具体的要求和指导意见。幼儿园和小学两个学段的课堂语言存在相互分离、衔接较差的情况。为促进科学的幼小衔接,幼儿教师的儿向语言至少在以下四个方面可以进行改进。(1)在大班下学期可以适当提高平均语速,降低平均基频。幼儿教师要充分利用幼小学段互通、内容融合的联合教研制度,实现语速调整的"发展性"。(2)在大班下学期适当增加小、中班已使用过但频次较少的词语,以符合儿童的认知需求和认知特点,增强儿童的词语运用能力。(3)在大班下学期适当增加儿向语言的句法复杂度,以发展的眼光看待儿童,关注其句法发展的速度、特点和倾向等。(4)丰富提问方式,减少封闭性提问,增加开放性提问,为儿童创造更多想说、敢说、喜欢说的表达机会和互动语境。

---

① 李建涛.幼儿教师儿向语言研究[J].语言战略研究,2023,8(03):47—57.

　　总之,幼儿教师要有年级意识(或衔接意识),在认识到不同年龄儿童的认知发展有差别的基础上,还要明白儿童是学习语言的天才,有着极强的学习能力,在大班下学期使用的儿向语言可以适当增加难度,以确保儿向语言所具有的"成长性",也就是说要注意"发展性"。当然,强调"发展性"并不是过度重视知识准备、超标教学、超前学习,而是在遵循儿童身心发展规律和教育规律的前提下,坚持科学衔接的有效途径。

 自我检测

　　1. 以下是幼儿园组织活动时的口令,请练一练,说一说。

　　(1) 组织幼儿排队口令。

教师:立正。

幼儿:一、二。

教师:向前看齐。

幼儿:一、二。

教师:向左转/向右转/向后转。

幼儿:一、二。

教师:从右至左依次报数。

幼儿:(转头报数)1、2、3、4、5、6、7、8、9……

　　(2) 日常提醒幼儿坐姿的口令。

① 语言提示口令:

教师:坐姿。

幼儿:端正。

教师:小眼睛。

幼儿:看老师。

② 弹钢琴组织口令:

教师弹唱:do、re、mi、fa、sol、la、si(小朋友们请坐好)。

幼儿回唱:si、la、sol、fa、mi、re、do(老师我们坐好啦)。

教师弹唱:do、re、mi、fa、sol(小朋友你好)。

幼儿回唱:sol、fa、mi、re、do(老师您好啊)。

　　2. 为小班语言活动"春天真美丽"设计导入语,并交流、讲说。

　　3. 为中班科学活动"树叶"设计提问语,并交流、讲说。

　　4. 为大班健康活动"烦恼了"设计结束语,并交流、讲说。

任务十六　交际口语训练

任务目标

【知识目标】

1. 能够辨析幼儿教师交际口语的特点。
2. 能够阐述幼儿教师交际口语的要求。
3. 能够识别幼儿教师在不同交际情境中与人沟通交流时的注意事项。

【能力目标】

1. 掌握与家长在家访、接送幼儿、参加家长会交流时的技巧。
2. 掌握与同事在教研、工作、课余交谈时的技巧。
3. 掌握与领导交流的技巧。

【素质目标】

1. 通过训练进一步提升语言表达素养，锻炼口语交际能力。
2. 树立正确的教育观与教师观，提高师德修养。

案例引路

　　在幼儿园工作了一年的何老师，因为善于沟通，与同事们相处得特别融洽，试用期刚过，园长就给了她外出参观学习的机会。而当她同一年到幼儿园工作的钟老师就没这么幸运了，心直口快的她，有什么想法想说就说，从来不顾及他人的感受，而且还与一同带班的丁老师吵过几回。等钟老师的试用期一满，园长就找她谈话，指出了她在工作中的问题。这时，钟老师才意识到教师交际口语的重要性。

一、认识交际口语

　　口语交际是特定的人在特定的语境中，为了特定的目的运用语言手段传递信息、交流思想和交流感情的一种言语活动。幼儿教师交际口语是指幼儿教师在直接性的教育教学活动之外，以教师身份参与其他工作时使用的口语。如幼儿教师与家长、同事、领导以及社会各界人士进行交际所用的口语。

掌握各种场合交际口语的原则与方法,能正确运用这些原则与方法,做到态度得体,讲话有力且富有说服力与感染力,并在不同的教育与教学活动中说出合适得体的语言,是一名合格幼儿教师必须具备的基本素质。

(一)幼儿教师交际口语的特点

一是规范性。幼儿教师在教育、教学活动中,语言要规范。在交际活动中,教师仍然要保持普通话标准,用词准确,语法规范的特点,要在口语交际中体现教师的学识修养及礼貌风度。

二是客观性。作为幼儿教师,说话要实事求是,不道听途说,不传播谣言,不夸夸其谈。与人交流时,教师要根据不同的处所、时间、表达对象,选择恰当的表达内容和方式。如要注意在庄重的场合不轻佻戏言,在喜庆的集会上不说丧气话;对老人讲话要恭敬、和蔼,对家长说话要通俗平易;对性格急躁的人讲话要简洁明确;对屡受挫折的人要亲切,要先创造和谐的气氛再做劝勉,要体现出教师的素质和涵养。

(二)幼儿教师交际口语的要求

1. 转换交际角色

在教育、教学环境下,幼儿教师接触的对象主要是幼儿,处在教育者的位置上。在这样的口语交际环境中,教师处在主导的位置上,而且由于幼儿的年龄特点,教师的教育、教学语言一般带有儿童的语言色彩,儿童气息较浓。在教育、教学以外的交际场合中,教师就不再是施教者,应针对不同的交际对象、不同的交际目的,做好自己的角色转化。在不同的交际环境下说出适合教师角色的话,既要在口语交际中体现出自己的学识修养,又不要给别人留下好为人师的印象。

2. 维护教师形象

教师在何种交际场合都要意识到自己的教师身份。因为在这些场合下的交际口语,教师与人交际的目的仍然是工作,因此教师在这些交际场合中要时刻意识到自己的教师身份,要注意通过得体的语言体现教师的职业内涵与文化修养。说话态度谦和有礼,端庄大方,不卑不亢,既不高高在上傲视一切,又不猥琐卑下唯唯诺诺。

3. 坚持真诚待人

真诚是一缕春风,可以融化冬天的严冰;真诚是一把钥匙,可以打开紧闭的心扉;真诚是一味良药,可以舒缓痛苦的心灵。在任何交际场合中,真诚待人都是交际双方交际取得成功的重要保证,在教师口语交际场合也不例外。教师不论接触何种级别、何种类型的人,都要抱着真诚的目的与人交谈。

4. 创造和谐氛围

教师在交际环境中也要想方设法创设出这样一种融洽的氛围。教师在教育、教学之外接触的人,年龄有老幼之分,知识水平有高低之分,处境心情有好坏之分,性格也存在很大差异。这就要求教师在口语交际的过程中,充分考虑不同交际对象的特点,尽可能找出双方共同感兴趣的话题,在双方谈话氛围和谐的情况下,进行工作交流。

(三) 幼儿教师交际口语的意义

1. 良好的交际口语可以让幼儿教师顺利开展自身工作

教师具备良好的口语交际能力,就能针对具体交际情景与交际对象说出合乎交际场合的语言,说出让交际对象舒适的话。如在家访时,教师既能充分表达自己的意思,又能让家长充分表达他们的意见,同意积极配合教师的工作;与领导相处时,让领导对自己非常信任;接触同事时,使同事感觉处在一种非常轻松的氛围中;去社区联系工作时,能很快就双方合作事宜达成一致意见;主持座谈会、调研会、家长会时,能让参与者畅所欲言。

2. 良好的交际口语可以让教师创造和谐的人际关系

同样的问题不同的人讲出来,效果完全不同,自然创造出来的人际交往氛围也完全不同。教师若能针对具体情景、具体对象说出得体的语言,就能创造一种和谐的人际关系。

3. 良好的交际口语能为教师自身专业发展创造良好的机会

现代人成功的因素主要有两方面,一方面是人的智商,主要涉及人的思维力、观察力、记忆力等方面的因素;另一方面是人的情商,主要涉及人的情感、态度、性格等方面的因素。许多研究资料都证明,情商是决定一个人能否成功的重要因素,甚至有人认为情商在一个人成功的过程中所起的作用比智商所起的作用更大。良好的口语交际能力是人的情商中很重要的一种能力,一位具备良好口语交际能力的教师的情商往往发展得就比较好,这为其自身今后的发展创造了良好的机会。

• 知识链接 •

口语交际中要注意的"小事"

在交谈中,你倘若能注意以下"小事",便可产生增进人际关系的效果。这些"小事"包括以下内容。

让先。让别人先说,一方面可以表现你的谦虚,另一方面可以借此机会来观察对方,给自己一个测度的时间和从容考虑的余地。

避讳。不论与什么人交谈,都应对对方有所了解,聪明地避开某些对方忌讳的话题,如个人的隐私、疾病及不愿提及的事情,否则会引起对方不快。要学会察言观色,一旦发现自己不小心触及了对方的忌讳,对方不高兴或尴尬时,应立即巧妙避开。

谦虚。社会心理学家发现,一般人不大喜欢嘴上老挂着"我"的人。因此,应避免过于显露自己的才学,开口便"我如何如何"。须知,谦虚的态度总是易为人所接受的。在一般情况下,人们总是先接受一个人,而后才肯接受他的意见的。

诚恳。交谈的态度以诚恳为宜。如果交谈时表现得油腔滑调,即使有很好的意见,也难以为人们所接受。

　　幽默。恰到好处的幽默,能使人在忍俊不禁之中体会到深刻的哲理。幽默运用得适当,可为社交增添活跃愉快的气氛。但妙趣横生的谈话,来源于一个人修养和才华的有机结合,不可强求。如果仅仅为了追求风趣的结果而讲些格调不高的笑话,甚至不惜侮辱他人,则只能显出自己的轻薄与无聊。

　　口头禅。口头禅固然能体现个性,但多数是语言的累赘,即使内容相当吸引人,但如果加上若干个"这个""那个""嗯""啊"之类的口头禅,就如同在煮熟的白米饭中掺上一把沙子一样,令人难以下咽。所以,对作为语言累赘的口头禅,应当割除。

　　插话。要尽量让对方把话说完再插话。如果必须在中途插话时,也应征得对方同意,用商量的口气说:"对不起,我提个问题可以吗?"或"我插句话好吗?"这样可避免对方产生误解。

　　平衡。如果几个人一起交谈,你要注意不要只把注意力集中到某一个人身上而冷落了其他人。除了你的对话者外,可用目光偶尔留意一下其他的人。对于沉默者则应设法使他开口,如问他"您对这事有什么看法?"这样便可打破沉默,机智地引出他的话来。

 自我检测

　　1. 幼儿教师交际口语有什么要求?
　　2. 为自己设计一段到幼儿园应聘时的自我介绍。

案例引路

　　黄老师第一天带班,就遇上了烦心事。起因是班上的小叮当在玩游戏时,摔了一跤,不但擦破了皮,额头上还鼓起了一个大包。下午离园时,小叮当的奶奶来接她回家,一看到小叮当的样子就跟黄老师急了起来。不管黄老师怎样解释,奶奶坚持认为黄老师对自己的孙女不好,不负责任,不依不饶地要告到园长那里去,还要求给小叮当转班。黄老师也觉得自己挺冤枉的,心想:是小叮当自己不小心摔的,我还抱着她去医务室包扎了,家长怎么还怪我呢?

二、与家长的交际口语训练

　　家长是幼儿教师主要的口语交际对象。由于幼儿年龄尚小,生活自理能力、表达能力都有限,幼儿教师若能积极与家长沟通,取得家长的理解和信任,对其顺利开展教育教学工作是十分有利的。因此,幼儿教师应掌握与家长沟通的技巧。

(一) 家访

家访是教师为了特定目的,到学生家中,与学生家长就学生教育进行单独交谈的一种学校与家庭的联系方式。它是目前学校与学生家长联系的主要方式之一,也是幼儿教师广泛采用的一种与幼儿家长沟通、交流幼儿各种信息的主要渠道。

1. 家访的作用

一是家长可获得孩子在园的情况。教师在家访时可以把幼儿的学习整体情况向家长详细讲述,使家长充分了解孩子在幼儿园的各方面表现。

二是教师可以了解幼儿的在家表现。幼儿由于年龄较小,还不会系统地向教师主动谈起自己在家里的表现,尤其是一些不好的表现,因此,要想全面了解幼儿,家访就是个好方式。

三是幼儿本人受到教育。教师家访对幼儿而言,是一种无声的感化与教育。通过教师的家访,幼儿可从中感受到教师对自己的关心与爱护,无形中受到感化和教育。

四是教师可以借此与家长沟通教育方式。由于有些家长没有接受过专门的教育理论培训,其教育孩子的方式存在不正确的地方,教师在家访时可以有针对性地与孩子家长交换意见。

家长是教师教育幼儿的有力同盟,二者联合起来对于幼儿健康成长的意义是不言而喻的。因此,教师家访的一个重要目的就是要与家长相互沟通幼儿的成长信息。

2. 进行家访的技巧

(1) 充分准备。

第一,要对幼儿的父母的职业、家庭情况有一定的了解。第二,要明确家访的目的。家访时对幼儿父母说什么、怎么说、解决什么问题,必须要明确。家长常问的问题有:我的孩子在幼儿园表现怎样？我的孩子在幼儿园与同伴相处得如何？我的孩子在幼儿园吃得习惯吗？我的孩子是否习惯幼儿园环境？第三,要提前做好预约,不要搞"突然袭击"。

(2) 态度真诚。

幼儿教师在家访时应态度真诚,体现教师对幼儿认真负责的态度,对幼儿在幼儿园的表现要实事求是地反映,优缺点兼顾,并与家长进行分析,共同探寻教育方法。教师在向家长反映情况时,也要有换位思考的意识,多站在家长的角度考虑问题。

(3) 做好记录。

及时做好家访笔记,为今后的教育教学工作提供参考。笔记中最好有以下记录:幼儿的基本情况、优缺点,教师的分析,家长的意见、态度,家访心得或思考。做好记录,可以让教师更好地了解幼儿,也能使其今后的教育工作少走弯路。

(二) 接送幼儿

家长每天到幼儿园接送孩子的时候,正是教师与家长沟通的良好时机。教师可以及时地把幼儿在园的情况告诉家长,并了解幼儿在家的情况;向家长交流幼儿的优点,针对幼儿存在的问题,与家长交流教育的方法等。为了达到较好的沟通效果,教师应注意做到以下几点。

第一,态度要热情。每天都不断重复相同的工作,需要幼儿教师投入极大的热情。对每位家长都要笑脸相迎,与幼儿打招呼,并且对每一位家长和孩子要一视同仁。如向家长说:"早上好,你今天穿得真精神。"

第二,沟通要耐心。在每位家长的心里,孩子都是他们最重要的宝贝,他们希望孩子在幼儿园能得到教师的重视,并且很关心孩子的表现。面对每位家长的提问,教师都要不厌其烦地回答,不能敷衍了事。

第三,反映要及时。幼儿在幼儿园突然生病或者发生摔伤等意外情况时,教师要主动及时向家长反映情况。特别是针对幼儿摔伤或打架受伤的情况,教师在向家长反映情况时要注意表达的策略。首先要简要说明幼儿伤势,主动道歉,承认自己是一时疏忽;其次实事求是地详细说明事情的经过;再次要把自己实施的措施告知家长;最后是征求家长的意见,获得家长的谅解,达成处理问题的一致意见。

第四,内容要简洁。教师要做到对每一个幼儿的表现都心里有数,这样向家长介绍幼儿的情况及回答家长问题时才能言之有物。由于家长接送幼儿的时间比较集中,教师与家长的沟通时间并不是很多,因此交流时要注意突出重点,言简意赅。

(三)家长会

家长会是目前被广泛使用的家园交流方式。主持家长会是一名合格幼儿教师应具备的基本口语交际技能。家长会的主要内容如下:

(1)汇报情况,教师对幼儿各方面情况进行汇报。

(2)讨论问题,可以让家长之间就某个育儿专题展开讨论。

(3)经验交流,家长之间、家长与教师之间就幼儿教育情况展开交流。

(4)宣传理念,教师可以借机宣传幼儿园的改革措施、正在开展的活动、正在实施的课程,以及一些新的教育理念,争取获得家长的支持与理解。

> **· 知识链接 ·**
>
> ### 开展线上家长会,提高家园共育效率[①]
>
> 线上家长会与线下家长会在内容和参与主体等方面并无差别,只是在呈现方式上有所不同,需要有较强的技术和设备支持。线上家长会因其能够突破时空的限制而具有更高的便利性和经济性,因此它的使用频率也越来越高。线上家长会的开展要做好组织策划工作,确保会议的主题、目标、内容、形式、流程及其所使用的技术都处于一种有保障的状态。在此基础上,线上家长会还要关注受众的体验,要让家长既能够清晰地接收教师传递的信息,又能及时有效地表达自身的观点和诉求。在"互联网+"时代,互联网与其他行业的结合不是简单的拼接,而是深度的融合,它不再是简单的信息呈现和新技术的应用。要开好线上家长会,幼儿园一方面要关注线上画面的输出效果,

---

① 陈雯. 教育信息化2.0时代家园共育的智慧化[J]. 学前教育研究,2022(08):91—94.

最大限度地优化家长的参与体验。例如,幼儿园教师要对画面的比例、图文的配比等进行细致的研究,适时采用讨论、问答、连麦等方式与家长进行互动,为家长开放留言板以便没有发言的家长能够有机会提出自己的问题等。另一方面,要强化教师自身的专业准备和优化教师的形象设计。教师要用新的思想、理念、知识和方法来影响家长,在与家长沟通时要用大方、豁达、谦逊的态度取得家长的认可,在遇到分歧或者知识的盲点时不能限制家长的表达或者给予家长错误的示范。也就是说,线上家长会在本质上还是人与人之间的沟通与互动,精美画面的呈现只是家长会取得成功的一个外在因素,更为重要的是教师和家长之间要能形成一种和谐共生的人际关系,要让家长会能够真正落脚在信息的有效传输、人际互动以及问题的解决上。

 自我检测

1. 下面是幼儿教师与幼儿家长沟通的真实案例,谈谈自己的心得体会并进行表达训练。

案例一:"软化"孩子"强迫"的内心

班级:大一班　　　幼儿姓名:成成

教师:A教师　　　交流对象:幼儿母亲

地点:教室　　　　交流方式:面对面沟通

幼儿情况:

成成是大班的孩子,首次接触成成时发现他很健谈,语言组织能力、思维能力都很强,性格很活泼,富有爱心。当看到身边的小朋友发生矛盾或者心情不好时,他也能主动上前"调解",抱一抱或亲一亲其他小朋友,大家都很喜欢他。

幼儿表现:

事件一:在一个雨后的上午,我带着幼儿组织户外活动。成成选了骑小车的活动,当他将小车向外挪时,小车上的雨水混合着生锈的污水流到了他的鞋上,他低头看见鞋子上有一点黄黄的水印,瞬间暴躁了。于是,他三步并作两步找到我,拽着我的胳膊,嘴里喊着:"我的鞋子脏了! 我的鞋子脏了!"……我用湿巾给他擦掉,基本上看不出来了。但他拿起鞋子一看,隐隐约约还有印迹,于是"不依不饶"地重复大喊:"我的鞋子脏了!"……身边的小朋友都跑来安慰他,他闭着眼睛乱踢乱打,嘴里说:"不要管我!"为了缓和成成的情绪,我带他回了教室,用刷子将污渍刷干净,并用吹风机烘干,他这才停止了叫喊。

事件二:午餐时,成成正在津津有味地吃炸酱面,一不小心,酱汁滴到了衣服上。当我要拿湿巾给他擦拭时,他不同意,而是跑到水龙头旁边,用很大的力气搓洗衣服。洗完后一看衣服湿了,他又开始了"复读机"式的喊叫……此时,通过他额头渗出的汗珠和红红的眼睛,我能感觉到他内心强烈的纠结与愤怒不安。此时,其他正在吃饭的小朋友也不再安慰他,都用手捂住了自己的耳朵。最终,当我用吹风机帮他吹干了衣服时,他才停止了喊叫。

家园沟通:

通过这两件事,我特别想知道成成这种反常的表现到底是什么原因造成的。成成平时情绪很稳定,但衣服一脏、一湿就暴躁不安。于是,我约成成妈妈来到幼儿园进行沟通。

我将在幼儿园发生的这两件事情告诉了成成妈妈,成成妈妈说,这和成成一直以来在家的生活习惯有关系,因成成的爸爸妈妈生孩子比较晚,对孩子的教育更为纵容溺爱一些。成成妈妈专门辞职在家全职照顾成成。奶奶也从老家过来一起照顾成成,加上奶奶特别爱干净,平时在家不停地擦擦洗洗涮涮,发现成成的衣服稍微有一点脏,奶奶马上就会让他脱下来换上干净的衣服,无形中导致了成成近乎洁癖和强迫症的行为。

我向成成妈妈分析了孩子目前的情况,和她沟通了孩子在幼儿园时的其他表现。我首先肯定了妈妈和奶奶对成成的呵护关爱,讲卫生、爱干净是好事,对孩子将来的生活、工作都有很好的帮助。但是,如果过于溺爱,就适得其反了。现在孩子还是在幼儿园时期,班级有三位老师,衣服脏的时候教师有精力和时间可以帮助他,以后进入小学了,再发生这样的事情应该怎么办呢?如果不重视这件事而任其发展,孩子以后进入初中、高中、大学乃至社会,还有可能满足他随脏随换的要求吗?我们一直强调幼小衔接,衔接的内容包括健康的心理、独立的生活能力、良好的学习品质、学习态度等,如果我们不重视孩子的这种行为,情况会越来越严重。

成成妈妈非常赞同我的观点,她说在成成小时候就发现他过于爱干净,可家里人总说长大就好了,没想到会发展成这样。看到家长也认识到了这件事的严重性,我接着给出了解决策略——延迟满足法。我们可以用同理心感受孩子的感受,不要和他对抗,更不要不耐烦、不管他或随他大喊大叫甚至踢打东西,应该拥抱着他,用平静的语言告诉他知道他现在不舒服、很难受,让他内心感受到爱,进而带着他做一件其他事情转移注意力。这样,孩子的情绪就会慢慢地平静下来。这个时候再告诉他:"你刚刚很棒,帮助我完成了……衣服脏一点没关系的,等晚上再换。你看我的衣服也是有一点脏,我也是晚上换洗的。"

沟通成效:

成成妈妈接受了我的建议,表示回去以后尝试。过了几天,在户外组织幼儿游戏的时候,看到成成一不小心绊倒了,我的心一下提起来了,没想到他站起来拍拍身上的土,对我说:"老师,没关系,脏了晚上再换。"我悬着的心一下落了下来,心想:"成成,你是好样的!"

案例二:从"抵触"到"自主"入园的转变

班级:大一班	幼儿姓名:霖霖
教师:B教师	访谈对象:幼儿母亲
地点:教室	交流方式:面对面沟通

幼儿情况:

霖霖是一名大班的小朋友,本学期升入大班以来,每天早上来园时他都有抗拒入园的表现,甚至是大声地哭闹。平时在班级里他能够积极主动和同伴互动,偶然也会因为表达方式不当与小朋友发生小矛盾;在集体教学活动中能够认真倾听,有时会主动发言;自尊心较强,喜欢被老师表扬。

幼儿表现:

事件一:霖霖在早上入园时有较强的抵触情绪,但是在走廊里遇见同班级的小朋友时,他会主动地与小朋友结伴而行,一边聊天,一边走着跑着就进教室了。他在幼儿园的情绪也比较稳定,能够与小朋友们一起互动。

事件二:当爸爸早上送他来园时,他的情绪比较稳定,没有大哭大闹的现象。当妈妈送他来园时,妈妈会在幼儿园门口停留一会儿和他一直进行沟通,随后就会发现他的情绪表现得更加抵触。

家园沟通:

耐心倾听与共情。邀约霖霖妈妈到幼儿园来进行一对一沟通交流。在沟通的过程中,先是倾听霖霖妈妈的想法,从聊天中也获得了霖霖妈妈对老师的一些诉求和建议:孩子不愿意在幼儿园午睡,能不能让他看书或者做些安静的事情;希望老师对孩子再多一些关注与关心,对待孩子再多一些亲切感。我们换位思考,对霖霖妈妈的担忧和疑惑表示理解,同时表示会结合她的建议进行调整和改善。

清晰而详细地提供教育方案。倾听了霖霖妈妈的想法后,我和她交流了孩子在园情况及表现,同时提供了教育建议:早上入园时,把孩子送到后及时和孩子说再见,不在幼儿园门口停留过长时间;家长和孩子沟通时,要告诉孩子,如果你有什么困难或是想法,多向老师寻求帮助;老师在早上接到孩子时,会通过聊天的方式转移孩子的注意力,多鼓励、多正面积极地引导他;老师会给孩子适当布置家庭小任务,当孩子完成后第二天来园时把作业交给老师会有相应的小奖励;在园期间老师会让霖霖尝试承担一点小任务,如当小值日生、教师小帮手等,培养孩子的责任意识,同时建立孩子的自信心。

沟通成效:

霖霖妈妈知道我们在积极引导和帮助霖霖愉快来园,感受到了我们的用心和专业,在之后的沟通中霖霖妈妈的态度比之前缓和了许多,同时也对我们多了一份信任,表示会配合我们的工作。经过三周的时间,我们渐渐地发现霖霖早上入园时的情况有所改变,虽然现在入园时他偶尔还会有些迟疑,但是都能够自主入园,情绪也能够很快地调整过来,一切都在朝着好的方向发展。

2. 阅读案例,回答问题。

案例一:"谁再打你,你就打他"

"老师,辰辰打我。"凡凡跑过来告诉我。辰辰打人?我有点不太相信自己的耳朵,他可是从来不打人的,别人欺负他,他除了哭,就是告状,一副无助的样子。今天这是怎么啦?

我找来辰辰,问起原因,他说:"凡凡抢我的积木,我向他要他不给我,还打我。"我问:"那你怎么也打他呢?"辰辰低着头,吭哧了半天才轻轻地说:"我爸爸说的,谁再打你,你就打他,所以我就打他了。"

如果你是辰辰的老师,你将怎样就这个问题与他的爸爸沟通呢?

案例二:"我们家有的是钱"

"老师,老师,顶顶又把玩具车摔坏了!""老师,顶顶扔了我的小熊!"小朋友们纷纷来找我告状。

"顶顶,你说说,为什么要摔玩具车,扔小熊呢?"我蹲下身来,问顶顶。

"都旧了,还很脏! 都要买新的!"顶顶理直气壮地说。

"那得浪费很多钱！""浪费是不好的！"一旁的小朋友们七嘴八舌地说。

"没关系，我们家有的是钱！"顶顶满不在乎地说。

如果你是顶顶的老师，你将怎样就这个问题与他的家长沟通呢？

案例三：我家孩子被抓伤了

"李老师，我家宁宁被班上的冬冬抓伤了。你看看，破了那么大块皮！孩子昨晚洗澡时，疼得直哭！你们老师怎么不管管？还有他家长是怎么教育孩子的？"

如果你是李老师，你将怎样就这个问题与宁宁的家长沟通呢？

案例四：老师，谢谢你

明天就是教师节，赵老师一天内接到了很多家长的电话。电话又响了："赵老师，你好，我是鹏鹏的妈妈，特别感谢你对我家鹏鹏的照顾！他年龄比班上的孩子都小一些，经常尿湿裤子，给你添了不少麻烦了！明天就是教师节了，鹏鹏奶奶说要感谢你，想拿点小礼物去给你，你看，拿到哪里给你好呢？"

如果你是赵老师，你准备对鹏鹏的妈妈说什么呢？

> **案例引路**
>
> 在幼儿园，魏老师和梁老师一起带班，相处得非常愉快。当别人问起她们为什么能相处这么好时，魏老师说："梁老师总能体谅我，脏活儿、累活儿她都抢着做。"梁老师说："魏老师就像我的姐姐，总是对我很关心。"旁人听了都笑了："难怪你们这么要好，原来是互相欣赏，相互赞美！"

三、与同事的交际口语训练

教师在幼儿园工作，一待就是一整天，和同事工作在一起，中午吃饭休息也在一起。可以说，教师接触同事除了工作关系，还有私人的交往成分在里面。因此，教师与同事之间除了交流工作，还有更广泛的话题。教师与同事建立良好的关系，形成良好的工作氛围，对其在工作中形成良好的心境至关重要。而良好的心境对教师提高工作效率也有很大帮助，因此教师要掌握一定的与同事交际的口语技巧。

（一）教研交谈

幼儿园的教研活动主要有：集体备课、评课，课题研究，园本课程开发等。在教研活动中，幼儿教师在进行交流时要注意以下问题：

第一，谦虚好学。在与同事进行教研交流时，说话要谦虚，要多向同事请教，不要夸夸其谈，自以为是。子曰："三人行，必有我师焉。"教师要善于发现别人的闪光点，多学习别人的长处。

第二，认真严谨。教研活动是幼儿教师工作中一项重要的学习活动。在教研活动的过程中,当别人发言时,教师要认真聆听,做好笔记;当自己发言时,要观点鲜明,言简意赅,条理清晰。

• 知识链接 •

教师如何参与幼儿园的教研活动

幼儿园的教研活动是幼儿园用集体的智慧来解决教师困惑而开展的一项工作,通过教研活动,可以使教师开拓思路、转变观念。因此,教师要积极参与其中。

一是仔细倾听。首先听清、听懂主持人的开场白,这里面往往包含着很多重要的信息。再听教师们的发言,听听大家的理解、认识与自己有何不同,说不定哪位老师的某句话,就能解开自己的"疑点",使自己"顿悟"。

二是适时提出自己的问题。在教研活动中,教师可以把自己的问题提出来,主动与其他教师交流,向大家请教,也可以谈自己的想法。通过真诚的对话与交流,以及集体的互动,教师可以从多角度、多层面获得对问题解决的建议。

三是个别请教专家。任何一位在某一方面或某一细节上有高见者都可以视为专家。他们对问题的认识和理解都有自己的独到之处。教师和专家交流能更直接地弄清问题的实质,从而把握问题的困难所在,找准问题的症结,继而对症下药。教师还能从专家的谈话中学习到认识问题、分析问题的角度和方式方法,从而不断提升自己的认识水平。

四是积极投身教育实践。一方面,观察他人的实践,观察活动过程中孩子们的反应,执教教师教学活动设计中哪些地方有利于促进孩子们的发展,还有哪些地方有待调整和改进。另一方面,在此基础上自己不妨也设计一个活动,并付诸实践。从自己的实践中再反思、再总结经验,只有这样,才能找到最适合孩子们发展所需要的教育方案。也只有这样,自己的教育教学的设计能力和实践能力才能不断提升。

（二）工作交谈

在幼儿园工作,总免不了与同事就工作问题进行沟通交流。如交接班工作、为处理好班级出现的问题交换意见等。在工作交谈中,幼儿教师应注意以下问题:

一是就事论事。谈工作时,不要把生活上的一些负面情绪带到工作中,要客观、实事求是。

二是协商解决。人与人之间在一起交流工作的时候,喜欢犯的一个毛病就是把自己的观点和做法强加给别人,即"听我说",这样不利于工作的开展。其实,谈工作无非要解决三个核心问题:"做什么?""怎么做?""谁来做?"通过互相协商,共同把这三个问题解决,这样才能把工作做好。

（三）课余交谈

工作之余,同事之间会有很多交流。好的交流可以增进感情,拉近距离,建立良好的人

际关系。在课余交流中,幼儿教师要注意以下两点:

第一,以礼相待。礼是人际关系的润滑剂。对同事要有礼貌:见面时问好,生病时问候,受挫时安慰,成功时祝贺;注意卫生,穿着得体,举止大方……这些简单的礼节,可以让你赢得同事的喜欢和尊重。

第二,以诚相待。诚是人际关系的纽带,对同事以诚相待,可以建构起友谊的桥梁。诚实待人,说话实事求是,不夸大、不吹嘘;诚恳待人,对谣言不轻信、不传播;诚信待人,承诺要兑现,无法做到的事要说清,要懂得拒绝,求得谅解。真诚的交流,可以让你赢得同事的肯定和信任。

· 知识链接 ·

与人相处的九大礼仪

一是尊重对方,用真诚的视线注视对方。

二是记住他人的名字,对他人真诚。

三是给他人以友好、真心的微笑。

四是倾听他人的说话,谈论他人感兴趣的东西。

五是尊重对方生活的习惯,保护他人的隐私。

六是不在背后批评他人。

七是从友善的态度出发,采用积极、明确的说话方式。

八是对他人的想法和希望表示理解或同情。

九是适当地称呼他人的名字,取得最佳心理强化效果。

 自我检测

1. "哪个背后不说人,哪个背后无人说?"谈谈你对这句话的理解。

2. 梅梅和你是幼儿园同事,并且关系一直不错。一天,梅梅找到你,希望你能帮她们班的小朋友编一个舞蹈来参加幼儿园元旦文艺演出。而你实在没有空,也担心万一编得不好,反而帮倒忙。请问,你该如何委婉地拒绝梅梅?

案例引路

幼儿园正在为儿童节的文艺演出做准备,李老师负责的是舞台音响的准备工作。在检查音响设备时,她发现只有一个话筒能用。是买新的还是暂时租用?李老师决定向园长请示。请示时,李老师还说明了演艺公司话筒出租的价钱,以及市场上话筒的型号及售价。园长听了连连点头,夸赞李老师工作认真细致。

四、与领导的交际口语训练

由于工作关系,教师经常要接触各级领导。有时是请示领导对工作进展做出批示,有时是向领导汇报工作安排,有时是向领导寻求帮助,有时是向领导征求意见,甚至有时因为工作失误还要向领导做检讨。由于不同领导的性格和风格多种多样,要想赢得领导的认可,幼儿教师就要具备一定的口语交际能力。

📖 文本阅读

如何向领导
汇报工作

第一,准备要充分。不管是汇报还是请示,事先都要做好准备工作,对说什么、怎么说,都要考虑清楚,列出提纲甚至写好书面材料。

第二,态度要谦虚、自信。与领导交流时,态度要谦和,要适当表明自己的观点。

第三,表达要清晰流畅。向领导汇报工作或会上发言时,要注意重点突出,条理清晰,语速适中。

 自我检测

请谈谈你对下列一事的看法。

一天,园长检查幼儿园清洁情况,看到小班门前的走廊上有一个牛奶罐和一些纸屑,而李老师正好走到那里。园长叫李老师赶紧清扫这些垃圾。李老师一听,便急了:"园长,这可不是我们班的清洁区,这些垃圾也不是我们班扔的!"

—— 项目五 ——
职业拓展口语技能

任务十七	朗诵训练

 任务目标

【知识目标】

1. 了解朗诵的特点。

2. 能够区分朗诵与朗读、朗诵与演讲。

3. 掌握不同文体(如诗歌、散文、寓言)的朗诵特点和技巧。

【能力目标】

1. 培养语言表达能力,能够准确、流畅地表达文本内容。

2. 加强情感表达和理解能力,能够深入理解文本,并通过声音传达其情感和内涵。

3. 提升创造性思维和解释能力,能够对文本进行个性化的理解和表达。

4. 能够较为得体、恰当地运用态势语、舞台设计、配乐等手段辅助朗诵。

【素质目标】

1. 提高文学素养和审美能力,能够欣赏和领会不同文学作品的美。

2. 增强自信心和公众表达能力,敢于在公共场合大胆表达自己的理解和感受。

3. 培养尊重和欣赏多样性作品的品质,能够理解并尊重不同文化和文学传统中的表达方式。

4. 亲近中华经典,更加广泛深入地领悟中华经典思想理念、传承中华传统美德、弘扬中华优秀传统文化。

案例引路

　　扫描二维码,观看微课视频"学生朗诵作品《木兰辞》",思考这位同学在朗诵中,语调是如何变化的? 运用了哪些态势语辅助表达? 配乐、背景、服饰、化妆、道具、灯光等手段又是如何运用的?

微课视频
学生朗诵作品
《木兰辞》

一、认识朗诵

(一)朗诵的含义

　　朗,是指声音清晰响亮;诵,就是读出声音来,念或者背诵。朗诵作为一种口语艺术表达形式,就是用清晰响亮的声音,同时运用口语表达的停连、重音、语气、语调、节奏等技巧,辅以表情、手势、身姿变化等态势语手段,为文本赋予更深层次的意义和活力,使之变得更加生动和感人。朗诵作为一种艺术形式,在舞台进行艺术呈现时,还可运用配乐、背景、服饰、化妆、道具、灯光等手段创设情境、营造氛围、辅助表达。

朗诵的核心在于情感的调动和表达。朗诵者通过口语表达和表情、手势等态势语的运用,将作品中的情感得以传达,使听众能够感受到文字所承载的情感和氛围。这种艺术演绎,要求朗诵者深刻把握作品的内涵,并通过个人的表现将其传达给听众。此外,朗诵还展示了语言的美感,包括韵律美、声音美和结构美。声音的变化能够突出文字的节奏和韵律,增强语言的表现力和感染力。在文化传播方面,朗诵有助于人们理解和欣赏各类文学作品,促进文化的交流和传承。朗诵也是一种沟通和互动的方式。它不仅是朗诵者与文本之间的对话,也是朗诵者与听众之间的互动。优秀的朗诵能够吸引听众,激发他们的想象力和思考。朗诵还是一种结合了文学、表演和语言艺术的复合艺术形式,它能够深刻地影响听众的情感和认知。从古至今,朗诵一直伴随着人们的生活。近年来,人们常用朗诵艺术表达对祖国的热爱、对革命前辈的敬仰、对美好生活的向往。

(二)朗诵的特点

朗诵作为一种独特的艺术表现形式,拥有多个显著的特点,这些特点不仅区分了它与其他艺术形式的不同,也构成了其独有的魅力和效果。朗诵主要有以下五个特点。

一是情感性。朗诵强调情感的传递,朗诵者通过对文本的深入理解和感情的投入,使得诵读的内容充满情感色彩,从而触动听众的心弦。

二是感染性。朗诵中,朗诵者声音的高低、快慢、轻重和音色的变化至关重要。这些变化使得朗诵具有音乐般的韵律和节奏感,增强了语言的表现力。

三是艺术性。朗诵时,朗诵者还会利用面部表情、手势和身体动作等态势语言,运用服装、化妆、道具、灯光、背景、配乐、伴舞等手段来增强表达效果,使得朗诵不仅是一种听觉艺术,也是一种视觉艺术。

四是创造性。朗诵不仅仅是重复文本,更是一种创造性的演绎。朗诵者在理解原文的基础上,加入自己的感悟和情感,使得朗诵成为一种创造性的艺术表现。因此,不同的人在朗诵相同的作品时,会有不同的处理方式。

五是教育性。朗诵不仅是艺术表演,也是一种文化和教育的手段。通过朗诵,可以传播文学作品、传承文化,同时对听众进行启迪和教育。

这些特点共同构成了朗诵的独特魅力,使其成为一种深受人们喜爱的艺术形式。

(三)朗诵与其他口语表达形式的不同

1. 朗诵与朗读

朗诵和朗读都是基于文字材料,运用口语进行表达。两者都要求发音准确、清晰,但它们各自的表现形式、表现手段和身份感受有着明显的不同。

（1）表现形式不同。朗读更侧重于文字内容的清晰传达和理解，要求按照原文清晰、准确地表达，忠实于原作品，不能改动原文。朗读不要求脱稿，可以看着文本朗读。朗诵更重视情感的表达和艺术性，强调通过情感的投入和语言技巧来赋予文字更艺术的表现形式，从而感染听众。朗诵要求脱稿，参加朗诵比赛时，不能拿着文稿朗诵。

（2）表现手段不同。两者都要求调动情感、运用停连、重音、语气、语调等口语表达技巧进行表达，但朗读不要求运用表情、手势、身体姿势变化等态势语言来辅助表达；而朗诵则要求恰当运用表情、眼神、手势、身姿等态势语言。朗诵是一种艺术表现，更强调个人情感的投入和创造性的表达。在舞台朗诵时，还需要运用服装、化妆、道具、灯光、背景、配乐、伴舞等手段来增强表达效果，情感表达手段更加多样化。

（3）身份感受不同。朗读者是以作品的传播者身份出现的，把作者的创作目的、朗读者的感悟理解通过声音传达出来。朗诵者既是作品的传播者，同时还要演绎作品中的人物。如朗诵李白的诗歌《将进酒》，朗诵者就可以设想自己就是当年的李白，正在微醺状态下即兴赋诗。

2. 朗诵与演讲

朗诵和演讲都是通过口头方式传达信息或情感，两者都需要考虑听众的反应，与听众建立联系；两者都涉及一定的表达技巧，如声音的控制、态势语言等。但朗诵和演讲是两种不同的口头表达形式，它们在目的和内容、情感和艺术性以及身份和交流方式上有着明显的差异。

（1）目的和内容不同。朗诵主要是艺术表达，通过诵读文学作品来表达情感和创造美感。朗诵强调对已有文本的表达和演绎，即基于现有的文学作品，朗诵者需要通过个人的阐释和感受来演绎这些作品。演讲更侧重于信息的传达、观点的阐述或说服听众。演讲内容通常是事实、观点、论点等，与个人思想或某个特定主题相关。它通常需要演讲者自己准备和构思内容，即使是现成的演讲稿，也需要围绕自己的观点和目的进行调整。

（2）情感和艺术性不同。朗诵强调艺术性和情感的深度，通过声音的韵律和节奏来展现文本的美感。演讲虽然也富有情感，但更强调说服力和逻辑性，通常更注重内容的结构和论述的清晰度。

（3）身份和交流方式不同。朗诵者追求的是用艺术形式创造原作品的意境，其身份可以是原作者，也可以是作品中的人物，在舞台上可以"目中无人"地尽情抒发情感。演讲更多强调的是用自己的观点说服听众，必须"目中有人"（眼里有听众），演讲过程中要察言观色，根据听众的反应及时调整自己的表达；情感表达要切合实际，不能过于突兀，导致听众接受不了。

📑 案例引路

　　学校组织新年朗诵会，分为三个篇章："致敬春天""致敬青春""致敬祖国"。下面是同学们准备的朗诵作品。

　　1. 诗歌《元日》(作者:宋·王安石)

2. 散文《新年你好》(原创作品)

3. 散文《春》(作者:朱自清)

4. 诗歌《春江花月夜》(作者:唐·张若虚)

5. 散文《春天里的中国》(作者:麦兴平)

6. 散文《可爱的中国》(作者:方志敏)

7. 诗歌《青春万岁》(作者:王蒙)

8. 散文《白杨礼赞》(作者:茅盾)

9. 诗歌《我爱这土地》(作者:艾青)

10. 诗歌《我骄傲,我是中国人》(作者:王怀让)

诗歌和散文是经常被选用的朗诵体裁。选择朗诵作品时,应紧扣朗诵会或朗诵比赛的主题,选择朗朗上口、韵律和谐、情感丰富的作品。如果让你参加这次朗诵会,你准备选什么作品呢?

二、几种文体朗诵训练

(一) 诗歌朗诵

诗歌是最古老的文学样式,语言精练,情感丰富,韵律感强。无论是古代文学典籍中的诗歌,还是现当代文学中的诗歌,都非常适合朗诵。诗歌朗诵的要领如下。

1. 熟读诗歌,确定基调

通过熟读,疏通文意,了解创作背景,准确把握诗歌所创设的意境和要表达的情感,确定朗诵基调。

2. 分好音步,把握节奏

节奏是诗歌的生命。要把握节奏,就要根据语意,对诗行中的音步进行划分。古诗更讲究韵律美,因此音步划分尤为重要。

【示例】

(1) 五言古诗,每行一般分为两个音步,有时也可分为三个或四个音步,如古诗《登鹳雀楼》的音步划分,可根据朗诵者的表达风格,做以下不同的处理:

白日/依山尽,　　　白日/依/山/尽,

黄河/入海流。　　　黄河/入/海/流。

欲穷/千里目,　　　欲穷/千里/目,

更上/一层楼。　　　更上/一层/楼。

(2) 七言古诗,每行一般分为三个语节,有时也可分为四个语节。

渭城/朝雨/浥轻尘,

客舍/青青/柳色新。

（3）现当代诗歌的语节不像古诗那样固定，可根据语意和情感自由划分语节。

为什么/我的眼里/常含泪水，

因为/我对这土地/爱得/深沉。

3. 情感充沛，韵律感强

朗诵时要饱含深情，运用气息转换、拖长音节、语调变化等方式，把诗歌的韵律美呈现给听众。应注意的是，朗诵者要调动真情实感，避免矫揉造作，才能感染听众。

【示例】

请上网检索下列资源，欣赏并学习：

（1）《诗意中国会客厅》栏目采访著名演员岳红的视频：朗诵，首先要真！

（2）名家朗诵欣赏：孙道临朗诵《琵琶行》、濮存昕朗诵《琵琶行》。

（二）散文朗诵

散文内容宽泛，可以描景状物，可以写人记事；散文形式自由灵活，但形散神聚，情文并茂，意境优美，也是非常适合朗诵的文体。散文朗诵的要领如下。

1. 把握基调，体会情感

朗诵散文，朗诵者要理解、感悟作者要抒发的情感，理清文本的脉络层次、把握作者情感的推进和变化，激发起自己的情感，朗诵者的情感和作者的情感合二为一。如史铁生的作品《秋天的怀念》，从母亲推着"我"看花到母亲去世后妹妹推着"我"看花，从"我"悲观厌世到"我"不辜负母亲的期望，重新点燃"生"的希望。母亲的离世唤醒了作者，作者要表达母爱的深沉、厚重、博大、温暖，表达对母亲深切的怀念。朗诵时，要运用形象感受，让自己置身于作品所描绘的情境中，与作者情感同步，与作者一起抒发情感。

【示例】

秋天的怀念

史铁生

双腿瘫痪后，我的脾气变得暴怒无常。望着望着天上北归的雁阵，我会突然把面前的玻璃砸碎；听着听着李谷一甜美的歌声，我会猛地把手边的东西摔向四周的墙壁。母亲就悄悄地躲出去，在我看不见的地方偷偷地听着我的动静。当一切恢复沉寂，她又悄悄地进来，眼边红红的，看着我。"听说北海的花儿都开了，我推着你去走走。"她总是这么说。母亲喜欢花，可自从我的腿瘫痪以后，她侍弄的那些花都死了。"不，我不去！"我狠命地捶打这两条可恨的腿，喊着，"我可活什么劲儿！"母亲扑过来抓住我的手，忍住哭声说："咱娘儿俩在一块儿，好好儿活，好好儿活……"

可我却一直都不知道，她的病已经到了那步田地。后来妹妹告诉我，她常常肝疼得整宿整宿翻来覆去地睡不了觉。

那天我又独自坐在屋里，看着窗外的树叶"唰唰啦啦"地飘落。母亲进来了，挡在窗前："北海的菊花开了，我推着你去看看吧。"她憔悴的脸上现出央求般的神色。"什么时候？""你要是愿意，就明天？"她说。我的回答已经让她喜出望外了。"好吧，就明天。"我说。她高兴得一会坐下，一会站起："那就赶紧准备准备。""哎呀，烦不烦？几步路，有什么好准备的！"她也笑了，坐在我身边，絮絮叨叨地说着："看完菊花，咱们就去'仿膳'，你小时候最爱吃那儿的豌豆黄儿。还记得那回我带你去北海吗？你偏说那杨树花是毛毛虫，跑着，一脚踩扁一个……"她忽然不说了。对于"跑"和"踩"一类的字眼，她比我还敏感。她又悄悄地出去了。

她出去了，就再也没回来。

邻居们把她抬上车时，她还在大口大口地吐着鲜血。我没想到她已经病成那样。看着三轮车远去，也绝没有想到那竟是永远的诀别。

邻居的小伙子背着我去看她的时候，她正艰难地呼吸着，像她那一生艰难的生活。别人告诉我，她昏迷前的最后一句话是："我那个有病的儿子和我那个还未成年的女儿……"

又是秋天，妹妹推着我去北海看了菊花。黄色的花淡雅，白色的花高洁，紫红色的花热烈而深沉，泼泼洒洒，秋风中正开得烂漫。我懂得母亲没有说完的话。妹妹也懂。我俩在一块儿，要好好儿活……

——选自部编版中学语文课本，七年级《语文》上册

评析：

朗诵前，要抓住关键词句，体会"我"和母亲的情感变化："我""突然"砸玻璃，"猛地"摔东西，显示出"我"的暴怒无常，表达了"我"的悲观、绝望与痛苦情绪。"悄悄地""偷偷地""眼边红红"，突出了母亲对儿子的关爱体贴、细致入微和放心不下，表现出了母爱的细腻。母亲喜欢花，但为了儿子放弃了自己的兴趣，表现出母亲的无私和伟大。母亲已患重病，却忍着病痛，对儿子百般抚慰，盼望儿子早日摆脱心理阴霾。当"憔悴"的母亲第二次"央求"儿子去看花，儿子表示同意时，母亲的"喜出望外""絮絮叨叨"，体现了母亲的激动，这种激动源于对儿子深沉、无私的爱。对于"跑"和"踩"一类的字眼，母亲比"我"还敏感，体现了母亲的细心，她承受着儿子终生截瘫的残酷现实，想在有生之年帮助儿子摆脱痛苦绝望的心情，体现了母亲的无私和坚忍。母亲生前为儿子操劳，临终前仍牵挂自己的儿女，临终未能看到儿子走出心理阴霾、未能看到女儿成人的遗憾，也彰显出母爱至伟，感人至深。最后，妹妹推"我"去看花，不同颜色的菊花"泼泼洒洒，秋风中正开得烂漫"，暗示了"我"的心理已从痛苦、无望转向明朗、坚强，是母亲的爱帮"我"走出了阴霾。

朗诵时，要根据情感变化，调整语气语调，诵出真情。

2. 体现风格，诵出文采

散文形式灵活，不同作品体现出作者不同的创作风格，如朱自清的《荷塘月色》和茅盾的《白杨礼赞》，风格不同，朗诵时，要运用不同的表达技巧，体现其不同的风格。散文的语言极富文采，朗诵时要注意文采的呈现。

（三）寓言朗诵

寓，寄也。寓言，就是在具体的故事里面寄托了道理或教训，给人以启示。朗诵时，既要把故事"诵"生动，还要把寓意"讲"明白。寓言朗诵的要领如下。

1. 声音多样,形象传神

寓言里有鲜明的人物形象,有的形象虽然是动物或其他物品,但它们是人格化的形象,代表着现实中的人,如《陶罐和铁罐》里的陶罐、铁罐。朗诵时,要通过拟声技巧、音量调节、语调变化等,把人物的性格特征呈现出来,如表达陶罐的谦虚,可用正常音高和语速;表达铁罐的傲慢,可以提高音量、拖长音节、突出重音,语调比陶罐的语调更加灵活多变。

【示例】

陶 罐 和 铁 罐

国王的橱柜里有两个罐子,一个是陶的,一个是铁的。骄傲的铁罐看不起陶罐,常常奚落它。

"你敢碰我吗,陶罐子!"铁罐傲慢地问。

"不敢,铁罐兄弟。"陶罐谦虚地回答。

"我就知道你不敢,懦弱的东西!"铁罐说,带着更加轻蔑的神气。

"我确实不敢碰你,但并不是懦弱。"陶罐争辩说,"我们生来就是盛东西的,并不是来互相碰撞的。说到盛东西,我不见得就比你差。再说……"

"住嘴!"铁罐恼怒了,"你怎么敢和我相提并论! 你等着吧,要不了几天,你就会破成碎片,我却永远在这里,什么也不怕。"

"何必这样说呢?"陶罐说,"我们还是和睦相处吧,有什么可吵的呢!"

"和你在一起,我感到羞耻,你算什么东西!"铁罐说,"走着瞧吧,总有一天,我要把你碰成碎片!"

陶罐不再理会铁罐。

时间在流逝,世界上发生了许多事情。王朝覆灭了,宫殿倒塌了。两个罐子遗落在荒凉的废墟上,上面覆盖了厚厚的尘土。

许多年过去了。有一天,人们来到这里,掘开厚厚的堆积物,发现了那个陶罐。

"哟,这里有一个罐子!"一个人惊讶地说。

"真的,一个陶罐!"其他的人都高兴得叫起来。

捧起陶罐,倒掉里面的泥土,擦洗干净,它还是那样光洁,朴素,美观。

"多美的陶罐!"一个人说,"小心点儿,千万别把它碰坏了,这是古代的东西,很有价值的。"

"谢谢你们!"陶罐兴奋地说,"我的兄弟铁罐就在我旁边,请你们把它也掘出来吧,它一定闷得不行了。"

人们立即动手,翻来覆去,把土都掘遍了,但是,连铁罐的影子也没见到。

——选自部编版小学语文课本,三年级《语文》下册

2. 语气恰当,凸显寓意

朗诵寓言的目的是让听众明白其中的寓意,从而吸取教训、受到启发。有的寓言在结尾部分说明了寓意,朗诵时,可以放慢语速,突出重音,把寓意表达清楚;有的寓言在结尾部分未说明寓意,寓意是通过故事情节体现出来的,朗诵时,要通过语气、重音等把寓意传达给听众。

• **知识链接** •

📖 文本阅读
《中华经典诵读
工程实施方案》

为深入贯彻习近平新时代中国特色社会主义思想和党的十九大精神,落实中共中央办公厅、国务院办公厅印发的《关于实施中华优秀传统文化传承发展工程的意见》,教育部、国家语委组织实施中华经典诵读工程。2018 年 9 月,教育部、国家语委印发《中华经典诵读工程实施方案》,通过开展经典诵读、书写、讲解等文化实践活动,挖掘与诠释中华经典文化的内涵及现实意义,引领社会大众特别是广大青少年更好地熟悉诗词歌赋、亲近中华经典,更加广泛深入地领悟中华思想理念、传承中华传统美德、弘扬中华人文精神。

中华经典诵读工程实施以来,各省(直辖市、自治区)教育主管部门高度重视,每年举办经典诵读比赛,并推荐优秀诵读作品参加教育部、国家语委举办的全国经典诵读比赛。(获奖作品可在"中华经典诵写讲大赛"官方网站观看)

三、朗诵态势语运用

朗诵时,要用态势语辅助表达。运用态势语的原则是优美、适度、自然、协调,与朗诵内容、情感表达相契合,为朗诵增色添彩。不恰当的态势语,不仅对口语表达起不到辅助作用,还会削弱口语表达效果。

(一)朗诵姿势

朗诵一般采用站姿,收腹、挺胸,后背自然挺直,双肩自然放松,精神饱满,落落大方,给观众以自然、舒适的感觉。站姿有以下三种。

(1)丁字式:两只脚脚尖向外张开,一只脚的脚跟对着另一只脚的脚弓。女性朗诵者多用这种站姿。

(2)立正式:两只脚脚跟并拢,脚尖向外张开约 60 度。

(3)双脚自然分开式:双脚自然分开,相距不超过肩宽。男性朗诵者多用这种站姿。

朗诵过程中,朗诵者可以根据需要走动,变换站姿,但变化不要过于频繁,否则容易喧宾夺主。朗诵者根据作品内容也可选择坐姿。如朗诵史铁生的《秋天的怀念》,有的朗诵者就用坐在轮椅上的方式出场朗诵。再如,有的朗诵内容是红色家书,朗诵者出场时也采用坐姿,朗诵过程中再根据情感的推进,站起来继续朗诵。

(二)面部表情

朗诵中,朗诵者的面部表情随内容和情感的变化而变化。在面部表情中,眼神至关重要。"眼睛是心灵的窗户",观众通过眼神观察朗诵者的情感变化、情感是否真挚。朗诵者眼神既要和观众交流,又不能一直盯着观众。不同的情感,用不同的面部表情来表达。

喜悦:眉毛上扬,眼睛睁大,嘴角微微上翘。

爱慕:眉毛轻扬,瞳孔放大,嘴角上扬。

愤怒:眉毛竖起,眼睛睁大,嘴角向两侧拉开。

惊讶:眉目紧张,面部收缩,嘴巴张开。

轻蔑:眼神斜视,鼻翼微皱,嘴角下撇。

傲慢:下颌抬起,脸部微扬,目空一切。

眼神和面部表情的配合是协调一致的,也是发自内心的,因此,面部表情的运用一定要基于对作品的理解和表达。

(三) 朗诵手势

朗诵时,朗诵者可运用握拳、挥掌、抚胸等手势辅助表达。手势使用不能过于频繁,更不要夸张表演。常用的手势有以下四类。

(1) 情意手势:表达情感时常用到的手势,如表达愤怒情绪时,紧握拳头,并在空中挥舞一下。

(2) 指示手势:指示具体真实形象的手势,如"我骄傲,我是中国人",右手抚胸;"我爱这土地",右手伸向前方。

(3) 象形手势:为了给观众形象化的感觉,用手势比画作品中所描绘的形状。

(4) 象征手势:辅助表达作品中比较抽象的思想或心理。

四、朗诵的形式与辅助手段

(一) 朗诵的形式

朗诵的形式有独诵、合诵。独诵,就是一个人朗诵。合诵,可以是两人朗诵、三人朗诵、四人或更多人朗诵。合诵前,需将作品进行朗诵分工,再进行排练。

【示例】

最美追梦人①

微课视频

五人合诵
《最美追梦人》

男1:当五月的春风吹开所有待放的花蕾,徜徉在花海中的你,也应该为这春的季节而骄傲,因为,这里的每一朵绽放都与你有关!争奇斗艳我花开的国土啊,承受了你太多的汗水!多少年了,我一直把你真心地追随。今天,站在这春意盎然的舞台中央,我要大声地喊出你的名字,光荣的追梦人!喊你,是为了告诉你,你比所有的春天都要美!

(合)你比所有的春天都要美!

女1:你比春天都要美!你定制了中国道路,辽阔壮美!当穿越世界屋脊的青藏铁路,带来雪域金顶的余晖;当世界上最快的动车,驰骋在大江南北;当四通八达的地铁,在我们的家门口闪回;当高速公路航空港,串联起曾经荒芜的版图,我要大声地为你赞美,你的高度,你

---

① 朗诵稿根据朱海的《中国梦,劳动美》改编。

的险峻,你的艰难,你的豁达,都让所有的后来者由衷地赞叹! 追梦者的足迹真美!

(合)追梦者的足迹真美!

男 2:你比春天都要美! 你锻造了中国精神,旷世大美! 当我走在三峡大坝那巍峨的怀抱里,我激动的心就像高涨的水位! 在光电转换中尽情释放了青春美! 那跨越万里长江的滚滚动能,正以清洁能源的名义,为地球纾解愁眉! 你看那一座座万家灯火的新城镇拔地而起,那一个个现代创业产业区,比翼齐飞! 你正以一日千里的速度奔腾,叩开强国的心扉,让所有的观望者都感叹,筑梦者的拼搏真美!

(合)筑梦者的拼搏真美!

女 2:你比春天都要美! 你汇聚中国力量,创造完美! 我在大漠戈壁聆听你,从遥远的太空传来乡音萦回! 我在蓝色海洋见证你,和平的驰骋伴随着战舰神威! 我在辽阔的草原寻找你,最新的发电能伴随着俏丽多姿的身影! 我在世界各地品味你,你古老的文明、时尚的创意! 可爱的中国,当有一天,你每一寸的土地,都成为创新者的出发地,我相信整个地球都会说,圆梦者的境界真美!

(合)圆梦者的境界真美!

女 3:一个激荡百年风云的中国梦,因为你坚定的信念,奋斗的道路才百折不回! 一个追逐民族复兴的中国梦,因为你勇敢的担当,平凡的生活才越来越美! 从王铁人一声怒吼,把中国贫油的帽子扔到太平洋去,到黄旭华的痴心不改,中国的核潜艇令世界敬畏;从南仁东的敢为人先,22 年克难攻坚铸就"中国天眼",到张玉滚的无私奉献,17 年如一日扎根深山把孩子们的希望点燃。一代又一代的追梦人,告诉我们,勇于追梦的人最美!

(合)勇于追梦的人最美!

　　　　追梦人,你——最美!

(二) 舞台朗诵辅助手段

在舞台上朗诵时,为了给观众呈现更真实的情境,需要对朗诵者的舞台形象进行设计,并运用背景、灯光、道具、配乐、舞蹈等方式辅助朗诵表达。

1. 朗诵者的形象

朗诵者的形象可以从两方面入手:服饰和化妆。朗诵者的服饰应选用与作者创作作品的年代相适应的服饰,如朗诵李白的《将进酒》,可穿唐代服装,扮演成影视剧中李白的形象进行朗诵。需要注意的是,服装与发饰、化妆要搭配得当。朗诵现当代作品,可穿着大方、合体的服装上台,发型整洁,化妆不可过浓。考虑到朗诵中要使用手势,朗诵者的服装不可过紧,以免影响做手势。

2. 舞台布置

在舞台上朗诵,如果有条件,运用舞台背景、灯光、道具辅助朗诵,会呈现给观众更好的效果。

背景可以是作品中描绘的情景的呈现,也可以是和作品内容或感情基调相契合的某种情景。需要注意的是,背景变化不能过于频繁,色彩不可过于艳丽,色彩搭配要能给人以美感。

灯光可以烘托氛围,突出主体。灯光的运用可以影响朗诵者和观众的心理。需要注意的是,背景变化也不能过于频繁。

道具有大有小,大的道具可以是一套桌椅、一棵树,小的道具可以是朗诵者手里的物品,如一本书、几张纸卷成圆筒等。

舞台背景、灯光、道具的使用,目的都是把观众带入特定情境,增强朗诵的效果。

3. 配乐伴舞

朗诵大多会使用合适的配乐。配乐可以根据朗诵内容选用钢琴曲、古筝曲、小提琴曲等。朗诵时,有的配乐是和朗诵者开口朗诵同步播放,有的配乐是先于朗诵播放,也就是配乐先起,把观众带入音乐营造的氛围,十几秒后朗诵者开始朗诵。需要注意的是,配乐播放的声音要低于朗诵的声音。

舞蹈能增强观众的视觉感染力。但多数朗诵不适合伴舞,伴舞只是一种辅助手段,不可喧宾夺主。

 自我检测

举行班级朗诵比赛,请同学自选作品朗诵,可独诵,也可合诵。

任务十八　演讲训练

 任务目标 ────────────────────────────●

【知识目标】

1. 认识演讲的特点和要求。

2. 学会撰写演讲稿的结构技巧。

3. 能够识别演讲的外在表达技巧。

【能力目标】

1. 能够根据不同的演讲主题和目的,撰写逻辑清晰、内容生动的演讲稿。

2. 能够运用恰当的口语和态势语,展示自信大方的演讲风格,有效表达自己的观点和情感。

3. 能够针对不同的演讲形式,设计相应的演讲内容。

【素质目标】

1. 通过演讲训练,进一步提升观察、分析、解决问题的能力,提高思维的敏捷度和判断力。

2. 在演讲训练的过程中,逐步涵养自信、勇敢、坚韧的个性品质,构建起积极向上的人生观和价值观。

📋✓ 案例引路

下面是幼儿教师演讲稿《倾听花开的声音》片段:

花开有一个过程,它在得到充足的温度、阳光、水分后,到了花期,有时会在刹那间开放,有时又是一个漫长的过程——含苞,慢慢舒展她的身体,直到一片一片完全绽开它的花瓣。幼儿也像花一样,当你俯下身来倾听他们的心灵之音、重视他们的喜怒哀乐、关注他们的情感倾向时,那便一定能听到"花开"的声音!

……

太阳是幸福的,因为它光芒四射,恩泽万物;小草是幸福的,因为它有装点春天的价值。幼儿老师虽说是平凡的、辛苦的,但同样也是幸福的。老师们,让我们学会倾听孩子们的心声吧,因为没有比倾听孩子们心灵的声音更幸福的事情了。

我会用我的爱去关注了解每一个孩子,会用我的爱去温暖每一个孩子的心。孩子,你就是一朵花,从生根到发芽,从含苞到绽放,自然而然悄然无声地进行……

花开的声音,你们听到了吗?

在这段演讲词中,作者将道理搁置一旁,用鲜活的材料与真切的情感清楚明白地表达了发自内心的激情,给人留下了深刻的印象。由此可见,演讲的文稿不是主题和材料的简单相加,而是它们严谨巧妙的结合。

一、认识演讲

古语有云:"一人之辩,重于九鼎之宝;三寸之舌,强于百万之师。"可见,演讲对于提升人的口才具有重要作用。

(一)什么是演讲

演讲又叫演说或讲演,是指演讲者在特定的时间和地点,面对特定的听众,以有声语言为主要表达方式、以态势语言为辅助形式,系统、鲜明地阐明自己的观点和主张的一种社会实践活动。

(二)演讲的特点

1. 现实性

演讲是一种现实性很强的社会实践活动。演讲内容必须联系实际,对人生、社会和实践有实际作用,才会被听众认可、接受。演讲不论采用哪种方式,都要从客观实际出发,满足现实需要。

2. 艺术性

演讲虽然是一种现实活动,但在演讲的过程中要体现出艺术美,如运用表情、手势、姿态等来配合演讲者的有声语言表达,"讲"与"演"相辅相成,有声语言的悦耳动听、起伏跌宕,态势语言的自然和谐、巧妙搭配,都能给听众带来艺术的美感,使听众在受到教育、启迪的同时,也得到美的享受。

3. 感召性

没有感召性,就不能成为演讲。优秀的演讲者应该饱含炽热的情感,具有强烈的感染力,能够使听众思想为之振奋,热血为之沸腾,并能主动唤起听众对工作、学习、生活的高度责任感,最终激发起听众的主动性、积极性与创造性。有无感召性,是检验一次演讲成功与否的重要标志。

4. 逻辑性

演讲重在论事说理,具有很强的逻辑性。讲话一听就过,稍纵即逝,如果内容杂乱无章,逻辑性不强,就很难收到应有的效果。因此,演讲的内容一定要完整、清晰,层次分明,有张有弛,错落有致。

5. 综合性

演讲活动必须具备三个条件:演讲者、听众、时境(时空和情境)。演讲者在演讲活动中处于重要的主体地位。为了使演讲活动获得成功,演讲者必须做精心的准备,随时调控演讲中出现的各种意外情况,驾驭演讲活动,这就是演讲活动的综合性。这就要求演讲者具有正确的思想观点、高尚的道德品质、高超的语言素养和较强的临场应变能力。

（三）演讲的要求

1. 内容要正确感人

内容是演讲的生命。优秀的演讲应当是正确的思想和感人的表达技巧的结合。演讲内容应该体现新的时代精神,反映正确的思想,传播进步的观念。这种新精神、新思想、新观念必须建立在真实鲜活的新材料上,因为只有新颖、正确、真实的思想内容才能吸引人、感染人。单纯追求技巧而内容空泛或虚假的演讲,会给听众以哗众取宠或无病呻吟之感。

2. 表达要晓畅生动

演讲是"用语言把人们的心灵点亮"。演讲者的口语要简洁精练、准确规范、明白晓畅、形象生动,不仅要用确切的词语、简洁明快的语句来表达丰富复杂的思想内容,深入浅出地阐明观点,还要注意选用晓畅生动的语言,把抽象的道理具体化,把抽象的概念形象化。演讲的用语要通俗易懂,声音清晰响亮,富有弹性,具有一定的美感。演讲中要使用标准普通话,并且要选取最佳音域、最佳音量,以最佳的声音状态,准确达意,生动传情,做到以情带声、以声传情、声情并茂。

3. 感情要真挚朴实

演讲者要以理服人,以情动人,只有抒发真情实感,才能引起听众感情上的共鸣。就像我国著名演讲家曲啸所讲的,"我用我的心血甚至生命真实地表达着我个人的喜怒哀乐,于是我看到:听众与我一起进入共同的喜怒哀乐"。从心理学的角度讲,演讲是演讲者与听众感情交流的过程,所以讲演者要把听众当成可以谈心的朋友,不仅是用嘴而且是用全部身心在演讲,情感流露要朴实自然,切忌虚假造作。

4. 态势语要自然得体

演讲者不仅要善于运用口头语言说服感染听众,还要善于运用态势语作为辅助手段。态势语主要包括仪表举止、手势表情等,应当是自然流露的"副语言",它同口语相互补充、配合成为表情达意的工具。演讲者的态势语要服从表达的需要,要体现自己的个性,要用得准确自然,适时协调,切忌矫揉造作、装模作样,也不能死记程序,更不能太多太滥,喧宾夺主。

• 知识链接 •

演讲的准备[①]

演讲的准备方法多种多样,但是无论是哪种方法,我们都可以把它归为"五步",

---

① 章晓琴. 教师口语实用技能训练教程[M]. 北京:北京师范大学出版社,2012:155—156.

即"演讲准备的五步"。

1. 拟定讲题

讲题要有四个目的:使人知、使人信、使人动、使人悦;同时有四个基本要求:贴切、简洁、吸引人、悦耳。

2. 标题类型设计

(1) 提要型,如《男子汉的风度》。

(2) 象征型,如《扬起生命的风帆》。

(3) 含蓄型,如《沉重的翅膀》。

(4) 警醒型,如《前进,东方的巨人》。

(5) 设问型,如《人才在哪里?》。

(6) 抒情型,如《党啊,亲爱的妈妈》。

3. 写好讲稿

无论演讲内容、对象是什么,所有的演讲稿一定要事实、道理、感情有机结合。如果评价"稿子太实了",就是缺感情;如果评价"稿子太虚了",就是没有事实。没有事实的议论和抒情是苍白的,没有抒情和议论的事实是呆板的。

4. 熟记讲稿

演讲者一定要在进一步深入理解稿件、整理好稿件的思维线索的基础上记熟讲稿。

5. 自我讲练

通过不断地体验讲稿内容,进而设计好得体合理的演讲态势语。

二、学会撰写演讲稿

演讲稿的结构通常包含三个部分:开头、主体、结尾。这三者是一个有机的整体,每一部分都决定着演讲的成败。

(一) 开头的实用技巧

开头,即演讲稿的导入部分。开头主要有两个作用:一是提示或交代演讲的中心内容,二是渲染营造一种氛围。有人说,演讲的开头是演讲者献给听众的第一束鲜花,它在很大程度上决定着演讲是否能吸引听众的注意力,能否激发听众听下去的兴趣。演讲开头的形式多种多样,在此,我们着重介绍和训练以下五种。

1. 开门见山式:直截了当,激发兴趣

【示例】

我不是诗人,不能用漂亮的诗句讴歌我的职业;我不是学者,不能用深邃的思想思考我的价值;我不是歌手,不能用动听的歌喉歌咏我的岗位。我是一名幼儿园园长,我要在我脑海中采撷如花的词汇,构筑我心中最美好的诗篇;我要用深深的思索,推演我心中最奥秘的哲理;我要用凝重的感情,唱出我心中最动人的颂歌——我爱幼儿园,更爱我们的教师。

评析:这篇演讲稿开头连续使用三个否定句构成排比,而后直接交代演讲主旨、解析题意、交代内容,为正文部分继续引申发挥、说理叙事奠定了基础。

【训练】

假如你是班主任老师,需要在幼儿刚入园的第一次家长会上做一个讲话,请你用开门见山式的方式设计一个开头。

2. 巧设悬念式:制造悬念,引起注意

【示例】

在综艺节目《我是演说家》中,选手梁植的一篇演讲《我的偶像》是这样巧设悬念的:

我相信今天在场的各位,大家也或多或少都有自己心中的偶像。今天来到这儿,我是想告诉大家我的偶像。

我们一起来想三个问题:如果说你一不小心,用不到三年的时间,从美国的名校拿回一个博士学位,你的导师跟你说:你很有才呀,我觉得你只要跟我混,我带着你,给你最好的待遇,你留在美国,我能让你成为世界一流的科学家。这个时候你会怎么选择?

可能,做科研对你们来讲太遥远,因为咱们都不是学霸。那么如果说你的男朋友或者女朋友,他(她)有一天回家告诉你:亲爱的,我要调动工作了,但是去哪儿、做什么和去多久,我都不能说。这个时候你要怎么办?

好,如果说有一项事业,因为你的努力,让中国在这个领域拔地而起,提高了中国的话语权。你觉得应该获得什么样的奖励?

我的偶像用他的一生回答了这三个问题。

......

是,我的偶像叫邓稼先。

评析:谈自己的"偶像",但演讲者并不打算直接告诉听众"他"是谁,而是连续使用了三个问题:"这个时候你会怎么选择?""这个时候你要怎么办?""你觉得应该获得什么样的奖励?"这连续设置的悬念都是为了吊足听众的胃口,让听众迫切地想知道演讲者心目中的偶像到底是什么人,必然希望听到下文,而这正是演讲者所希望取得的悬念效果。

【训练】

请你用巧设悬念式为《我的大学生活》的演讲设计开头,然后试着讲给你的同学和朋友听,体会设置悬念的效果。

3. 自我介绍式:幽默搭桥,倍感亲切

【示例】

一位青年演讲者应邀到某师范大学为应届毕业生做青年成才问题的演讲。为引起同龄人的共鸣,他设计了这样的开头:

同学们,到这个讲坛上演讲的,应该是知名学者,是大人物,我这个"嘴上无毛,办事不牢"的青年人站在这儿,很不般配呀!不过,我很欣赏契诃夫的一段名言:"世界上有大狗也有小狗,小狗不应该因为大狗的存在而慌乱不安,所有的狗都叫!小狗也要大声叫!"今天,

我这个自信的小狗,就大胆地叫几声。

这一段话嬉而不谑、妙趣横生,令观众捧腹大笑,给人留下了坦诚、风趣幽默的好印象。

【训练】

请你以《我的优点》为题设计一个诙谐幽默、有自嘲意味的自我介绍。尝试着在某些场合使用,并体会这样开场的作用和好处。

4. 故事导入式:讲述故事,顺水推舟

【示例】

主持人鲁豫在《我是演说家》中做过一篇《敢说敢自我》的演讲,是这样开头的:

其实我要讲的,算不上是一段讲演,像是个开场白,因为站在后台我突然意识到我人生最精彩的一次讲演,早就已经做完了。那是1999年10月15日,之所以我能够把那个日子记得那么清楚,是因为那是我人生第一次,也是迄今为止唯一的一次和别人吵架。我是一个碰到冲突的时候,会很害怕,会表现得有一点怂的人。我会和别人吵架,我觉得想起来匪夷所思。而且你要知道和别人吵架不算本事,吵赢了才是本事,那次吵架我赢了,大获全胜。那次……

评析: 用形象性的语言讲述一个故事作为开场白会引起听众莫大的兴趣,能够瞬间把听众的注意力集中起来。选择故事要遵循这样几个原则:要短小;要有意味,促人深思;要与演讲内容有关。

【训练】

请你用故事导入式为演讲题目《永不言弃,我心永恒》设计一个开头,试着讲给周围的人听,看看能否迅速吸引听众的注意力。

5. 引用名句式:富含哲理,启人心扉

【示例】

央视主持人撒贝宁在《经典咏流传》第三季第二期中是这样开场的:

五千年文化,三千年诗韵,人生如一场修行。得意时,一日看尽长安花;艰难时,潦倒新停浊酒杯。但生命的跋涉不能回头,哪怕畏途巉岩不可攀,也要会当凌绝顶;哪怕无人会登临意,也要猛志固常在。

我们从经典中,汲取九万里风鹏正举的力量;历练也无风雨也无晴的豁然,待到重阳日,我们还来就菊花。

评析: 用一连串大家耳熟能详的诗句巧妙地串起想要表达的思想,既有人生智慧,又有人生志向,语言精练、内容概括、节奏鲜明,易于听众接受。

【训练】

请你搜集几条相关名言警句,分别使用不同的名言为演讲题目《微笑的力量》设计开头,并对比效果。

(二) 主体的实用技巧

主体是演讲稿的主干部分,篇幅较大,要使演讲的观点站得住、立得牢,就必须做到内容充实丰满、有血有肉,围绕中心论点,处理好论点与论据之间的关系,合乎逻辑地展开论述,

做到结构严谨、层次清楚、过渡自然。常见的演讲主体的结构设计有以下三种。

1. 并列式

即用几个关系平等的观点共同阐明主题。

【示例】

演讲稿《世界有女人的一半》的主体部分,可以确定三个关系平等的论点:

① 女人本该获得自己的一半。

② 女人没有获得自己的一半。

③ 女人应当争取自己的一半。

这三个部分各自独立又互相连贯,共同阐明同一主题,条理井然,富有气势。

【训练】

以《教师,无悔的选择》为题,使用并列式写出演讲稿主体的结构提纲。

2. 递进式

即一层一层地分析论述问题,由小到大,由浅入深,逐步把道理讲清楚。

【示例】

演讲稿《在失败面前挺起胸膛》的主体部分,可以确定以下三个观点:

① 在失败面前要挺起胸膛。

② 为什么要在失败面前挺起胸膛。

③ 怎样在失败面前挺起胸膛。

这样,围绕"在失败面前挺起胸膛"的问题,按照"是什么""为什么""怎么样"的顺序,将阐述层层加深,步步推进。

【训练】

根据下面的题目与开头,运用递进式构思演讲的脉络并将演讲稿续写完整。

应该树立正确的人生观

人人都想拥有美好的爱情,但假若你失恋了,怎么办?人人都希望自己能够健康地活着,那么假若有人告诉你,你的生命只有一个月了,你将怎样度过?人人都渴望获得幸福,然而你是否知道"幸福"二字的真正含义?你是否知道自己为什么活着?怎样更好更有意义地活着?下面我就一一解答这些问题。

3. 对比式

即先对错误的观点进行批驳,在批驳中确立自己的主张,然后论证自己主张的正确性。

【示例】

语文教师赵旭在演讲《做文化基因的唤醒人》的主体部分,便围绕"做有文化的教育"的主题进行了以下说明:

① 列举有些老师的认识误区:教育只应该面向高考。(反面)

② 提出"影响人的一生的不应该是考点,而应该是有文化的教育"。(正面)

③ 进一步指出:真正的教育不能忘记初心,这是时代的呼唤,演讲者愿意成为"文化基因

的唤醒人"。（论证）

这样围绕题目要求,从正反两方面对比说明,效果明显,发人深省。

【训练】

以《坚守精神的家园》为题,运用对比式拟定演讲稿的主体部分。

(三) 结尾的实用技巧

结尾是演讲稿的自然收束。如果演讲的开头和高潮都很精彩,结尾又出人意料、耐人寻味,则锦上添花,给人以美的享受。结尾的方法有很多,但都应简洁有力。结尾最忌虎头蛇尾、画蛇添足和陈词滥调。在此,我们着重介绍和训练以下六种常见的结尾方式。

一是总结式结尾:简明扼要地总结演讲内容,能起到提醒、强调的作用,给听众留下完整的总体印象。

【示例】

董卿《朗读者》(第一季第五期)的结束语:

第一次往往是需要勇气的,但第一次也往往会带来意想不到的收获。第一次是探索,是挑战,是机遇,是升华。很多时候,个人的第一次也带着深深的时代的烙印,甚至是国家的记忆。就让我们去感谢这些机遇,也感谢赋予了这些机遇的我们的伟大的时代!

评析:通过总结,点明主题。

二是号召式结尾:多是提希望、发号召、表决心等,以激起听众感情的波澜。

【示例】

时任北京大学校长的郝平在 2020 年毕业典礼上的讲话——《激扬青春 开创未来》是这样结尾的:

同学们:

我们正处在实现"两个一百年"奋斗目标的历史进程中。青年一代的理想、本领和担当,就是国家的前途和民族的希望。我衷心祝愿同学们,在新的征程中,激扬青春,勇做走在新时代前面的奋进者、开拓者、奉献者,开创更加美好的未来!

评析:结尾既是祝愿,也是希望和号召,勉励同学们牢记服务国家社会的责任与担当,容易引起听众的共鸣,给听众以强有力的触动,从而产生一种积极进取、蓬勃向上的力量。

三是点题式结尾:最终回归演讲的主题,使整篇演讲首尾圆合,结构完整。

【示例】

时任清华大学校长的邱勇在 2019 年本科生毕业典礼上的讲话——《扬自强之精神 做中流之砥柱》是这样结尾的:

"未逢黄石书谁授,不坠青云志自强。"刚健自强是清华人永远的精神气质。新时代的清华人要自觉听从历史的召唤,不断超越自我,厚植家国情怀,无畏艰难困苦,敢于引领创新,扬自强之精神,做中流之砥柱!

评析:结尾发出号召并点题《扬自强之精神 做中流之砥柱》,有期望,有嘱托,更有勉励。

四是祝愿式结尾:用真诚的祝福或赞美结束,往往能够让听众感觉温暖,或者激发听众的荣誉感和自豪感,从而产生巨大的激励和鼓舞作用。

【示例】

国家主席习近平发表的二〇二四年新年贺词,采用了这样的结尾:

此时此刻,夜色斑斓,万家灯火。让我们一起,祝愿祖国繁荣昌盛、世界和平安宁! 祝愿大家福暖四季、顺遂安康!

评析: 在这里,演讲者在节日的特殊时刻,真诚地为祖国和人民送去了祝愿。

五是警句式结尾:引用简练而含义深刻的格言,或采用哲言隽语、名言警句,以发人深省。

【示例】

2023 年 5 月,央视"青春大课"邀请董宇辉在中国传媒大学做了题为《一个人的定力,决定他最终能走多远》的演讲。结尾是这样的:

埃隆·马斯克说过一句话,宁可要错误的乐观,都不要正确的悲观。然后如果说再加上最后一个词的话,就是正确的初衷。

这个很重要。刚出发那会儿,你意识不到的。但是有一天蓦然回首,发现一路走来,正确的初衷是你的加持,是你的护身符,有一天会成为你的铠甲和你的灯塔。

评析: 如果说"定力"是品质、是心境、是态度,那么"初衷"就是追求与信仰。演讲者通过引申警句,与前文自然衔接,不但新意盎然,而且颇具深度,听完让人感触良多。

六是幽默式结尾:在赢得笑声的同时,创造融洽和谐的氛围,给听众留下愉快美好的回忆。

【示例】

在经历过 2020 年的"最长"寒假和线上教学之后,央视新闻播音员朱广权在节目中总结开学心情:

同学们,经过漫长假期,现在是不是语文不会,数学崩溃,生物鸡肋,物理心碎,历史没背,英语颓废,化学很醉,就体育还好,武功全废? 这种痛直穿心肺,欲哭无泪,让你清醒认识到,时间紧迫,机会宝贵,珍惜时光,不进则退!

评析: 用三言两语将学生在上网课期间的学习效果勾画出来,既风趣幽默,又让人印象深刻。

◆ 知识链接 ◆

演讲文稿的语言要求①

演讲语言是一种特殊的语言艺术,它是以口头表达的形式诉诸听众的听觉来最终完成其交流任务的独特的语言形式。因此,它不仅要具备一般文章语言的要求和表达特征,而且应在听觉上多下功夫。演讲文稿的语言运用还应满足其独特的自身要求。

1. 生动形象

美好的思想感情应与美妙语言相统一。演讲的语言,应在能反映内容的同时,产

---

① 孟玉红,刘小菠.口语训练教程[M].郑州:郑州大学出版社,2010:213—215.

生强烈的视听觉效果,使听众形象地感知演讲内容,犹如身临其境。著名演讲大师卡耐基就曾明确指出,演讲使用那种朦胧、烦琐、无颜色的字眼,只会让听众大打瞌睡。他还提出为达到演讲语言的形象生动,应在听众的眼前亮出鲜艳明亮的色彩与形象。生动形象的语言可以把抽象的、深奥的理论具体化、浅显化,使听众容易接受并受到启迪。

演讲的语言要做到生动形象,一是要多使用形象化的语言,二是要恰当使用一些修辞手法,三是要使用灵活多变的句式,从而使语言显得错落有致,更具艺术感染力。

2. 通俗流畅

通俗即口语表达的大众化。它既指用语通俗,浅显易懂,又指意义通俗,深入浅出。演讲的语言是稍纵即逝的,因此讲出来的话应该是朗朗上口、通俗易懂的,一味追求语言的高深、含蓄,从而过分雕饰、堆砌辞藻的做法会弄巧成拙,拉大与观众的距离。

演讲语言要尽量多运用群众性语言,如谚语、俗语、成语等群众口头常用的大众化语言,少用晦涩难懂的文言、生僻词语、方言等;多用短句,少用结构复杂的长句;多用质朴的语言,少用雕饰做作的语言。成功的演讲要善于根据听众的水平和现场的气氛适当调节语言风格,力争做到通俗而不庸俗、高雅而不做作。

3. 明确简洁

演讲的最终目的是将演讲者的思想观点明确无误地传达出来。因此演讲语言的明确性就是要求演讲稿的语言一定要清晰明确地讲述事实和道理,准确使用概念进行科学的合乎逻辑的推理。

简洁即用语简单明了。古人云:"事以简为上,言以简为当。"演讲者要坚持选择言简意赅的语汇,精练用语,以少胜多;坚持说短话,紧扣话题,避免重复;去掉毫无意义的口头禅和多余的感叹词等,提高话语的信息含量。

4. 巧妙修辞

演讲中修辞技巧的运用极为常见,常用于演讲文稿的修辞,如比喻、排比、对比、对偶、回环、顶真等,因其或有助于形象描述的生动,或造成排山倒海的气势,或以整齐音律形成悦耳动听的效果……演讲中巧妙得体地运用修辞,常常成为有经验的演讲者设置演讲高潮的重要手段,并以其精彩的语言形式和独到的思想内容引起听众的强烈共鸣。

5. 和谐悦耳

演讲文稿的写作,要注意词句韵脚的变化,多使用音节响亮明朗、有顿挫变化的双音节,注重四声的搭配和谐、起伏变化,讲究平仄相交的韵律节奏,把握适当的停连,使文稿读起来朗朗上口,听起来铿锵悦耳,富有音乐美。

演讲文稿写成之后,演讲者还应反复修改,多次演练,使演讲者临场时能发自内心,声情并茂。

三、演讲表达技巧训练

演讲技巧,是演讲的道中之术。思想的崇高、使命感、高度、深度是演讲的道,即所谓的演讲能量的核心地基;而演讲技巧,是在地基基础上让演讲力量拔地而起的策略性。

——中国青年演讲家 柏君

演讲者需要通过声音的变化、表情的演绎和手势的运用,让演讲的内容得到完美的展示,从而达到感染观众的预期效果。所以,演讲技巧是演讲者必须学习和锤炼的技能。

常见的演讲表达技巧主要表现在语言表达技巧和词句表达技巧两方面。语言表达技巧指演讲者根据内容表达的需要,对声音做出的不同处理,可以有效传达思想感情和增强感染力,主要包括停连、重音、语速、语调等几种基本言语语音技巧。由于以上内容在本教材任务九的朗读训练里已经详细介绍过了,在此不再赘述。

我们重点来关注演讲的词句表达技巧。尽管演讲的词句表达比一般的日常表达更注意言辞的严密性、规范性和文雅性,但也不能不顾口语表达的实际需要,一味地咬文嚼字、堆砌辞藻、雕章琢句。演讲的语言应该是口语化的,要实现这一点,应该注意以下几个方面。

(一)遣词用语

演讲时,要注意选取有利于口语表达,能充分体现通俗晓畅风格的词语。

1. 应多用双音节或多音节词

现代汉语的词语,从音响效果来说,通常是双音节或多音节词比单音节词容易让人听得清楚。当然,单音节或双音节词语的选用不是绝对的,这里面还有话语的音节配合问题。话语中词语音节要搭配匀称,一般单音节词与单音节词相配,双音节词与双音节词相配,或四音节词组与四音节词组相配。这样读起来朗朗上口,听起来悦耳,富有音律美。

2. 用词风格要浅易通俗,生动活泼

演讲时可以适当使用一些群众口语里的"现成语",诸如俗语、谚语、歇后语等,不要满口书面语里的"典雅语",诸如成语典故、外来词语、专门术语等。演讲时,最忌不合时宜地文白夹杂或滥用深奥生僻的成语典故。

(二)句式表达

在演讲中,运用适合口语表达、易于理解的句式,可以让听众更好地理解演讲内容,增强演讲的亲和力,拉近与听众的距离,让演讲更加生动、有趣。

1. 短句为主

从句子的长短来说,在通常情况下,形体简短、修饰成分和连带成分少的短句比长句更适合于口语表达。

2. 短句和整句自然结合

短句表达简洁有力、明快晓畅;整句排列整齐、结构匀称。这样无论是演讲者还是听众

都会感到自然顺扬、和谐优美。

(三)语气选择

演讲时说话的语气及其表达方式对实现口语化也很重要。美国口才训练专家桑迪·林弗说:"听众越是感到你在与他们交谈,你演讲的效果就越好。"用亲切、商量的语气,采用与听众谈心的方式来演讲,话语就会来得自然、真切,就容易缩短与听众的距离,获得"声入心通"的效果。用亲切的叙事和热烈的抒情代替抽象、空洞的议论,或在议论中插入生动的故事,这样语气也会变得和缓、亲热、平易起来。

(四)善用修辞

演讲时,运用比喻,最好是因境设喻,浅易而直接;引用古典诗文,最好还要翻译成现代白话;使用借代辞格,最好是有通俗明了的解释;等等。

总之,只要在运用词语、句式、语气及修辞方式等方面都注意与口语表达相适应的要求,注意说话要顺口入耳,通俗易懂,朴素自然,我们的演讲语言就能成为融艺术表达技巧于其中的真正口语化的语言,我们的演讲就会为听众所喜闻乐见。

·知识链接·

演讲稿的语调设计[①]

演讲稿的语调要达到设计上的高水平,就要求言之有文、言之有序、言之有情、言之有理。

1. 言之有文

即语调的情感色彩鲜明,不要含含糊糊,交代不清。有的演讲者登台后,一味慷慨激昂;而有的则相反,以一种基本无变化的语调如日常说话般地持续下去,"温吞水"般一个腔调——此二者虽然表现各异,但都属于事先未做好语调设计,语调的感情色彩不够鲜明的情况。

2. 言之有序

即语调的色彩变化要错落有致,要层次清楚,条理分明。它要求声音既要有高低明暗的变化,要有高潮、跌宕的对比,在节奏上还要有快有慢,有张有弛。这样才能有效地保持对听众的吸引力,而只有能吸引听众才可能使演讲获得成功。有的演讲者以一种忽高忽低、变化不定的语调来完成演讲,就不是错落有致,而是言而无序了。

3. 言之有情

这里的情是指演讲者的内心之情。演讲者登台演讲必须情动于中而形于言。演讲忌讳故作多情、无病呻吟。演讲是一门语言表演艺术,但表演不等于虚伪。

---

① 刘伯奎. 教师口语训练教程(第三版)[M]. 北京:中国人民大学出版社,2017:136.

4. 言之有理

即语调的设计要合理。无论是哪一类演讲稿，只要是写得较成功的，其字里行间都存在着一条贯串始终的情感发展线，这就是语调设计所要吻合的道理。要合理，就是要求语调设计为表现这个理而服务。在语调设计过程中，不仅演讲者，连他的同学、朋友乃至家人也都不妨参与揣摩、体味，对语调的设计多问几个为什么：为什么这里要提高声调？为什么这里要加快节奏？为什么这里予以强调、突出？要达到什么样的效果？是否已达到了预期的效果？一般说来，经得起反复推敲的语调设计总是合理的，而且多数是成功的。

四、演讲的分类训练

演讲从形式上进行分类，通常可以分为命题演讲和即兴演讲。

（一）命题演讲

命题演讲是指主题事先已被确定，演讲者根据主题要求做一番准备之后所进行的演讲。

1. 命题演讲的特点

（1）主题鲜明。这是命题演讲的最基本要求。演讲者要旗帜鲜明地表明自己的观点，赞成什么，反对什么，不要含糊不清。

（2）针对性强。命题演讲的一个很大的优势就在于可以针对现实生活中的热点问题发表观点、表明态度。由于主题与生活密切相关，因此命题演讲也更容易引起听众的共鸣。

（3）内容充实。演讲者在选择材料时除了视野开阔外，还要注意选择具有代表性的典型事例，以增强说服性和感染力。

（4）结构完整。演讲者的起承转合要精心安排，对层次段落、过渡和照应、开头和结尾的设计要匠心独运。

2. 命题演讲成功的条件

（1）做好演讲准备，记熟讲稿，反复演练。

（2）保证临场发挥效果，学会控场，有一定的应对意外情况的能力。

（3）注重自我形象的展示，做到着装得体，举止合度，神情端庄，表现自然。

3. 命题演讲的训练

训练目标：①学会定题、选材。②提升演讲时的口语表述能力。

（1）方式一：统一命题式演讲训练。

【训练方式】

① 由教师设定一个主题，大致限定演讲内容，设定相对一致的评价标准。

② 可以以比赛的方式进行。

③ 规定演讲时间,如 3—5 分钟。

【训练内容】

① "中国梦,我的梦"。

② "争做民族复兴栋梁"。

③ "读书在行知"。

【训练要求】

① 对于主题,参赛者一般只能服从,不能变动。

② 对于每一个演讲者来说,可以在统一主题下给自己的演讲稿另拟一个题目,选定自己的角度。

(2)方式二:自由命题式演讲训练。

【训练方式】

① 对选题、立论角度和演讲内容不做限定,但要设定相对一致的评价标准。

② 可采用比赛的方式进行。

③ 规定演讲时间,如 3—5 分钟。

【训练内容】

演讲内容可以自由选择,建议从日常生活、学习、工作中发掘值得深思的题材。

【训练要求】

① 选材要精当,选准立论角度。

② 从人们习以为常、熟视无睹的现象中挖掘深意,尽量使演讲不落俗套。

【训练提示】

① 题目确定"宜小不宜大"。

② 标题要醒目。

③ 立论要避免偏激和以偏概全。

④ 找到论题与自身经验的交叉点。

⑤ 演讲要符合自己的个性。

(二)即兴演讲

即兴演讲是指演讲者在特定场景和主题的诱发下,自发要求或由外力推动的一种临时性演讲。

1. 即兴演讲的特点

(1)应用的临时性。即兴演讲通常是在毫无准备的情况下进行的,即使有时间准备,也是要求在较短的时间内投入演讲状态,所以基本无法写出讲稿,甚至连提纲都来不及列出,主要靠临场的发挥。

(2)内容的触发性。即兴演讲往往是在某种特定场合或特殊情况下激发了演讲者不吐不快的强烈欲望,这类演讲会显得格外激情澎湃,而且气势感人。

（3）表现手法的简洁性。即兴演讲不需要长篇大论，兴之所至，灵感突发，如果能在两三分钟之内以寥寥数语撩拨听众的心弦，引起强烈的共鸣，那么演讲的目的便达到了。因此，演讲篇幅讲究短小精悍。

（4）思维的敏捷性。即兴演讲由于是事先没有准备，临场有感而发，因此更注重敏捷的思维能力，要求演讲者具备迅速地将内部语言转化为口语表达的能力。

2. 即兴演讲的构思技巧

在特定的语言环境中进行即兴演讲，由于现场的压力往往会迫使大脑处于兴奋状态，这时人的思维是很活跃的，不过这时脑中生成的多是支离破碎、稍纵即逝的"思维点"。演讲者应根据已经确定的主旨，镇静而又迅速地对散乱的思维点进行连缀（并列、对比、递进等），或以一个模式框架进行快速构思，使自己的表达合乎逻辑，又容易被人们接受。在此着重介绍以下六种快速构思技巧。

（1）借"景"发挥。演讲时，演讲者可以迅速捕捉现场景物，与自己的演讲内容做巧妙联系，这样既突出了演讲主题又可以讲出特色，给听众留下深刻的印象。

（2）借"人"发挥。演讲者可以根据听众的特点，如职业、年龄、爱好等，从听众感兴趣的话题切入，生发出最能打动听众的演讲内容，让听众倍感亲切、历久难忘。

（3）借"物"发挥。演讲者在演讲现场，以看到的物品的某方面特点为出发点，借"物"抒情，或将事物的某些属性与阐述的道理巧妙结合，引申出论点。

（4）借"言"发挥。现场观众的言谈或前面演讲者的言谈都可以成为即兴演讲的触发点，这样的导入很自然且有现场感，会显得生动而引人入胜。

（5）借"事"发挥。演讲者以现场发生的某一件事为触发点，展开议论，揭示主题。

（6）借"题"发挥。选择与听众息息相关或听众最为关注的话题，可以使听众产生共鸣。

3. 即兴演讲的训练

训练目标：①训练思维的敏捷性。②培养迅速确定主题，组织材料的能力。③培养能够顺畅而完整地表达的能力。

（1）方式一：生活场景式训练。

这是演讲者针对日常生活中发生的各种事件、现场氛围和听众对象，即兴而发的演讲。这类演讲虽然没有演讲稿，但必须有一定的思想准备。

【训练方式】

① 假设或模拟某种生活场景。

② 可以轮流进行或分组后组内选派代表进行。

③ 规定演讲时间，如 90 秒。

④ 演讲后由其他同学或教师对所讲内容进行评述。

【训练内容】

① 竞选班长活动中，报名竞选的有前任班长、前任学习委员、前任体育委员、普通同学等几个。请你任选以上一个角色，准备在竞选会议上做一个即兴发言。

② 元旦联欢晚会正在进行中，突然停电了，全场一片漆黑，场内开始出现了哄闹趋势。

作为节目主持人,你讲一段话,使同学们在欣赏你的演讲艺术的过程中,愉快地度过这几分钟。

【训练要求】

① 临危不乱,从容不迫。

② 具备随时准备演讲的心理状态。

【训练提示】

① 把握现场气氛,演讲的感情基础要与场合气氛和谐一致。

② 了解听众,把握讲话的分寸。

③ 因事而发,把握事件的实质性意义。

④ 新颖别致、突出特色,把握自己的身份。

(2) 方式二:命题比赛式训练。

这种即兴演讲带有比赛或测试的性质,大致分为两种:一是给定一个较大的内容范围和一段准备时间,比赛开始前让选手抽题演讲;二是没有给定内容范围,演讲开始后由演讲者临时抽签得题,然后按照规定的要求,做短暂的准备后开始演讲。这种演讲一般不能根据现场情景自由发挥,因此难度比"生活场景式"要大一些。

【训练方式】

① 可由教师准备若干题签,请学生随意抽取,准备几分钟后围绕题目展开演讲。

② 可以轮流进行或分组后组内选派代表进行。

③ 规定演讲时间,如 3 分钟。

④ 演讲后由其他同学或教师对所讲内容进行评述。

【训练内容】

① 读书是教育之母。

② 口才是教师的第一能力。

③ 教师的每一节课都是用终身时间来准备的。

④ 阅读使我们有了格调。

⑤ 要小心轻放孩子的心。

⑥ 让每一个学生抬起头来走路,挺起脊梁做人。

【训练要求】

① 扣题而讲,内容新颖。

② 条理清楚,语言简练,表达准确。

【训练提示】

① 做好审题和选材两个环节。

② 注重对现实生活的积累和知识的储备。

· 知识链接 ·

演讲实战技巧[①]

1. 目光坚定，给人信心

亮相得体：上场时务必大方自然，上场后首先环视一下全场，紧接着演讲。

动静结合：以恰当的目光、潇洒的动作影响场上气氛，使听众不易分心。

2. 动作得体，表意明确

在一个陌生的演讲场合，听众对演讲者十分陌生，他们在听演讲时就会对演讲的内容产生怀疑，就会私下议论，使会场的环境变得混乱无序。这时需要演讲者尽快证明自己讲的内容的真实性、可信性。要解决这一问题就要拿出最好的证据，让演讲的内容变得真实可靠。

3. 脱稿演讲，应景应人

脱离讲稿既有助于增强听众对演讲者的信服感，也有利于更好地和听众交流。内容是一场演讲的核心，在演讲当中会使用各种例子和数据，听众不同，内容也要有所不同。为此，可设置悬念，即应精心选择内容，紧扣演讲主题，将不为听众所知的东西作为设置悬念的依托。

4. 适当设问，调动气氛

在适当之处提出问题，促使听众产生积极的反应，演讲者可以用自己对问题的独到见解征服听众。如果演讲气氛有些低落，听众注意力分散，甚至开小差、打瞌睡，演讲者可以通过对话来调动气氛，控制场面。

5. 表情丰富，自然诚恳

演讲是有声语言与肢体语言的综合表现。其中，脸部表情是肢体语言的重要组成部分。丰富的脸部表情，不仅能使演讲充满活力，而且能够提高演讲的亲和力，拉近与听众的距离，增强听众的获得感。演讲过程中，如果演讲者面无表情，甚至表情呆滞，将很难与听众建立起良好的听说关系，从而无法达成传递演讲主题思想的目的。

为了让演讲者的表情自然得体，可以在演讲前做如下几个方面的准备：一是进行面部肌肉热身，让脸部肌肉放松。比如对照镜子做鬼脸、拍打脸部肌肉、做面部肌肉运动操等。二是进行适当预演和训练，比如对着镜子演讲，调整好演讲内容和面部表情的配合。三是多做几次深呼吸，充分地放松身体，在演讲中全身心投入，抛开杂念，从内心让自己成为演讲的主角，享受演讲的过程。一切发自内心的演讲，演讲者的面部表情都表现得更为自然。

---

① 曹洁，封莉. 沟通与演讲［M］. 北京：北京理工大学出版社，2018：128—129.

自我检测

1. 请尝试用不同的开头方式为下面的题目分别设计演讲的开头。

坚守心灵的一方沃土

心底无私天地宽

生活从"心"开始

善待自己，呵护希望

时间的重量

生命中的空白

假如我是幼儿园园长

如何让家长尊重教师

如何看待家长的不理解

谈谈你对职业道德的认识

2. 请根据下面的题目和开头，构思演讲的脉络并续接一段话。注意采用不同的主体结构方式。

题目一：宣传自己

如果你是一匹风驰电掣的千里马，那么自我宣传就能助你早日寻找到伯乐；如果你是一块不怕火炼的真金，那么自我宣传就能帮你拂去身上的尘土；如果你是一个博学多才的人，那么自我宣传就是你迈向成功的第一步。

也许你多才多艺，但如今却如一坛酒静静地在深巷中酝酿着自己的香醇，感受着"李广难封"的悲哀，那么请你不要再坚守"沉默是金"的信条，快快向大家推销自己吧。

题目二：为什么不行动

我的演讲从一个小故事开始——在一个深深的鼠洞里，一个老鼠家族正在召开会议，会议的中心是怎样在觅食的时候及时发现那只喜欢搞突袭的黑猫。不一会儿，一只小老鼠想出了一个好办法——在黑猫的脖子上挂一只铃铛。话一说完，大家齐声说好，但接下来却都沉默了，因为没有哪一只老鼠敢去挂这只铃铛。

题目三：站在烦恼里仰望幸福

寻找幸福的人，有两类：一类像在登山，他们以为人生最大的幸福在山顶，于是气喘吁吁、穷尽一生去攀登；另一类也像在登山，但他们并不刻意登到哪里。第二类人一路上走走停停，看看山岚、赏赏虹霓、吹吹清风，心灵在放松中得到某种满足。尽管他们不得大愉悦，然而，这些琐碎而细微的小自在，萦绕于心扉，一样芬芳身心、恬静自我。

3. 请尝试分别为以下内容设计符合要求的结尾。

（1）请以《学会感恩》为题设计一个点题式结尾。

（2）在班级内举行"夸夸我们班"的活动，最后由一名同学用赞美的方式总结大家的观点。

（3）请设计一段演讲的结尾，并在结尾中运用到下面的警句。

印度大诗人泰戈尔说过："花的事业是甜蜜的，果的事业是珍贵的，让我干叶的事业吧，因为叶总是谦逊地垂着她的绿荫的。"

（4）愉快的假期结束了,请你选取假期中几件有趣的事与同学分享,并用幽默的方式结束你的分享。

4. 请根据要求分别运用不同的语言表达技巧演讲以下内容。

（1）演讲下面的两段话,注意停连的处理。

① 曾在失眠的日子里,我意识到家长对孩子那份真挚的爱;曾在月色如水的月夜里,我感悟到领导那严与慈相交融的工作态度;也曾在瑟瑟秋风中,看到教师们带着牢骚而满腔热忱地投入工作,看到她们对集体、对工作的那份狂热而自豪。

——节选自《幼儿园教师团队精神》

② 美丽的五月已经悄悄地来到身边,空气里到处飘荡着芬芳的气息,在这暖意融融的季节里,五月永恒的主题便是母亲节……妈妈不要华丽昂贵的首饰,不要价值不菲的礼物,送给妈妈最好的礼物就是我们自己。也许就在昨天,一枝初叶蓓蕾的康乃馨,一块干净整洁的桌布,一张纯洁无邪的笑靥,便让妈妈倍感欣慰。

——节选自《感恩母亲节》

（2）演讲下面的段落,注意体会重音的读法。

① 是什么使我们丰富的校园生活渐褪了缤纷的色彩呢? 又是什么使我们真实的熔浆凝固,不再有来自内心深处的热血沸腾? 是因为我们没有走进梦想中的象牙塔,是因为我们未走出自我困惑的地带,还是因为我们的心真的不再年轻,确实把一切都看得平淡了呢? 不! 都不是! 主宰世界的是你,放弃世界的仍然是你。

——节选自《大学青春励志飞扬》

② 有人说,青春是欢笑时的泪水,是流泪时的微笑,是轻松的压抑,是沉重的放纵;还有人说青春是一坛醇厚的酒,是一束明艳的花。也许,不同的人有着异样的诠释方式,但总有一处共同点,那就是青春需要勇气、理想与激情。

——节选自《飞翔在青春的世界》

（3）演讲以下片段,根据内容和情感表达需要处理语速。

① 书是茫茫黑夜中那丝明亮的灯光,指引我们找到正确的方向;书是一把智慧的钥匙,开启人们求知的信念;书是全人类的营养品,充实了我们的生活;书是进步的阶梯,让我们更上一层楼。

——节选自《热爱读书》

② 3月14日下午两点三刻,当代最伟大的思想家停止思想了。让他一个人留在房间里不过两分钟,等我们再进去的时候,便发现他在安乐椅上安静地睡着了——但已经是永远地睡着了。

——节选自恩格斯《在马克思墓前的讲话》

（4）选择合适的语调演讲下列段落。

① 让我们肩负起历史的使命,让身体里流淌的血液迸发出无限的激情! 我坚信:流星虽然短暂,但在它划过夜空的那一刹那,已经点燃了最美的青春。我们,就是夜空下流星中那最闪亮的一颗!

——节选自《肩负历史使命,绽放青春年华》

② 莲,因洁而尊;人,因廉而正。水清则明,人清则廉。我们,虽然平凡,但我们的脊梁支撑的却是祖国的未来;我们,虽然清贫,但我们的双手托举的却是明天的太阳! 留下一路艰辛,撒下琅琅书声,肩负着人间的希望,书写着精彩而清苦的教育人生。清风吹盛世,廉洁育英才。

——节选自《与廉正相约》

5. 综合运用各种表达技巧,尝试演讲以下文稿。

人格是最高的学位①

白岩松

很多很多年前,有一位学大提琴的年轻人去向本世纪最伟大的大提琴家卡萨尔斯讨教:我怎样才能成为一名优秀的大提琴家? 卡萨尔斯面对雄心勃勃的年轻人,意味深长地回答:先成为优秀而大写的人,然后成为一名优秀和大写的音乐人,再然后就会成为一名优秀的大提琴家。

听到这个故事的时候,我还年少,老人回答时所透露出的含义我还理解不多,然而随着采访中接触的人越来越多,这个回答就在我脑海中越印越深。

在采访北大教授季羡林的时候,我听到一个关于他的真实故事。有一个秋天,北大新学期开始了,一个外地来的学子背着大包小包走进了校园,实在太累了,就把包放在路边。这时正好一位老人走来,年轻学子就拜托老人替自己看一下包,而自己则轻装去办理手续。老人爽快地答应了。近一个小时过去,学子归来,老人还在尽职尽责地看守。谢过老人,两人分别!

几日后是北大的开学典礼,这位年轻的学子惊讶地发现,主席台上就座的北大副校长季羡林正是那一天替自己看行李的老人。

我不知道这位学子当时是一种怎样的心情,但在我听过这个故事之后却强烈地感觉到:人格才是最高的学位。

这之后我又在医院采访了世纪老人冰心。我问先生,您现在最关心的是什么? 老人的回答简单而感人:是年老病人的状况。

当时的冰心已接近自己人生的终点,而这位在八十年前的"五四"爆发那一天开始走上文学创作之路的老人心中对芸芸众生的关爱之情历经近八十年的岁月却仍然未老。这又该是怎样的一种传统?

冰心的身躯并不强壮,即使年少时也少有飒爽英姿的模样。然而她这一生却用自己当笔,拿岁月当稿纸,写下了一篇关于爱是一种力量的文章,然后在离去之后给我留下了一个伟大的背影。

今天我们纪念"五四",八十年前那场运动中的呐喊、呼号、血泪都已变成一种文字停留在典籍中,每当我们这些后人翻阅的时候,历史都是平静地看着我们,这个时候,我们觉得,八十年前的事已经距今太久了。

然而,当你有机会和经过"五四"或受过"五四"影响的老人接触后,你就知道,历史和传

① 白岩松.人格是最高的学位[J].中文自修,2010(Z1):72—74.

统其实一直离我们很近。

世纪老人在陆续地离去,他们留下的爱国心和高深的学问却一直在我们心中不老。但在今天,我还想加上一条,这些世纪老人所独具的人格魅力是不是也该作为一种传统被我们向后延续?

前几天我在北大听到一个新故事,清新而感人。一批刚刚走进校园的年轻人,相约去看季羡林先生,走到了门口,却开始犹豫,他们怕冒失地打扰了先生。最后决定,每人用竹子在季老家门口的土地上留下问候的话语,然后才满意地离去。

这该是怎样美丽的一幅画面!在季老家不远,是北大的博雅塔在未名湖中留下的投影,而在季老家门口的问候语中,是不是也有先生的人格魅力在学子心中留下的投影呢?只是在生活中,这样的人格投影在我们的心中还是太少。

听多了这样的故事,便常常觉得自己是只气球,仿佛飞得很高,仔细一看却是被浮云托着;外表看上去也还饱满,但肚子里却是空空。这样想着就有些担心啦,怎么能走更长的路呢?

于是,"渴望年老"四个字对于我就不再是幻想中的白发苍苍或身份证上改成六十岁,而是如何在自己还年轻的时候,便能吸取优秀老人身上所具有的种种优秀品质。于是,我也更加知道了卡萨尔斯回答中所具有的深义。怎样才能成为一个优秀的主持人呢?心中有个声音在回答:先成为一个优秀的人,然后成为一个优秀的新闻人,再然后是自然地成为一名优秀的节目主持人。

我知道,这条路很长,但我将执著地前行。

6. 请根据给出的题目和素材,构思一篇即兴演讲。

题目:我为什么要当幼儿教师

素材:①我选择幼教专业的原因。②我的学习目标和职业规划。③我所知道的优秀幼儿教师。④对于目前幼教现状的思考。

7. 请从下面的演讲题目中任选一题,做命题演讲练习,要求写出讲稿。

人生的路标

当我第一次走上讲台的时候

让我们彼此微笑

如果友谊出现了裂痕

新时代的流行色

强者之歌

任务十九　校园活动主持训练

◉ 任务目标

【知识目标】

1. 了解主持人的必备素养，了解校园主持的基本表达方式。

2. 熟悉开场语、串连语、结束语、应变语等不同环节的主持语言。

3. 了解不同类型校园活动主持的特点。

【能力目标】

1. 能够主持校园文艺节目、比赛活动以及幼儿园少儿活动。

2. 培养即兴应变能力，能在未预期的情况下迅速调整主持内容。

3. 提高公众表达技巧，包括但不限于肢体语言、眼神交流和声音控制。

4. 增强组织和策划能力，能有效地准备和执行一个校园活动的主持工作。

【素质目标】

1. 培养自信心和勇气，在公众面前能够自如地表达和交流。

2. 强化团队合作意识，明白作为主持人需要与其他团队成员（如活动策划者、技术支持人员等）协作。

3. 增进文化敏感度和多样性理解，能在主持时尊重和包容不同的文化背景和观点。

📋 案例引路

　　为了消除十六七岁学生与父母之间的代沟，使同学们学会感恩，二（1）班准备举办一次特邀家长参加的"孝心·爱心"主题班会。班长李萍担任本次主题班会的主持人。她提前和老师、同学们沟通，确定了主题班会的流程，设计了班会的开场白、部分串词和结束语。在班会过程中，有个同学在回忆父母为自己所做的印象最深的一件事时，抱着父母泣不成声。李萍机智地组织语言，不仅使该同学止住了哭声，又唤起了更多同学对父母的感激之情。这次主题班会取得了圆满成功。

一、认识校园主持人

（一）校园主持人的任务

学校里有着丰富多彩的校园活动，如班级的各类班会、节日联欢，学校的综艺晚会、各类比赛、社团活动等。一场精彩的活动，离不开主持人精彩的主持。主持人是节目表演者与现场观众之间的桥梁，是调动现场观众情绪的推手。活动中的每个节目，犹如一粒粒散落的珍珠，主持人的任务，就是将这些散落的珍珠穿成一串美丽的项链，用自己的主持语言将活动中的节目串联成一个精彩的整体。

校园主持人是相对于专业的主持人而言的，其区别在于：(1)受众相对局限。专业的主持人面对的是广大观众，包括各类不同的群体；校园主持人面向的群体相对单一，主要是学校的老师和学生。(2)主持节目的类型相对固定。专业的主持人所主持的节目类型较多；而校园主持人需要主持的节目主要是校园的各种日常艺术实践活动，如重大节庆活动、文化艺术节与文体活动、知识竞赛和晚会等。

（二）校园主持人的素质要求

主持人直接面对观众，首先要有良好的形象，五官端正，体形匀称，服饰得体；其次要具备一定的驾驭语言的能力，包括采编能力、表达能力、思辨能力、应变能力、临场组织语言的能力等，并善于运用态势语（面部表情、手势、身姿），自然、恰当地辅助口语表达。主持人应具备以下三方面的素质。

第一，主持人应具备一定的政治素质。政治素质主要包括强烈的社会责任感、较高的政治思想水平、积极乐观的态度、正确的价值观、良好的团队协作意识和合作精神等。

第二，主持人应具备一定的文化素质。文化素质主要包括文学、历史、地理等学科知识，新闻学、传播学等专业知识，较强的口头表达能力和临场应变能力等。主持人不仅要兴趣广泛，还要善于在生活中处处留心，不断从生活中收集素材，以备临场之需。有了文化积淀，主持人才能用充满智慧的语言、得体的语气语调来体现主持艺术的美感。

第三，主持人应具备一定的心理素质。心理素质主要包括饱满的热情、充足的自信、面对突发情况能够沉着冷静、快速应变等。其中，自信是建立在主持前有较为充分准备、熟悉节目进程的基础之上的。主持人在主持的过程中面对突发情况，要思维活跃、反应机敏、果断镇定，主持人只有具备良好的心理承受能力，才能坦然应对。

主持人的诸多能力，如语言表现力、感染力、即兴发挥和应变能力，一方面要靠平时语言文字、思维品质等方面的积累，另一方面要在实践中检验、总结、提高。因此，要提高主持能力，除了多学习外，还要多实践。

· 知识链接 ·

优秀主持人的标准

优秀的主持人总会给人留下深刻的印象，深受观众喜爱。这都是因为主持人具有独特的主持风格,从而对观众产生强烈的感染力和号召力。观众喜欢主持人,进而也会喜欢他(她)主持的节目。

优秀的主持人应该是成熟稳重的。他们对节目的各个环节驾轻就熟,临阵不乱,发挥自如,能以大将风范压住阵脚。这与他们的理智、善于独立思考、遇事有独到见解和长期的实践磨练是密不可分的。

优秀的主持人应该有一定的领导能力。主持人把握着节目的基调、会场的氛围,在节目进行过程中起着主导作用。因此,主持人应直接参与节目的前期准备工作,包括节目的策划、人员的组织、观众情绪的调动等,这就要求主持人具备一定的组织能力和领导才干。

优秀主持人应该是魅力十足的。他们的魅力是知识、涵养、能力、个性、言谈举止、风度气质等因素的综合体现,是长期积累、实践的结果。因此,要成为一名优秀的主持人,平时就应该多积累、多实践。

二、校园主持的程序和环节

(一) 校园主持的程序

1. 确定节目基调

节目基调是指一台节目要向观众传递的主要精神或表达的基本情调。主持人要首先明确节目要给观众带来哪些思想方面的启迪、教育,或给观众带来哪些情感方面的陶冶、满足,然后运用恰当的语言、语调、音色,结合自己情感的强弱、色彩去表达节目的主要精神,准确地把节目的基调传达给观众。

2. 推进节目程序

主持人要对节目的内容、环节了如指掌,把握好时间的长短、内容的先后,衔接串词内容,实时调控节奏,顺利地推进节目的进程。

3. 营造节目气氛

围绕节目主题,主持人要通过自己的语气语调、音量音高以及精神状态来营造节目的气氛。不同的节目有不同的气氛:节日联欢会热闹欢快,座谈会平和温馨,升旗仪式或宣誓活动隆重庄严,学术讲座严谨求实。主持人要根据节目的内容,调动观众情绪,调节节目气氛。另外,节目的形式、会场的布置、演员的表演等因素,也会对观众的精神上产生影响,从而影响整体节目气氛。主持人要抓住契机,临场发挥,适时调控。主持人可以瞄准热点,趁热打铁;可以在冷场时煽动观众情绪,转冷为热;可以幽默调侃,加强台上台下的互动。

4. 沟通节目关系

主持人是沟通台上台下、演员观众之间的桥梁。节目开始,主持人可以将节目内容和演

员介绍给观众,帮助观众了解节目进程、演员背景。如一位主持人向观众介绍嘉宾时说了下面一段话:

一首好歌的诞生,必定有一个个动人的故事。这两位就是这首歌曲的词作者、曲作者。这位是词作者——东方电视台撰稿人陈念祖,这位是曲作者——中央歌舞团团长关峡!

主持人还可以把发生在身边并且为观众熟知的事情穿插到主持词中,也可以邀请观众走上舞台,参与互动,以便更好地沟通节目关系。

(二) 不同环节的主持用语

1. 开场语

主持人的开场语,包含对观众的称呼、问好,介绍领导和来宾,宣布主题(或主要活动内容)等。开场时,主持人要运用语气、语调、态势,营造与主题相适应的良好环境,拉近与观众的心理距离。好的开场语不仅要明确主题,还要富有诗意,较多使用排比和对仗的手法。

【示例】

学校庆祝教师节师生联欢会开场语

(一男一女主持人上场)

女:尊敬的各位领导、老师。

男:亲爱的同学们。

男女合:大家好!

女:九月的阳光格外灿烂,

男:九月的天空分外明艳。

女:在这个硕果芬芳的季节里,我们迎来了第三十八个教师节。

男:首先,让我们向默默耕耘的老师们致以节日的问候!

男女合:老师,您辛苦了!(两主持人鞠躬)

女:加减乘除,算不尽您付出的艰辛。

男:诗词歌赋,颂不完您做出的贡献。

女:忘不了您和风细雨般的叮咛,荡涤了我心灵上的尘埃。

男:忘不了您浩荡东风样的话语,鼓起了我前进的风帆。

女:因为您一片爱心的浇灌,才会有桃李的绚丽。

男:因为您一番耕耘的辛劳,才会有稻麦的金黄。

女:假如我能搏击蓝天,那是您给了我腾飞的翅膀。

男:假如我是冲浪的勇士,那是您给了我弄潮的力量。

女:愿我们的谢意编成一束不凋的鲜花,给您的生活带来无限芬芳。

男:请欣赏舞蹈《师恩难忘》。

学校元旦晚会开场语

甲:新年的钟声即将敲响,时光的车轮又留下了一道深深的印痕。伴随着冬日里温暖的阳光,2024 年元旦如约而至。

乙:这一刻,我们已经感受到了春的气息,这是我们××学校的春天,是我们全体师生的春天。

甲:今天,我们相聚在这里,敞开心扉,释放激情。

乙:一起用心来感受真情,用爱来融化冰雪。

甲:××学校 2024 年元旦联欢会现在开始!

(观众掌声)

乙:首先,向大家介绍今晚出席晚会的领导和嘉宾,他们是……

甲:让我们再次以热烈的掌声向亲临现场的领导和嘉宾表示欢迎!

乙:下面,有请××校长致新年祝词!……感谢校长的祝福!让我们用热烈的掌声把祝福送给在座的每一位以及您的家人,祝大家在新的一年里——

合:万事如意,心想事成!

诗词大会比赛开场语

"钟山风雨起苍黄,百万雄师过大江。虎踞龙盘今胜昔,天翻地覆慨而慷。"这里是××学校诗词大会比赛现场,大家好,我是主持人×××。1949 年的中国,天翻地覆,慨当以慷,毛泽东用这首七律,写出了新中国的气派,唱出了新中国的气象,这是中国诗歌史上的惊世名篇,也是新时代的叙事华章。今天,在中国共产党百年华诞之际,中华民族正向着伟大复兴的中国梦阔步前行。"多少事,从来急;天地转,光阴迫。一万年太久,只争朝夕。"我们责任重大,使命光荣,即使前途险阻也风雨无惧,因为我们坚信,雨后复斜阳,关山阵阵苍,因为笃定,世上无难事,只要肯登攀。一路走来,大家相互鼓励,彼此扶持,我们以诗会友,肝胆相照,此乐何极。就让我们再一次把酒临风,登高远眺,向着光荣的时刻迈进。期待着,装点此关山,今朝更好看。今天,我们非常荣幸地请到了五位评委,他们是……(依次介绍)。

讲座活动开场语

我国的古代文化卷帙浩瀚,博大精深。在弘扬优秀传统文化的今天,不少人也许会问:怎样认识、把握中华传统文化,它包括哪些基本的思想和内容,这些思想对我们今天有什么意义? ×××教授,经多年研究,提出中华传统文化有四个重要思想,这就是阴阳五行、天人合一、中和中庸和修身克己。×××教授曾在国家图书馆等处多次进行过演讲,今天,让我们一起来聆听他对中华传统文化的梳理,相信会对大家有重要启迪。有请×××教授!

2. 串连语

串连语,又称串词,是指将整场活动或节目串成一体的衔接语。由于演讲比赛、文艺演出等的每个内容、每个环节都是相对独立的,主持人要用承上启下的语言将其串连起来,形成一个整体。主持人应在把握活动主题的基础上,找准切入点,或赞扬、或强调、或突出主线、或点明主旨,不应只是报幕似的介绍。好的串连语,既串连了节目,又能显示出主持人的主持特色。

【示例】

学校文艺晚会串连语

每个人都有过纯真的童年时代,它像一股清泉流淌在我们心底。长大了,每每想起童年,我们都会回味无穷。下面,请听×××给大家带来的配乐诗朗诵《童年的梦》。有请!

一段充满青春活力的劲舞过后,我们来共同欣赏×××的女声独唱《又唱浏阳河》,伴舞:三年级舞蹈班同学。

(笛子独奏《阳光总在风雨后》表演完毕,主持人上台)优美的笛声讲述了一段感人的故事。在人生的道路上,我们会经历挫折,经历失败,但是,只要我们不断努力,终会有成功的一天,因为阳光总在风雨后! 接下来,请欣赏舞蹈《惊蛰》,表演者:×××、×××。

教师"清风校园"主题演讲比赛串连语

端端正正做人,踏踏实实做事,兢兢业业工作,作为一名辅导员,他始终将廉洁教育,立德树人,内化于心、外化于行,在平凡的岗位上支撑起祖国的未来,托起明天的希望。有请×××老师,他演讲的题目是《清风进校园,廉洁育英才》。

德高为师、学高为范,教师廉洁从教的作风可以影响一批又一批的学生,加强师德修养,养成洁身自好的习惯,让廉洁从教代代相传。有请×××老师,他演讲的题目是《清风进校园》。

主题班会串连语

A:当舒缓温情的旋律在耳畔回响,当照片中灿烂的微笑翻滚闪烁,我们已共同走进这次主题班会。首先,让我们先来做一个小的拓展游戏——团队风火轮。

B:(介绍游戏规则)(活动过程略)

A:为了成功,我们需要领导者的正确决策,我们需要合理分工。通过这次活动,我们都真切地体会到:任何成功都离不开团队的团结默契;没有完美的个人,只有完美的团队!

B:是的,一滴水,只有放进大海才不会干涸;一个人,只有融进集体,才能展现他的才华和生命的价值。接下来,让我们共同回顾我们班成长的历程。

(同学们发言)

A:大家还记得我们刚来学校时的样子吗? 那时候我们对学校、对老师、对同学都是那么陌生。现在,我们越来越真切地感受到这是个具有凝聚力的班级,我们应该为它感到自豪。

B:那么,就让我们来一起说说我们班级的成绩吧。

(同学们发言:流动红旗、学习成绩、文明班级,运动项目的名次,受到领导的表扬,任课老师的喜欢,很多老师在我们班执教公开课等)

A:(与 B 对话)你发现了吗? 一提起我们班的进步,同学们都有很多话要说。

B:那当然了,班集体是我们共同的家嘛,班级的进步是我们每个人共同努力的结果。

A:从大家的发言中,我听到了一种只有团结在一起的集体才会拥有的信心和力量。拥有团队精神,我们就可以把无数的江河汇成浩瀚的大海;拥有它,我们就可以扬帆起航,在激浪中共同驶向理想的彼岸!

3. 结束语

结束语,是指一台节目(或活动)结束时主持人的话语。好的结束语,能够升华节目(或活动)的思想意义,深化节目(或活动)的目的性和针对性。

结束语可结合主题点明主旨、真诚祝福或提出希望,切忌妄自评价、发号施令。结束语要简短精要,不可啰嗦冗长,也不可草草收场。

【示例】

学校元旦晚会结束语

甲:这是快乐分享的时刻,是祝福、关怀的时刻,也是美梦成真的时刻。

乙:我们辞别2023,迎来充满希望的2024。愿美好的歌声和祝福,伴随朋友们新的一年的每一天!

甲:愿这美好的夜晚、难忘的时光,永远驻留在我们彼此的心中!

乙:"×××"元旦晚会到此结束! 祝大家元旦快乐,万事如意,心想事成!

"融水入海"主题班会结束语

甲:我们追逐太阳,我们捧起月亮。

　　我们朝气蓬勃,用交流搭起沟通的桥梁。

乙:我们健康向上,我们畅谈理想。

　　我们面对挑战,用行动打造共同的形象。

甲:你我擦肩而过,你支持的微笑给我力量。

乙:你我相逢如歌,你鼓励的掌声给我奖赏。

合:我们来自八方,我们放飞希望。

　　我们共同携手,团结的力量汇成浩浩长江。

　　××班"融水入海"主题班会到此结束!

教师歌唱比赛结束语

男:忆往昔,雄关漫道真如铁,看今朝,人间正道是沧桑。展未来,乘风破浪会有时。

女:让我们更加紧密地团结在以习近平同志为核心的党中央周围,增强"四个意识"、坚定"四个自信"、做到"两个维护"。

男:向着全面建设社会主义现代化国家新征程。

女:向着全面实现中华民族伟大复兴的中国梦。

合:继续乘风破浪,扬帆远航!

男:老师们,同学们,××学校"礼赞建党百年,矢志为党育人"教师歌唱比赛到此结束。

女:感谢大家的热情参与。

合:谢谢大家,再见!

4. 应变语

应变语是指主持人面对节目进行中的突发情况时,随机应变,临场发挥所说的话。这也是对主持人临场应变能力和临场组织语言能力的考验。应变语是否恰当,取决于主持人的综合素质。主持人平时要不断学习、不断积累,还要不断实践,只有在台下打下厚实的功底,才能在台上处变不惊,应对自如。面对主持过程中出现的设备故障、停电、绊倒等情况,主持人要冷静沉着,机智应对。

【示例】

场景一:

在一节目中,音响设备不知何故"哐"地轰天一响,嘉宾以特有的幽默举起双手作了个打枪的手势,主持人灵机一动,当即发挥道:"方才是上海观众对您的到来表示欢迎,鸣礼炮一响。"话音刚落,全场一片掌声,一场难堪轻松化解。

场景二:

在一台现场直播的文艺晚会上,由于电脑突然出了故障,晚会事先准备的宣传片未能按时播放,主持人急中生智,在摄像机错位时说出了以下一番话:

女:摄像机怎么突然对准大屏幕了呢?

男:(调侃地)还不是观众看你的样子太"难看"了,摄像师不忍心对着一直拍嘛!

女:不是吧! 我自己认为长得还能说得过去啊,真的对不起观众了吗? 那我岂不是面临着下岗?

男:跟你开个小玩笑,不要当真,好,请继续欣赏……

主持人的随机应变及时扭转了僵局,也给后台排除故障留出了时间。

· 知识链接 ·

中央电视台电视节目主持人大赛

中央电视台电视节目主持人大赛是由中央电视台精心打造的一项重大赛事,在社会上引起了各界的关注,国内各大媒体也给予了关注。如今它已成为中国主持界规格最高、竞争最激烈的大赛,诞生了众多优秀的主持人。

1988年,中央电视台开了主持人大赛的先河,当第一届"如意杯"主持人大赛拉开帷幕时,引起了社会上强烈的反响和震动。在那次比赛中,程前、鞠萍、张泽群都有精彩表现,也为他们日后成为家喻户晓的"名嘴"奠定了坚实的基础。

1995年,第二届"金士明杯"主持人大赛中,王志、张恒、袁鸣、曹可凡、叶惠贤等全国各地的选手给电视观众留下了深刻的印象,也得到了观众的广泛支持。

2000年,第三届"荣事达杯"主持人大赛的举办,为刘芳菲、撒贝宁、沈冰、陈伟鸿等优秀选手提供了展示自我的绝佳机会,他们也因此脱颖而出。

2004年,第四届"夏新杯"主持人大赛以"为时代创造精彩,为梦想构建舞台"为口号,以"超越自我,展示精华"为宗旨,推出了一批主持新人,提升了传播品位。来自全国10个报名点的1000多名选手在经过了笔试、面试、面试定评、复赛几个环节后,共有36名选手进入决赛。最终,包捷获得第一名,李晓东、管旭、盛时获得大赛银奖。

2007年,第五届"白象杯"电视节目主持人大赛从比赛形式、评委设置等多方面进行了创新。增设了笔试环节,对主持人的文化素养提出了更高的要求。大赛初赛设计的新环节"我在现场""共同空间""为我加油",复赛阶段的"话里话外""个性空间"和决赛阶段的"联合主持"等比赛形式,将选手的个性展示空间进一步加大,让选手的能力在短短的比赛时间内最大限度地展示给评委和观众。来自北京电视台的选手胡蝶脱颖而出,获得金奖。

2011年,"艾诗缇杯"第六届中央电视台电视节目主持人大赛于5月1日开始报名,分初选、初赛、复赛、决赛、总决赛、颁奖晚会六个阶段,时间跨度为2011年5月至

10 月,历时半年。第六届大赛力求在以往五届大赛的基础上,本着"赛事创新、多维考核、综合评价、严格程序、公正透明"的原则,增强比赛的贴近性和实战性,提高节目的可视性和观赏性,为优秀电视节目主持人才脱颖而出,提供一个展示自我、实现梦想的舞台,选拔出一批文化素质高、专业能力强、实践经验丰富、人物个性鲜明的优秀电视节目主持人。获得冠军的是《文化正午》的主持人王宁。

2019 年,中央广播电视总台 2019 主持人大赛在央视综合频道播出。经过层层选拔,从数千名选手中脱颖而出的全国 60 强,在这个主持界的顶级舞台上接受考验。60 名选手分为新闻类和文艺类两组进行角逐,见证他们为梦想发声的,有担任大赛主持人的撒贝宁,作为点评嘉宾的著名主持人康辉、董卿,以及 17 位专业评审和面向全国观众招募的"在线大众评审"。最终,蔡紫获得文艺类金奖,邹韵获得新闻类金奖。

2023 年,中央广播电视总台 2023 主持人大赛以"奋斗有我　新声绽放"为主题,旨在为中国主持行业寻找新鲜血液,为具有潜力的年轻主持人提供展示才华的舞台,参加比赛的选手年龄最小的仅 22 岁。朝气蓬勃的"95 后""00 后"新生力量,占了大赛阵容中的大多数。此次大赛打破专业类别限制,注重多维度考查选手的综合素质和全媒体环境适应能力,开播以来,一直保持高收视率和高关注度。比赛历时三个月,经过三个阶段的实战考核,最终 6 位选手脱颖而出,杨旭获得金奖。

三、不同类型活动的主持

(一) 少儿活动主持

主持少儿活动和主持成人节目不同。少儿活动主持人要将自己的社会责任感、敬业精神和对孩子的热诚与爱心灌注于节目中,才能真正打动孩子,走进孩子的心灵深处。少儿活动主持人对各个年龄段孩子的发展特点、成长环境及兴趣爱好都应有所了解、有所掌握,具备一定的教育学、心理学和卫生健康方面的专业知识。因此,少儿活动主持人应该懂教育、懂儿童心理学、懂主持,而且还要会表演。少儿活动主持应当具有以下特点。

1. 情感、态势具有亲和力

主持少儿活动,要把自己的心态放进儿童的世界,有较强的亲和力。主持人要善于以儿童的目光、儿童的审美观察世界,并以儿童的方式做出反应;把自己当作少儿观众的哥哥/姐姐或朋友,但不要刻意装嫩,必须建立在真诚的基础上。

2. 声音、语言具有诱惑力

孩子们是真实而纯洁的,他们没有功利色彩,喜欢你就会对你欢呼雀跃,不喜欢你就会对你毫不理会。因此,少儿活动主持语言应该通俗易懂,多用短句、单句,声音要活泼动听,语调要灵活富于变化,表情可适当夸张。

3. 将儿童放在第一位

在少儿活动中，儿童经常作为嘉宾共同参与活动制作和主持。儿童的参与，可以拉近观众和主持人的距离，给活动增添许多色彩。主持少儿活动，要把儿童放在第一位，让他们有淋漓尽致的表现。主持人在场上是活动导向的领路人，应充分认识自己的功能地位，处处为活动着想，为场上的儿童嘉宾着想，切忌话太多，喧宾夺主。但并不是说主持人在现场话越少越好，而是说的话一定要到位，起到画龙点睛的作用。如果场上的儿童嘉宾话题跑偏了，主持人应帮助他把话题引入正题；如果儿童嘉宾说错了话，主持人应及时纠正，积极暗示，而不能一味批评数落。

4. 指导小主持人参与主持

少儿活动主持人在小主持人面前还应该是一位循循善诱的老师、精明能干的管理者，不仅要在主持节目前教授小主持人一些主持方面的知识和技巧，指导小主持人做好主持前的准备工作，还要不断提醒小主持人首先要做一个文明礼貌儿童的代表。少儿活动主持人还应提醒小主持人把观众作为最好的、最真诚的朋友，善于挖掘并培养小主持人自然、自信、活泼开朗、天真大方的主持风格，并告诫他（她）们要做到不居高临下、不得意忘形、不做无聊的贫嘴等。

此外，在活动开始前，少儿活动主持人要做好充分的准备工作：分配好小主持人的任务，自己备稿，同时审查小主持人的备稿，准备活动音像资料，进行彩排对稿等。

【示例】

幼儿园中班"庆元旦"亲子文娱活动主持词

主持人：各位家长朋友，大家下午好！外面是寒风凛冽，室内却是春意盎然。新的一年即将来临，来为我们播撒新的希望！让我们轻轻地说声：新年快乐！看！中班30只快乐的"小狗"蹦蹦跳跳地来向我们拜年啦！大家掌声欢迎！

（全体幼儿扮小狗出场，分组向大家拜年）

主持人：孩子的天真话语感动着我们每个人的心灵。他们的祝福是纯洁的，美好的，也是一定会实现的！

主持人：孩子们带给我们的不仅仅是快乐与笑声，更是对未来无限的希望。来，让我们一起与可爱的孩子们手拉手，感受他们的童真童趣！让我们一起回到孩童时代，做个游戏笑一笑！"不要跟我这样做"开始啦！

（分两组进行，与主持人做相反的动作，如高人走、矮人走、向左走、向右走等）

主持人：刚才的热身运动带给我们冬日的暖意，现在，我们要来一起热热脑筋了。下面，就请大家跟随我进入——谜语大赛！

主持人："我们爱学习，我们有礼貌，我们是中班小朋友了！"这是一首歌曲里的歌词，它也是小朋友在幼儿园生活学习的真实写照。作为大人，看着孩子们一天比一天懂事，一天比一天聪明，真的感到非常欣慰。下面，请欣赏大合唱《我们是中班小朋友》，掌声欢迎！

主持人：女孩子们起立！家长朋友们，让我们一起跟随音乐欣赏她们的漂亮舞姿吧！请欣赏韵律操《漂亮宝贝》。

主持人：男孩子们起立！刚才女孩子们表演的节目获得了爸爸妈妈热烈的掌声，你们服气吗？（答：不服气）好，有志气！希望你们好好表演，赢得更热烈的掌声！下面，请欣赏《中国功夫》！

主持人：孩子们表演得多神气，多认真！作为家长，我们可不能轻易认输。下面，请欣赏家长代表的才艺展示：钢琴独奏《雨花石》。

主持人：有句话叫"心有灵犀一点通"，孩子与父母之间的心灵相通是与生俱来的。那么，哪对父子之间的默契最为神奇呢？下面这个游戏"你演我猜"便会为大家揭晓答案。

主持人：小朋友们，喜欢跟爸爸妈妈一起做游戏吗？（喜欢）好，现在，就请你们拉好爸爸妈妈的手，我们一起来玩个"拍手歌"的游戏，快乐的音乐响起来，大家一起来吧！

主持人：孩子们是聪慧活泼的，家长们也是心灵手巧的。让我们一起在"水果拼盘"的制作中感受生活的七彩阳光。（制作好拼盘之后品尝）

主持人：绚丽的水果拼盘意味着我们来年的生活是丰富多彩的，水果的美味代表着我们来年的生活是充满希望的。家长朋友们，小朋友们，深深地祝福你们开心每一天！健康每一天！"庆元旦"亲子文娱活动到此结束！感谢大家的光临与参与！再见！

（二）比赛活动主持

比赛活动的成功，离不开主持人的穿针引线。优秀的主持人，不管他的口才如何出色，比赛前一定要熟悉比赛程序，准备好串词。开场语主要包括问好、举办这次比赛的意义或比赛背景、介绍领导和嘉宾（领导讲话）、比赛规则、奖项设置、宣布比赛开始等；比赛中主持人要报出每位参赛选手及其参赛项目、得分情况，并运用巧妙的语言将选手的比赛贯穿起来；结束前，主持人宣读比赛结果，邀请嘉宾点评、领导颁奖，最后宣布比赛结束。领导讲话也可安排在比赛颁奖之后。需要注意的是，介绍领导、嘉宾要按职务由高到低的顺序排列；颁奖顺序为由低到高，即先颁三等奖，然后颁二等奖，最后颁一等奖。

（三）文艺节目主持

主持文艺节目，主持人首先要对各种文艺样式的规律特点有所了解，最好有从事某一种文艺活动的经验。其次，要根据节目编排顺序设计比赛流程，精心撰写主持节目的串词，对节目做出必要的介绍，以便使听众和观众在欣赏时很快产生共鸣。

主持文艺节目，主持人要情绪饱满，热情活泼，使主持风格与文艺节目的内容有机地协调统一起来，增强文艺节目的感染力。主持人在主持文艺节目时，应该把自己摆在与观众相同的位置上，去欣赏审视每一个文艺节目。主持人与观众情绪基本一致，同喜同乐，一块儿激动、共同陶醉，并在主持者的位置上适当地表现出来。这样，不仅使观众感到一种因为与主持人有共鸣而产生的亲切感，而且也能引导观众更准确、更尽兴地欣赏节目，使节目的演出效果更佳。

自我检测 ————————————————————————————————————•

1. 校园主持人需具备哪些素养?

2. 学校的哪些活动会从学生中招聘或选拔主持人? 你有意参加哪项活动的主持?

3. 参加一次校园活动主持,和同学交流感受;或观察一次校园活动主持,和同学进行评议。

4. 下面是学校文艺演出的节目单,请设计开场语、串连语、结束语。

学校迎新晚会节目单

(1) 大合唱《让我们荡起双桨》　　演唱:校合唱队　指挥:秀文　钢琴伴奏:刘雨

(2) 舞蹈《开门红》　　表演:二年级舞蹈队

(3) 相声《军训汇报》　　表演:李辉、孙明

(4) 舞蹈《傣乡风韵》　　表演:杜欣、王洋等

(5) 歌舞《为了谁》　　演唱:张子茹　伴舞:二(3)班

(6) 快板《夸夸咱们的好学校》　　表演:三(1)班

(7) 舞蹈《岁月如歌》　　表演:刘晓彤、曹静等

(8) 小品《寝室里的故事》　　表演:三(5)班

(9) 健美操《动感旋律》　　表演:周丽、薛媛等

(10) 朗诵《青春岁月》　　朗诵:郭旭、田磊

(11) 手语表演唱《感恩的心》　　表演:三(6)班

(12) 大合唱《明天会更好》　　表演:全体演员

5. 根据下面提供的主持词,与同学合作,进行主持训练。

"庆六一"少儿文艺汇演主持词

开场语:

A:尊敬的各位家长、各位来宾。

B:亲爱的小朋友们。

合:大家上午好!

A:今天,我们迎来了小朋友们的节日——六一国际儿童节,我代表幼儿园全体教师祝小朋友们节日快乐! 也欢迎家长们来到幼儿园和小朋友们一起庆祝节日!

B:我们的快乐不仅是老师的期望,也是爸爸妈妈的期望。在这快乐的日子里,让我们尽情舞蹈、尽情歌唱吧!

A:下面,我宣布,××幼儿园"庆六一"文艺演出现在开始!

串连语(部分):

B:让我们用掌声欢迎大(1)班的小朋友为我们带来舞蹈《我们一起来》。〔大(1)班小朋友演出〕

A:感谢大(1)班小朋友的舞蹈! 有这么好的开场,那下面的节目小朋友会更加努力,对不对呀? 下面,我们有请中(2)班的小朋友为我们带来儿歌表演。有请!〔中(2)班小朋友演出〕

B:(六位老师身着维吾尔族服装上场)小朋友们看,老师们也来为我们庆祝节日。请欣

赏她们带来的舞蹈《达坂城的姑娘》。(教师表演舞蹈)

A:走上 T 形台,让梦飞起来,把那西边的彩虹剪下来,把那东边的云彩缝起来。

B:编织世界上最美丽的衣裳,把我们的童年打扮得更美。

A:瞧,他们迈着自信的脚步起来啦,他们是漂亮宝贝。

B:请欣赏大(3)班小朋友带来的时装表演:漂亮宝贝。

结束语:

A:六月,是童年的摇篮,蕴藏着童年的梦想。

B:六月,我们在灿烂的阳光下舞蹈欢唱,让童心乘着春风飞翔。

A:××幼儿园"庆六一"文艺演出到此结束。感谢各位家长的光临!

B:祝小朋友们节日愉快!

合:再见!

校园歌手大赛主持词(开场部分)

甲:用自信的声音秀出精彩的自我。

乙:让动人的旋律拨动青春的心弦。观众朋友们,欢迎大家来到××学校 2023 年校园歌手大赛的决赛现场,大家好,我是今晚的主持人薛明。

甲:大家好,我是主持人雅慧。校园歌手大赛历经了 7 个年头,它不仅丰富了我们的课余生活,也让喜欢唱歌、热爱唱歌的同学们有了一个展示自我的平台。

乙:没错,经过了激烈的初赛、复赛,总共有 13 位选手进入到了今晚的决赛。心有多大,舞台就有多大,今晚让我们一起见证 2023 年校园歌手大赛冠亚季军的诞生。

甲:当然,在观看比赛的同时也别忘了为您支持的选手摇旗呐喊。

乙:观众朋友们,××学校 2023 年校园歌手大赛现在开始!

甲:首先,由我很荣幸地为大家介绍莅临本次比赛的领导及嘉宾,他们是……

乙:有请×××来到舞台为今晚的比赛致开幕词!

甲:感谢……下面我们一起来看一下本次比赛的相关细则……

乙:第二轮为"最终角逐"……

甲:在比赛中段,我们还专门为场下的各位观众朋友们设置了互动环节,如果您有幸参与到我们互动并正确回答我们的问题的话,将会获得精美礼品一份。

乙:而我们场上的 13 位选手经过两轮比赛之后,我们将评选出一等奖一名、二等奖两名、三等奖三名。

甲:最后,我们还会评出最佳台风奖一名、最佳人气奖一名、最具创意奖一名、最具潜力奖一名。

乙:接下来,让我们把时间交给我们的选手,让我们一起来目睹他们的风采!有请一号选手为我们带来……

(比赛开始)

任务二十　儿童剧表演训练

任务目标

【知识目标】

1. 了解儿童剧的特征及其在幼儿教育中的作用。

2. 理解选择剧本的原则和进行改编的策略。

3. 掌握指导儿童进行戏剧表演的方法。

【能力目标】

1. 能够选择适合儿童年龄特点和审美需要的儿童剧剧本并进行改编。

2. 能够准确塑造角色形象,进行儿童剧表演。

3. 能够运用戏剧的手段开展幼儿园教学活动。

【素质目标】

1. 通过训练,具有运用儿童剧进行艺术教育的职业素养。

2. 在儿童剧表演过程中提升自身语言表达能力和综合表现能力。

案例引路

　　著名儿童作家方素珍曾分享过这样一个故事:一个孩子参加幼儿园的儿童剧演出,全家人都盛装去观看。看到最后,全家人却一直没发现自己的孩子。等到谢幕的时候,他们才知道孩子扮演的是一块不会动的大石头。当家人倍感失落的时候,孩子却兴冲冲地说,老师刚才还夸他表演很成功,一动也不动呢! 这个故事其实是作家的亲身经历,那个扮演石头的孩子就是她的小儿子。后来,方素珍还据此创作了绘本《好耶! 胖石头》,探讨的就是孩子如何对待儿童剧的角色,如何做好自己的问题——每个人都有一个舞台,演的是主角、配角并不重要。儿童剧最重要的是给孩子提供一个参与和体验的平台,而这样的体验将会伴随他一生的成长。

一、认识儿童剧

(一) 儿童剧的概念及特征

戏剧是以表演为中心,融合文学、舞蹈、美术、音乐、建筑等艺术形式,通过演出而诉诸观众感官的综合性舞台艺术。

儿童剧是戏剧艺术中的一个特殊门类，是以儿童为欣赏主体，适合儿童接受能力和审美趣味的戏剧形式，是深受儿童喜爱又能促进其身心发展的高级艺术游戏。一般来说，儿童剧专指由成人演给儿童看的戏剧，但本书亦讨论儿童参与表演的戏剧。儿童剧除具备一般戏剧的特征外，还具有自身的鲜明特征。

1. 明显的游戏性

游戏是儿童重要的生活内容和主要娱乐、学习方式，是"社会的一面镜子"。儿童通过游戏来感受社会生活，既获得快乐，也获得知识和经验。儿童剧不仅在内容上大多反映或表现了儿童的游戏活动，而且在艺术形式上也都具备儿童游戏的特点。童话剧《妙乎回春》中小猫"妙乎"给小兔子、小牛、小鹅看病的过程，其实就是孩子们的装扮游戏。所以说，儿童剧的演出，实际上就是一种经过组织的、具有戏剧艺术特点的高级游戏。

2. 单纯而有趣的戏剧冲突

"没有冲突就没有戏剧"这是戏剧的普遍规律。但儿童剧中出现的戏剧冲突必须符合儿童的年龄阶段和心理特征，符合他们的接受能力和审美趣味。儿童剧一般比较单纯，充满儿童情趣，往往以儿童能理解的具有普遍意义的真假、善恶、美丑之间的矛盾对立作为戏剧冲突。如狐狸的狡猾、山羊的温顺、狮子的暴虐、老牛的勤劳等善与恶构成的戏剧冲突。比如儿童剧《我也可以飞》，情节十分简单，讲述了一只小鸟学习飞行本领的故事。小鸟就像一个单纯的孩子，十分喜爱模仿，看见蚂蚁就学爬树，看见鱼儿想学游泳，结果不断遭遇失败。最后在大黄蜂的帮助下学会了飞行。戏剧的矛盾其实就是儿童天真的行动与对结果预料的不足而造成的。另外，为了照顾到儿童的实际生活经验和欣赏能力，其情节结构也非常单纯集中，但情节应曲折有趣。

图 20-1　儿童剧《我也可以飞》剧照

微课视频
儿童剧表演
《我也可以飞》

3. 儿童化、动作化、音乐化的语言

由于儿童观众的特殊性，儿童剧的语言要与儿童的接受能力、欣赏情趣相适应。因此，

儿童剧没有大段的抒情性或叙事性的内心独白，更没有大段的纯理性对白，而是浅显活泼、充满儿童情趣、符合儿童口语习惯的语言。儿童剧的语言特别要求动作化和音乐化。动作化的语言使得儿童剧的节奏更明快，戏剧效果更强烈，甚至常常配合大幅度的、夸张的动作去表现人物的思想情绪和性格，让小观众一听就明白，并留下鲜明而深刻的印象。在《小熊拔牙》中就有这样一段小熊的独白：

> 妈妈上班了，啦啦啦，
>
> 现在我当家，啦啦啦。
>
> 先唱个小熊歌：
>
> 1 2 3 4，哇呀呀呀，呀。
>
> 再跳个小熊舞：
>
> 5 4 3 2，蹦蹦蹦蹦，哒。
>
> 哎呀，答应过妈妈洗脸呀。
>
> 先洗洗熊眼，
>
> 再擦擦熊嘴巴；
>
> 熊鼻子抹一抹，
>
> 熊耳朵拉两拉；
>
> 熊头发梳三下，
>
> 嗯，就不爱刷牙。
>
> 那——那就不刷吧！

这段台词不仅表现了小熊的性格，而且合辙押韵、朗朗上口，带有明显的动作性和音乐性。

（二）儿童剧在幼儿教育中的作用

优秀的儿童剧不仅能使儿童获得审美的愉悦，而且是我们对儿童进行文化艺术素质教育和思想品德教育的重要手段，对他们的健康全面发展有深远影响。

第一，儿童剧给儿童带来审美的愉悦。儿童健康心理的成长，需要一种快乐自主的实践活动，无论是作为欣赏的"观众"，还是亲自参与表演的"演员"，都能从中获得快乐。儿童剧往往寓教于乐，在潜移默化中陶冶情操，获得审美愉悦。

第二，儿童剧故事是非分明，情节简单易懂，往往具有很大的教育启发作用。儿童剧通常涉及不同的故事和文化背景，这有助于培养儿童的文化意识和尊重不同文化的态度。同时，许多儿童剧也传递着积极的价值观，帮助儿童形成良好的道德观念。当然，这种教育不是直接的说教，而是寓于愉悦的审美情趣当中。儿童在欣赏时也不是被动接受教育，而是通过感受、想象、体验、理解等将剧中的艺术形象"再创造"为自己头脑中的艺术形象，并根据自己的生活经验进行评价甚至再现，从而受到影响和启发。

第三，儿童剧能够提高儿童的观察力、思维力，激发他们的创造力和想象力。模仿是儿童最主要的学习方式，模仿离不开对生活的细致观察。孩子们是天生的演员，他们玩的游戏就是他们观察生活后的"模仿秀"。而戏剧表演则将孩子们的观察生活由自发变为自觉。无论作为是欣赏者还是表演者，儿童都能在儿童剧表演中提高自身的观察能力。儿童要扮演某个角色,需要按剧情要求连贯地表演出来,这就促使他更好地领会作品内容、故事的前因后果,这对发展儿童的思维能力是极其有益的。登台就要说话,要模仿剧中人物语言,还要模仿剧中人物特有的动作举止,这就需要儿童将看过的、听到的各种生活表象加以重新组合,构成剧情所需要的人物形象。这不仅有利于培养儿童的语言表达能力、肢体塑造能力,更能提高他们的想象力和创造力。

第四,儿童剧能够促进儿童社会性发展,培养社交技能、表演技能,全面提高他们的综合素质。戏剧活动常涉及团队合作和交流,帮助儿童学会倾听、表达和协作,从而培养其社交和团队合作能力。儿童剧能给儿童提供体验表演的机会,而儿童也十分乐意参加,因为随着年龄的增长,他们不再满足仅是观赏者,而愿意加入到创造美的队伍中来。当然,他们的目的不是当演员,也不是追求演出的效果,而是为了体验参与表演的快乐。儿童剧正好满足了儿童体验美、创造美的渴望,也增强了儿童的表演技能,全面地提升了儿童的综合素质。

(三) 儿童剧的种类

儿童剧的种类很多,分类的方法也很多。儿童剧根据容量的大小可分为有独幕剧和多幕剧;根据演出的条件可分为舞台剧、广场剧、广播剧等;根据题材范围可分为历史剧、现代剧、神话剧、童话剧、科普剧等;根据艺术表演形式可分为儿童话剧、儿童歌舞剧、木偶剧、故事表演等。下面简要介绍几种常见的儿童剧。

1. 儿童话剧

儿童话剧是以角色形象的台词、表情、动作等为主要表现手段的一种儿童戏剧样式。它的篇幅短小、矛盾冲突单一,剧情要求"单纯中有妙趣,明快中有曲折",表演接近生活化。儿童话剧包括两种类型:一是直接取材于幼儿生活,具有真实感、现实感的儿童话剧,如日本戏剧家坪内逍遥的《回声》;二是用拟人的手法赋予花草树木、飞禽走兽以生命,展现优美童话故事的戏剧样式,称为童话剧。童话剧运用更为大胆的想象手段和魔幻手法,融合较多歌舞成分,富有诗情画意,如根据童谣改编的童话剧《一园青菜成了精》。

图 20-2　童话剧《一园青菜成了精》剧照

2. 儿童歌舞剧

儿童歌舞剧是以歌唱和舞蹈为主要表现手段的儿童戏剧样式。它以歌唱为主,演员主要运用舞蹈语言和舞台音乐表现情节,塑造形象,有时也夹有少量的对白。儿童歌舞剧比儿童话剧更多一些诗情画意和音乐成分,情节更加集中,结构更加严谨。也可以说,儿童歌舞剧是以少量舞蹈来叙述故事、表达人物思想感情的,表演中要求歌唱、舞蹈要达到和谐一致,且富有儿童情趣。如黎锦晖创作的儿童歌舞剧《麻雀与小孩》,歌词简单、富有童趣,让孩子们听完就能记住。

3. 木偶剧

木偶剧是指由演员操纵木偶来表演故事内容的一种戏剧形式。它以玩具为基础,将游戏的形式与戏剧的表现手段综合在一起,因此特别受到幼儿的喜爱。依据木偶结构和操作技术的不同,木偶剧又分为以下三类。

（1）布袋木偶。它在西方被形象地称为"手套式木偶",是将手伸进木偶的布袋内套利用五指操纵表演的一个艺术品种。它制作简单,容易操作,被广泛运用于幼儿园教育活动。

（2）杖头木偶。它的制作和操作比布袋木偶复杂,形体较大,醒目,表现力强,也可运用于幼儿园教育活动。

（3）提线木偶。它的制作和操作较为复杂,难度大,使幼儿难以把握,比较适合幼儿观赏。

木偶剧是我国民间传统戏剧的表现形式。木偶剧大多根据现有文学作品改编,也有专业作家创作的优秀作品。比如,儿童文学作家孙毅创作的《一只小黑猫》、沈慕垠创作的《老公公种红薯》,还有根据民间故事、童话等改编的《白雪公主》《孙悟空三打白骨精》等,这些木偶剧都深受孩子们的喜爱。

4. 故事表演

故事表演是先选择人物形象鲜明、故事性强的文学作品,在幼儿能复述故事的基础上,由教师组织、指导把故事以戏剧的形式表演出来的一种儿童戏剧活动。它最大的特点是几乎不需要特别的场景布置和道具,演出方便,再创作的自由度比较大,人人都能参与,能调动孩子们参与的热情。它是幼儿园里最常用的戏剧表演形式。因此,每个幼儿教师都应具备组织、指导幼儿进行故事表演的能力。

故事表演把文学和游戏相结合,让幼儿在角色对话和动作表现的基础上进一步感受和理解故事,认识和体验角色,在游戏中得到身心快乐,受到文学熏陶,增长表演才能。幼儿在表演的过程中,需要运用已有知识经验,通过想象力进行再加工,创造性地运用动作、表情等元素,增减情节角色,删改对话,替换词语等,因而,它也是幼儿园中极具创造性的一种游戏活动。

▶ 知识链接 ◀

中国儿童歌舞剧的创始人——黎锦晖

黎锦晖(1891—1967),著名音乐家、儿童文学作家,我国儿童音乐和儿童歌舞剧鼻祖,流行歌曲之父,"黎派歌舞""黎氏音乐"的创始人。他是第一个用白话文并以中国民间音乐为主,创作了大量的儿童歌曲、儿童歌舞及儿童歌舞剧的人。他所创作的《葡萄仙子》《麻雀与小孩》《三蝴蝶》《小小画家》等儿童歌舞剧成为 20 世纪二三十年代各地中小学校的音乐教学的重要内容。他是中国文化的传播者,20 世纪 30 年代在上海创办了明月歌舞社,是第一个率团出国演出并取得极大成功的人。他是中国流行歌曲之父,《毛毛雨》《桃花江》等名曲传唱至今。中华人民共和国成立后任上海市政协委员、中国音乐研究所特约研究员、上海电影制片厂音乐编辑。

　　1922 年,中华书局出版了一本由黎锦晖创办编辑的"可以陶冶儿童的性情,增进儿童的智慧,使他们成为健全的国民,替社会服务,为民族增光"的儿童刊物,取名《小朋友》。2022 年,《小朋友》迎来它的 100 岁"生日",这恐怕是中国最"长寿"的儿童刊物。

    自我检测

1. 结合自己见习或参与表演的经历,谈谈儿童剧表演活动对幼儿教育的价值作用。
2. 认真阅读包蕾的《小熊请客》,结合剧情分析儿童剧在戏剧冲突方面的特点。
3. 阅读下面的两个剧本片段,通过比较说说儿童剧与成人戏剧的异同。

(1)《雷雨》节选:

周朴园　(忽然严厉地)你来干什么?

鲁侍萍　不是我要来的。

周朴园　谁指使你来的?

鲁侍萍　(悲愤)命,不公平的命指使我来的!

(2)《狐狸下蛋》节选:

小鸭　嘎嘎嘎,
　　　　我和小鸡来玩耍;

小鸡　叽叽叽,
　　　　小河边上做游戏。

小鸭　花和草,
　　　　隔着小河把手招;

小鸡　小河上,
　　　　架着一座小木桥。

小鸭　小木桥,弯弯腰,
　　　　河水好像镜子照。

小鸡　小鸭子,你来瞧,
　　　　对岸是谁要过桥?

案例引路

　　《白雪公主》是深受儿童喜爱的童话故事,被多次改编成各种形式的儿童剧。《白雪公主和七个小矮人》是由专业剧团改编的音乐剧,情节曲折生动,表演真诚感人,受到全国各地孩子们的热烈欢迎。在一次巡演中,当演到坏皇后伪装成一个卖苹果的老婆婆再次加害白雪公主,白雪公主接过那个毒苹果准备吃的时候,安静的观众席突然发出一个很大声的警告声:"不能! 不能吃!"那是一个透着一万分真诚的声音,表达了孩子深刻的同情心和高度的情感融入,实在令人难忘。

　　可见,儿童剧表演一定是真诚且高超的,演员在舞台上的形象塑造、声音表现、肢体表演、情感表达都需要得到长期培养和训练,才能达到一定的艺术水平。学前教育专业的学生若想表演好儿童剧,应全面学习与训练,成为一个编、导、做、教和演的多面手。

二、儿童剧表演

　　儿童剧表演经常被用作一种特殊的教育手段,并成为幼儿教育工作的重要内容之一。这就要求幼儿教师有一定的文学艺术修养和表演技巧,不仅自己能编会演,还要会做幼儿的导演,组织辅导幼儿进行表演。因此,对于学前教育专业的学生来说,儿童剧的演出是一项综合性艺术实践活动,从创编剧本、排演,到设计或制作道具、舞台布景、服装、化妆、灯光、配乐,直至公开演出的整个过程,都要积极参与,这是对自身文化素质和专业技能的一个综合锻炼和提高。

　　儿童剧表演训练主要包括以下几个方面。

(一)剧本的选定与创编

　　剧本是戏剧表演的前提,也是演出取得成功的基础。尤其对儿童戏剧来说,如果形成一个极富儿童戏剧特色、充满儿童欣赏情趣,又适合儿童水平的剧本,演出就成功了一半。好剧本的形成,一般要经过以下几个环节。

1. 选择素材

　　一般来说,要选择那些线索比较单纯、情节完整连贯、人物形象鲜明、矛盾冲突较为突出与紧张的故事,这样将故事改编后搬上舞台会比较容易成功。当然,也可以选择儿童剧作家创作的儿童剧剧本。但是,现成的经典剧作一般适合在专业剧场由专业剧团演出,在校园演出会有很多的局限性,在使用的时候往往需要根据演出条件、儿童年龄特点等进行适当改编。

2. 确定表现形式

　　创作素材选定以后,可以根据素材的特点来确定较为合适的戏剧表现形式。一般来讲,故事性较强,情节动人,人物动作较多、感情较强烈的素材,适合用话剧的形式来表现;幻想性强,以花草树木、鸟虫走兽为主角的素材,适合用童话剧来表现;故事性较强、情节不太曲折、人物动作不多的素材,适合用儿童话剧来表现;抒情味较浓,情调较轻松、活泼、奔放的素材,适合用歌舞剧或音乐剧的形式来表现。比如根据同名绘本改编的儿童话剧《驴小弟变石头》,采用拟人手法塑造了一个爱幻想、喜欢搜集奇异石头的小驴子的形象,运用以人物对白为主的童话剧的手法表现就能充分表现人物的性格和心理活动。

🎵 音频资源
儿童剧
《驴小弟变石头》

图 20 - 3　儿童剧《驴小弟变石头》剧照

3. 剧本的改编

改编是一个再创作的过程。改编时既要尊重原作的主题、情节、人物,又要根据舞台演出的要求做必要的改动。如原作的叙述性内容要尽量转化为人物的台词、动作和舞台提示;为角色设计典型化的戏剧动作,还可穿插必要的游戏舞蹈。儿童剧的台词要求简单易懂、富有童趣,必须用精炼的词和简短的句子,把故事巧妙有趣地叙述出来。如果只会板着面孔说大道理,恐怕孩子们是不爱听的。在改编剧本的台词时,还应注意台词的个性化、儿童化,以及动作性强、有浓厚的生活气息等。

(二) 人物形象的塑造

戏剧要演绎情节,主要是通过塑造鲜明生动的人物形象来宣扬真善美、鞭笞假恶丑的。作为表演者,对剧本赋予自己的角色,应首先在心里有明确的定位,脑海里应显现出鲜活的形象。形象是表演的灵魂,否则,表演者在舞台上的一言一语、一举一动都会失去依托而显得无所适从。

1. 揣摩形象

戏剧中的每一个形象都是极具个性特征的。排练时,不要一拿到剧本就对台词,而是要花一定的时间研究剧情,根据故事的主题即表现意图,认真揣摩自己所扮演的角色究竟是一个什么样的形象,是不是小观众心目中所期待与所喜爱的"那一个"。诸如年龄、气质、习惯、性格、心理乃至语言动作的特别之处等都要在心中鲜明起来,鲜活起来。要做到这些,表演者就需要调动自己的生活积累,同时认真观察身边孩子们的思想行为,从儿童的角度去感悟他们心目中喜欢的形象。比如,在根据同名绘本改编的儿童剧《快活的狮子》中,关在笼子里的狮子就像是一个单纯可爱的孩子。它因为追求新奇、热爱自由,才有推开笼子走出去的欲望;因为单纯,才有走出笼子之后的种种迷惘和难过。有了这样的感悟,表演起来就能够塑造出一个有个性且令人喜爱的狮子形象。另外,还要研究和自己有对手戏的角色,知己知彼,配合才会默契。

微课视频
儿童剧表演
《快活的狮子》

图 20-4　儿童剧《快活的狮子》剧照

2. 塑造形象

塑造舞台形象主要靠两大法宝:声音造型(台词)和动作表情。二者交汇融合,共同达到传递信息、推动情节、表达感情、塑造形象、感染观众的目的。

(1) 声音造型(台词)。

说台词,是舞台表演的第一要素。用什么样的声音和语气表现人物形象,需要根据人物的性格特征和心理,发挥自身的条件,对声音进行"化妆"和"造型",让声态语态加以变化,赋予人物不同的色彩,从而塑造出鲜明的形象,这就是声音造型。表演时,要根据不同的人物形象和不同的心理状态来调整声音的音色、语气、语调、语速、轻重等。如《小兔乖乖》中说同样一句话:"快开门!"如果是兔妈妈的话,就要用细柔的声音、较慢的语速及向上的语调说出来,表达出一种甜美、快乐、欣喜的情绪;如果是大灰狼的话,则应用较粗的音色、较快的语速及向下的语调说出来,表达的是一种粗暴、野蛮、急躁的情绪。同一角色在不同场合、与不同人进行对话的语言也需要变化。又如白雪公主在森林里向要杀害她的卫兵求情时,声音是充满无助、令人同情的；在小木屋里和七个小矮人一起生活的时候心情快乐，声音是喜悦美好的。再如在《小熊请客》里，小熊在和朋友们一起过生日的时候，它的语调就高昂热情、声音是充满欢乐的；当不请自来的狐狸敲门的时候，就要转化成一种焦虑不安的语气，表现出内心的紧张。可见，不同故事情境下对声音的处理能够更好地塑造人物性格，帮助小观众更好地理解人物心理。

　　需要注意的是，表演者在舞台上并不是简单地背台词，而是感情的相互交流过程，包括与对手的交流（对白）、自我交流（独白）、与想象中的对象交流、与观众交流和集体交流。有交流感的语言，才能使剧情自然顺畅，才能感染小观众，得到小观众的认同和喜爱。在排练时，表演者要不断地揣摩、实践、调整，直至达到满意的效果。

　　（2）动作表情。

　　动作表情是舞台表演中最直观地展示形象的要素。儿童剧中生动明快、富有典型特征且带夸张的人物动作和丰富多变的表情所塑造的形象，最符合幼儿欣赏情趣，也最能给幼儿留下深刻的印象。当然，动作表情也是舞台表演中难度最大的地方。不少表演者在排练时往往一上台就会手足无措，对该走该站、面向哪里、做何表情等一概心中无数，尤其是当没有台词时更是茫然，不知如何是好。这一方面是因表演者缺乏舞台经验所致，另一方面是对自己扮演的角色缺少足够的形象感受。在表演训练中经常用到一个概念就是"规定情境"，即表演者必须按照角色设定和剧本要求来表现。这就要求表演者根据规定情境去理解角色的行为和情感，反复思索角色的形象特征和心理状态，想好上台后做什么、为什么要这样做、怎样做得更好。表演者要通过艺术想象，体会角色，进入角色，将角色的行为动机转化为演员自身的行为动机；将剧中角色的动作转化为演员自身的动作；将台词中蕴含的动作表情转化为活生生的戏剧动作。表演者要忘掉自我，完全进入角色，始终按照角色心理活动及其他表演者的语言动作做出相应的反应；还要克服羞怯、不自信的心理，放开来演。其实，剧本的台词本身都具有很强的动作性，再加上舞台提示，表演者只要细心领会、多多实践，就一定能做到表演自如。

　　动作表情既源于现实生活的真实，又不同于现实，而是一种艺术的再现，要有表现力，有生命力，有一定的夸张且富有美感。儿童剧尤其要注意适度的夸张和美感。表演者在舞台上要注意位置的安排、移动、转换以及和其他角色的位置关系，注意突出主要角色和主要剧情。同时，表演者要心里时刻有观众，要避免出现"背台""挡人""偏台"等不良现象。

（三）舞台美术及音乐的设计制作

　　儿童剧表演是一项综合性的艺术实践活动。除了编剧、导演、表演者外，还需要舞台美术及音乐的设计制作作为辅助手段，以起到描述环境、渲染气氛、深化主题、强化细节、转换时空等作用，获得理想的演出效果。

　　什么是舞台美术？我们把布景、道具、灯光、服装、化妆等舞台造型艺术成分统统称为舞台美术。在专业剧团，这些任务（包括音乐）会有专门人员来制作或提供服务，但在校园演出中，需要参与演出的学生和教师共同动手，合作完成。作为学前教育专业的学生，将来要指导幼儿排演戏剧，就更需要具备一定的手工制作、舞台造型和角色选配的能力。比如在表演儿童剧《森林爷爷》的时候，学生历时一个多月集体创作了大量的环境装饰和人物服饰，有树丛、围墙、花草,还有森林爷爷、花儿姐姐、风魔王等角色的服装,大多是用卡纸、报纸等废弃材料手工制作而成。

图 20-5　儿童剧《森林爷爷》剧照

知识链接

舞美设计

舞美设计也叫舞台美术设计,是戏剧制作中非常重要的一个方面,它通过舞台上的视觉元素,包括舞台布景、灯光、服装和道具等来帮助诠释剧本和情节,增强戏剧的感染力和艺术效果。

第一,舞美设计可以通过舞台布景来创造出不同的场景和环境,从而在观众的想象中建立一个具体的空间和场所。舞台上的背景和道具的摆放、材质的选择以及颜色的搭配都可以传达戏剧的氛围和主题,进一步加强故事剧情的表达。

第二,舞美设计还包括灯光设计,通过灯光的亮度变化、色彩渲染、投光角度的调整来烘托戏剧的氛围和情绪。灯光的运用不仅可以直接引导观众的视线,还可以通过照明的强弱和变化来暗示剧情的发展和人物的内心变化,从而丰富观众的戏剧体验。

第三,舞美设计还包括服装设计和道具设计。服装可以通过不同的风格、颜色和材质来展现角色的身份、特点和情感状态,同时与舞台上的布景和灯光相协调,营造出整体的视觉效果。道具的选择和摆放也可以为剧情提供必要的展现和支持,增强角色的形象塑造和情节的推进。

 自我检测

1. 结合实际谈谈儿童剧的特点及对儿童成长的价值。
2. 同学之间自由组合,体会下面的童话剧《妙乎回春》(片段)中小猫妙乎和小兔的形象特征,请设计动作表情,在班上表演出来。

(小兔挎着草莓篮出场)

小兔　猫大夫! 猫大夫!

妙乎　(抬起头)妙呜妙呜! (开门)喂,你是谁?

小兔　我是小兔。猫大夫在吗? 我请他看病。

妙乎　不在家。

小兔　您是他的儿子吗?

妙乎　我不回答你。不过我告诉你,我是大名鼎鼎的妙乎医生。

小兔　真的吗? 我怎么没听说?

妙乎　我才当医生,你当然不知道。不过有句话你应该知道。

小兔　什么?

妙乎　人家赞扬我医术高明,是"妙乎回春"!

小兔　好像只有妙手回春……

妙乎　不对,你记错了。我这儿有书为证。(翻书,但翻不着)反正是你错了。

小兔　我不跟你争了。妙乎医生,今天猫大夫不在家,请您给我看看好吗?

妙乎　行! 小事一桩,坐下吧。(给小兔把脉,看面色)哎哟! 不好! 你生大病啦!

小兔　(吓一跳)什么? 什么?

妙乎　你生的是一种出血病。出血病,危险透了!

小兔　(吓坏了)啊!

妙乎:(拿起镜子)你看! 你的眼睛都变红啦!

小兔　(松了一口气)我们从小就是红眼睛,我爸爸妈妈、爷爷奶奶、姐姐哥哥、弟弟妹妹……生来就是红眼睛,不是出血。

妙乎　生来就这样? 那就是遗传性的毛病,非看不可。

小兔　(糊涂了)那,那猫大夫怎么从来没讲过?

妙乎　(一本正经)你到底听谁的?

小兔　那请您给看看吧。

妙乎　这是红药水,一天吃三顿,还用它滴眼睛,也是一天三次。(拿一大瓶红药水给小兔)

兔　(不敢接)红药水能吃也能滴眼睛吗?

妙乎　你不照照镜子看你的眼睛,都红成什么样子了! 坐下马上吃,马上!

案例引路

　　某市教育局举办幼儿戏剧节,在最后的展演环节,获得一等奖的是由一位新手老师指导的节目,而一位资深幼儿园戏剧老师选送的节目却落选了。这位未获奖的老师十分郁闷,久久不能释怀。过了一段时间,她参加了一个幼儿戏剧教育高端培训会,培训教师刚好是那次展演的终审评委。她就一股脑地把自己的困惑说了出来:"为什么我精心选择剧本、组织排练,带领小演员们辛苦了一个多月竟然毫无结果? 我实在是想不通啊!"这位评委针对她的问题,结合那次展演剧目进行了专业点评,才使她恍然大悟。原来,真正的儿童剧需要培养儿童的创造力、想象力,需要根据儿童的年龄特点和发展需求,调动多种手段引导儿童主动参与创编的全过程。那种提前设计好动作和排练流程的所谓经典儿童剧,已经不能适应儿童剧促进"全人教育"的需求了。

由此可见,学前教育专业的学生在进行儿童剧表演指导时需要适应时代发展,以提升儿童综合艺术素质、促进其全面健康发展为目的。

三、儿童剧表演指导

儿童喜欢儿童剧,也喜欢表演儿童剧。儿童也是最具有表演天赋的,因为他们有丰富的想象力和模仿力。儿童的表演虽具有游戏性质,但那些在大人们看来幼稚的游戏正是孩提时充满乐趣的生活。在幼儿园教育中,儿童剧的表演,既愉悦儿童的身心,又能释放儿童的天性,提高儿童的各种能力。但儿童剧的排练和演出是一项复杂细致的综合性活动。所以,学前教育专业的学生更应该具备指导儿童表演儿童剧的能力,并且指导要合理、有序、得法、有效。

(一)选择适合儿童年龄层次、欣赏情趣和欣赏水平的剧本

选择内容是演出的首要环节。选择的内容是否适合儿童的年龄特点、是否能引起儿童的兴趣,直接影响儿童参与游戏的积极性。低龄幼儿(小班)刚刚接触表演游戏,应该选择角色个性鲜明、情节简单、饶有趣味、动作性强、对话多次重复、语言朗朗上口的童话故事。比如《拔萝卜》《狼和小羊》等作品,在这些童话剧剧本中,有孩子们熟悉并喜欢的老爷爷、老奶奶、小姑娘,以及小羊、小猫、小狗等小动物的形象,而且动作性强,适合低龄幼儿爱动的特点,又易于表演,深受幼儿喜爱。通过游戏,能使低龄幼儿获得同伴间相互关心的体验,懂得人多力量大的道理。

随着儿童的成长,可以逐渐选择情节稍复杂些、角色形象内涵更丰富、反映道理更深刻但仍能为他们所理解的一些故事。

(二)让每个儿童都参与,共同享受表演游戏的快乐

一般来说,凡是表演都会追求最佳的演出效果,但儿童剧表演和成人的戏剧演出不同。儿童剧表演只不过是有组织的儿童高级游戏,它注重的不是演出的最终效果,而是儿童享受参与游戏的过程中所带来的快乐。作为这场高级游戏的组织者、引导者,教师要想办法扩大儿童参与表演的机会,而不是让它成为仅是几个人的游戏。具体来说,教师可以从以下几方面考虑:

首先,设计适合不同年龄段儿童的角色。在剧本创作和角色设定时,教师需要考虑到不

同年龄段儿童的特点和能力,让每个儿童都有一个适合的角色可以扮演。

其次,同一个角色,可以让几个儿童轮番去演,或是让更多的儿童参与演出活动的各个环节,或是增加台上台下的互动,让即使作为观众的儿童也感觉到参与其中。比如,让一些儿童担任"道具"演员,或者事先预留一些台词给下面的观众,让他们感觉自己也是演员,也能享受到表演的快乐。

最后,引导儿童积极参与。在表演指导和排练过程中,教师应引导儿童发挥自己的特长和优势,并且注重培养他们的合作意识和互动能力,让每个儿童都能够融入团队。

(三)用多种手段帮助儿童熟悉剧本情节和角色形象特点

在幼儿园,大多数儿童都不识字,不可能自己看剧本。对此,教师一般更多的是采用讲故事的方法,帮助儿童记住剧情,较好地感受剧本内容及形象特点。教师要有感情、有表情、绘声绘色地给儿童讲述剧情。教师要用自己的声音给孩子们塑造可爱的小兔子、骄傲的大公鸡、威武的狮子以及狡猾的狐狸等生动的形象。这不仅能使孩子们听得津津有味,同时也对其中的角色形象有了鲜明的印象。故事听得多了,孩子们就知道什么内容的故事应该用什么样的方式去讲述。随着多媒体的发展和普及,教师还可以用图画、现成的动漫故事或是别人的表演视频等方式帮助孩子们感受剧本,记住台词。

(四)善于激发儿童的潜能,指导他们进行表演

教师在指导儿童表演时,通常采用教师示范让儿童模仿的方法,这种方法有利有弊。有利的是,它充分发挥了儿童的模仿能力强的特点,见效快,更直接。但有时候,这种方法会让儿童的表演失去活力,动作语言都会显得僵硬不自然。因为儿童的领会能力、表演能力都不可能达到成人的水平。事实上,儿童身上具有天赋的表演才能,有丰富的想象力,需要教师去有效地激发引导。教师要利用讲述、讨论、分组比赛等手段,调动儿童的主观能动性,让他们自己去充分地想象,激发儿童身上令人意想不到的创造力。如《狼和小羊》中,大灰狼对小羊说:"晚上,我要来吃掉你!"或者,小羊害怕地诉说:"狼说'晚上,要来吃掉我!'"教师先让儿童试着运用不同的声音表现故事中的角色,然后引导儿童讨论、分辨。比如大灰狼和小羊的声音,大灰狼应该用粗重的声音还是尖细的声音?如果用尖细的声音,大灰狼还可怕吗?小羊合适用什么声音?教师要引导儿童自己分析、判断,培养他们使用不同音色表现人物形象的能力。在表演的过程中,教师还应给予每个儿童肯定和鼓励,让他们感受到自己的存在和价值,进而增强自信心和表演能力。总之,要明确儿童才是表演游戏的主人,教师要做好一个欣赏者和引导者。

(五)组织儿童参与舞美设计,激发表演兴趣

在表演游戏活动中,儿童不仅对当演员上台表演感兴趣,还对表演中的服装、道具、布景、化妆等都有强烈的好奇心。虽然儿童的能力还有限,但他们的丰富想象力会产生创造的潜能。教师要保护儿童的这种对舞美制作的热情和创造力,尝试让他们参与到道具、布景的设计制作过程中,要经常征求他们的意见和想法,鼓励他们去尝试,如为布景添上花草树木,

用硬纸做简单的道具等,从而激发儿童对戏剧活动的兴趣,也更增强他们的表演欲望、成就感和创造力。

• 知识链接 •

幼儿园戏剧活动及其指导策略

幼儿园戏剧活动是指在幼儿园教育环境中组织的以戏剧为核心的教育活动,旨在通过角色扮演、表演和想象力发挥等方式,促进幼儿的综合素养和全面发展。幼儿园戏剧活动包括但不限于剧本表演、戏剧游戏、音乐剧、舞台表演以及幼儿的自主创作等形式。教师在组织幼儿园戏剧活动时,应注意以下几个方面。

1. 创造良好的戏剧环境。包括提供适当的场地、戏服、道具和音响设备等,以便幼儿能够全身心地参与到戏剧活动中去。

2. 培养幼儿的表演技巧。包括角色扮演、表演技巧训练、语言和肢体表达等方面的练习,帮助幼儿提高表演能力。

3. 激发幼儿的创造力。教师可以设计一些有趣的剧本,或者鼓励幼儿自己编写剧本和角色,让幼儿参与其中,进而培养幼儿的创造力和独立思考能力。

4. 培养合作与沟通能力。教师可以设置一些合作的任务,让幼儿在戏剧活动中学会团队合作、分工合作和互相支持。同时,教师也可以给予幼儿反馈和指导,让他们学会有效的沟通和表达。

5. 关注幼儿的情感发展。教师可以引导幼儿思考和表达角色的情感和心理需求,帮助他们更好地理解和处理情绪。

 自我检测

1. 同学自由组合,以小组为单位,排演童话剧《蘑菇该奖给谁》。

蘑菇该奖给谁

旁　白　有一天,天气特别晴朗,兔妈妈决定出门采蘑菇。

　　　　〔兔妈妈提着篮子上山,忽想起一件事来,又返回来。

兔妈妈　(对着小白兔和小黑兔)孩子们,妈妈出去采蘑菇了,你们在家要好好练习跑步。

小白兔、小黑兔　放心吧,妈妈,我们会认真练习的。再见!

兔妈妈　孩子们,再见!

　　　　〔兔妈妈提篮采蘑菇,音乐响。

小白兔　小黑兔,咱们练习跑步去吧!

小黑兔　(懒洋洋地)先玩一会儿,再去吧!

小白兔　快去吧,你忘了妈妈出去时告诉咱们的话了吗?

小黑兔　(不高兴地噘着嘴)那好吧!

〔音乐起,小白兔和小黑兔一起练习跑步。小白兔认真刻苦,小黑兔却应付了事。不一会儿,小黑兔回到屋里睡觉去了。

小白兔　(自言自语)我去找个伙伴比一比。

〔骏马上场。

小白兔　(迎上去)骏马大哥,你好!

骏　马　小白兔,你好!

小白兔　咱们俩比赛跑,好吗?

骏　马　(半信半疑地)和我,比跑步?

小白兔　对呀! 我想和你比一比。

骏　马　好样的,那就来吧!

〔音乐响,比赛开始,小白兔落后了。

小黑兔　(醒来,伸了个懒腰)小白兔,小白兔! (四处望望)

〔乌龟上场。

小黑兔　乌龟大叔,你好!

乌　龟　小黑兔,你好!

小黑兔　(盯着乌龟看,认真地)咱们俩比赛好吗?

乌　龟　(很吃惊)和我比赛! 那你一定赢!

小黑兔　(拉着乌龟)乌龟大叔,比一比吧,比一比吧!

乌　龟　好吧,陪你锻炼锻炼!

〔音乐响,比赛开始,小黑兔跑得很快,得了第一。

旁　白　晚上,兔妈妈提着一大篮子蘑菇回来。

兔妈妈　孩子们,我回来了。

小白兔、小黑兔　妈妈辛苦了!

兔妈妈　你们今天谁跑得出色? 我奖给他一个最大的蘑菇!

小黑兔　(得意地)今天我参加跑步比赛,得了第一名!

小白兔　(难为情)今天我参加跑步比赛,落在后面了。

兔妈妈　你们今天都跟谁比赛了?

小黑兔　(神气地)我跟乌龟大叔赛跑,得了第一名!

小白兔　(难过地)我跟骏马大哥比赛,他跑得比我快多了!

兔妈妈　(亲了亲小白兔,从篮子里挑出一个最大的蘑菇)这是给你的奖品。

小黑兔　(不服气地)我今天得了冠军,为什么把最大的蘑菇给小白兔?

兔妈妈　因为他敢和高手比呀!

小黑兔　(难为情地)妈妈我知道自己错了。

兔妈妈　(从篮子里又挑出一个大的蘑菇)孩子,知错能改也是好孩子,妈妈把这个蘑菇奖给你。

小白兔　妈妈,小黑兔,我们一起跳舞吧!

〔音乐起,小动物们一起上台谢幕。

2. 请把以下童话故事《狗熊进城》改编成儿童剧（表现形式不限），然后分组表演。

狗 熊 进 城

狗熊决定进一趟城。他在路上走着。今天他穿的是最漂亮的外套，戴的是最漂亮的礼帽，帽子的四周都镶着丝边，靴子锃亮锃亮的，直晃眼。

"今天我这身打扮，可够气派的！"狗熊自语道，"我这趟进城，我这身气派的打扮，准能给人留下深刻的印象。"

乌鸦蹲在树枝上，听到了狗熊的自语，说："不过，请原谅我，我的意见跟你很不一样。按照你的身材和风度，你不应该穿这样的衣服。我刚刚从城里回来，你愿意听我告诉你，城里气派人物如今是怎么打扮的吗？"

"哦，请快告诉我！"狗熊说，"我老早就想，我能穿上城里最有派头的人的新式服装进城就好了。"

"今年啊，"乌鸦说，"城里最有派头的人已经不戴帽子了，他们在头上顶个平底锅当帽子；外套呢，你这样的外套早过时了，如今时兴的是拿床单裹着身子当外套；靴子也早不穿了，而是拿两只纸袋套在脚上。"

"哦，糟糕！"狗熊惊叫道，"我这身打扮全过时了！亏得你提醒我，要不然，我这样进城，可得让人家笑话死了！"

狗熊赶忙掉转头，一回到家，就毫不犹豫地甩掉外套，摘掉帽子，脱下靴子。然后，他学城里气派人物的打扮，在头上顶个平底锅，拿床单上上下下裹起，往脚上套好两只大纸袋。他在镜子前面转着身子照了照："啊，城里有派头的人也真想得出，真会玩新鲜！"

狗熊进了城，来到大街上。人们对着狗熊指指点点，先是窃窃地笑，后来就放声哈哈大笑起来。

"今天，这狗熊，啊哈哈，准是疯了！"

这让狗熊害臊得真巴不得立刻钻进地里去！他立刻扭身逃出城，飞快向家里跑去。路上，他又遇到了乌鸦。

"乌鸦，你跟我说的那些，全是谎话！"狗熊气鼓鼓地说。

"我没有说我说的都是真的，可你为什么要相信呢？"乌鸦说完，从树上"嘟"一下飞起来。

乌鸦飞在天上，"呱呱"地大笑着。

狗熊傻傻地望着天空。

任务二十一　面试表达

 任务目标

【知识目标】

1. 了解幼儿教师面试的基本要求。
2. 掌握面试语言表达、基本面试仪态规范。
3. 熟悉面试各环节的考查重点。

【能力目标】

1. 能够在面试时进行规范、正确的语言表达。
2. 能够在面试时进行合适、得体的仪态展现。
3. 能够准确、高效地识别面试各环节中的常见问题,并及时进行纠正。

【素质目标】

1. 通过训练,培养对学前教育专业的热爱。
2. 树立做"四有"好老师的职业信念。
3. 更清晰、全面地认识自己,提升自信。

案例引路

　　李同学在面试即将结束时,刚听到考官说"时间到,可以结束了",就长舒一口气,原本挺直的背和腰立即放松下去,挺拔的身姿不复存在。他急匆匆地向考官说了声"再见",便头也不回一路慌张地跑出了考场,一边跑还一边念叨"哎呀妈呀,紧张死了"。

　　面试要遵守面试礼仪,从入场到离场,应始终保持冷静有礼的状态,尤其在离场时应向考官和工作人员表示感谢,再有礼貌、有秩序地离场。李同学在面试结束前过于紧张和慌乱的表现,会给考官留下不稳重、没有礼貌、心理素质较差的印象。

一、了解幼儿教师面试的要求

(一)面试的含义

　　面试是组织者依据一定的标准,经过精心设计,在特定场景下以交流和观察为主要手段,对应试者的知识、能力、技能、经验等有关素质进行由表及里的测评考试活动。

幼儿教师面试一般分为两种场景,一种是幼儿园教师资格证考试中的面试场景,另一种是幼儿园教师招聘的面试场景。其中,幼儿园教师资格证面试系统由教育部开发设计,由省级教育行政部门组织实施,由抽题、备课、结构化、试讲、答辩等环节构成,属于从业资格考试。幼儿园教师招聘面试分为由具体教育单位(如幼儿园)独立组织的单独招聘,以及由县级或县级以上教育行政部门和人事部门共同组织实施的公开招聘,属于基于资格标准的选拔性考试。

两种面试的具体内容和要求均主要依据《中小学和幼儿园教师资格考试大纲(试行)(面试部分)》和《幼儿园教师专业标准(试行)》制定,它们对面试过程有严格的流程标准和清晰的评分要求。在制定幼儿园教师招聘面试的内容和要求时,除了要参考《中小学和幼儿园教师资格考试大纲(试行)(面试部分)》和《幼儿园教师专业标准(试行)》之外,也会根据实施招聘的幼儿园的具体情况,设置一些个性化内容,但基本要求必须同这两个文件中的要求保持一致。

(二)面试的形式

幼儿园教师资格面试和教师招聘面试均采取结构化面试和展示相结合的方法,通过展示、回答问题、陈述等方式进行。面试流程大致分为:面试报到、抽签、候考、备课、说课或试讲、答辩等几个环节。

(三)面试的内容和要求

幼儿教师面试的目的是考查申请幼儿园教师资格和应聘幼儿园教师岗位人员是否具备专业基本素养、职业发展潜质和保教实践能力,因此,面试的具体内容和要求包括以下几个要点。

第一,职业认同,要求教师做到爱幼儿,尊重幼儿;对幼儿教育工作有热情、有责任心。

第二,心理素质,要求教师具有一定的情绪调控能力;乐观开朗、有自信心。

第三,仪表仪态,要求教师行为举止自然大方,有礼貌。服饰得体,符合幼儿教师职业特点。

第四,交流沟通,要求教师有较好的言语表达能力。口齿清楚,普通话标准,语速适宜,表达比较准确、简洁、流畅、有条理,有一定的感染力;善于倾听、交流,有亲和力。

第五,思维品质,要求教师能正确地理解问题,条理清晰地分析思考问题;有一定的应变能力,在教育教学上表现出一定新意。

第六,了解幼儿,要求教师具有了解幼儿兴趣、需要、已有经验和个体差异的意识;能通过观察来了解幼儿。

第七,技能技巧,要求教师熟悉一些幼儿喜欢的游戏和故事;具有一定的弹、唱、画、跳、手工制作等幼儿教育所必需的基本技能。

第八,评价与反思,要求教师能对视频或文字资料中的教育活动、教育行为进行评价;或能对自己的面试表现进行评价;能根据评价结果提出进一步改善的意见。

二、面试语言表达训练

《中小学和幼儿园教师资格考试标准(试行)》对幼儿园教师沟通交流的基本要求:一是具有较好的人际交往与沟通能力;二是具有一定的阅读理解能力、语言与文字表达能力、信息获得与处理能力。《中小学和幼儿园教师资格考试大纲(试行)(面试部分)》对幼儿园教师面试沟通交流的要求进一步具体化为两个方面:第一,有较好的言语表达能力。口齿清楚,普通话标准,语速适宜,表达比较准确、简洁、流畅、有条理,有一定的感染力。第二,善于倾听、交流,有亲和力。

语言是交流的工具,主要包括口头语言(包括对话语言、独白语言)和书面语言。幼儿园教师资格证面试和招聘面试着重测评的是应试者的口头语言表达能力。

(一)语言表达能力的概念

语言表达能力指使用语言表达思想、观点的能力。它具体指在一定的交流情境中,用词准确、语义明白、结构妥帖、语句简洁、文理贯通、语言平易、合乎规范,能把概念表述得清晰、准确、连贯、得体、没有语病。

(二)幼儿教师面试语言的基本要求

幼儿教师语言是以一种带有书面色彩的规范口语,在语音、语汇、语法上追求规范化和标准化,是一种较高层次的口语,因使用范围、对象和语境的不同而呈现出特有的特点,使用时具有特殊的要求。

1. 口齿清楚,普通话标准,语速适宜

《中华人民共和国宪法》规定:"国家推广全国通用的普通话。"《中华人民共和国国家通用语言文字法》规定:"学校及其他教育机构以普通话和规范汉字为基本的教育教学用语用字。"普通话是教师的工作语言,教师语言要符合现代汉语规范,交流声音洪亮,吐字清楚,语调自然,语言流畅,语气抑扬顿挫,语速适宜。《〈教师资格条例〉实施办法》规定,教师"普通话水平应当达到国家语言文字工作委员会颁布的《普通话水平测试等级标准》二级乙等以上标准"。

2. 表达内容上要有科学性、针对性、简明性

在面试中展示的语言表达内容和形式要具有科学性,符合语音、语汇、语法、语义、逻辑等规则,要清晰、明白、准确、完整;对教学内容的表达要有针对性与简明性,表达应该简洁清楚,干净利落,恰到好处。

3. 表达形式上必须准确、规范、清晰

在幼儿教师面试中,考生进行语言表述的深度和广度都应符合《中小学和幼儿园教师资格考试大纲(试行)(面试部分)》和《幼儿园教师专业标准(试行)》的要求,在面试的过程中使用普通话,尽量不要使用方言土话,应当注意使用文明用语,禁止使用污言秽

语,杜绝使用侮辱性言辞。在说课或试讲环节,一要做到语音清晰,使用标准流畅的普通话教学,口齿清晰,音量适宜,语速适中;二要做到语义清晰,语言通俗易懂,深入浅出,讲得准确。

4. 表达结构上呈现统一性、逻辑性、完整性

在面试中考生的语言表达应前后联系、首尾呼应、脉络明晰、重点突出;语言表达结构还要讲求逻辑性,要条分缕析,层层深入。

(三) 提升语言声音形象的训练方法

在幼儿教育工作中,幼儿教师的语音、语调、音色、音量、停顿、语速等均是传递信息的重要因素。为此,幼儿教师应关注以下训练声音的技巧。

1. 语音清晰

幼儿教师肩负着对幼儿进行普通话启蒙教育的工作任务。因此发音必须正确、清晰易懂。一口标准流利的普通话,也是幼儿教师的知识、能力与形象的外在表现。

2. 善用语调

语调是指说话时语音的高低、升降、轻重的变化。说话人根据传情达意的需要,加上自身的年龄、文化、气质、修养等方面的因素,在进行口语表达时,声音或快或慢,或高或低,或缓或急,或轻或重等,这就形成了升调、平调、降调和曲折调等各种各样的语调。幼儿教师在说话时要特别注意得体地使用语调。特别是面对年幼的孩子们,语调一定要和缓、轻柔。

3. 调整音色

音色又叫音质,是指一个人声音的特色。幼儿教师应通过一定的专门训练培养自己的音色,使音色明亮、柔和而自然,声音充满热情,且气息长久而能传得较远,这样才能充分展现幼儿教师良好的职业素养和职业形象。

4. 控制音量

音量是指声音的大小。幼儿教师在进行面试时,要注意音量恰当、适度,声音当大则大,当小则小。

5. 注意停顿

在语言表达中,停顿主要有换气停顿、语法停顿、逻辑停顿三种。幼儿教师在面试展示时,要善于处理各种停顿,停顿应用得当,可以使说课或试讲效果增色不少。

6. 控制语速

语速就是说话的速度。在正常情况下,如在叙述、说明、解释时,一般用中速表达;在庄重场合或需要冷静表现时,一般适宜用慢速表达;在需要表达情绪大起大落、情感昂扬激荡及重要的评论时,可以用快速表达。

(四) 提升语言表达内容的训练方法

1. 培养思想悟性

悟性,也称领悟、感悟、顿悟,是主体在对知识整体体验的基础上,运用直觉、灵感、类比、分析、综合、归纳等手段,了解、领会、判断、把握事物本质的创造性思维,是人类生命中特有的思维能力。教师要不断地提高自己的思想悟性,如果能从一件事、一句话、一个场景、一个眼神甚至一件装饰品中感悟出别人所无法体会的意义和内涵,那么言语表达的内涵就会丰富而深刻。

2. 陶冶道德情操

习近平总书记号召全体教师做有理想信念、有道德情操、有扎实学识、有仁爱之心的"四有"好老师。这"四有"既是当代教师的为师之要,也是当下社会群体对广大教师的基本要求。

教师只有具备了高尚的道德情操,才能在言语表达中充满了正能量,才能达到育人的目的。教师有家国情怀,才会处处引导学生爱家人、爱朋友、爱民族、爱国家;教师有正确的是非观,才能时时告诉学生明真假、辨是非、去伪存真、惩恶扬善。

3. 锻炼思维能力

教师要善于总结自己或他人成功的教学经验,学习他人的长处,结合自己的工作实际,形成独到的见解。这个过程就是思考的过程,就是思维能力的体现。

4. 提升知识涵养

教师不仅应该是其所教学科领域的专家,也应是博览群书的饱学之士。有了丰富的知识底蕴,教师的教学语言才能言简意赅,精辟扼要,才能准确地把握教学的要义和实质。

三、面试仪态训练

《幼儿园教师专业标准(试行)》对幼儿教师的仪表仪态提出的要求是:衣着整洁得体、举止文明礼貌。《中小学和幼儿园教师资格考试大纲(试行)(面试部分)》评分标准当中,把幼儿教师的仪表仪态进一步具体化为两方面的要求:一是行为举止自然大方,有礼貌;二是服饰得体,符合幼儿教师职业特点。

(一) 幼儿教师面试仪容训练

仪容,通常是指一个人的外观、外貌,重点指人的容貌。它是由面容、发型以及人体所未被服饰遮掩的肌肤(如手部、颈部)等内容构成,反映了一个人的基本精神面貌,是个人职业形象的重要组成部分。幼儿教师在面试时的仪容礼仪应包括发型发式、面部妆容两部分内容。

1. 幼儿教师面试仪容基本要求

(1) 讲究卫生。讲究卫生、保持清洁是仪容美的基本要求,也是仪容美的关键和前提。讲究卫生并形成良好的习惯是幼儿教师最基本的职业要求。

（2）修饰得当。教师形象具有公众性、示范性、榜样性、教育性等特点。修饰得当的仪容，看上去不仅精神焕发、神采飞扬，更具有自信与敬人的双重功效。

（3）配合教学。虽然教师的职业特征对仪容修饰有诸多要求，应遵循质朴、得体、大方等基本原则，但是也可以根据不同的教学对象和具体的课程内容进行适当的创意和改变。如幼儿教师因教学对象是以形象思维为主要发展特征的幼儿，要求其在仪容表现上更具亲和力，所以在面试时女生可选择高马尾、丸子头、麻花辫等较活泼的发型设计。

2. 幼儿教师面试仪容的主要内容

（1）发式发型。面试时，首先要注意保持头发的干净整洁，尤其要做到肩、背无落下的头皮屑，使头发散发自然光泽。男生以短发为主，在打理发型时要做到"前不覆额、侧不掩耳、后不及领"，即前面的头发不能遮盖住额头，侧面的头发不能掩盖住耳朵，后面的头发不能压住衣领。女生的发型式样选择较多，如短发使人显得干练、职业化，长发显得温柔、有亲和力，在选择时应注意符合个人气质和脸型特征。面试时对于发型无过多要求，但需注意保持发质柔顺，如短发应整齐服帖，长发应束起固定。总的来说，考生发型的选择首先要符合典雅、大方、简洁的原则，可以根据头发的特质，个体的脸型、体型、年龄、服饰等因素选择不同的发型，这样才能在面试时让自身形象的展示发挥最大作用。

（2）面部妆容。健康、整洁的面部状态和得体、美观的妆容修饰有助于考生更好地树立职业形象，提升个人魅力，助力面试取得成功。

① 面部清洁。

整洁、健康的面部，是个人形象最直接最生动的展示。考生在面试前应注意面部肌肤和五官的清洁护理，才能在面试中呈现出最好的状态。清洁的重点在于细节，如眼、耳部分泌物的清理，鼻腔口腔的清理、指甲缝隙的清洁等。

面部清洁时应参照以下标准：眼睛明亮有神，无明显红血丝，眼角无分泌物残留；注意口腔卫生，无明显异味，面试前不吃葱、蒜等气味较大的食物，牙齿整洁，齿缝无食物残渣残留；定期清理鼻腔，无鼻垢堵塞，无鼻毛露出；定期清理耳部分泌物，修剪耳毛，不佩戴过多耳饰；注意手部卫生，勤洗手，及时修剪指甲，清理指甲缝隙，不蓄长甲，不涂有色指甲油等。

② 妆容修饰。

妆容修饰，指通过丰富的化妆品和工具，采用合乎规则的步骤和技巧，对脸部及其他部位进行预想的描画、渲染和整理，以强调和突出个人所具有的自然美，遮盖或弥补面部存在的缺陷不足，从而达到美容的目的。幼儿教师的妆容修饰要讲究简约淡雅、协调自然、服务教学，切忌浓妆艳抹、夸张奇特。

男生注意定期修面剃须，保持面部干净清爽即可，无须过多修饰面部。女生在化妆修饰时，用笔要轻、淡，追求与自然肤色的协调，如使用与肤色相近的粉底、选择色号柔和自然的口红等。

经过修饰的得体妆容，让人赏心悦目，也会给人留下深刻印象。面试时适当地对面部进行妆容修饰，更能体现考生的积极态度。

(二) 幼儿教师面试仪表训练

从广义来说,我们说到某人的仪表,是指这个人外在的容貌、表情、举止、服饰等给人的总体印象。而本任务中所讲的仪表,主要是指着装、搭配与饰物礼仪。在这里重点谈着装的原则。

着装是一门艺术,考生在面试幼儿教师时,着装要庄重、得体,既符合职业要求,又彰显个人气质。考生去面试时,建议遵循以下着装原则。

1. "TPO"原则

"TPO"原则是国际上公认的着装原则,"T""P""O"分别是 Time、Place、Object 三个英文单词的首字母。"T"代表时间、季节等,是指着装要随时间的变化而变化,四季更迭、气候变化、时代变换,服装的款式与质地也应相应变化。"P"代表地点、场合和职位等,是指着装要随地点的变化而变化。"O"代表目标、对象,是指着装要随目标对象的变化而变化。"TPO"原则要求着装应考虑职业需求,穿着的时间、地点、场合,交往的目的与对象,并力求和谐一致。

2. 整体性原则

正确的着装可起到修饰形体和容貌的作用,能体现和谐的整体美。服装的整体美包括人的形体、内在气质和服装的款式、色彩、质地工艺及着装环境等。着装时,应遵守服装本身的约定俗成的搭配,要使服装各部分相互呼应,也要使穿着符合个人的年龄、体型。

3. 个性化原则

着装的个性化原则,主要指着装要力求反映出一个人明显的个性特征。一方面,着装应照顾自身特点,做到量体裁衣;另一方面,着装应保持自己的风格,忌盲目追随时尚潮流,或混杂随意。如对于男生来说,着装既要体现出亲和力,又一定要保持男性阳刚、坚强、责任的仪表形象。

4. 整洁性原则

考生在面试时,一定要保持着装的整齐洁净,不能存在明显的污迹、汗味和褶皱,更不能有破洞、开线、扣子等配件丢失的情况,尤其要注意衣领和袖口处的整洁。

· 知识链接 ·

幼儿教师面试服饰的选择与搭配

幼儿教师具有保教结合的职业特点,其服饰需便于活动和照顾幼儿。在面试服饰选择时,考生一定要注意以下几点。

1. 服装款式

一般来说,幼儿教师可以选择职业套装(以裤套装为主),或清爽的运动休闲装,以基础常见款式为主,不要选择新潮奇特的服装。穿着一定要合体,宽松适度,过大、过小、过紧、过松的衣服都会破坏个人形象,影响面试效果。

2. 服装面料

幼儿教师面试服装的面料以棉、麻、绸、毛料等天然材料为主,不易起皱、起球,不易变形;要求面料具有一定的弹性和延展度,便于教学活动的展示。

3. 服装颜色

幼儿教师面试服装应选择白、黑、灰、蓝等中性色。女生可考虑暗红、米白、咖色、浅蓝等较丰富的色彩。男生可考虑深灰、深蓝等冷调色彩。服装选择以纯色为主,不宜有复杂的图案和装饰物。

4. 饰物选择

在参加面试和日常工作中,幼儿教师可佩戴手表、眼镜、腰带等功能性饰物,不建议佩戴装饰性饰物。这是因为:第一,较大较显眼的饰物会分散幼儿的注意力,影响教学效果;第二,较小的饰物容易造成遗失,存在一定的安全卫生隐患。

微课视频
幼儿教师穿衣
注意事项

鞋子搭配以色彩、款式、质地和谐为主,选择运动鞋或平底鞋为佳,忌赤脚或穿凉拖鞋,建议选择能完整包覆脚趾的款式。幼儿教师的面试仪表应做到自然得体,色彩明快亮丽,整洁美观,舒适大方,适合活动,既符合职业要求,又能扬长避短,彰显个人气质。

(三) 幼儿教师面试体态训练

体态是不输于有声语言的社交语言,它主要是通过人的面部表情和肢体的形态、活动,向他人传递信息。我们往往可以从一个人的体态来判断他的品格、思想、学识、才智和修养程度等。好的体态,对于通过幼儿教师面试具有举足轻重的影响。幼儿教师面试中的体态礼仪,主要包括表情、站姿、走姿、坐姿、蹲姿和手势的礼仪。

1. 表情礼仪规范

在体态语言中,面部表情是最直接、丰富,最具表现力的,它能够充分又灵敏地表达人的各种感觉和情绪。教师面部表情的变化,很容易被幼儿所察觉和理解,对知识的传递、情感的表达都起着举足轻重的作用。

(1) 注意目光。幼儿教师在面试和工作时,应始终保持友善、真诚、耐心的目光,尤其在面对幼儿时,目光应充满慈爱、和善和欣赏。考生在面试过程中,需要与考官和虚拟的幼儿加强眼神的交流,以增强真实感和交流感,建议在面试时采用以下目光注视方式。

一是直视法,注视前方,正视交谈对象,给人一种严肃、认真的感觉。注视的位置在对方唇心到双眼之间的三角区域。使用直视法时,应注意直视某一部位的时间不能太长,如果不巧与对方目光接触形成对视,可眼神坚定微笑回应,不可目光躲闪,手足无措。

二是环视法,指有节奏或周期性地把视线从左方扫到右方、从右方扫到左方或从前排到后排、从后排到前排。视线每走一步都是弧形,弧形又构成一个整体——环形。在讲课时予以环视关注,可以体现出掌控整个课堂的组织能力。使用环视法时,应注意环视的幅度和范围不可太大,目光移动速度不可太快,建议在环视过程中,保持眼神的适当停留。

三是虚视法,指不直接注视对方的方式。它适用于距离较远的谈话,可将视线越过对方的肩膀或头顶,向后方投去,是一种能够有效缓解紧张情绪的注视方式。使用虚视法时,应注意虚视不是发呆,眼神应有聚焦点,不能虚焦。

(2)保持微笑。真诚的笑容是人际交往的一种轻松剂和润滑剂,可以缩短彼此之间的心理距离,为深入的沟通与交往创造和谐、温馨的良好氛围。幼儿教师以微笑示人,既是职业的要求,也是自信的反映;是热情大方、亲切友善、关爱幼儿的有效表达方式,更是面试中提升第一印象的重要途径。

2. 站姿礼仪规范

站立是幼儿教师面试时最基本的体态,正确规范的站姿,给人以挺拔端庄、舒展优美、自信大方的印象。站得端正、自然、亲切、稳重是站姿礼仪的基本要求,即要做到"站如松"。

微课视频
教师常用站姿

考生在面试时多采用标准站姿,站立时应注意:正向抬头,双眼平视前方;双肩平行、放松,下巴微收,头顶上悬,脖颈挺直,使人体有向上提拉的感觉;双臂自然下垂于身体两侧,手指自然弯曲,或双手交叠置于小腹处;躯干挺直,挺起胸部;双腿直立,双脚并拢或足跟并靠,脚尖呈"V"字形向两侧分开,分开角度为 45—60 度,身体重心位于两腿之间。如站立过久会感到疲惫,这时可单腿后撤半步,保持双腿直立,前后移动身体重心,让单侧腿得到适当休息。但是,在面试过程中,考生不宜频繁变换姿态,这样容易给考官留下不稳定、缺乏耐心的印象。

3. 走姿礼仪规范

良好的走姿是人体的一种动态美,能够表现出一个人的气质、风度和风采。走路时稳健协调、从容自然,能有效地展现幼儿教师自信稳重、精明干练的处世能力和工作作风。

考生在面试时走姿,在整体上要给人以步态轻盈、稳健、有韵律的感觉。在走动时,需注意上体正直,精神饱满,两眼平视前方,表情自然。在行走时,保持明确的行进方向,不突然转向或大转身;步幅适中,行进时迈出的步幅与本人一只脚的长度相近;保持速度均匀、平稳,不要忽快忽慢或过快过慢;保持身体协调,要脚跟先着地,膝盖在脚步落地时应当伸直,腰部成为重心移动的轴线,不要过度扭腰摆胯;两肩放平,两臂放松,以肩关节为轴,两手应前后自然、轻松地协调摆动,手臂与身体的夹角一般为 10—30 度。

4. 坐姿礼仪规范

幼儿教师要养成良好的坐姿习惯,这样可给人一种端庄稳重的感觉,传达出积极热情、尊重他人的态度。在进行坐姿训练时,应遵照"三正"原则——头正、身正、腿正。头正是指坐下时应头位放正,目光平视,面带微笑;身正是指应身体端正,肩头放平,腰不弓,背不驼;腿正是指应双腿摆正,膝盖朝前,双手自然置于膝盖上。

5. 蹲姿礼仪规范

蹲姿与坐姿和跪姿类同,但臀部不触及座椅,膝盖不需着地。在幼儿教师面试中,考生在进行教学模拟展示师幼互动时,常常会采用此姿态。

幼儿教师的蹲姿基本要求应做到:站在幼儿对面屈膝蹲下,不勾头、不弓背,慢慢降低上身;两腿合力支撑身体,掌握好身体的重心,臀部向下。

6. 手势礼仪规范

手势是指用手指、手掌和手臂的动作和造型来表情达意的一种体态语言,正确适度的手势可以传递信息、表达意图、表现情感。幼儿教师在工作、生活和面试时适当地运用手势礼仪,既可以增加表达的形象性,增强情感的表现性,也有助于与幼儿进行交流,辅助指导幼儿的活动。

微课视频
常用礼仪用语

在使用手势时,应注意准确适度。不同的手势表达不同的意思,使用的手势应与语言表达的意思一致;注意手势的幅度不能过大或过小,使用手势的频率不能过于频繁,手势不宜过于复杂。

幼儿教师面试常用手势主要有以下几种:

(1)基本手势。双手自然下垂,掌心向内,叠放或相握于腹前,也可自然垂放于身体两侧。

(2)持物手势。用于交接和展示教学相关物品,可根据所持物品的大小、形状,合理调整手势。使用时注意上臂不要紧贴躯体,应将所持物品拿于身体正前方或斜前方,不要过高或过低。

(3)象形手势。用于模拟事物的形状、大小等特征。使用时注意手指伸展,动作适度、美观。

(4)指示手势。用于指示事物的方位、地点等,朝一定方向伸出手臂,以肘部为轴,手抬至一定高度,手指自然并拢,掌心向上斜。

(5)情意手势。用于传递情感和态度,如拍手,表示欢迎;握拳,表示加油;竖起大拇指,表示称赞等。使用时注意手势自然有力,与整体表情和有声语言情感保持一致。

(四)幼儿教师面试行为礼仪训练

《礼记》中说:"修身践言,谓之善行。行修言道,礼之质也。"在人际交往中,良好的行为举止会给人如沐春风的感觉,也体现了对他人的尊重程度。与他人交往的能力,是一个人学识、才智、素质和价值观的外在体现。在幼儿园教师资格考试面试时,我们同样也要注意自己的行为,遵循基本的社交礼仪。

1. 进场礼仪

面试当天,考生要提前到达面试指定地点,听从现场引导员的安排,不要卡点到,更不要迟到。引导员引领考生抵达考场后,考生需自行进入考场。

若考场门为关闭状态,应该轻轻敲门,得到允许后方可进入,切不可贸然闯入。如果未听到考官应答,则可在敲门 3 秒钟后推门进入。

若考场门是敞开状态,考生对引导员含笑表示谢意后,稍作整理,即可步入考场。

在进入考场之前,门无论开着还是关着的状态,应试者在进入考场后都要关门。关门时注意手扶门柄,声音要轻。

2. 问候礼仪

考生进入考场后,见到考官主动问好,以示礼貌和尊敬。一般问候方式为环视考官进行问好:"各位考官好,我是××号考生。"考生问好结束后,行鞠躬礼,之后抬头直腰,目视考官,等待回应。

3. 问答礼仪

在答辩环节,考生要保持谦逊的态度,用真诚的目光直视考官,认真倾听问题。拿到问题后,先对考官表示感谢,对于自己熟悉的题目,可稍作构思,再进行阐述;对于自己较陌生的题目,也要保持冷静,先诚恳地承认自己的欠缺,并表明今后将会认真弥补的态度。

微课视频
面试禁忌
小动作

考生在进行答辩时,注意站立位置,不能离考官太近,否则视线上容易形成俯视,显得不尊重对方;也不能离考官太远,否则影响有声语言的传递,应合理把握与考官之间的距离。

4. 离场礼仪

在全部面试流程完成以后即将离场时,考生应主动将现场物品恢复原位,如擦除黑板上的内容;向考官表示感谢,鞠躬后,面带微笑,自然大方地走出考场,将门轻轻关闭。

四、面试常见问题分析及纠正

幼儿教师面试既是对个人专业知识和能力的考查,也是对个人临场应变能力的考验。即使大家在面试之前已经做好了充分准备,在面试现场的高压环境下,仍然会出现各种各样的问题。为此,我们将围绕幼儿教师面试各个环节中的常见问题展开谈论,分析问题的成因,寻找解决的办法。

(一)备课环节常见问题分析及纠正

备课是教学工作中一个极为重要的环节,可以说它决定了面试的成败。在面试中讲什么、怎么讲,都要经过周密考量,精心设计。大多数地区在幼儿园教师资格证面试和招聘面试时,设置的备课时间通常为 30 分钟左右,个别地区也会稍有差异。很多考生在备课环节会发现,提示时间到的时候,自己总是什么也没准备好。那么这 30 分钟应该如何分配、如何利用,才能在备课环节发挥出色呢?

发现备课时间不够用或准备不充分,多是由于考生在拿到教学材料后,花费大量时间去钻研材料,时间分配不合理而造成的。对于这种情况,建议大家按照"10—15—5"来分配 30分钟的备课时间,即前 10 分钟了解教学材料的主要内容和知识点,并确定教学目标,完成教案设计前半部分;中间 15 分钟解决重难点安排,设计导入环节和具体活动,完成教学过程设计;最后5分钟检查教案,并用语言将整个教学过程大致讲述一遍。

(二) 试讲环节常见问题分析及纠正

幼儿教师面试中的试讲不同于传统意义上的试讲,它更多的是对考生的口语表达能力、活动组织能力、教学思想、教学技能等方面的系统考查和全面考核。

在进行试讲时,往往会出现超时讲课、讲课时间运用不足、讲课环节不流畅等问题,考生可以通过掌握以下技巧来提升试讲效果。

一是合理分配各环节时间,建议导入环节控制在2—3分钟,主要教学部分控制在7—10分钟,结束部分控制在2—3分钟即可。如果时间分配不合理,造成超时,将会违规扣分;时间太短,又无法充分展示技能,完成教学目标。

二是精心设计导入部分,快速吸引考官注意力,好的开头就等于成功了一半。

三是在保证教学内容完整的前提下突出教学重点,展示个人技能特长。

四是大胆与"幼儿"进行互动,增强试讲的真实性和趣味性,也可通过入场问好、退场告别等礼仪,与考官进行适当互动,减轻心理压力。

五是进行教学评价时要准确、有针对性,且以积极评价为主,利用树立榜样的方式激励"幼儿"。

(三) 说课环节常见问题分析及纠正

说课环节要求考生在15分钟以内,将一节课的教学目标、教学内容、教学方法及教学过程,用连贯流畅、简要准确的语言表述出来。许多考生在说课环节常常出现重点不突出、说课变成讲课等问题,导致说课得分不高。

说课与授课不同,它不仅要讲"教什么""怎么教",更重要的是要说明"为什么",这才是体现说课质量的关键所在。考生在说课时,应注意以下事项。

第一,说课内容要坚持科学性原则,详略得当,突出重点和难点,抓住关键,侧重于阐述所依据的理论。

第二,说课内容要坚持理论联系实际原则,将理论与教学实践有机结合,避免将理论单一罗列,使其与教学内容变成"两张皮"。

第三,说课过程要注意突出说课立体、多维的特点,不仅要精确地说出"教"与"学"的内容,更重要的是要从理论和实践的结合入手,重点阐述"为什么这样教"和"为什么这样学"。

(四) 结构化环节常见问题分析及纠正

结构化环节不仅要考查考生对专业基础知识的掌握程度,更重要的是要考查考生依据学前教育理论解决教育教学问题的能力。许多考生在完成结构化题目抽题以后,不知道该从何下手,不能准确把握题目考查目的,作答时逻辑混乱、语无伦次,严重影响面试结果。

在结构化环节,考生可以通过掌握以下作答技巧,提升面试效果。

一是认真审题,准确把握题干中的关键信息,明确考题类型,进行题目定位。

二是不要着急作答,理清答题思路,按照"明确问题—分析原因—解决措施"的思路进行阐述。

三是作答时要言语规范、表达清晰,使用"首先、其次、最后"或"第一、第二、第三"等逻辑词进行表述。

四是作答时要体现崇高的教师职业道德和科学的教育理念,体现社会主义核心价值观。

(五) 答辩环节常见问题分析及纠正

答辩是一种非结构化面试的方式,没有既定的框架和程序,考官随机向考生提出问题,且问题并无固定的标准答案。它与"结构化"面试相比更具灵活性和针对性,有助于考官更全面、客观地了解考生的个人综合能力。

考生在进行答辩时,为提升答辩效果,建议遵循以下方法。

第一,在答辩中,要围绕题目进行回答,确定问题的核心和重点,不能随意扩大或缩小题目的内容和范围,更不能擅自更换题目中的概念内容。

第二,在面对题目时,要观点鲜明,并围绕自己的观点开展叙述,做到言之有理、逻辑严密。

第三,考生应根据自己的实际情况进行作答,不夸大、不贬低,如实陈述自己的各项优缺点。

第四,作答时要注意用词简洁流畅,不要过于冗长拖拉。

第五,在听到难度较大或自己没有准备的题目时,不要慌乱,应冷静思考,沉着应对,寻找答题思路。

· 知识链接 ·

幼儿园教师面试问题参考

无论是幼儿园教师招聘面试还是幼儿园教师资格证考试面试,考官设置的问题都相差不大,主要涵盖以下几类问题。

第一,与个人基本情况相关的问题。如"请简要介绍一下你自己,包括教育背景、工作经验以及你对幼儿教育的热情和看法""请分享一下你选择从事幼儿教育的原因,以及你对这个职业的期望""描述一下你对幼儿教育理念和价值观的理解,以及你如何将这些理念融入你的教学实践中"等。

第二,与专业能力相关的问题。如"谈谈你对处理幼儿行为问题的方法和策略,包括如何建立积极的行为管理环境""在教育过程中,如何处理不同幼儿之间的个别差异,确保每个幼儿都能得到适当的关注和支持"等。

第三,与人际沟通有关的问题。如"你认为与家长保持良好沟通的重要性是什么""有哪些有效的沟通策略可以应用在与家长的交流中"等。

第四,与个人能力展示相关的问题。如"分享一下你在帮助幼儿发展团队合作和社交技能方面的经验和方法""描述一下你在以往教学经验中遇到的挑战,以及你是如何应对和解决的"等。

第五,与专业发展相关的问题。如"谈论一下你对继续提升专业发展的兴趣和计划,包括是否参与培训、研讨会或其他形式的教育提升""你计划如何继续提升自己的专业水平? 有没有参加过相关的培训或课程""请分享一下你对幼儿教育的愿景展望,以及你希望在未来成为一名优秀幼儿教师的期许"等。

 自我检测

1. 为自己设计一段 2 分钟左右的自我介绍。

2. 请结合本任务学习的面试礼仪以及幼儿教师的职业特点,按幼儿教师面试礼仪的要求为朋友进行仪容仪表设计。

3. 进行结构化面试时,有哪些应答技巧?

4. 试讲时,应如何合理分配各个环节的时间?

主要参考文献

1. 国家语委普通话与文字应用培训测试中心.普通话水平测试实施纲要(2021年版)[M].北京:语文出版社,2022.

2. 国家语言文字工作委员会普通话培训测试中心.普通话水平测试实施纲要[M].北京:商务印书馆,2004.

3. 教育部语言文字信息管理司.语言文字规范标准手册[M].北京:商务印书馆,2015.

4. 徐增敏.幼儿教师口语训练[M].北京:教育科学出版社,2012.

5. 袁智忠.口语艺术[M].重庆:西南师范大学出版社,2018.

6. 刘伯奎.教师口语训练教程(第三版)[M].北京:中国人民大学出版社,2017.

7. 聂慧丽.朗诵与讲故事指导[M].南京:南京大学出版社,2020.

8. 隋雯,高昕.幼儿教师口语(第二版)[M].北京:高等教育出版社,2014.

9. 国家教育委员会师范教育司.教师口语(修订本)[M].北京:语文出版社,2003.

10. 孟玉红,刘小菠.口语训练教程[M].郑州:郑州大学出版社,2010.

11. 吴雪青.幼儿教师口语[M].上海:华东师范大学出版社,2012.

12. 苑望.幼儿教师口语(第二版)[M].北京:高等教育出版社,2012.

13. 宋欣桥.普通话语音训练教程[M].长春:吉林人民出版社,1993.

14. 李莉,李莉.幼儿教师口语训练教程[M].郑州:郑州大学出版社,2012.

15. 陈国安,王海燕,朱全明,等.新编教师口语——表达与训练[M].上海:华东师范大学出版社,2007.

16. 张颂.朗读学(第三版)[M].北京:中国传媒大学出版社,2010.

17. 章晓琴.教师口语实用技能训练教程[M].北京:北京师范大学出版社,2012.

18. 王宇红.朗读技巧[M].北京:中国广播电视出版社,2002.

19. 程培元.教师口语教程(第2版)[M].北京:高等教育出版社,2010.

20. 王素珍.幼儿教师口语训练教程[M].上海:复旦大学出版社,2006.

21. 吴弘毅.实用播音教程:普通话语音和播音发声(第1册)[M].北京:中国传媒大学出版社,2002.

22. 袁涤非.教师礼仪[M].北京:中国人民大学出版社,2018.

23. 吕艳芝,冯楠.教师礼仪的99个细节[M].上海:华东师范大学出版社,2010.

24. 程克英.幼儿教师礼仪[M].重庆:西南师范大学出版社,2017.

25. 林焘.林焘语言学论文集[M].北京:商务印书馆,2001.

26. 林焘,王理嘉.语音学教程[M].北京:北京大学出版社.1992.

27. 邓萌.学前教育专业教师口语技能培养研究[D].武汉:华中师范大学,2011.

28. 周有光.应用语言学的三大应用[J].语言文字应用,1992(01):3—11.

29. 国家教育委员会.师范院校"教师口语"课程标准(试行)[J].语言文字应用,1993(03):1—4.

30. 陈小英.幼儿教师教学语言的现状、问题与对策研究——基于无锡市北塘区三所幼儿园的调查案例分析[D].苏州:苏州大学,2010.

31. 中华人民共和国教育部.国家语委关于印发《普通话水平测试规程》的通知[EB/OL].(2023 - 01 - 13)[2024 - 02 - 27].http://www. moe. gov. cn/srcsite/A18/s3133/202302/t20230210_1043378. html.